高等院校

U0663675

广告策划

钟 怡◎编著

中国建筑工业出版社

图书在版编目（CIP）数据

广告策划/钟怡编著. — 北京：中国建筑工业
出版社，2017.9
高等院校广告专业规划教材
ISBN 978-7-112-21101-2

Ⅰ.①广… Ⅱ.①钟… Ⅲ.①广告学—高等学
校—教材 Ⅳ.①F713.81

中国版本图书馆CIP数据核字(2017)第199267号

本书应当下的营销传播环境，从实务应用角度，汇编梳理了传播学、市场营销、广告、品牌、整合营销传播、创意传播管理6大知识模块的基础内容和重要理论，结合经典广告案例和国内外近几年营销传播的实际案例，力图为广告策划的初学者呈现一个相对全面的知识架构，建立深入学习和提升的基础。

丛书主编：高 彬 薛 菁
编　　委：（按姓氏笔画排序）
　　　　　于向荣　毛士儒　王喜艳　甘维轶　朱象清　李　静
　　　　　李晨宇　李东禧　吴　佳　张　雯　庞　博　胡春瀛
　　　　　钟　怡　郭　晶　唐　颖　窦仁安

责任编辑：吴　佳　朱象清　毛士儒　李东禧
责任校对：李美娜　李欣慰

高等院校广告专业规划教材
广告策划
钟　怡　编著
＊
中国建筑工业出版社出版、发行（北京海淀三里河路9号）
各地新华书店、建筑书店经销
北京锋尚制版有限公司制版
北京建筑工业印刷厂印刷
＊
开本：787×1092毫米　1/16　印张：16　字数：389千字
2018年1月第一版　2018年1月第一次印刷
定价：49.00元
ISBN 978 – 7 – 112 –21101 – 2
　　　　（30654）

序
Preface

自20世纪70年代末到90年代初，国际广告公司的成员们纷纷进入华人世界，从中国台湾、中国香港一直来到内地。至1998年，几乎所有的著名跨国公司都在中国设有了合资公司。与此同时，广告学科的建制也逐渐步入正轨，形成以新闻传播和市场营销为核心的专业体系，并源源不断地为广告、公关、营销、品牌、媒介等部门培养新生力量。

近三十年来，社会需求、竞争压力及以互联网和移动互联网为代表的技术革新导致了媒体形态的巨大改变，而它们所产生的合力在为整个广告行业带来机遇的同时，也带来了巨大的挑战。事实上，技术的进步促成了营销传播策略的丰富，却也在客观上带来了市场环境的嘈杂和传播效果的日渐式微，这使包括广告在内的从业人员在策划、创意及表现等各方面都面临日益增加的难度。

在这样的营销传播生态环境下，天津工业大学和北京工业大学的诸位老师联手编写了这套高等院校广告专业规划教材，正是希望从理论和实践两个方面为这个极速更新的时代提供更为及时的补充。这套教材由《广告学概论》、《广告策划》、《广告创意》、《广告媒介》、《平面广告设计》、《影视广告创意与制作》和《互联网广告设计与制作》七本教材构成。其中，《广告学概论》通过对广告学框架的搭建以实现对相关知识的梳理；《广告策划》、《广告创意》和《广告媒介》既是广告活动的三大基本环节，也对应着专业广告公司的三大职能部门，故对它们的详尽描述将构成广告学知识的重要内容；除此之外，《平面广告设计》、《影视广告创意与制作》和《互联网广告设计与制作》将针对不同的媒介类型，就广告技术和实际操作加以关注，从而介绍和推演最新的流行趋势。

广告学是一个开放的系统，不仅枝蔓繁杂，也堪称速生速朽，而这套丛书正是在大量参考、分析和研究前人经典教材的基础上，吸收和总结了诞生于当代的崭新内容，可以说，理论和固定范本依然保留，更多的努力却体现在与时俱进，尤其是实务操作与市场形势的密切结合上。

在波谲云诡的市场环境下，面对一日千里的互联网时代，尽可能地满足教学和实践的双重需要，在为在校学生提供专业指导的同时，也为有学习需要的从业人员提供理论更新，就这个角度而言，丛书的各位作者可谓殚精竭虑，用心良苦，而对于一个入行三十余年，在中国内地工作二十余年，曾经和正在亲历这些变化的广告人来说，我也将守望相助，乐见其成。

灵智精实广告公司首席创意官

前 言
Foreword

　　2002年，我以非科班出身的新人身份进入广告业，跟准备开始学习广告策划的同学们一样，是完全空白和懵圈的状态，除了热情和好奇外，我什么都不懂。好在之前有过商业零售行业的工作经验，我大概知道做生意要怎么说怎么做才有用，这种"甲方"思维帮助我快速找到与客户沟通的方式。同时，所任职的世纪座标以超大的工作量和丰富的客户门类，迫使我在实践中快速学习和积累经验，找到适合自己的提升方向和方法。2007年我进入北京大学新闻传播学院，开始了3年的整合营销传播专业的研修学习。当系统理论知识架构于实践经验基础上，才觉得自己真正入门。

　　十几年本土广告公司一线工作的经历，使我不仅要服务从五百强到个体户的各类客户，也要负责培训、管理水平参差不齐的工作团队。本书的编写架构，即来自个人曾经的学习体验和团队培训积累的经验。

　　中国当下拥有全球最多元、最丰富的营销环境，万众创业加上信息网络技术不断升级，让新的生意模式、传播形式和游戏规则不断推陈出新、异彩纷呈。如何在不断变化和演进的环境中学习到有用的传播策划知识，进而结合实际有效地运用于以后的工作当中？

　　首先，需要了解的是基本规律，这些规律受人类生物特性和文化传承影响，其本质不会受工具和手段的影响而发生改变，比如传播学的基本规律——了解基本的传播规律，可以让你不会被各种变化的表象迷惑，透过现象看清本质。

　　其次，需要掌握一些重要的理论基础和操作方法，它们相对稳定，在现在乃至将来很长一段时间内都可以使用，比如市场营销、传统广告、品牌、整合营销传播相关的基础知识。熟悉基础理论和操作方法，可以让你面对工作项目时能够思路明晰，有的放矢。

　　最后，还需要了解最新的专业研究成果和实操方法，它们与当下的变化结合最为紧密，代表了未来发展的方向，例如创意传播管理的理论和方法。紧跟最新的理论和工具，才能实现自我的不断提升与成长。

　　一两个学期的广告策划课，看一两本书，并不能让你学会做一个合格的策划人。策划是一个知识刷新速度飞快、信息处理量巨大的职业。本书将上述知识模块梳理汇编，结合实际案例演示，希望为同学们呈现一个相对全面的策划知识框架，给大家提供一个入门学习范围和方向参考。

　　书中理论和方法都来源于相关领域之经典著作（详见参考书目），案例出自各大广告奖项与实务中的观察收集。受水平及眼界所限，尽力而为，但无法尽善尽美。不足之处，欢迎指正。

目 录
Contents

第1章

广告策划概述

1.1 什么是策划

策划，在中文里面亦作"策画"，最早出现在《后汉书》中，意为"谋划施展智谋才能"。而在《孙子兵法》中，"策划"与"谋"同义。"故上兵伐谋，其次伐交，其次伐兵，其下攻城；攻城之法为不得已"。意思是"上等的用兵之道是凭借谋略取得胜利，其次是用外交战胜敌人，再次是用武力击败敌军，最下之策是强行攻打敌人的城池。攻城，是不得已而为之，是没有办法的办法。"把这一段套用到现代营销传播行为中，我们可以粗略地解释为：最好的营销传播以优秀的全方位策划为核心；其次是单纯的创意表现或者热点促销活动；再次是信息轰炸，暴力广告投放；最次是价格战。

中文的"策划"二字，既有"规划、计划"的意思，又有"智计、谋略"的意思，这也正好反映出策划在实务操作中的两种面向：既是一种逻辑缜密的推导统筹过程，又是一种基于事实和分析推理的创意。

策划，首先是一种思考方式和思考过程，我们通过它来清晰目标、设定策略和战术。

实际上，我们每天都有很多策划行为，比如你在城东上班，中午你跟好友约定在市中心见面，如何在预定时间从城东到达市中心，这就是一个策划过程。你需要明确具体的见面时间和地点，这是界定策划目标。考虑使用的交通工具，是步行、公交、出租车、还是自驾；预估不同方式花费的时间、费用；还需要考虑一些可能的不可控因素，比如堵车、是否有停车位，等等，这是策划分析。综合考虑各种因素之后，你定好行动方式、行动时间，这就是制定一个策划方案。然后你按计划行动，这是策划的执行。你按时到达预定地点，这是策划目标的达成。最后，你回想了一下这是见面的相关安排，发现还可以有更好的计划，你准备在下一次使用它，

这是策划的检核。

在营销传播的各个环节中，大到企业的长远发展、长期推行的市场战略、年度营销传播部署，小到一个新闻发布会、一个创意表现、一条微信公众号的推送，都需要各种不同的策划，让我们针对或大或小的目标和需求，分析、整合当下可以应用的各种资源和要素，制定相应的操作计划和实施方式。

在实务操作中，不同的策划内容，可以由分工不同的人员或者机构来完成，比如，战略策划由企业高层或者咨询公司完成，广告战役策划由广告公司完成，新闻发布会由活动执行公司策划，微信公众号内容由微信代运营公司策划。但是，这种分工不是绝对的。实际工作中，我们很难机械、清晰地界定哪一部分策划应该由哪种机构部门完成，一切依据实际资源情况而定。

不管由什么部门或者机构来进行策划，所有的策划都会包含基本的要素：分析现有资源和情况、清晰目标、制定策略方案、拟定行动计划、判断是否达成目标。这也就是"策划"最基本的思考路径（图1-1）。

其次，策划是一种基于逻辑思考的创意。

我们先来假设一下：如果策划是一种纯粹的理性逻辑思考，那么在AI技术日益发展的今天，我们是否能设计一台智能策划机，只要把相应的数据和资料喂给它，它就能给你输出一份完美的策划案？如果真是那样，策划人是不是就没有太多存在的意义？

或者还可以假设，如果智能策划可行，高度同质化的两个商品，在输入资料之后，我们会拿到几乎完全一样的两份策划案，那样的话，我们的商业世界中，还会有可口可乐和百事可乐的差异化存在吗？还会有"农夫山泉有点甜"和"乐百氏27层净化"的不同诉求吗？

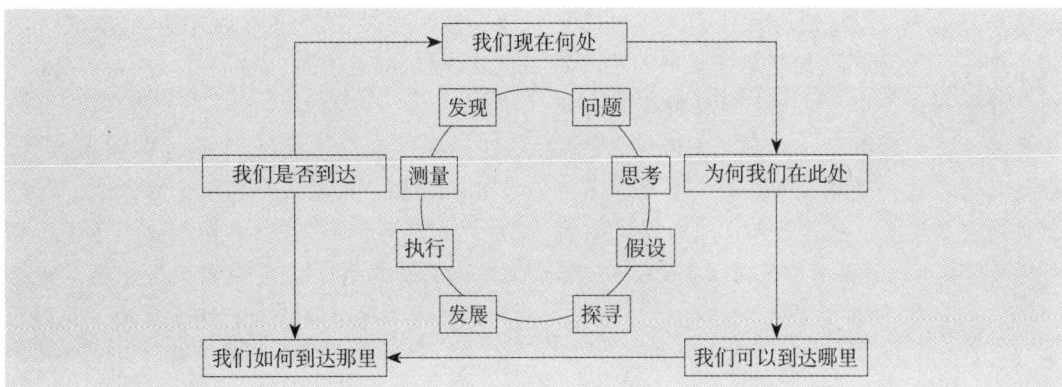

图1-1 策划思考循环

我们都知道，同一个案子，交到不同的策划人手里，会有不同的结果，这种差异的根源就是策划中的创意。幸好策划不是一个完全逻辑化的过程，我们才得以拥有一个变幻万千的商业世界，拥有更多生活的惊喜和更多存在的意义。

人类与人工智能最大的不同就是创造性，人类处理非量化信息的能力，是任何机器都不能比拟的，而商业世界中的非量化信息实在是太多了，意识形态、社会热点、审美倾向、地域文化，甚至广告主负责人的个人情结……有很多因素都可以影响一个商品的市场成败，而创意，让策划从前期高度相似的理性分析演化为最终策略的千差万别。正常的策划，让商品正常前进；糟糕的策划，让商品雪上加霜；优秀的策划，让商品锦上添花；而超一流的策划，则会为商品创造奇迹。

策划中的创意，基于逻辑缜密的分析和思考，在策略制定的环节进行创造性的变化和提升，它可能是选择了"想当然"之外的另一个目标客层，比如BB机在退出原有市场后，可以被卖给奶牛牧场，奶牛被训练出条件反射后，可以通过感知BB机震动而返回牛圈；它可能是制定了前所未有的表现策略，比如"绝对伏特加"首开以瓶身外观为核心创意信息的手法，成为世界上最知名的伏特加，更演进成流行文化的一部分，吸引了一批热衷于找瓶子的粉丝；也可能是直接改变了产品的固有属性，比如"脑白金"，直接进行了礼品属性的定位迁移，从一片汪洋的保健品市场中脱颖而出。

实际上，广告史上很多经典的BIG IDEA，都可以归于策略创意范畴，而"策划"和"创意"在整个传播工作流程中交融并进，大多时候也很难进行绝对的区分。一个富有创意的一流策略，可以整合、统领不同媒介渠道、不同时间、不同地点、不同形式的创意表现，长期、有效地与目标客户产生信息互动，甚至演化成文化的一部分。

■ 案例——绝对伏特加

绝对伏特加系列推广，是平面广告时代的伟大传奇。如果TBWA和广告主拘泥于当时美国市场的调研和酒类产品的表现手法，我们不会看到上千个精彩的创意作品。

分析绝对伏特加的成功，我们会发现它其实也是一个策略创意的典范。酒类产品是嗜好品，人们在进行嗜好品选择的时候，情感因素占据绝对的主导地位。绝对伏特加在一个普遍强调口感、产地、品质、历史的酒品市场环境中，颠覆性地使用了情感和视觉沟通策略，"绝对+X"的标题，整合了意识形态、社会热点、审美潮流、地域特征等全方位的元素，无处不在的独特的酒瓶，变化多端的表现方式，满足了视觉稳定重复和保持新鲜的双重要求；长达25年，遍布全世界的统一策略执行，让品牌印记深入人心。

▶ 绝对的产品——以酒瓶为特写

绝对伏特加的第一则广告是在酒瓶上加个光环，下面的标题为"绝对完美"（图1-2）。第二则广告则在瓶身加上一对翅膀，标题为"绝对天堂"（图1-3），没想到竟被《纽约时报》登在讣文版面，令大家啼笑皆非。

▶ 绝对的物品——将各种物品扭曲或修改成酒瓶状

例如某滑雪场的山坡，从山顶至山脚被滑出一个巨大的酒瓶状，标题为"绝对巅峰"，意味着酒的品质是绝顶的（图1-4、图1-5）。

▶ 绝对的城市——将城市典型象征物与酒瓶形状结合

1987年，绝对牌伏特加在加州热销，TBWA小组制作了一座酒瓶状的泳池，标题为"绝对洛杉矶"，以感谢加州的厚爱（图1-6）。没想到全美不少城市纷纷要求也来一张该城市的特写广告，于是就有"绝对西雅图"、"绝对迈阿密"等佳作（图1-7～图1-13）。

其后，绝对伏特加的城市形象系列随着市场推广蔓延到世界各地。深度洞察的本地符号与绝对酒瓶的形式结合，迅速拉近了品牌与当地市场的关系。

▶ 绝对的艺术——与艺术家合作"画"酒瓶

波普艺术大师Andy Warhol率先为绝对酒瓶作画，并制成广告，一夜之间为绝对伏特加塑造了一个全新的形象（图1-14）。之后多达300余位艺术家与绝对伏特加签约作画（图1-15～图1-23）。

绝对节日、绝对季节、绝对名人、绝对时尚、绝对文化……绝对伏特加的系列创意

图1-2　绝对完美

图1-3　绝对天堂

图1-4　绝对巅峰

图1-5　绝对纯净

图1-6　绝对洛杉矶

图1-7　绝对迈阿密

图1-8　绝对曼哈顿

图1-9　绝对芝加哥

图1-10　绝对布鲁塞尔

图1-11　绝对北京

图1-12　绝对圣迭戈

图1-13　绝对伦敦

图1-14　绝对沃霍尔

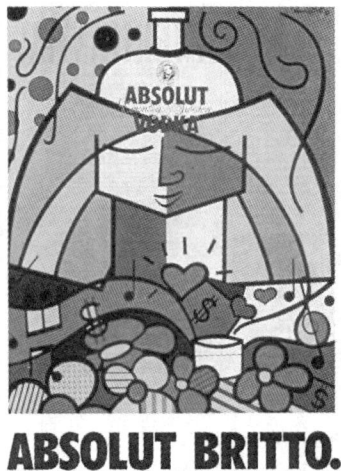

图1-15　绝对布里托

图1-16　绝对新年

图1-17　绝对圣诞

图1-18　绝对传统

图1-19　绝对顽皮

图1-20　绝对自制

图1-21　绝对春天

图1-22　绝对玛丽莲

图1-23　绝对名人

覆盖了各种门类的元素，本身也成为一种品牌符号和时尚符号，拥有大量的粉丝。

绝对伏特加广告"总是相同，却又总是不同"的广告创意哲学，产生了杰出又持久的效果。在获奖广告和一系列的市场活动中，绝对伏特加持之以恒，不断创新，向消费者传递着Absolut的核心价值——纯净、简单和完美。

1985年，绝对伏特加就超越当时的俄国对手，成为美国市场进口伏特加的第一名。1999年，绝对伏特加系列广告被《广告时代》列入"世纪十佳广告"的行列。

资料来源：http://absolutads.com/

1.2 广告策划的基本概念

1.2.1 广告策划的起源

20世纪60年代，英国广告业最早出现"Account planning"职位，简称"AP"，译为"业务策划"。当时AP在广告业务分工中主要关注对消费者需求的挖掘和研究，补充广告流程中缺少的"为消费者代言"的环节。

1980年，比尔·伯恩巴克在美国广告代理商协会（American Association of Advertising Agencies，AAAA，国内称为"4A"）年会的讲话中说："对人的本性的洞悉是最有力量的，这才是有效创意理念的核心——你要了解是什么力量驱使人们的行动，什么样的直觉主宰着人们的行为，尽管人们往往会用语言来掩饰他的真正的动机。如果你了解人的这些方面，你就能触及他的本质。"最好的、最有效的广告，是在沟通方式和信息设计上紧密联系顾客的广告，这是广告策划产生和存在的原因。

20世纪80年代后半期，随着全球市场向买方市场的深入转化，全球化和市场营销以消费者为导向成为大势所趋。品牌理论、定位理论、整合营销传播理论等各种营销传播观念兴起，让广告主的市场知识和经验迅速提升；与此同时，现代广告业的操作逐渐进入固有模式，服务范围局限在广告制作和媒介发布领域，全球化发展滞后。这种情况让广告主逐步抛弃了"知识不足"的广告公司，减少了对广告代理公司的依赖，转而寻找更具全局性视野的专业咨询公司。

为了挽回在营销推广市场中的颓势，广告业界广泛引入AP制度，希望借由"AP"职能的展开，用AP擅长的对"消费者心理，特别是非理性、非量化的层面的理解"与咨询

广告公司vs咨询公司　　　　　　　　　　　　　　　　　　　　表1-1

	广告公司	咨询公司
媒介计划	从策划到购买一并实施	在战略中对必要的媒介计划进行适当的成本分配组合
商品开发	探求消费者的嗜好、需求，开发具有先导性的市场产品	不只是考虑一个商品，立足于企业的方向性，持续开发维系企业生命的商品
参与广告主的领域	虽然也参与战略制定，但主要参与领域与媒介购买、广告创意有关	介入业务的上游领域——战略制定，不参与广告创意领域
接触广告主的部门	基本属于传播领域，如宣传部、促销部等	基本是总经理、高层核心、企业经营部等高层主管
工作的方式	用脑思考，用心提案	用脑思考，用脑提案

公司抗衡，毕竟主要由MBA构想的咨询公司市场战略，更多地侧重于企业、产品和市场层面。

这种做法虽然并没有让广告公司在与咨询公司的竞争中反转战局，但AP的引入确实为传统广告业带来了巨大的变化，让广告代理公司拥有了更多策略参与的空间，进而日渐深入地卷入到企业和品牌建设的营销传播过程之中。而广告策划的理论和操作流程，也以现代营销管理学为基础，依据企业大工业生产管理流程和大众媒体传播体系而日益完善起来。

1.2.2 广告策划的理论发展

1. 4P与4C

美国"现代营销学之父"菲利普·科特勒认为，当一个组织搞清楚其目的和目标时，它就知道今后要向何处去。问题是如何通过最好的路线达到那里。企业要有一个达到其目标的全盘的总计划，这就叫战略。战略和战术不能混为一谈。战略是针对一场战争，而战术则是针对一场战役，一场战争可以包括很多个战役。

他在20世纪60年代进一步确认了以4P（产品Product、价格Price、渠道Place、推销Promotion）为核心的营销组合方法。而广告作为"推销"的重要组成部分，其操作模式以企业的营销战略为核心基础，以大众媒体传播为主要载体，利用企业与消费者之间信息的不对称实现信息传递。主要表现形式为实现产品或品牌的知名度到达、提示产品的差异化卖点，进行产品的阶段性促销活动等。

随着产品过剩竞争时代的来临，营销领域的4P营销组合演进出4C营销理论。

4C理论由美国营销专家劳特朋教授在1990年提出，它以消费者需求为导向，重新设定了市场营销组合的四个基本要素：即消费者（Consumer）、成本（Cost）、便利（Convenience）和沟通（Communication）。它强调企业首先应该把追求顾客满意放在第一位，其次是努力降低顾客的购买成本，然后要充分注意到顾客购买过程中的便利性，而不是从企业的角度来决定销售渠道策略，最后还应以消费者为中心实施有效的营销沟通。

4C理论的提出，丰富了广告策划的功能，一方面更关注消费者的感知和体验，另一方

4P营销组合要点   表1-2

产品 Product	价格 Price	渠道 Place	推销 Promotion
注重开发的功能，要求产品有独特的卖点，把产品的功能诉求放在第一位	根据不同的市场定位，制定不同的价格策略，产品的定价依据是企业的品牌战略，注重品牌的含金量	注重经销商的培育和销售网络的建立，企业与消费者的联系是通过分销商来进行的	包括广告宣传、公关、促销等一系列的营销行为

4C营销理论要点   表1-3

消费者 Consumer	成本 Cost	便利 Convenience	沟通 Communication
首先要了解、研究、分析消费者的需要与欲求，而不是先考虑企业能生产什么产品	首先了解消费者满足需要与欲求愿意付出多少（成本），而不是先给产品定价，即向消费者要多少钱	产品应考虑到如何方便消费者使用和获取	以消费者为中心实施营销沟通，将企业内外营销不断进行整合，把顾客和企业双方的利益无形的整合在一起

面也让广告从原有的侧重企业的单向信息发布扩展为关注企业与消费者的双向信息沟通。

在营销战略理论的基础上，现代广告策划的工作流程逐步建立起来，而"创意"，作为吸引注意和达成有效信息传递的重要手段，成为现代广告最引人关注的重点。

2. 品牌

在4C理论成为主流的同时，因高度同质化产品市场的发展，品牌理论也逐渐发展成熟起来。

品牌是产品属性、名称、包装、价格、历史、信誉、广告方式、使用者印象等的无形总称。品牌让产品得以在同质化市场中脱颖而出，保持差异性和溢价，并使得消费者在选择该商品时产生购买偏好。

产品是工厂生产的东西；品牌是消费者所购买的东西。产品可以被竞争者模仿，但品牌则是独一无二的，产品极易迅速过时落伍，但成功的品牌却能持久不坠，品牌的价值将长期影响企业。

美国学者戴维·阿克在他的品牌三部曲中，提出了品牌识别、品牌资产、品牌架构的概念。

品牌识别理论界定了品牌塑造和呈现需要关注的各个层面，品牌资产理论以无形资产的五个纬度梳理了品牌建设的价值和关系，品牌架构理论则为企业的品牌扩展和延伸提供了思考模型和操作体系。

品牌理论的发展成熟，为全球化市场下的广告策划提供了核心的策略思考基础，让广告策划不再是单打独斗的创意闪光，也不再是互相割裂的短期行为，所有的广告策划都以不断强化品牌识别、积累品牌资产为最终目标。

以品牌理论为基础，众多知名广告代理商发展出各自的操作理论和方法，比如奥美的"360度品牌管理"，上奇的"至爱品牌"。

3. 整合营销传播

整合营销传播（Integrated Marketing Communication，IMC）是与品牌理论相辅相成的操作方法，它强调整合传播系统的构建，强调传播信息的统一（包括企业内外部的传播、人员和非人员的传播等），力求在整个传播中形成言行一致、信息一致的环境，进而让品牌与消费者形成更统一、紧密的联系。

美国学者唐·舒尔茨认为：客户的行为与品牌有关，而不是和各种营销或营销传播有关，经过这些年的发展，这一点变得显而易见。因此，品牌化成为我们在探讨整合这个课题时的基础。在当前的企业环境中，无法整合可能会毁了一个品牌。协调一致的传播不但能创建品牌，而且比传统的传播方法更加快捷、简单，并且省钱。

整合营销传播方法的日益普及，让企业和广告公司更全面地监控和管理信息传播的各个层面，将研发、生产、销售、推广、售后等各个环节统一起来。

整合营销传播重视整体、强调系统的特性，与中国消费者所处的文化环境高度契合；同时，整合营销传播强调任何营销传播都应该且必须以消费者为中心，而不是单纯地强调产品或者营销组织，这也契合了商业和社会文化"以人为本"的发展趋向。

4. 创意传播管理

2008年5月，安吉斯媒体集团亚太区CEO Partrick Stahle在北京大学的演讲中，用这样一句话做结语："你要想了解传媒和广告的历史，你可以到欧洲和美国；但你要想了解传媒和广告的未来，你一定要到中国。"

在传统的营销传播领域，中国曾经是空白，一直处在向欧美国家学习和补课的过程中，进入21世纪，互联网成为推动全球营销传播发展的最重要的因素，所有国家和地区站在同一个起跑线上，这为中国营销传播行业提供了全新的机会和空间。由于没有对传统营销传播的依赖，中国对数字营销传播领域的探索最为丰富，是全球最活跃的数字营销传播试验田。

2011年，北京大学陈刚教授提出了"创意传播管理（Creative Communication Management，CCM）"理论，将整合营销传播的理论基础与互联网环境、新兴传播方式以及技术平台的变化整合为一体，创造性地提出"互联网并非传统意义的媒体，而是一个数字生活空间"，互联网用户是这个数字生活空间中的"生活者"，商业机构必须与生活者互相依存才能获得成功，而营销者必须将自己定位于为生活者提供所需服务的供应商，即生活服务者。

创意传播管理理论，在变化万千的互联网营销环境中梳理出一套完整可行的操作思路和管理方法，将产品、渠道、品牌的竞争放入同一个数字生活空间，利用沟通元触发生活者参与传播，不断地分享和协同创意，进而创造传播的效果。

面对今天互联网主导的营销传播市场，创意传播管理理论可以说具有更高的前瞻性、实用性和可行性。它不仅破解了传统广告、公关、媒体与互联网关系的迷思，也拓展了未来营销传播理论的发展和应用方向，是当下策划人应该透彻了解和熟练应用的系统。

整体来看，广告策划的发展以人类的信息传播和认知规律为核心基础，与市场营销的发展密切相关，受科技发展、社会意识形态、全球化进程、媒介技术的变化影响，并在不同阶段发展出不同的操作方法和理论。这些方法和理论不是割裂和不相关的，它们在当下的实践中可以进行灵活的整合利用。

后面几章将会分别对这些重要理论和方法进行介绍。

1.2.3 从广告策划到创意传播策划

1. 传统的广告策划定义

传统的广告策划的定义为：广告策划是根据广告主的营销计划和广告目标，在市场调查的基础上，制定出一个与市场情况、产品状态、消费群体相适应的经济有效的广告计划方案，并加以评估、实施和检验，从而为广告主的整体经营提供良好服务的活动。

其中广告公司的广告计划方案要表明：自己为什么做广告？对谁做广告？将要传递什么信息？选取的传播渠道应该怎样？通过努力希望获得什么结果？这个方案在一定程度上能帮助广告公司避免在业务操作过程中可能出现的漫无目标、随心所欲的盲目性。方案应尽量通过发现问题、解决问题的方式，配合企业的市场营销策略，确保广告信息传播活动整体上的成功，并使得这一过程能被评估、判断并随时调整。

在很长的一段时间中，绝大多数广告公司的策划模块都采用或希望采用以上的模式进行操作。这种模式将广告策划的范围界定在传统的广告宣传环节，清晰而准确，但实务操作中的情况要复杂得多。

首先，这种定义有资源的局限性：有些广告主可能根本没有营销计划，只有一个笼统的意图，比如"短期内快速提升销售额，成为市场领先品牌"；有些广告主没有清晰的广告目标，他们可能将目标界定为"20～50岁城市工薪族"；大多数中小广告主无法提供市场调查，或者市场调查的内容跟传播没有关系……。对于大多数中国中小企业广告主来说，付费请一个公司来做策划，不管是管理咨询公司、品牌咨询公司、公关公司还是广告公司，都意味着他们希望你能解决他们解决不了的所有问题。

其次，这种定义有假设条件：广告主的营销策略正确，广告目标正确。实务操作中，广告主的营销策略不一定是最优方案。比如曾经有一个客户，他们出品一种医药级便携消毒纸，能有效清除餐具、键盘、汽车方向盘等日常器物上的细菌，可以成为居家旅行的常备物品。他们的上市营销计划是进入大型超市网络，投入资金针对年轻时尚群体进行大众媒体的传播。在前期沟通调查中，我们发现产品的独特性很高，基本没有同质化产品；客户拥有医保药店的强势渠道资源却并没有进行利用；最容易启动的目标客层是有小孩的女性和有第三代要照顾的老年人；同时，客户的媒介预算无法承担大众媒体的传播费用。在这种情况下，我们给客户提供的广告方案是不做广告，转而进行医保药店终端建设和互动促销活动，只花了很少的费用就达成上市启动目标。

第三，这种定义没有涵盖对品牌建设、整合营销传播和当下互联网环境的考量，而这三个层面在今天的市场环境下可以说是必不可少。在网络日益成为信息获取传递主体的环境下，孤立地谈论"广告"已经显得不合时宜。传统广告体系存在的基础是大众传播和信息的不对等，而网络带来了传播方式的高度多元化和信息的高度透明。这是一个大众传播和口碑传播共存的时代，也是一个在信息对等情况下建立关系的时代，因此广告策划的概念也应该进行相应的演进。

另外，随着营销传播行业的发展，业内分工日趋细化，客户的专业水准也在提高，广告活动的实施和执行可能由很多不同公司来进行协作，广告效果的评估、检测也可能由专业的调查公司来完成，大多数广告主直接用技术手段，比如流量、点击量、转化率等来进行衡量，所以，在当下的实务操作中，广告策划侧重于对整体传播的统筹安排或是具体传播事件的细化安排。

2. 创意传播策划

在当下的环境中，广告策划到底应该怎么定义呢？我们在前面说过，策划是一个发现问题、分析问题、解决问题的过程。当前的营销传播环境是一个复合的、多元化的环境，也是一个不断受新技术和新传播形式影响的、高速发展变化的环境。很多时候，我们在面对客户和市场时，并不能单纯使用传统意义上的广告达成目标，而要综合使用广告、公关、社会化传播和网络技术等各种方式，因此我们在定义"广告策划"之前，可以先扩展它的概念外延，不能将它局限在传统的"广告策划"范围内，称它为"创意传播策划"相对更为恰当。

创意传播策划，是指以人类的信息认知、传播规律为基础；依据客户希望达成的品牌或市场目标，界定传播所能解决的问题；分析营销传播环境，以数据库资料和网络技术为基础，挖掘能与数字生活空间的生活者达成互动和协同创意的沟通元；整合各项可利用的媒介、技术、渠道、产品、品牌、人力、资金等资源；创造性地统筹规划一套系统的阶段性创意传播行动方案，并在实际执行中管理信息，调整完善，达成预期目标。

创意传播策划首先以人类的信息认知、传播规律为基础。

人类的生物特性，决定了每个人感受世界、认识世界、体验产品和服务都有一些基础的共性，不管技术手段和媒介形式怎么变化，只要人类的生物特性不变，这些共性就不会改变。这些共性导致了人们接触信息、认知信息时有一些普遍的规律，比如需要适当的重复才能形成记忆、容易被美好的视觉形象吸引、在需求被激发的时候更容易加深对产品和服务的体验等。了解这些传播规律，才能不被表面现象迷惑，在复杂多变的环境中看到传播所要面对的本质问题，制定合理的传播方案。

每个策划人都要面对客户的品牌或市场目标，但是客户的品牌或市场目标，并不一定是传播所能解决的问题。

一个产品又贵又不好，客户希望它成为行业销量第一，这是个单凭传播不能解决的问题，但是让这个产品出现在目标客户的视野中，这是传播能解决的问题。所以成功的策划，都需要在开始之初，明确界定传播所能解决的问题。问题问对了，就解决了一半。

分析营销传播环境，是每一个策划案基本都包括的内容。

传统的分析有很多涉及市场调查的内容

和大量的数据，比如知名度、美誉度、消费者生活形态、目标顾客深度访谈、竞品调查等。

实务操作中，很多广告主没有资金和实力提供完整的调查和数据，可以依据行业特性和可利用的资源进行灵活的处理，比如房地产销售可以看城市和楼盘所在区域的房屋存量和阶段销量情况，可以挖掘周边社区的业主特征和购房需求等；网络品牌销售可以看流量、点击量、转化率、销量和评价等，这些在网购后台都有技术手段直接呈现。

随着网络技术的发展和人们对网络使用环境的依赖性增强，营销传播环境中的很多指标性数据、调查性数据可以通过网络技术手段获得，数字网络技术和数据库建设可以对分析营销传播环境、确定沟通目标起到决定性的作用，这就需要策划人能在海量数据面前拥有挖掘、获取、选择、分析的能力，找到关键点和突破点。

完成了营销环境的分析，需要梳理和呈现分析的结论。

很多时候人们习惯用SWOT方法来进行梳理。这是一个行之有效的方法，但也不是绝对需要使用。梳理分析结论最重要的目的是厘清开展传播运动可以利用和挖掘的各项资源。这些资源可能涉及广告公司与广告主的产品、渠道、品牌、人力、资金等各个层面，它们可能是已经存在的，也可能是需要协调挖掘才能获得的，共性是都可以在即将开展的传播中加以利用。

制定策略的阶段，是一个策划的核心。

系统性是策略制定的基础，创意是策略的核心，差异化和执行性策略的重点。

一个传播策略，要界定整个传播阶段要做什么，在什么时间采用什么形式和什么渠道做什么事。它可能是一个短平快的传播战役，也可能是由很多个传播战役组合而成的大型传播运动，它们采用统一的核心概念和有传播活性的沟通元，呈现相对统一的表现形式，利用不同的沟通平台组合发布统一的信息，达成一个目标。

整体策略制定之后，需要细化每一个传播步骤。一张传播进程表可以清晰地呈现出整个传播过程中，不同时点需要做什么事，不同事件之间有什么关系。

对大型的组合传播战役而言，传播策划要细化到每一个分项活动的具体开展步骤，实务操作中，一般用"整体方案"和"细化方案"来区分这两步工作，它们可以在不同阶段分步提交给客户。

阶段性的营销传播活动，可能会在进程中面对各种变数，因此及时地调整和完善也是传播策划需要面对的问题。比如突然出现的社会热点正好能和传播战役发生关联，那就可以临时加入新的传播行动来放大传播效果；又比如竞争对手突然推出新产品对我们的计划形成了某种威胁，那就需要及时地开展应对动作。

最终，传播计划执行完毕，我们可以检核它是否达成了我们预先制定的传播目标。检核的方式可能是通过市场调查获取品牌认知的数据变化，也可能是看产品或服务的销量，或者由网络后台直接呈现出的点击量和转率的提升。具体方式受广告主的行业、销售渠道和预先达成的共识等多种因素影响，可以灵活处理。

1.3 策划人的职能与作用

1.3.1 广告策划人在团队中的作用

传统上，最基本的创意传播团队，一般由客户服务、策划、文案、设计师/艺术指导四种岗位的人员组成。

客户服务（Account Executive，简称AE），负责客户的联络沟通和资料传递整理，提供创意简报（Brief），进行时间管理，是整体流程的推进和协调人员；策划（Account Planning，简称AP），负责梳理客户的需求和创作方向，制定整体策划方案，统筹整体创作内容；文案（Copy Writer，简称CW），进行广告文案的创意撰写；美术指导（Art Director，简称AD），负责进行设计的把控和广告图形画面的创意设计。附属的可能还会有影像拍摄团队、活动执行团队、印刷制作团队等。

策划人在团队中是整体创作的策动者和统筹者，不仅要进行前期的整体策划和统筹，还要负责项目进行过程中的及时修正和调整。传播活动中的创意可能产生于策划阶段，也可能产生于创作阶段，两者并无绝对的区隔。相对于其他岗位，策划人更容易成为整个广告活动的管理者，承担项目管理的责任，不仅负责与客户管理者的直接对接，也负责内部团队的整体创作管理，是整个项目的灵魂。

在团队运作中，比较容易让人疑惑的是"文案"和"策划"的差异。大多数本土广告公司曾经或者依旧设置"文案策划"的职位，要求该职位的员工既能进行整体策略的思考和表达，又能完成创意文案的撰写；而国内的"4A"广告公司，则大多将策划职位纳入客户部或者市场研究部门的范畴，与创意文案是两个相对独立的操作范畴。21世纪初，经常可以看到一些资深"4A"广告人告诫有意进入4A的广告人，"千万不要说自己是文案策划，因为这在4A面试官的眼中意味着你不专业"。

事实并非如此，很多在本土广告公司经历了担任"文案策划"的广告人，在进入4A以后，不管是担任"策划"还是"文案"职位，都展现了更好的团队协调性，更具有全局观。实际上，拥有策略思维并能深入理解整体策略的创意人员，更能创作出精准动人的创意表现；而富有创意且思维缜密的策划

人员，更能在制定策略时为创意表现拓展广阔的空间。

"文案"与"策划"在创作中都以文字作为主要的创作工具，不同的是"文案"侧重于针对某一个创意点的文字创意表达；"策划"侧重于针对全局的方向和统筹安排。二者方向一致，都是为了达成传播目标，但专长不一，一个善于"写得好"，一个强调"写得对"。但是如果你既有很强的策略能力，又能妙笔生花，"策划"与"文案"都能兼顾，那也是完全没有问题的。

■ 案例：XO啤酒

Neil French，是70年代戛纳大奖获奖无数的传奇创意人，担任过奥美的全球创意总监。

在新加坡工作期间，为了向客户证明："他们认为的那些像啤酒、洗发水这样本应该只在电视上做广告的东西，在报纸上一样可行。"他联合新加坡报业控股集团做了个虚拟品牌的传播实验。

Neil French作为策划、创意和文案，虚拟了一个啤酒品牌——XO啤酒，他和设计师搭档为这个不存在的啤酒设计了包装，并为它做广告。

这种XO啤酒是黑啤而且度数比一般的啤酒高，因为没有可以倾倒的东西、没有可以喝的东西、没有可以令男人们扎堆的东西、没有什么地位的象征，也没有美女，所以整个广告策略就是：XO啤酒能让你醉得更快。

标题：就像脑袋后面被人用沙袋轻轻地打了一下一样，不过，比那种感觉美妙。

内文：XO啤酒，12度，你最好躺着喝。即将在备有舒服地板的酒吧供应（图1-24）。

标题：不必买我们的啤酒而又能体验那种感觉的方法是：站在骑警的马后面，抓起它的尾巴，往里面塞一个冰块。如果没有马，

图1-24 XO啤酒平面广告1

图1-25 XO啤酒平面广告2

图1-26 XO啤酒平面广告3

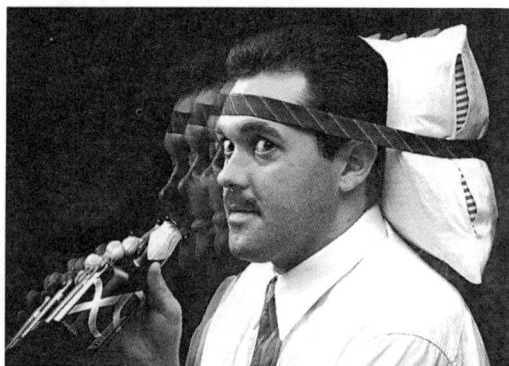

图1-27 XO啤酒平面广告4

警察也行（图1-25）。

内文：12度，即将在经过挑选的、备有舒服地板的酒吧里供应。XO啤酒，躺着喝。

标题：可否容我们指出：我们对道路交通安全的贡献在于，喝我们酒的酒客从不酒后驾车。因为三杯下肚之后，他们就不再记得车停在哪儿了。

内文：12度，即将在经过挑选的、备有舒服地板的酒吧里供应。XO啤酒，躺着喝（图1-26）。

内文：12度，即将在经过挑选的、备有舒服地板的酒吧里供应。XO啤酒，躺着喝（图1-27）。

内文：12度，即将在经过挑选的、备有舒服地板的酒吧里供应。XO啤酒，躺着喝（图1-28）。

内文：12度，即将在经过挑选的、备有舒服地板的酒吧里供应。XO啤酒，躺着喝（图1-29）。

内文：12度，即将在经过挑选的、备有舒服地板的酒吧里供应。XO啤酒，躺着喝（图1-30）。

内文：12度，即将在经过挑选的、备有舒服地板的酒吧里供应。XO啤酒，躺着喝。（图1-31）

内文：12度，即将在经过挑选的、备

图1-28 XO啤酒平面广告5

图1-30 XO啤酒平面广告7

图1-29 XO啤酒平面广告6

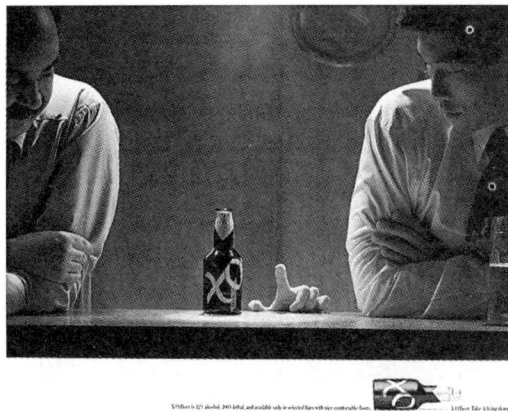

图1-31 XO啤酒平面广告8

有舒服地板的酒吧里供应。XO啤酒，躺着喝（图1-32）。

标题：这边朝上。

内文：应大家的要求，我们为XO啤酒的常客提供这种新的啤酒杯。猩猩酒馆独家供应声名狼藉、经常置人于死地的XO扎啤，那里的地板非常硬。XO啤酒，躺着喝（图1-33）。

内文：上图：猩猩酒馆的地板，这里独家供应声名狼藉的XO扎啤。XO啤酒，躺着喝（图1-34）。

标题：使用前，使用后

内文：XO啤酒，12度，只适合没有什么

图1-32 XO啤酒平面广告9

图1-33　XO啤酒平面广告10

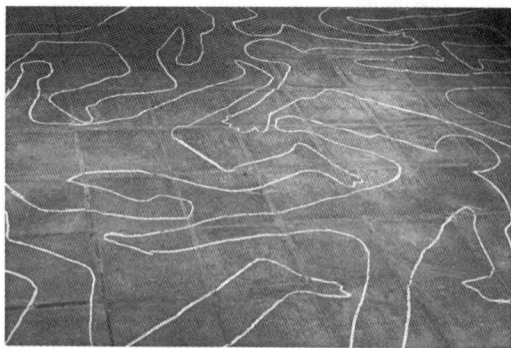

图1-34　XO啤酒平面广告11

想头的男人使用。因为他太快就接触到别的啤酒总算会接触到的地方。XO啤酒，躺着喝。

标题：快了！

内文：12度，即将在经过挑选的、备有舒服地板的酒吧里供应。XO啤酒，躺着喝（图1-35）。

这一系列啤酒广告取得了令人难以置信的成功。对这种虚构啤酒的需求火到爆棚。酒吧招待被人们质问为什么没有准备这种啤酒；杜撰的经销商供货电话也被打到爆。酒业客户对报纸的推广效果也大为改观。

XO啤酒是广告史上的一个传奇案例。它向我们展示了一个道理：说一千遍不如做出来看一次。它也能让我们理解：在营销传播领域，策略、创意、文案，本来就不是割裂的工作和内容，一个好的创意人，完全可以全程兼顾。

资料来源：http://www.neilfrench.com/

1.3.2　策划人职能的变化趋势

在媒介和传播环境高速发展变革的今天，广告策划人的职能和发展趋向也受到了相应的影响和挑战。

纸媒丧失主导地位、电波媒体投放压缩、

图1-35　XO啤酒平面广告12

户外广告发布疲软、线下活动的开展也有缩减……。传统的广告策划人受当下环境的影响，发挥空间日益受到局限，但是，网络为策划人开辟了全新而广阔的战场。广告策划人要因应当下的变化，改变传统观念，及时刷新自己的知识结构，为自己的传播技巧加入新鲜血液。

在大众传播主导的传统广告时代，广告信息的传播以企业对消费者的单向输出为主，广告策划人掌握了大众媒体的应用方法和传统广告的策略技巧就可以顺利开展工作。

现在，网络数字媒体与传统的大众媒体分庭抗礼并日益成长壮大，各种信息的透明度越来越高，依靠信息的不对等进行广告信息输出的时代成为过去了，广告信息的传播由广告主主导的单向传播逐渐向广告主与消费者共同推进的双向传播演进，信息的传播方向更加趋向于不可控，反馈和演变更为快速。

与此同时，新型的传播服务公司和专业岗位，不仅挑战广告策划人的专业技能，也对传统型广告公司的组织架构、服务范围和工作流程提出了挑战。网店运营、微信微博运营、网络传播公司……相对于传统广告公司，这些营销传播行业内的新兴门类，不仅更为熟练地使用互联网的工具和技巧，而且工作流程更为高效、反应更为迅速，更能适应数字环境下的营销传播服务。

以大众消费渠道的传播服务为例，传统环境下的日常推广主要是采用店面物料、大众媒体和售点周边的户外广告，投放周期一般以月度或季度为一个阶段；网络环境下的日常推广慢则以"周"为一个周期，快则以"天"、以"小时"为一个周期，主要采用的搜索排名优化、各类网站的长尾推送、微博/微信等社会化媒体的推送信息、第三方流量

拉动等推广形式。二者在手段上和反应速度上差异巨大。

在对效果的监控手段和效率上，也呈现出巨大的差异，传统环境下一般需要使用市场调查手段，等待一个销售周期完成才能统计数据变化；而网络环境下的推广效果可以通过后台数据库直接呈现，新的推广发布以后，点击量、转化率的变化每时每刻都可以实时呈现。

在创意表现上，传统环境下的表现手法相对更为精细刻板，设计制作周期更长，信息更复杂，其效果的统计难度相对较大；网络环境下的表现手法更直接、更丰富自由、更讲求销售效果，其检验也越来越直观简单。

在淘宝店铺直通车后台，一个商品可以设置两张创意首图，用于在搜索引擎中呈现，两张图的点击量可以实时在后台呈现出来，以此来判断哪一张图更适合消费者的视觉偏好，这对于传统环境而言，基本上是个不可能完成的任务（图1-36）。

没有策划人可以忽略数字环境带来的营销传播手段的变化。这些变化丰富多彩而且

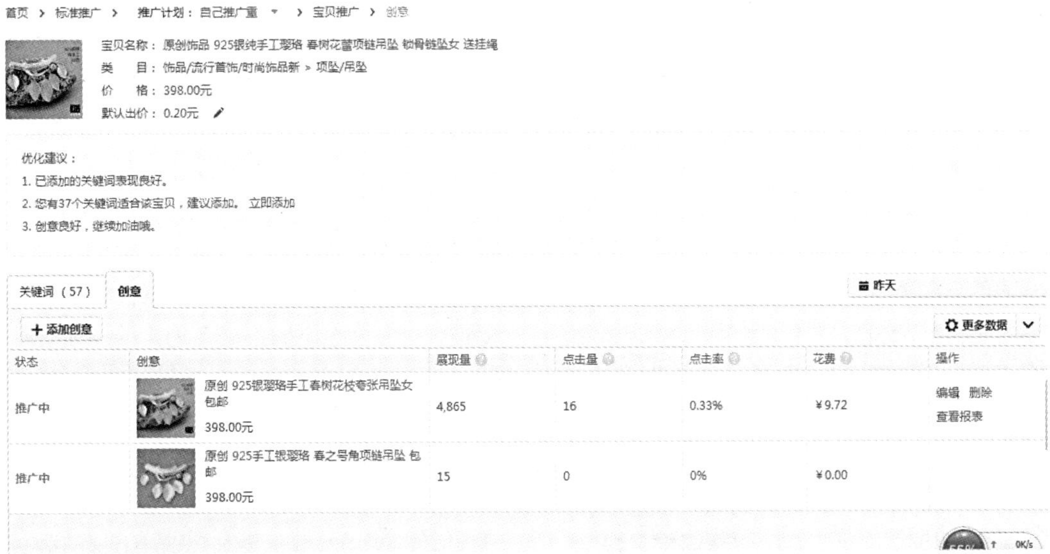

图1-36　淘宝直通车商品首图双创意比较选择模式

快速迭代，带来无穷的发挥空间。这就需要策划人不仅能熟练掌握各种传统的传播技巧，更要能掌握各种新型的数字化工具，及时应变，及时调整，创新应用新的，甚至是前所未有的传播手段。

进入网络互动时代，新型的创意传播团队加入了很多与互动网络技术相关的岗位，比如互动策略、互动技术、媒体、公关、电商渠道、零售策略、网络监测等，很多社交媒体的大V、网红也有可能成为团队的外围伙伴。

整体上看，在当下环境中，创意策划人的职能和作用有以下变化趋势：

1. 项目统筹和管理能力更强

互联网对传统营销传播方式的冲击，让广告、公关、营销活动、互动传播等领域日渐融合，策略的起始可能基于更多的岗位，可能是广告主监测系统的数据，可能是设计看见了一个新鲜有趣的景象或图形，可能是文案发现了一句有延展性和关注度的流行语，也可能是网络技术人员发现了一种可参与度很高的互动方式。传播策略的制定也由原来的以传播服务公司为主，广告主拍板，转向由广告主与第三方合作公司紧密合作，或者由广告主的传播管理团队制定。策划人在这种变化之下，需要具备更高的项目统筹和管理能力，能对各种营销传播机会快速反应，综合分析当下情况与整体策略方向的契合度，统观全局，迅速完成各方协调与策略制定，推动整体行动计划实施。

2. 对创意能力有更高要求

互联网传播环境对策划人的创意能力提出了更高的要求，这种创意并非传统意义上的图文设计创意，它不仅涉及以整合营销传播相关的策略创意，更有可能是生意方式、沟通方式、沟通技术或游戏规则的创意，比如"天猫双十一"的促销游戏规则、"河狸家"的生意模式等，都是策略的创意。

3. 知识层次更丰富，更新速度更快

互联网环境下，新技术和新应用不断推出，新的生意模式也在不断产生，一些前所未有的岗位和职能要求以前所未有的速度被创生出来，在这种情况下，要想做一个一流的策划人，不仅需要有扎实的整合营销传播知识基础，更需要有对变化的敏锐洞察和快速的知识更新迭代能力。

早在2004年，克里奥奖（Clio）的执行总监、美国《广告周刊》的前主编、副总裁安德鲁·杰夫在名为《谁主鱼》（Casting Big Ideas）的书中，就曾分析过广告行业面对和即将面对的各种挑战，也对未来广告行业的架构、模式以及从业人员的职能、定位等问题提出了多方面的探讨和设想。他在书中展望未来时提出了一个问题："如果未来的广告公司……不是广告公司可怎么办？"这个看上去充满危机又让人迷惑的问题，现在已经越来越清晰的接近我们的现实。

但是，不用紧张，就算广告公司不再是广告公司，策略和创意依然是成功的营销传播中不能缺少的因素。不管传播的工具和手段如何变化，我们可以看到符合目标客户的审美、满足目标客户的需求、采用清晰而统一的策略、制造有传播效力的内容、选择有效的信息接触时点……这些最基本的传播规律依然是不变的。变化的只是形式，需要改变的是心态和定位：你可以不是一个传统意义上的广告策划人，只要你谙熟规律、善用工具、富有创造力，你可以是一个超级策划人。所以，不必为未来设限，也不用悲观"广告已死"，一个好的策划人，从来不会只把目光放在广告上，从商业模式到营销推广，从社群沟通到线下接触，从品牌塑造到短期促销……每一个空间都是策划人的发挥空间。

■ 案例：汉堡王—皇堡牺牲

2009年，汉堡王要求代理商CP+B创作一个广告活动，展示美国人究竟有多爱皇堡。

图1-37　汉堡王-皇堡牺牲1

图1-38　汉堡王-皇堡牺牲2

创意团队自问：人们为了皇堡会愿意放弃什么？

答案在盯着电脑屏幕上的Facebook时展现在眼前：每个人的Facebook朋友都比真实生活中的朋友多。为什么？这些网上朋友到底有什么价值？如果给他们一个好理由，他们会不会愿意删除这些以前的朋友、以前的情人，或者只是工作生活中偶然认识的人？

CP+B设计了一个Facebook插件，让Facebook的用户可以轻松删除自己的好友。只要下载使用这个插件，并删除10个朋友，就可以收到一张可以兑换免费皇堡的兑换券（图1-37）。

"友情诚可贵，皇堡价更高"，活动上线10天，共有8万人在facebook上加装了插件，约有23.4万个朋友被删除换皇堡，并且每一个被删除的人，还会收到一条facebook的提示信息：你的朋友某某为了一个大皇堡，牺牲了与你的友情。多家媒体对活动进行了探讨和报道。

之后，Facebook要求汉堡王撤销这个插件游戏，此举不但没有让营销传播终止，反而因为很多没来得及删好友领券的人追问撤销原因而掀起了第二次高潮，媒体印象从1300万飙升到3200万（图1-38）。

活动结束后，汉堡王共发出2万多张印着"友情强，皇堡更强"的兑换券，收获了大量的媒体报道和关注，并让更多人深刻体验到汉堡王的品牌主张"要美味，不择手段"。

汉堡王的案例，向我们展现了数字网络时代营销传播的发展趋势：善用网络平台，使用技术手段；制造有娱乐性和话题性的沟通点；将品牌宣传和促销宣传融为一体，让营销传播部门和销售部门的利益达到了高度的统一。

本章小结

这一章我们对传播策划的源起、定义和理论基础进行了介绍，初步展现了本书将要介绍的知识结构，希望为大家建立一个广告策划学习的全局视野。

传播策划，是伴随大众媒体环境和传统广告发展而产生一种专业的操作方法，其理论体系和知识结构涉及信息传播、营销战略、广告策略、创意策略、品牌理论、整合营销传播、创意传播管理等体系，这些知识在当下的环境融合并存，是开展广告策划实务工作都需要了解和掌握的内容。在目前数字网络环境的影响下，传播策划的具体工作已经超越了传统广告的范畴，向包括广告、公关、网络技术、数据应用等内容的创意传播策划方向发展。这要求我们具备更广阔的知识面和更快的知识更新速度，也意味着策划人未来的工作和发展拥有更广阔的空间。

思考题

1. 百度"公共关系"的简介内容，结合当下营销传播环境，分析现在"广告"与"公关"是否有界限和差异。

2. 尝试运用"策划思考循环"，制定一个学习"广告策划"的策略。

3. 在网络上搜集2005~2014年戛纳创意节（戛纳广告节）的当年全场大奖作品，并尝试分析这些案例体现的营销传播趋势的变化。

扩展阅读

1. 安德鲁·杰夫. 谁主鱼. 王兰英、吴岩译. 北京：知识出版社，2004.

2. 孙武. 孙子全译. 贵阳：贵州人民出版社，1994.

第2章

传播理论基础

2.1 传播与传播学

2.1.1 传播和传播学的定义

使人类社会与其他动物社会的主要区别是人类传播的特定特性。传播是社会得以形成的工具。传播（COMMUNICATION）与社区（COMMUNITY）有共同的词根，这绝非偶然。没有传播，就不会有社区；同样，没有社区，也不会有传播。

传播是指社会信息的传递或社会信息系统的运行。信息是传播的内容，传播的根本目的是传递信息，是人与人之间、人与社会之间，通过有意义的符号进行信息传递、信息接受或信息反馈活动的总称。

传播学是研究人类一切传播行为和传播过程发生、发展的规律以及传播与人和社会关系的学问，是研究社会信息系统及其运行规律的科学。简言之，传播学是研究人类如何运用符号进行社会信息交流的学科。传播学又称传学、传意学等。

传播学是20世纪30年代以来跨学科研究的产物。传播学和其他社会科学学科有密切的联系，处在多种学科的边缘。由于传播是人的一种基本社会功能，所以凡是研究人与人之间的关系的科学，如政治学、经济学、人类学、社会学、心理学、哲学、语言学、语义学、神经病学等，都与传播学相关。

传播学的奠基者威尔伯·施拉姆在《传播学概论》中写道：社会是各种关系的总和，在这些关系中，某些信息是共享的。我们要明确了解的一点是，人类传播是人做的某种事。它本身是没有生命的。它本身没有什么不可思议的，除非是传播关系中的人使之成为不可思议。信息本身并无含义，除非是人使之有含义。因此，我们研究传播时，我们也研究人——研究人与人的关系以及与他们所属的集团、组织和社会的关系；研究他们怎样相互影响和受影响，告知他人和被他人告知；教别人和受别人教；娱乐别人和受到娱乐。要了解人类传播，我们必须了解人是怎样相互建立起联系的。

传播学运用许多学科的理论观点和研究方法来研究传播的本质和概念；传播过程中各基本要素的相互联系与制约；信息的产生与获得、加工与传递、效能与反馈，信息与对象的交互作用；各种符号系统的形成及其在传播中的功能；各种传播媒介的功能与地位；传播制度、结构与社会各领域、各系统的关系等。传播学还借鉴自然科学中的信息论、控制论、系统论等，所以，人们称它为交叉学科，意思是处在多种学科的十字路口。各种社会学科的理论又往往成为传播学理论的一部分。但是，传播又有它自身的理论，是其他社会科学所不能代替的。

人类的传播发展经历了口语传播、文字传播、印刷传播、电子传播四个时代，现在正处在网络数字传播兴起的新时期。每一个传播阶段的更迭都不意味着旧的传播方式被取代，而是新的传播形态融入原有的传播系统。了解传播学的基本理论和规律，可以帮助我们在媒介传播形式和手段变化多端的今天溯本求源，透过现象看本质，在变化中寻找正确而有效的推广方式。

2.1.2 传播学的知识结构

传播现象具有广泛的普遍性，因此各个学科对传播现象都有研究，很难寻求一种标准化的模式，建立单一的理论体系。从加强对不同学科和理论流派理解的角度，一般可以采用鲍尔斯的基本构想来描述传播学的知识结构。

第一级——信息的内容和形式

主要涉及如何创造信息，并以口头和书面的方式传递给他人？信息形成和发展的过程在不同文化背景下有何不同，其中有哪些文化机制在起作用？

所谓信息的内容主要关乎意义的生成和解读。人类如何理解信息，意义如何在我们与他人的互动中产生？意义在多大范围内，以何种方式成为文化的产物？

所谓信息的形式主要指信息如何由语言文字及其他非语言符号所构成并组合起来，各种符号的组合以何种方式生成了信息和意义。

第二级——传播者的行为

传播者，指传播活动的参与者，既包括信息的发出者也包括信息的接收者。

针对作为个体的传播者，研究个人心理机制对传播活动的影响，如何刺激反应机制、个人自我认识、动机与需求、自我防御等对信息处理的影响。

针对社会关系的参与者，研究个体行为如何受到他人及其社会关系的影响，如从众心理、社会化等。

针对文化群体中成员，研究个人行为如何受到集体文化的影响，如文化认同、集体无意识等。

第三级——传播的层面

根据范围和形式的不同，把传播划分为人际、群体、组织和大众传播四个层面。

人际传播，主要探讨两个人之间在面对面或非公开场合下的交流。

群体传播，探讨小范围内、并且通常是在决策情境下人与人的互动。

组织传播，探讨组织的结构和概念，以及各种组织内外部的传播过程和组织文化。

大众传播，探讨通过大众媒介面向公众的传播。

这四个层面的研究，相互之间并非割裂关系。群体传播包括人际传播，组织传播可以涵盖群体传播和人际传播的方方面面，而大众传播，也涉及人际传播、群体传播和组织传播中的多方面内容。

第四级——各种情景下传播

这一类研究将传播放入具体的情境中，

如医疗传播、庭审传播、宗教传播等，这样更具体，有各自的特性。

2.1.3 传播的主要模式

模式是对某一现象的一种有意简化的图形描述。模式不等于理论，理论是对现象的解释，模式则侧重于描述。在传播学研究的历史上，不少学者都习惯于用模式来表达他对传播现象的认识，认识这些主要模式有助于理解传播的基本特征。

1. 亚里士多德的演讲模式

亚里士多德被尊为传播学的鼻祖，他的《修辞学》就是要研究在特定的场合中最有效的说服人的方法，后人将他关于演讲术的研究归纳为以下模式（图2-1）。

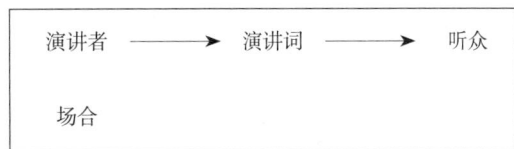

图2-1 亚里士多德模式

这一模式明确区分了传播者、受传者、讯息和传播情境等变量对传播效果的影响，并确定了传播的流向，让我们可以清楚地看到演讲传播的线性特征。

亚里士多德首先说明了演讲发生的几个重要场合，比如法庭、公众大会及各种公开仪式。然后阐明演讲者在这种传播中所起的主导作用，对他的个人认知会影响听众的态度，并在很大程度上决定演讲效果；演讲者如果能把握演讲的情境，就能对听众造成某种态度，因为人会在不同的情境中做出不同的决定，因此说服是通过演讲使观众动感情而产生效果；演讲词，即论点本身，只要论述逻辑显示出论点的合理性，就会产生效果。

2. 拉斯韦尔的5W模式

1948年，拉斯韦尔发表《传播在社会中的结构与功能》，并提出了这个传播研究中最有名的命题：描述传播行为的一个方便的方法，是回答下列5个问题——谁？说了什么？通过什么渠道？对谁？取得了什么效果？

此后这句话被称为"拉斯韦尔公式"，这一模式将传播活动表述为五个环节和要素构成的过程，并揭示了传播研究的五大领域：控制研究、内容分析、媒介分析、受众分析和效果分析，为进一步的研究提供了出发点（图2-2）。

拉斯韦尔公式显示了早期传播模式的典型特征：它或多或少地认为传播者具有某种要影响接收者的意图，因此把传播看成是一个劝服性过程。这一模式还假定任何讯息总是有效果的，这也无疑助长了过高估计传播特别是大众传播效果的倾向。尽管如此，拉斯韦尔模式依然是引导人们研究传播过程的一种便捷的综合方法。现代广告的基本传播思路、工作流程和分工体系就与这一模式有很紧密的关系。

3. 香农-韦弗数学模式

1949年，数学家香农和电子工程师韦弗发表《传播的数学理论》一文，围绕传播系统，特别是电话系统传播中的问题，提出一系列以数学形式表达的定理。他们在书中提出的线性传播模式，阐述了传播所涉及的主要因素：信源、讯息、发射器、信号、噪音、接收到的信号、接收器和信宿等（图2-3）。香农还提出，要想改进受电子干扰或噪音影响的电报或电话线的信息传递，最好的解决方法不是改进传递线路，而是更有效的包装信息。

在这个模式中，传播被描述为一种直线形的单向过程，展示了五个要完成的正功能和一个负功能（噪音）。受噪音干扰，由信源发出的讯息与接收器还原并送达的讯息含义可能不一样，而传播的失败，则在于传播者可能认识不到这种传受讯息的不一致。

香农模式在解释传播行为的基本要素方面非常有用，但它并没有囊括全部的人类传播形式，它没有注意反馈，也没有注意一些非逻辑性的（如非语言信息传递）问题。

1966年德福勒发展了香农-韦弗模式。

他在原来的模式中又增加了另一组要素，以显示出信源是如何获得反馈的，而反馈则使信源有可能使自己的传播方式更适应信宿。这样就增加了两种"含义"之间达到一致的可能性。这一模式还拓展了噪音的概念，认为噪音对传达和反馈过程中的任何一个环节或要素都会产生影响（图2-4）。

在社会传播中，一般强调有三种噪音的存在。

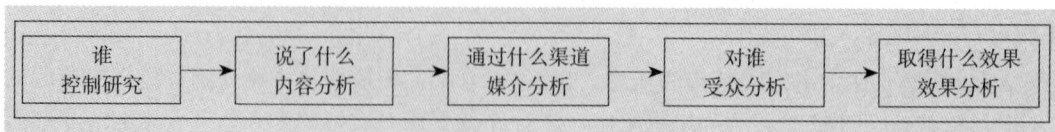

图2-2 拉斯韦尔公式及相应的传播研究领域

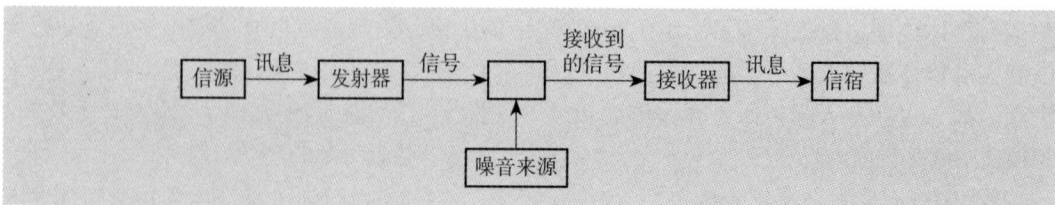

图2-3 香农-韦弗的数学模式

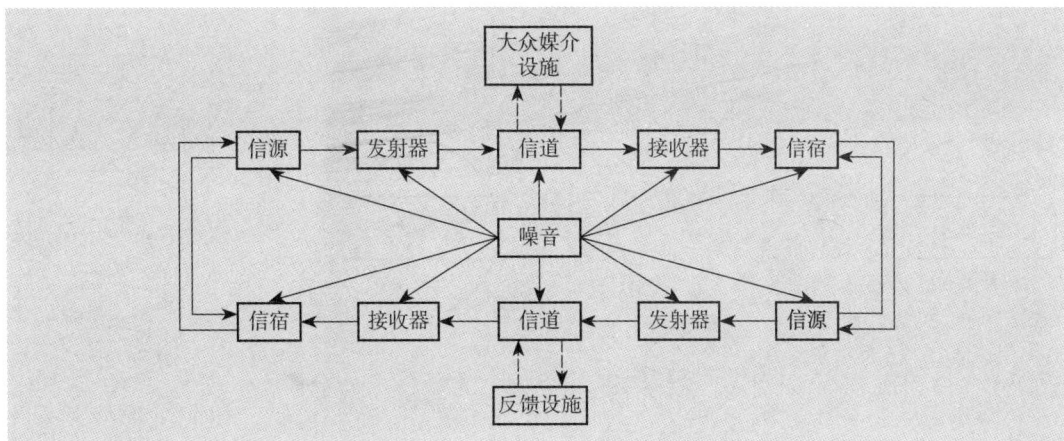

图2-4　德福勒对香农-韦弗模式的发展

一是物理噪音，指传播发生的场合背景下实际的噪音。比如开会的时候，你在陈诉观点，有人在不停地反驳或者与别人谈笑，干扰其他听众。

二是语义噪音，指由词语意义所造成的传播障碍，如专业术语、俚语和词义选择等。例如"爱人"在中国一般是指夫妻关系，而在法国一般是指非婚姻的情人关系。

三是差别噪音，指由传播参与者之间社会地位、性别、职业、动机等差别因素所造成的传播失效。差别噪音会增加或减少信息的价值和意义。对于社会和专业地位较高的人，人们普遍会比较容易信服，比如广告中使用"专家证言"或"名人代言"；对于社会地位或专业地位比自己低的人，人们一般会将他们的相关信息打折扣，比如一个民工跟你谈论外汇买卖，基本不会让你信服；从来没有开过车的妈妈给你购车的建议，你也会倾向于听听就算。

对于"噪音"的理解，不仅能帮助我们在营销传播中选择更适合的信源发出信息，还可以在面对竞争时，找到更有攻击力的方式；也可以帮助我们在应对危机时，发现消减负面信息强度的方式。

4. 奥斯古德-施拉姆的循环模式

1954年施拉姆发表《传播是怎样运行的》一文，在语言学家奥斯古德的观点基础上，提出了以下模式（图2-5）。

施拉姆提出：认为传播过程从某一点开始而到某一点终止的想法易使人误解。传播过程实际上是永无止境的。我们则是处理并通过不同线路递送大量永无止境的信息流的小小的中央交换台……

这一模式的出现，意味着与传统的直线性/单向传播模式的决裂。但这个模式传达了一种在传播中传收双方平等的感觉，而实际上，由于双方在传播资源、传播能力上的差别以及传播场合等因素，传播往往是相当不平衡的。另外，这个模式在描述人际传播时特别有用，但却不太适合实际上缺乏反馈的大众传播。

5. 丹斯模式

1967年，丹斯提出循环模式的不足在于，"传播经过一个完全的循环，不折不扣地回到它原来的出发点。这种循环类比显然是错误的。"他提出了一个新模式，强调传播过程是向前方发展的，今天的传播内容将影响到以后传播的结构和内容（图2-6）。

与大部分模式所描述的传播过程的静止

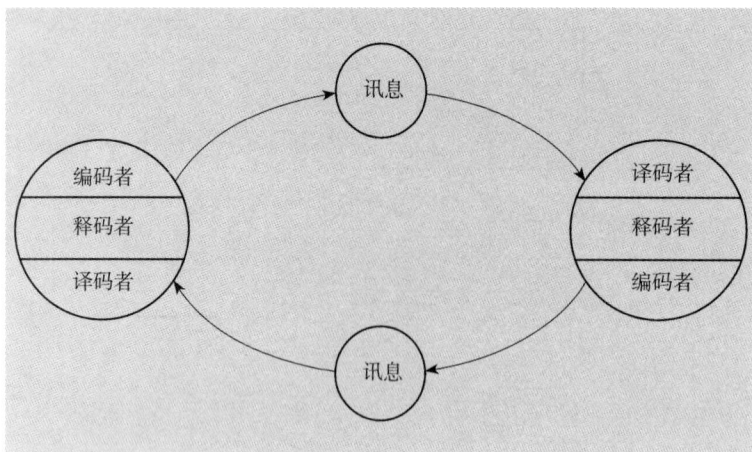

图2-5　奥斯古德-施拉姆循环模式

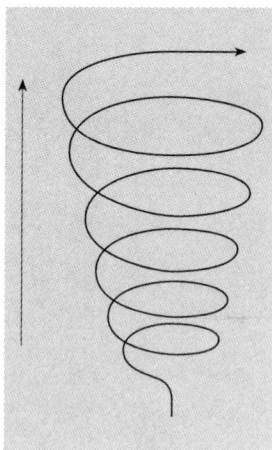

图2-6　丹斯模式

性不同，丹斯强调了传播的动态性质，以及人在传播活动中的主动性和创造性。

例如在一次谈话中，对于参与的各方，"认知场"总是在不断扩大之中。参与者们不断获得越来越多的关于谈话主题、别人的观点和知识的信息。而在不同情境下，对于不同的个人，螺旋形呈现出不同的状态。

这种动态模式比较适合理解品牌关系在传播中的形成过程。企业通过各种渠道不断地与目标受众沟通品牌的各种内涵和信息，让认知场（品牌关系）不断扩大，在这个过程中企业和消费者都参与了创造的过程，这个认知场越大，内容越丰富，品牌关系也就越牢固。

6. 巴克模式

结合线性模式和循环模式的特点，巴克提出了一个综合性的传播模式，比较适合用来理解传播的过程、结构及传播中的诸要素。

按照巴克模式，传播是一个互动的过程，包含有一组相互联系、相互依赖的因素，通过各要素之间的共同作用来达到预想的目标和结果（图2-7）。

1）信源或编码者

传播行为的引发者，决定传播的性质和目的。信源根据自己的经历、感觉、思想和感情来编码，并以恰当的讯息形式主动作用于他人。比如广告主的广告意图通过广告代理商的设计制作，以广告形式发布出来实现传播。

2）接收者或解码者

接收者凭借自己以往的经验、认知、思想和情感来解释讯息。人类通过五感来接收讯息，通过大脑来理解和解释讯息，并做出反应。当我们接收了很多内外在刺激时，会把这些刺激减少为我们能应付的一两个；我们理解并解释成讯息之后，会把对刺激的反应存储起来，以便下次能更快地做出反应；有时候接收者在特定环境下会对刺激立即做出反应。作为传播者，我们要学会分析传播对象以判断什么样的讯息会更有效。

由于接收者是根据自己的经验和认知来解释讯息的，所以我们在设计营销传播信息时才需要对目标消费者进行分析，界定他们的经验、认知和情感需求，以期设计他们能正确解读并产生偏好或好感的信息。

3）讯息

讯息用各种符号形式编制的信息内容。传收双方通过讯息发生意义的交换，以达到互动目的。要增加传播的有效性，信源应尽量用接收者能理解的方式进行编码，从而使接收者能正确解码。

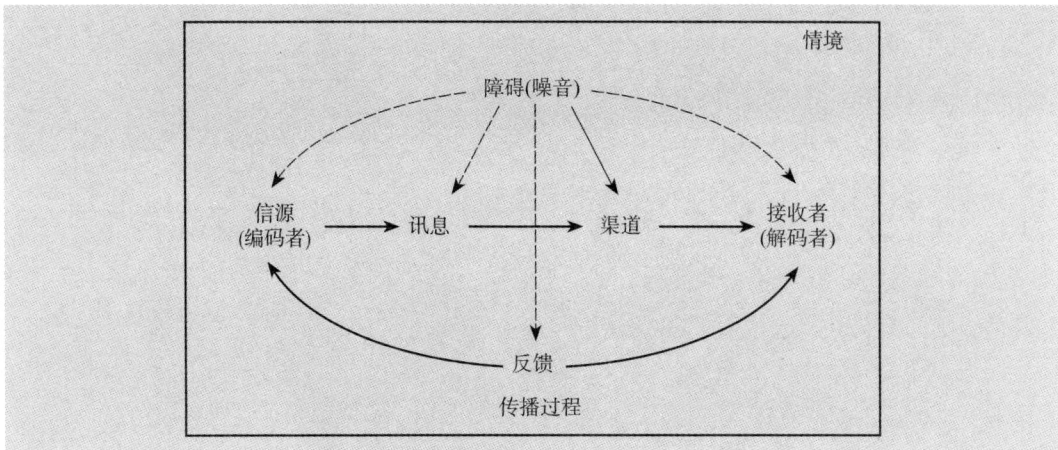

图2-7　巴克模式

4）渠道

承载和传递讯息的手段和工具。现实生活中，讯息传播的渠道非常丰富，每一种渠道都有自己的特点和适用的人群。在营销传播活动中，选择适宜的渠道资源、媒介载体非常重要。

5）反馈

传播中互动的每一方都会持续不断地给另一方发回讯息，这种讯息返回的过程就是反馈。反馈告诉信源，接收者如何解释讯息。没有理解的反馈称为负反馈。正反馈指接收者理解了讯息，但不一定赞同信源的观点。好的传播者总是对反馈十分敏感，并会及时修正讯息。

互联网技术的发展，让传播中的反馈获取比其他任何时候都容易，购物网站的评价、论坛的跟帖，微博的回复和@等，这些都是反馈。在今天的营销传播中，对反馈的处理和分析是策划人员必须关注的功课。

6）噪音或障碍

在传播中会有各种障碍。传播的有效性取决于双方共同意义空间的大小及传播的技巧。寻找共同的意义空间，是营销传播中经常要使用的技巧，这关乎广告是否能引起消费者的共鸣或认同。

7）情境

指传播活动发生的具体场合和环境，它是传播中最为重要的因素，它不仅影响传播的过程，而且影响传播过程中的每一个因素。

对信息的解码和反应会被情境触发，这也是营销传播中经常利用的规律性特征，比如在夏天增加冷饮、冰箱和空调的广告投放。现在最新的AR虚拟现实技术，可以虚拟一个视觉空间，让受众进行沉浸式的体验，触发消费需求。

7. 施拉姆的大众传播过程模式

大众传播过程模式的中心是媒介组织，它执行着与奥斯古德-施拉姆循环模式相同的功能——编码、释码和译码。受到媒介组织发布的讯息影响的广大受众由个体组成，但绝大部分个体却分别属于不同的初级群体和次级群体，他们会受到群体的影响，在群体内对讯息进行再解释。而大众媒介的内容经过个人和群体的过滤后，能产生最大的影响（图2-8）。

大众传播模式中的群体传播，与营销传播中的细分市场有很多关联，通过理解目标顾客所处的细分市场及其群体环境，可以采用更适合的传播方式来进行传播，进而获得更好地传播效果。

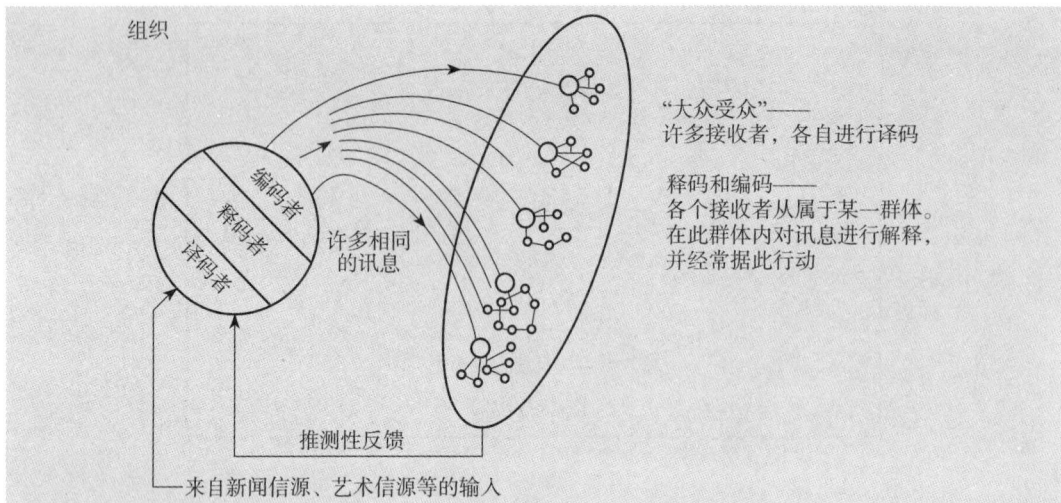

图2-8 施拉姆的大众传播模式

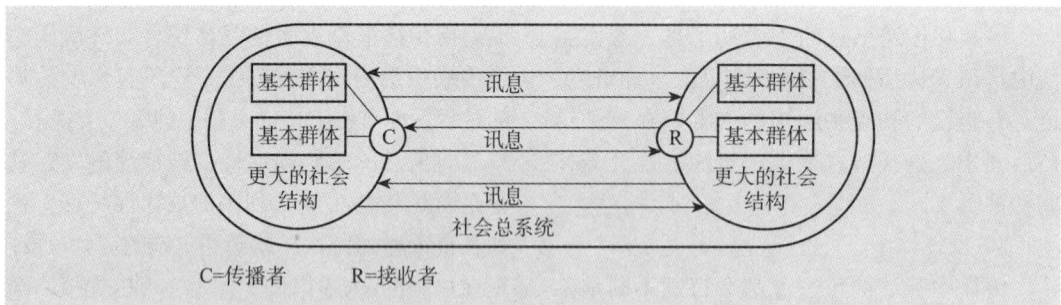

图2-9 赖利夫妇的系统模式

8. 赖利夫妇的系统模式

1959年赖利夫妇发表《大众传播与社会系统》一文，提出了一个新的模式（图2-9），目的是通过把大众传播看成是社会上各种社会系统中的严格系统，用社会学的方式来分析大众传播。

这一模式解释了基本群体在传播过程中的作用。基本群体显示了个人亲密的社会关系，如家庭和邻里伙伴，是个人最重要的社会支持网络，同时也帮助个人确定自己的态度和行为。基本群体也不是在社会真空中发挥作用，而是更大的社会结构的组成部分。传播过程中无论是传播者还是受传者，都受到基本群体的影响而用特定的方式去编码和解码。

赖利夫妇模式揭示了传播的系统性特点。

这一传播模式可以帮助我们理解现在微信、微博中存在的"圈子"或"群"。朋友圈，就是一种在数字生活空间中的基本群体。

以上这些模式，都是传播学发展初期的一些很简单的模式，可以显示传播现象的一些基本又重要的特点，比如过程性、符号互动性、社会关系性和系统性等。我们可以看到，传播现象的这些重要特点可以在生活中、营销传播活动中找到无数的应用实例，理解这些基本的特点，也有助于我们在学习策划和实务操作中理解问题的本质，避免一些常识性的错误。

2.2　与营销传播关系密切的传播学知识点

2.2.1　符号化与人类传播

在传播学中，符号的含义很广。简单地说，如果用一种事物A来指代或表述另一种事物B，那么A便成为一种符号。一束玫瑰表达了爱情，玫瑰就成为爱情的符号。

所有符号都不是事物本身，而是对事物的特定指代，这种指代和事物之间的联系在人的头脑中建立，形成符号的意义。符号化的过程，就是借助于人的头脑在事物之间建立符号联系、形成意义的过程。

传播是一种符号化的行动。可以按照传播的符号性质把传播活动分为言语传播和非言语传播。在实际生活中，大量的传播活动同时包含言语传播和非言语传播。符号的表现很多，最常见的可以分为信号和象征两大类。信号与其所表示的对象之间具有自然的一一对应关系，而象征符号不仅能表达具体的事物，也能脱离具体的事物，表达观念、思想等抽象的事物。

广告活动是最具有典型意义的人类符号活动。它借助于各种以语言、形象、声音为代表的符号进行表达，以期在受众的心目中形成预设的某种意义，从而达到告知和说服的目的。品牌印记的建立就是一个符号化的过程。图形、文字、声音、气味、感觉都可以成为品牌印记，比如各种标志图形、广告口号、英特尔的开机音乐等。

广告创意就是从符号储备中进行选择，将选择的符号与产品之间建立联系的创造过程。广告中的符号储备包括语言的、视觉的、图形的要素，还包括表现出的观念、信念、价值、思想意识等。

符号可以用于指示商品，既将商品转变为一种商标符号，也可用于评价商品特征，如"沃尔沃安全性能极高"，以引起购买。符号还具有审美功能。在所有符号当中，语言的功能最为突出。

2.2.2　语义三角图

语言是用于思想和情感交流的结构化符号体系。语言的传播过程，是用语言创造意义和愿望的过程。

任何语言都有双重系统，一个是语音系统，又叫外部系统，是语言存在的形式；另一个是语义系统，又叫内部系统，是语言的具体内容。传播的目标就是使你的意义与别人的意义重叠，从而达到相互理解。

语言的使用是为了帮助有效的传播，但语言也常常成为传播的障碍。使用共同的语言，有助于得到相似的意义，但唯有获取共同的意义，才能形成有效传播。那么语言的意义是如何形成的呢？

美国哲学家和逻辑数学家皮尔斯最早把"指称过程"定义为符号、事物和发生关系的过程，强调语言符号对事物的指代。20世纪20年代因果语言学家奥登和瑞查兹出版了《意义的意义》一书，用语义三角图的形式清晰表明了这三个元素之间的关系。

图2-10中，符号与指称物之间的虚线，

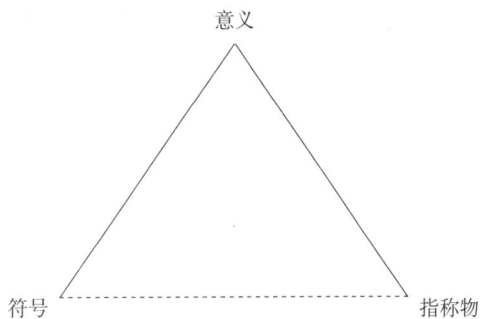

图2-10　语义三角图

表明二者之间没有直接的关系，而是一种约定俗成的关系，真正的联系只存在于人的思想中，因此意义不是词语所固有的，而是使用词语的人们赋予它们的。只有当人们把词语与特定的指称对象联系起来的时候，词语才有了意义。

语言符号可以指代事物，形象符号也具备同样功能，比如标志、麦当劳叔叔、龙等。现代传媒创造出大量的形象符号，并借此创造出流行文化。

成功的传播者应当明白词语、事物、人的思想及其反应之间的联系。

大多数的广告活动，就是要借助于各种手段，在产品名称与产品之间建立直接关系。而这种关系的真正建立，必须在人们的头脑中发生。因此，一句广告口号，发布量再大、曝光率再多，如果不能让受众的头脑中真正接受这句口号，广告的目的依然没有达到。

一方面，在任何一个社会中，都有一定数量的含义是普遍共有的，否则社会交往就不能顺利地进行，因为符号互动只能在共同体验的范围内进行；另一方面，符号本身所具有的抽象性，可能导致对符号的编码和解码不在同一个意义空间进行，从而产生传播失效。所以说，共有的只是符号，而不是含义。由此而提出一种判断传播准确性的标准，即一个词是否在传出者和接收者头脑中有着相同的指代。

■ 案例：立邦漆"盘龙滑落"风波

2004年，《国际广告》杂志9月号上刊登的一张广告创意作品，引起了网友和新闻媒体的广泛讨论。

这则《龙篇》立邦漆广告作品，为了体现涂上立邦漆的柱子变得光滑无比，创意人员让显金龙从柱子上"滑"了下来（图2-11）。

图2-11　立邦漆《龙篇》

作品由广州李奥贝纳创意，是业内常说的"飞机稿"（并非由客户委托进行创意设计，也不用于实际发布，只作为创意训练或参加各种奖项评选而创意设计的广告作品。）刊登在《国际广告》上，只是为了体现团队的创意实力。

这篇作品在BBS引发网友热议，多数网友认为这则广告创意冒犯了中华民族的图腾。而广告所表现的产品立邦漆，其生产企业有日资背景，部分网友认为这是继"丰田霸道"广告事件之后又一起利用广告"辱华"的事件。

著名策划人叶茂中接受采访时表示："我对此感到非常厌恶！也许你的创意的确有独到之处，拿到国外去也能得奖，但是这种靠戏弄中华民族象征来取悦评委的行为是中国广告人的耻辱。"

立邦漆《龙篇》广告创意事件被曝光之后，李奥贝纳以及《国际广告》杂志社分别发表声明，就此事带来的不良影响向公众表示道歉，同时，两家单位都强调了一点，就是"《龙篇》不是广告"。

对此，叶茂中认为：无论《龙篇》是不是一个正式发布的广告，但是既然已经刊登在《国际广告》杂志上，事实上也就已经产生了广泛传播的后果。现在再来辩解"有意"

还是"无意"其实没有太多意义。因为无意也是一种潜意识。另外，从创意到刊登，这是一个需要经过很多环节的过程。层层顺利过关，最后刊登到了杂志上，居然没有人发现其中的问题，这是一个悲哀。

在事件发酵过程中，立邦涂料（中国）有限公司一直保持缄默。直到９月２７日，该公司才接受了中国经济时报的采访，并表示：虽然李奥贝纳是立邦的合作伙伴，但是立邦从来没有要求李奥贝纳进行《龙篇》的创作，从创意到刊登的整个过程立邦毫不知情。

中国社会科学院的学者在接受记者采访时表示：作为一个广告公司，无论在哪个国家，宗旨就是最好的推销产品。所以广告公司应该对所在国家的文化、民众心理有深刻的了解。龙、狮子在中国文化中象征着什么大家都知道。这些文化禁忌是自然而然形成的。而广告是一种应该和本土的文化融合在一起的东西。所以文化的禁忌是碰不得的。尤其《龙篇》以及早些时候的"丰田霸道"广告牵涉日本，民众对此就会更加敏感一些。

其后在中华广告网进行的网上调查显示：到９月２８日，共有1053人参加了关于立邦漆《龙篇》的调查。投票者中，36.18%认为"创意应尊重民族文化"，38.27%认为"忽略了广告和文化之间的联系"，2.66%认为"创意人员缺乏历史知识"，另有22.89%则认为"创意不涉及侮辱民族文化"。

资料来源：中华广告网

2.2.3 非语言传播

有句话说：微笑，是世界通行的语言。

微笑，是一种非语言传播。非语言传播就是除语言传播之外的一切交流形式。它是具有社会共知的含义，被有目的的或解释为有目的的发出，被有意识地接收，并有可能由接收者反馈的除使用言辞本身以外的人类属性或行动。非语言传播一般包括有四种情况：有意发出并被感觉为有意的、有意发出而不被感觉为有意的、无意发出而被感觉为有意的、无意发出而不被感觉为有意的。

非语言传播与语言传播有许多共同点和相似之处：他们都是符号化行为，都可以指示事物、传达感情、交流信息、表达人际关系等，都受某些规则、规范的指引，都带有文化特征，都可以是有意或者无意的行为等，但它们不同点也很明显（表2-1）。

语言传播和非语言传播的差异 表2-1

语言传播	非语言传播
结构化——结构严谨	非结构化——几乎没有规定交流的正式结构
象征符号——大多有象征符号，不一定与事物一一对应	信号特征——大多和一定的具体事物一一对应，并带有很强的情境特点和情感色彩
非连续性——以非连续的单元为基础，是阶段性的，其各部分可以分离	连续性——传收双方自始至终处在传播过程中
单一通道——只通过一个通道进行，听或者看	多通道——可以同时作用于视觉、听觉、触觉、嗅觉等器官，使人接收多种信息，产生多种感受

非语言信息经常伴随语言信息，并对语言信息起着重复、补充、替代、强调、否定、调节等作用。

重复——同时使用语言和非语言信息，比如在说"对"的时候点头，起强调或阐明的作用。

补充——非语言暗示，如声调、面部表情、手势或人与人之间的距离，常用来补充语言信息，以添加、阐明或加强其意思。比如李连杰说出脉动的名字，再喝一口，并做出振奋的表情，可以强调脉动的功能性饮料特征。

替代——就是用非语言信息替代语言信

息。比如在安静的教室，想要出去可以比手势。对于替代性的非语言传播，重要的是能够识别，并以群体中、文化中大多数人的相同方式解释，否则误解就容易产生。比如肯德基的"吮指原味鸡"用"吮指"这个动作来表示产品的"多汁美味"。

强调——主要用于强调口语信息中的特别之处。比如熟练的演讲者会在演说的重点前后做停顿，从而突出重点。

否定——有时非语言信息和语言信息相互矛盾，这时接收者会倾向于相信传播者的非语言信息。比如在进行整合营销时，广告宣传强调服务好，而顾客在店面中遭受店员的冷遇，这时顾客更容易认为该品牌是一个服务质量不好、不诚实的品牌。

调节——常用于协调人与人之间的对话。比如语速、语调、音量的变化。

2.2.4　内向传播

社会是由作为意识和行为主体的个人所组成的，所有参与传播活动的个人都会进行某种程度上的内向传播，因此内向传播是一切人类传播的基础。内向传播的研究重点在于个人接受内在和外在刺激，进行大脑内部处理并做出反应的过程（图2-12）。

内在刺激——来自身体内部，经神经传导，大脑处理后迅速作出反应。比如鼻塞流鼻涕，大脑判断为感冒，会找药吃或去看医生。

外在刺激——来自身体以外的刺激。主要有两种形式，一是在意识层面感知的显性外在刺激，另一种是在潜意识水平上被感知的隐性刺激。隐性刺激也常常会导致个人意识和行为的改变。

1957年，美国的研究者曾在电影院里做了一个潜意识广告的实验，他们在电影正常播放期间，每隔5秒以千分之三秒的时间插入播放一条提示信息"请吃爆米花"或"请喝可口可乐"。由于信息播放的时间非常短，超过了人眼正常识别的范围，所以只能被潜意

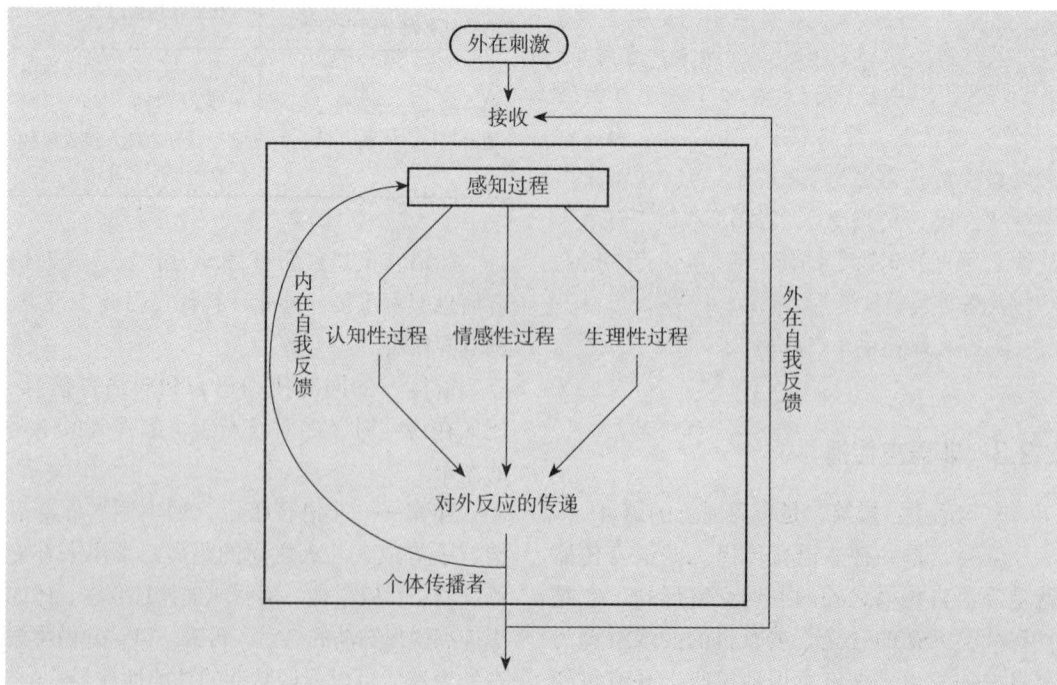

图2-12　内向传播过程

识认知。实验的结果是在6周内，电影院附近的爆米花销量增长了58%，可口可乐的销量增长了18%。

接收——指身体对刺激的接收，包括对外部刺激及自我反馈的外部信号的感知。虽然人的身体在特定情况下可以接收很多刺激，但却不可能对每一种刺激都做出反应。人体的选择性机制使得只有一部分刺激引起注意，决定选择性的主要因素是刺激的强度。

处理——对内在和外在刺激的处理有三种方式：认知性处理、情感性处理和生理性处理。在每一种处理方式中，都有某些刺激比其他刺激得到更多的关注，这是由刺激的功能和传播情境所决定的。

传导——在内向传播中，信息的传递依赖于神经传导，然后大脑通过运筹，使神经作用于肌体，以作出反应，从而完成一个传播过程。

反馈——在内向传播中存在两种自我反馈信息。外在的自我反馈是个人发出的讯息被自己觉察到的一部分，它能使人修正自己的错误，比如纠正口误。内在的自我反馈来自生理反应，比如不好意思时脸红。

策划人了解人的内向传播过程，有助于判断目标受众的行为方式或通过传播活动的内容、形式的设计引导出某种受众行为。

2.2.5　人际传播

人际传播指个人和个人之间发生的信息传播。

人际传播包含以下特点：通过多种感官接收；及时获得大量反馈；双方共同负责，传收角色互换；目的在于意义共享；受情境影响，包括物质环境与社会环境。

人们出于各种目的进行人际传播。人际传播可以沟通人与环境，让人们可以更好地了解和适应这个世界，实现生理、情感、心智的发展；人际传播可以增强思维和心理活动能力；人际传播还可以协调人与人、人与社会的关系，实现协作。

在网络传播环境下，人际交往的范围和频率都比以前有所增加，比如论坛和博客可以让你跟更多不认识的人发生交往，微信的摇一摇更是可以随时拓宽人际交往的范围。那么在人际交往中，如何实现良性的互动和有效的传播呢？那就需要进行意义的协调管理。

意义的协调管理，简称CMM理论，是人际传播中以意义为中心的理论。

按照CMM理论，一切传播都可以看成是一种协作，是人们依照一定的协调规则进行的互动合作，有两套特定的规则帮助我们协调行动——组成性规则和规定性规则。

处于某种社交情境下的个人首先要理解所发生的事情，因此他们会运用组成性规则确定某一个特定行动的意义。比如：初次见面时，如果对方微笑，那就表示一种友好的态度，我们要以微笑回应。这就是一种组成性规则。

规定性规则告诉我们在特定的情境下，哪些是合乎逻辑的、适宜的行动。对讯息的解释离不开情境，比如在游戏的语境下，辱骂会被视为玩笑；但是在冲突的语境下，辱骂则会被视为诋毁对方的行为。一旦明白了信息的意义，有关行为的规定性规则就会帮助你确定如何回应。比如在游戏里面可以采用调侃来回应辱骂。

有效的传播应该是两部分的作用：共享的规则体系；行为意义的协调管理。如图2-13所示。

CMM理论对人际传播的一大贡献是：它揭示出人们可以在彼此不了解的情况下取得令双方满意的协调。换言之，交流者可以运用对各方来说都是合乎逻辑的方式来组织他们的行为，但同时，他们对当时的情况却可以有不同的理解。比如演讲者热情洋溢，观众反响热烈，因此双方都感到满意，实现了意义的协调管理。但另一方面，演讲者期待

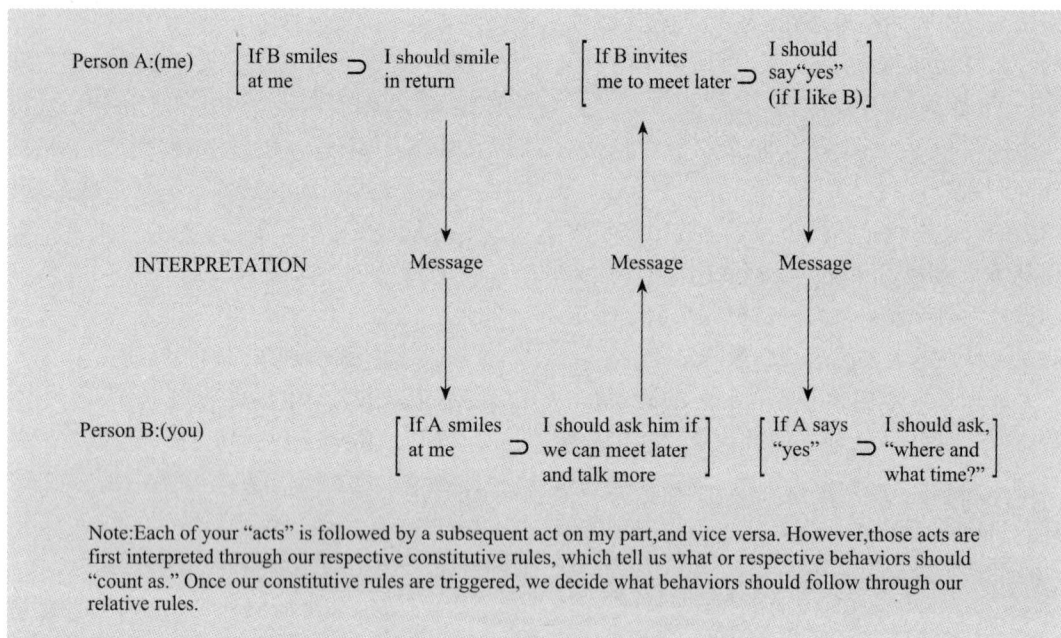

図2-13 意义的协调管理 1990 BARKER L L.《Communication》

的"教育和说服受众"却没有发生,听众们只是感到愉快,过后很快就把演讲要点忘得一干二净。

意义的协调管理理论对理解人际传播非常重要。它一方面明确了人际沟通情境和情境下的规则因素,另一方面强调行为的协调并不意味着对意义理解的一致性。这导致了大量的人际传播表面化,徒有形式,难以达到真正的效果,比如对领导发言的阳奉阴违。

很多营销传播在开展线下活动或进行事件营销时,都需要考虑意义的协调管理。不仅要让现场的气氛热烈刺激,拉动人的参与热情,同时,还要让活动能传达预设的品牌或商品信息,营销消费者关注商品或购买商品。避免出现叫好不叫座,凑个热闹就散伙的情形。比如很多房交会的现场,有些楼盘会在某个时间段发放礼品和介绍产品的楼书,而大多数排队领取的人都是大爷大妈,他们的目的就是赠送的礼品和购物袋,楼书拿回

家垫锅。这种情况下,虽然场面很热闹,但广告主的物料被大量的浪费而完全无法达到预期的效果。

2.2.6 小群体传播

群体,并不简单指一定数量的人群集合体,而是两个或更多互动并互相影响的人,它拥有一定数量的个体,这些个体基于某些因素和目的,以特定的方式组成一个系统。

对于群体传播的研究包括了群体的分类、群体传播中的个人参与、群体的互动发展、群体中的领导行为、群体中的问题讨论等。其中,群体传播网络与当下各种社交网络传播(论坛、微博、微信等)的关系是最为密切的。

当我们以群体传播中的个人为节点,将信息的发出者和接收者用线段连接起来时,就形成群体传播的网络结构图。在小群体传播中有五种最常见的信息传播网络,如图2-14所示。

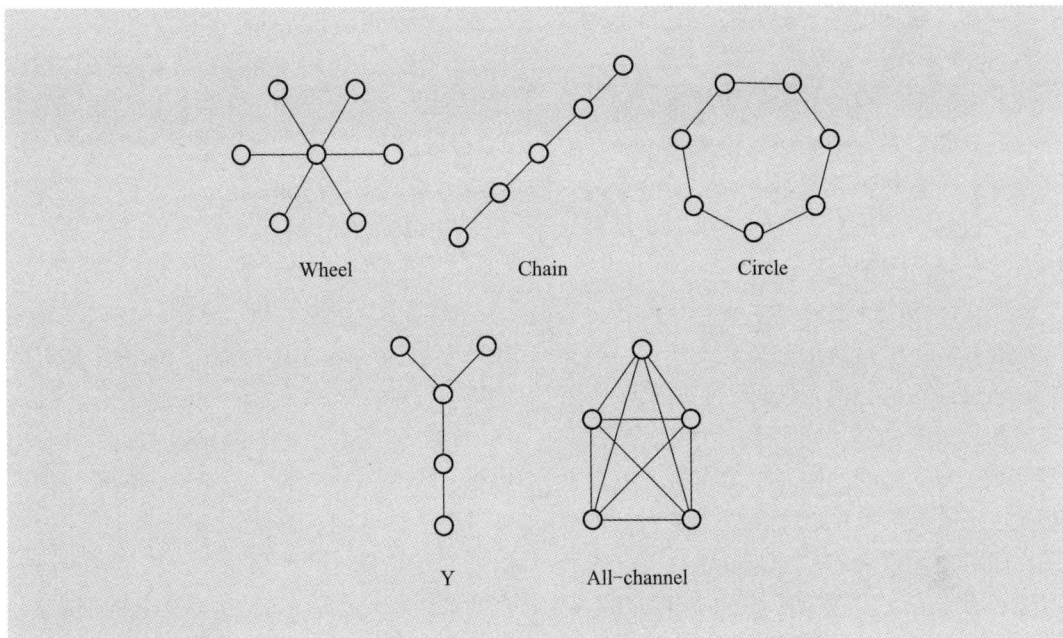

图2-14　群体传播网络　1990 BARKER L L.《Communication》

1. 圆形网络（circle）

类似于圆桌会议。成员将信息从一边传递到另一边，全体成员在信息传播中处于平等地位，领导与被领导的关系不明显，能使成员产生满足感，提高满意度和工作积极性。圆形网络在解决复杂问题方面特别有效，但解决问题的速度慢，对成员难以进行有效的领导。一般我们在进行开放性的构想或讨论时，采用圆形网络的方式进行沟通。

2. 轮形网络（wheel）

表现出独特的信息高度集中流动的特点。领导处于网络的中心，控制全部传播活动，与每个成员都有直接的沟通，他人处于从属地位。这种方式传播效率高、速度快、特别适合处理简单问题。

3. 链形网络（chain）

信息传播的集中性更为明显，领导处于传播中心，接收和处理所有信息，他人处于从属地位，而且一些成员还不能与领导直接沟通。这种方式解决问题较快，准确度高，

领导效能比较显著，组织也相当稳定，但成员的满意程度最低，士气低落。

4. Y形网络（Y）

具有"轮"形和"链"形的优缺点，即工作效率高、传播速度快、正确度高，但成员满意度低。

5. 全渠道形网络（All-channel）

在圆形网络中，如果每两个成员间都进行直接传播，就成为全渠道形网络，成员享受完全的传播自由，处于平等地位，这种网络的信息传播最快，是全方位的团体传播网络，而且体现出一种无领导的传播状态。微博、微信都是全渠道形网络。

2.2.7　媒介的发展与大众传播

传播是通过一定媒介、手段或工具来进行的，根据人类传播方式或媒介发展的历史脉络，可以将人类历史分成口语传播时代、文字传播时代、印刷传播时代、电子传播时代和数字网络时代五大阶段。人类传播的历

史是传播系统的附加过程，而不是简单地从一种系统转向另一种系统。

各个时期人们的日常生活深受他们一生中存在的传播系统的影响，传播"革命"贯穿整个人类存在过程，每一次"革命"都提供了可以给人类思想、社会组织和文化积累带来重大变化的方式。

1. 口语传播时代

语言的产生是真正意义上人类传播的开端。通过语言进行信息编码，提供了一个更有效的方式来收集、处理和扩散有用信息，不仅使人与人之间的沟通更为有效，也极大地促进了人类的思维能力，提供了人类传承文化的可能。口语传播形式虽然有很强的针对性和感染力，但在穿越时空时却具有不稳定和不可靠性，各种各样信号和符号手段的使用，最终导致了人类书面语言的产生。

2. 文字传播时代

文字从结绳记事及原始图画的基础上发展而来，文字的出现使人类进入了一个更高的文明发展阶段。文字克服了口语的转瞬即逝性，能够记录和保存信息，使人类的知识和经验积累不再单纯依靠大脑有限的记忆力；书面信息的交换不需要发送者和接收者同时在场，削弱了情境要求，允许人们对信息内容进行更加独立和从容的审视，从而使思维进一步深化；文字还打破了口语传播的地域限制，能够把信息传递到遥远的地方。为了便于文献的存储传递，人们不断发明出越来越轻便的文字承载技术。最终印刷术的发明，使人类进入印刷传播时代。

3. 印刷传播时代

在印刷术产生之前，书籍并不是主要的传播工具，而是作为知识的储存体。人类规模化的使用印刷技术，导致了书籍内容的变化、书面语言的标准化，更让书籍成为商品。

印刷术发明200年后，典型的报纸出现。早期的报纸具有定期出版、以商业为基础和公开销售等特征，被广泛运用在信息、记录、广告、娱乐消遣和街谈巷议等方面。

1833年，纽约《太阳报》的创刊，标志着报纸成为大众媒介。在大众报刊发展的早期就形成把广告商、媒介经营人和受众连接起来，形成一种功能系统，生产特定类型的大众传播内容的体制化方式。

4. 电子传播时代

1837年莫尔斯发明了电报，19世纪50年代以电报为基础的国际通讯社成为全球媒体的第一种重大形式。

1895年法国的卢米埃兄弟发明了电影摄像机。作为一种新的娱乐工具，电影提供了各种故事、戏剧、音乐、幽默、特技及宏大的场面，是真正的大众媒介，满足了普通大众的"休闲"需要，成为大众文化的创造者。

1920年，匹兹堡创办了世界上第一家商业无线电台KDKA；第二次世界大战以后，电视被发明出来并逐渐普及，开辟了大众传播的新时代。

以广播电视和现代报刊为代表的大众媒介，表现出很强的大众传播特点。第一，大众传播中信息的采集、整理和发送主要是由专业人员来进行，具有专业性和职业性；第二，借助于先进的信息传播技术，信息可以被大量的复制生产，克服了时空的阻碍，具有社会性；第三，大众传播活动通过复杂的传播机构进行，这些机构受到社会力量的控制和操纵，使大众传播具有制度性；第四，大众传播的对象是广泛而分散的社会大众，一方面使大众传播具有巨大的社会影响力，另一方面又因为受众对传播内容有进行选择的主动权，使大众传播对受众的影响力受到很大的制约。

5. 数字网络时代

从20世纪60年代以来沿用至今的"新媒体"一词，涵盖了通信卫星、光缆电视、移动电话、计算机及国际互联网等一切新发明的信息传播技术。新媒体最根本的特征是数字化。

在最新的研究中，认为"新媒体"一词应被"数字生活空间"所取代，因为数字网络超越了媒体的范畴，它不仅包含了媒体功能，也是人类生活的数字化。

数字网络技术多种多样并且处于持续变化中，但其总的发展趋势是媒介技术的聚合和人性化。除海量信息的传递外，数字空间与传统大众媒介相比，具有更多互动性、社会参与性、私人性与自主性的可能。

数字网络的发展带来了信息社会的产生。

一般认为，信息社会尽管从农业社会和工业社会发展而来，但却具有与前两者明显不同的特点。一是社会经济的主体由制造业转向以高新科技为核心的第三产业，即信息和知识产业占据主导地位；二是劳动力主体不再是机械操作者，而是信息的生产者和传播者；三是交易结算不再主要依靠现金，而是主要依靠信用；四是贸易不再局限于国内，跨国贸易和全球贸易成为主流。

2.2.8 麦克卢汉的媒介决定论

许多学者都从不同角度对媒介技术的作用进行了研究，其中最有影响的是加拿大学者马歇尔麦克卢汉。他提出了三个著名的观点："媒介即讯息"、"媒介：人的延伸"、"热媒介和冷媒介"。

1. 媒介即讯息

麦克卢汉认为，媒介最重要的影响来自于它的形式而不是它的内容。"正是传播媒介在形式上的特性——它在多种多样物质条件下一再重现——而不是任何特定的信息内容构成了传播媒介的历史行为的功效。"

媒介效果的影响并不是体现在有意识的意见和观念层次上，而是在感觉比例和知觉类型的下意识层次上。所谓感官比例是指人们各种感觉器官的平衡作用。原始人重视所有的五种感官，但是科技，特别是传播媒介，使人们只强调一种感官。从口语转向书面语和印刷，视觉被突出强调，并且从整体感觉中分离出来。它影响了我们的观察，如注重细节，也影响了我们思考，使思想变成单一线性的、连续的、规则的、重复的和逻辑的。视觉的分离也产生了情感的分离，使感觉、表达和体验情感的能力下降。印刷媒介带来了专业和技术的分化，同时也造成了疏离感和个人主义。以电视为代表的电子媒介扭转了视觉空间的感觉分裂，人类重新部落化，个人和环境合为一体。

2. 媒介：人的延伸

在麦克卢汉看来，技术性的工具，如车轮或字母，都变成了人类感觉器官或身体功能的巨大延伸。每一种新的媒介技术都具有令人着迷的力量，因为他们把各种感觉分离，而在部落中，人的各种感觉大体上是以完美的对称存在的。当任何一种感觉或身体功能以技术的形式具体化时，官能的分裂和各种感觉之间比例上的变化就出现了。印刷术的发明，巩固并扩大了视觉在应用知识方面的新作用，而电子技术扩展的不是人们的眼睛，而是人们的中枢神经系统。"我们的个人生活和团体生活变成了信息加工过程，因为我们已经把自己的中枢神经系统放在我们之外的媒介技术中。""就我们这个星球而言，时间差异和空间差异已不复存在，我们正在迅速逼近人类延伸的最后一个阶段——从技术上模拟意识的阶段。""我们的时代渴望整体把握、移情作用和深度意识，这种渴望是电子时代自然而然的附属物。"

3. "热媒介"与"冷媒介"

"热媒介"传递的信息比较清晰明确，接受者不需要调动更多的感官和联想活动就能够理解；而"冷媒介"的内容含义不太明确，需要受众的更大参与。"热媒介"如照片、印刷物、电影和无线电广播等，极其明确地把一种单一的感觉加以扩展，留下需填补的空间很少。但电视却是"冷"的，因为"电视形象需要我们每时每刻以一种强烈的感觉上的参与'填补'影响，这要超过皮肤与物体的单独接触"。对麦克卢汉来说，触觉代表着人类所有的感觉的综合，即部落人的长期失落的"感觉总体"。于是电视就成为现代社会重新恢复心理统一的实用工具。

麦克卢汉的很多理论并不是严密的科学考察的结论，而是所谓的建立在"洞察"基础上的思辨性推论。他强调技术是人的生物性而非社会性的延伸也招致很多批评，但他对于媒介技术特性的重视和对数字生活空间（新媒体）时代的预言依然发人深省。

2.2.9　梅洛维茨的理论

1985年美国学者梅洛维茨发表《消失的地域：电子媒介对社会行为的影响》一书，将麦克卢汉的理论与社会学家戈夫曼的"社会脚本"理论结合起来，探讨电子媒介对人类传播的影响。他认为电子媒介影响社会行为的原理并不是什么神秘的感官平衡，而是因为重新组合了人们交往的社会环境，从而带来了新的行为规则和对"恰当行为"的认识的变化。

按照戈夫曼的社会交往理论，人们的行为规则和社会交往方式是受到特定的场景——传播发生的地点及观众——所限定的。社会场景形成我们语言表达及行为方式的基础。当人们进行特定的交往时，首先需要确定场景，然后根据场景要求采取适当的行动。每个特定的场景都有具体的规则和角色。我们适应社会生活的方法之一就是学习我们文化中的场景定义。被分割在不同场景（或不同的场景集合）中的人们会形成不同的价值观念、社会身份和社会行为。但梅洛维茨认为，电子媒介，如电视，使得人们的社会场景发生了很大的改变，所以对人的社会行为有很大的影响。他用三项研究来证明电子媒体对人的社会行为的影响。

1. 男女气质的融合

传统认为男性和女性角色是由生物性质所决定的，但后来的研究则有力的证明传统上男女性别角色的差异更多的是由社会化，即不同的培养方式和角色期待所导致的。

梅洛维茨这要证明，男性气质与女性气质融合的最新趋势，与电子媒介使用后男性和女性信息系统的融合有关。

传统上，女性属于家庭，而外部世界属于男人。男女活动的场景是截然分开的，因此在生活的许多领域中并没有真正的人类经验，而只有女性经验和男性经验。但是电子媒介特别是电视的普及，使男性和女性的社会场景或信息系统产生了融合。男女性的融合，不是女人更像男人，而是两种性别的成员变得类似。电子媒介将许多不同类型的人带到相同的"地方"，于是许多从前不同的社会角色特点变得模糊了。

近年来，"中性化"成为一种社会现象，相对于人类的历史的任何时期，"女汉子"、"伪娘"也越来越多，这其实就是"男女气质融合"带来的影响。在营销传播的实务工作中，我们应该关注这种性别心理的变化趋势，以此来挖掘更多有意义的、具有说服力和针对性的传播说词。

2. 成年和童年的界限模糊

传统上儿童总是处在被保护同时也被隔离的状态，儿童的社会化受到家长和学校的严格控制，总是循序渐进的发生的。但是现在，儿童和成年之间的界限也变得模糊了。梅洛维茨认为，因为电视的特点决定了电视内容不像书籍内容那样能把儿童与成人世界隔离开，它允许儿童"参加"成年的交往，并促使孩子去问那些没有电视他们就不会听到或看到的行为和语言的意义，如钱、死亡、犯罪等。儿童接受社会化讯息的旧顺序被打破了，他们在老师教给他们理想之前，就对"真实"生活了解太多，因而迅速成人化了。因此电子媒介对儿童的影响，不仅仅在于具体的讯息，而在于提供大量的"成人化"的场景结构，从而打破了儿童与成年的社会隔离。

在现实生活中，我们一方面看到儿童的

成人化，早熟早慧成为普遍现象；另一方面，我们也看到了很多kidult（儿童化的成人），"卖萌"、"吓死宝宝了"成为流行语，装嫩族对于时尚、玩具、食品、电子产品、家居用品等领域都产生了比较大的影响，不仅拓宽了产品设计的空间，也成为营销传播经常会针对性指向的族群之一。

3. 政治英雄降为普通百姓所体现的权威变化

传统上的政治英雄更接近一种社会角色的扮演，他需要和观众隔离，需要私下操练及前台的适时表演。但是通过电视，我们看到他们对许多不同类型的听众演讲，然后对家人"私下"打招呼。电视对政治家的各种行为表现得太多了，而他们正在失去对自己形象和表演的控制。

总之，在特定的社会场景中存在着特定的社会角色扮演和角色期待，而电子媒介却打破了传统的场景界限，产生了新的场景、新的规则和新的角色行为。

2.3 大众传播的效果

2.3.1 大众传播效果研究的阶段

整个大众传播的研究是建立在媒介具有重大效果这一前提之上的，但是对媒介效果的性质和程度却看法不一。大体上效果研究可以分为四个阶段。

第一阶段：万能效果论——认为传播媒介如同"魔弹"，具有不可抗拒的巨大力量。

第二阶段：有限效果论——认为大众传播通常不是作为媒介效果的一个必须或者充分的原因，而是要通过一连串的中介关系来产生作用。信息的获取未必伴随态度的变化，而态度的变化也未必造成行为的改变。

第三阶段：强大效果的重新发现——认

为在认知、态度、行动这三个效果层面上，"有限效果论"充其量只探讨了后两者而忽视了大众传播在人们的环境认知过程中的作用。早期研究只注意从传播者角度考虑传播的效果，而忽略了受众的需要；只考察了具体传播活动的微观、短期效果，而忽视了整个传播事业日常的、综合的信息活动所产生的宏观的、长期的和潜移默化的效果。电视的普及和新媒体的不断涌现，使媒介效果在"有限效果论"的框架下不能得到说明，过分强调大众传播效果的有限性会给传播实践带来某些消极影响。在这一时期，出现了"使用与满足论"、"议程设置论"、"沉默的螺旋"、"培养论"及"知识沟假说"等一系列颇具代表性的效果理论。

第四阶段：协商性的媒介影响论——认为媒介通过意义的建构及系统地向受众提供这种建构而产生最重要的效果。在这个过程中，意义以某种形式的协商为基础，融入个人的意义结构中。这其中包含两个最重要的观点，一是媒介以一种可预测和模式化的方式，通过对真实形象的架构（以故事或新闻形式）来建构社会甚至历史；二是受众通过与媒介提供文本的互动，来建构他们自己的社会现实和自己在其中的位置。这种方式让媒介权利和受众权利在不断协商中交替选择，并形成效果。

2.3.2 两级传播

两级传播论是媒介有限效果论中最重要的理论，认为媒介讯息不是直接传向所有个人，人与人之间也不是相互隔绝，而是相互影响的。讯息和观念常常是从广播与报刊流向意见领袖，然后经由意见领袖流向人群中不太活跃的其他部分。

意见领袖普遍存在于社会各阶层，社会生活的各个领域。他们往往是普通人，只是在传播活动中扮演了领袖角色，担任信源和指导者。他们只是在其富有特长的领域充当领袖，指导他人，在他不熟悉的领域内只能充当追随者。

遍布在各类型社交网络中的达人、红人、公知、时尚博主……都是某一个范围内的意见领袖。由意见领袖提供的相关建议相对于企业广告主直接发布的信息更容易被特定范围的人群所接受。因此，在进行网络传播时，善用意见领袖可以起到事半功倍的效果。这在各种汽车、电子产品、餐饮口碑等垂直网站的评测、评价、评分中已被广泛应用。

同时，我们还要注意到，在数字生活空间中，信息具有高度的透明性，因此意见领袖的建议如果被认为是不客观、不公允的、被商业意图左右的，意见领袖的作用就会丧失。这就要求我们在进行营销传播时考虑信息的真实性和公信力。

很多名人在代言某产品后，产品功能被证实为夸大其词，不仅产品的市场影响力和形象会受到损害，名人的公信力也会降低。

在中国电影行业，普遍存在刷分的现象，这种雇佣水军刷高新片评分吸引观众的方式，虽然有可能在一个阶段内让某些并非佳作的影片获得较高的票房，但从长期来看，是对评分平台的伤害。当观众在多次感觉上当以后，会慢慢地变得更加聪明，对评分平台的分数就会持保留态度，如果没有人再相信平台的评分，平台存在的基础也就动摇了。

类似的情况，在网购平台（刷单）、餐饮口碑平台（刷评价）、垂直网站上（刷评测）、微信公众号（刷阅读量）等都大量存在。作为策划人，我们首先应该已经看到这些方式带来的长期且不利的影响，失去公信力，意见领袖的作用也就不存在了，平台的效力甚至生存空间也会丧失；其次，我们需要学会分辨一个平台或渠道提供的这类数据是否真实可信，以便选择真正具有传播力和公信力的平台；再次，虽然在现阶段进行数字网络空间的推广，不可避免地要使用到各种"水军"，但我们仍要努力去开发和寻找更好地传播引爆方式，来取代这种发展过程中的手段。

2.3.3 创新的扩散

所谓创新的扩散，是指一项新的事物或观念，经过一段时间，通过特定渠道，为社会系统中的成员所接受或采纳的过程。创新扩散的四种要素包括：创新要素、渠道要素、时间要素和流通发生的社会系统要素。

时间要素，是创新扩散过程中的重要变量。创新的扩散不同于新闻传播之处在于，它不仅涉及知识性的了解，还包括态度转变，采用的决策和创新的最终施行等，因此存在一个以时间为坐标的创新扩散曲线（图2-15）。

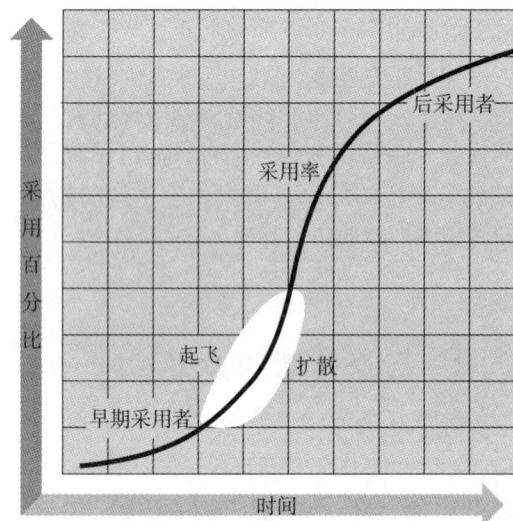

图2-15 创新-扩散曲线

人们在了解了新事物后，率先采用新事物的只是少数，当少数人采用成功并通过人际传播渠道传开后，多数人才纷纷转而采用。当采用新技术的人随时间推移而累计起来，就形成S形曲线。时间要素还包括个人从了解到采用，再到证明创新的时间；个人比其他人更早采纳新技术的相对时间，以及创新被系统内成员普遍接受的相对速度等。

渠道要素，包括信源和信息的载体。信源可以是来自社会系统外部的外在信源，也可以是社会系统内部的内在信源。信息的载体可以是人际的，也可以是大众媒介的。大众传播过程区分为两个方面，一是作为信息传递过程的"信息流"，二是作为效果或影响的产生和波及过程的"影响流"。前者可以是一级的，即信息可以由传播媒介直接"流"向一般受众；而后者则是多级的，要经过人际传播中许多环节的过滤。大众传播媒介可以迅速抵达广大受众，传播消息。人际渠道可以实现信息的双向交流，补充信息，澄清要点，在解决对信息抵制或冷漠的问题上比大众媒介更为奏效。

在创新扩散研究中发现，信源和接收者之间往往存在高度的异质性，也就是相互之间差异性大于相似性，因为新观念通常来自迥异于接收者的人物，因此要获得良好的传播就要解决一些特殊的问题。罗杰斯将创新的采纳者分为五类，分别有以下特点：

①创新者——大胆，喜欢标新立异，比其他人有更多的社会关系，见多识广。

②早期采用者——地位受人尊敬，通常是社会系统内部最高层次的意见领袖。

③早期众多跟进者——深思熟虑，经常与同事沟通，但很少居于意见领袖的地位。

④后期众多跟进者——疑虑较多，之所以采用创新通常是出于经济必要或者社会关系不断增加的压力。

⑤滞后者——因循守旧，信息闭塞，局限于以往经验和传统观念。

对早期采用者来说，大众传播媒介和外在渠道比人际渠道和内在渠道更为重要。在创新扩散过程中，大众媒介和外在信源在获知阶段相对重要，而人际渠道和内在信源在劝服阶段更为得力。

对于"创新的扩散"的研究，可以被广泛应用在社会热点、网络话题的打造中。"杜甫很忙"、"凡客体"、"语路计划"等都是典型的创新扩散的例子。就目前的数字生活空间而言，触发"创新扩散"，需要信息源具备可复制、可演绎、娱乐性、可分享等特点。而对营销传播有意义的创新扩散，还需要关注扩散过程中信息的管理，及时应对可能产生的负面信息，引导和放大正面信息。

2.3.4 媒介接触的社会条件因素

除了关心媒介接触对人的影响外，研究者还很重视影响媒介接触的社会条件。

卡兹等人在1974年发表《个人对大众传播的使用》一文，媒介接触行为概括为一个"社会因素+心理因素→媒介期待→媒介接触→需求满足"的因果连锁反应过程。

1977年，日本学者竹内郁郎对这一过程做了修改补充，并提出图2-16所示的基本模式。

从图2-16中可以看出：第一，人们接触媒介的目的是为了满足特定的需求，这些需求有一定的社会和个人心理缘由；第二，实际接触行为的发生需要两个条件，一是媒介

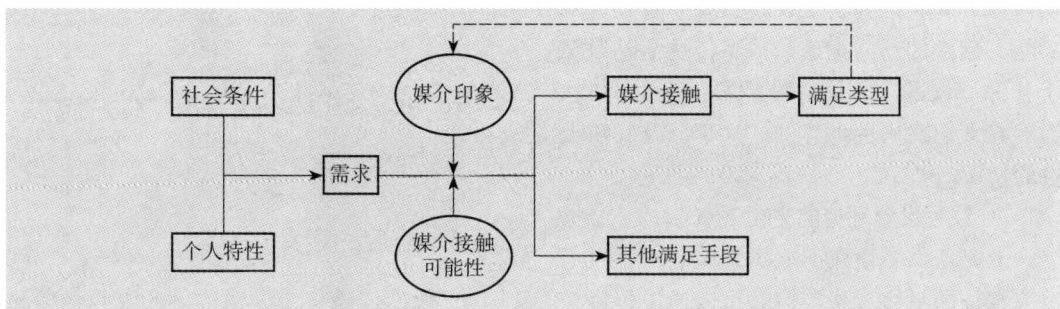

图2-16　使用与满足过程的基本模式

接触的可能性，即身边应当有电视或报纸之类的媒介，否则人们只好选择其他满足方式，比如朋友等，二是媒介印象，即对媒介能否满足需求的判断，这是建立在以往媒介接触经验的基础之上的；第三，根据媒介印象，人们选择特定的媒介或内容开始具体的接触行为；第四，媒介接触可能使需求得到满足或者没有得到满足；第五，媒介接触还会产生一些其他后果，其中大多数是无意获得的。

无论满足与否，媒介接触的后果将影响到以后的媒介接触行为，人们会根据结果来修正既有的媒介印象，在不同程度上改变对媒介的期待。由此可以看出，这一媒介接触模式是用期待理论解释人们进行媒介消费和避免媒介消费的原因。

2.3.5 议程设置

议程设置的基本思想最初来自于美国新闻工作者和社会评论家沃特·李普曼。1922年，李普曼在其经典著作《舆论学》中提出了他的观点："新闻媒介影响'我们头脑中的图像'"，这成为议程设置理论的雏形。

1963年，伯纳德·科恩提出了对"议程设置"最有影响力的表述："在多数时间，报界在告诉它的读者该怎样想时可能并不成功；但它在告诉它的读者该想些什么时，却是惊人地成功"，这更清楚地指出了媒介的议程设置功能。

在中国学者郭庆光教授的《传播学教程》一书中，他认为议程设置的中心思想是：大众传播具有一种为公众设置"议事日程"的功能，传媒的新闻报道和信息传达活动以赋予各种"议题"不同程度的显著性的方式，影响着人们对周围世界的"大事"及其重要性的判断。

1. 议程设置理论的主要观点

①大众媒介往往不能决定人们对某一事件或意见的具体看法，但是可以通过提供信息和安排相关的议题来有效地左右人们关注

某些事实和意见，以及他们对议论的先后顺序，新闻媒介提供给公众的是他们的议程。

②大众传媒对事物和意见的强调程度与受众的重视程度成正比。受众会因媒介提供议题而改变对事物重要性的认识，对媒介认为重要的事件首先采取行动。

③媒介议程与公众议程对问题重要性的认识不是简单的吻合，这与其接触传媒的多少有关，常接触大众传媒的人的个人议程和大众媒介的议程具有更多的一致性。

④不仅关注媒介强调哪些议题，而且关注这些议题是如何表达的，对受众的影响因素除了媒介所强调的议题外，还包括其他因素，这些影响包括对态度和行为的两种影响。

2. 议程设置的主要应用包括以下几个方面

①建立共识，实现对话：通过议程设置，媒介可以使意见相左的团体就某些议题达成某种一致，从而实现不同团体的对话。

②提高责任，引导舆论：记者对新闻事件的评判在很大的程度上影响着公众关注与该事件相关的议题，所以记者的责任心就很重要。

③构造事件，吸引眼球：传播、公关人员要想捕捉公众的注意力，就应该以恰当的方式来构造相应的媒介事件。

议程的设置机制可以被应用到事件和话题营销中，也可以被用来处理各种危机。对正面议题的放大，或者使用其他议题替代危机议题，都是营销传播实务中经常需要面对的问题。

2.4 态度的形成与转变

2.4.1 态度的定义

一般把传播分为告知传播、说服传播和娱乐传播三种，其中最受关注的是说服传播。

说服传播的核心就是造成"态度的转变"。营销传播就经常需要说服消费者转变态度，以达到促进购买、认同品牌等目的。

态度由认知、情感和行为倾向三个部分组成。

认知包括个人对某个对象的认识与理解、赞成与反对的叙述内容。

情感是个人对某个对象持有的好恶，也就是一种内心的体验。

意向是行为的准备状态，它不是行动本身，而是行动之前的思想倾向。在营销中，我们可以理解为消费者的决策。

在态度的改变中，有三个变量十分重要，这就是注意、理解和接受。态度改变遵循一种刺激——反应的步骤：先有一个意见（刺激）发生，假定传播的对象注意并理解了该讯息，他们可能会审视原有的意见并考虑接收到的新的意见，如果采取一种新的反应比旧的反应具有更大的好处和吸引力，对象就会改变其态度。实际上，很多广告说服也遵循这一步骤，即注意某产品广告——理解并接收了广告讯息——采取相应的行动。

2.4.2　一面提示与两面提示

在很多有争议的问题上，都有两方面的主张，对于说服来说，一面提示和两面提示，哪一种策略更佳？

研究表明，无论一面提示还是两面提示，都使接收者的意见发生明显改变，但一面提示对最初的赞同者最有效，而两面提示则对最初的反对者最有效。

实验研究还表明，接受了"两面提示"的人更能抵制反面说服，因此在预防接种理论中，将两面提示称之为"接种"。预防接种理论认为，大多数人所持有的绝大多数观点都不曾遭遇挑战。因此一遇到相反的信息时，他们没有防御能力，所以容易动摇。就如同健康人需要"免疫"一样，在知道正反两面信息时，人更容易维持既有的观点。

两面提示的机制可以被用来处理各种数字网络空间中的负面信息，比如淘宝的差评。一个只有好评的网络销售商品是十分可疑的，因为中国有非常成熟的"刷单"产业链。针对很多犹豫型消费者会格外关注评论中的差评，经营者或传播管理者应该及时回应差评，有理有据地提供具有说服力的理由，以此来引导消费者"自己达成判断"——"其实这不怪店家（或产品）"，或者"这是可以理解的，卖家其实还不错"。

2.4.3　卡特赖特的说服模式

1941年～1945年，心理学家卡特赖特参加了美国义务募捐活动，并作了一次大规模问卷调查，找出劝募成功的一些条件，以及一个人决定接受劝说之前的心理过程。

他的模式详细分析被说服者在接收到信息后的心理反应特征，并依此总结出说服对策。

说服者总的趋向是不让自己的认知结构发生不应有的变动。人人都喜欢保持自己的观念和态度。如果某种信息与他们现有的认识不一致。他们就会拒绝、歪曲后加以接受，或在认知结构上加以变动。

卡特赖特的说服技巧有以下几点：

①引起注意。使信息到达对方的感觉器官，是说服的前提。

②使说服信息适合于对方。如果信息正好符合对方原有的信念和态度。对方就容易吸收。因此说服者在发出信息之后要予以适当解释，以便与其原有认知结合起来。

③使对方认识到说服信息对他有利无害。如果对方认识到信息对他有用，并且有好处，没有坏处，就可能接受建议。

④促使对方采取行动。对方一旦明了利弊得失，就可能作出决定，而一旦发现这种行动十分便捷，可以给自己带来报偿，那么采取行动势在必行。

因此，说服时不仅要晓以利害，还要使

对方在行动中感到方便、愉快，才能收到好的效果。

卡特赖特模式注重说服信息的方式，并且强调被说服人是否作出反应的重要性，但却忽视了社会环境或环境因素对说服过程的影响，对说服者本人在说服过程中的具体作用也没有深入探讨。

2.4.4 勒平格的劝服设计

勒平格为传播领域的实际工作者提出了关于说服的5种设计，被认为具有普遍参考价值，尤其对公共关系和广告有实用意义。

1. 刺激—反应设计

简称S-R设计，就是在刺激物与人的反应之间建立联系。

S-R设计的假设是：只要信息与人的态度、动机、欲望和预存立场相吻合，那么其刺激就可能影响人的行为。其设计颇为简单，与宣传技巧中的"假借法"和"暗示法"颇为相似，最常用的手法是给文字或图像赋予新的意义。

新的意义，可以是符号性的也可以是暗示性的。商品品牌就是符号性含义的常见体现。比如大众汽车的路牌广告上增加了一个北京奥运会的会标，就使人联想到它是奥运会的赞助商。

暗示性含义常常用隐喻的方式来表达含义。比如王老吉的广告内容经常是吃烧烤或吃火锅的场景，暗示出王老吉凉茶是一种防止上火的饮料。

S-R设计的特点在于其普遍适用性，一般不太考虑区分不同对象。

2. 引发动机设计

引发动机设计的基本假设是：满足需求，实际上策动着人的每一种行为。

因此，设计者首先需要运用各种方法去辨明需求，然后再有针对性地设计劝服信息。

人的行为除了受自我认识的影响外，还经常受到动机的驱使。心理学认为，动机是一个过程或一系列过程，它以某种方式引发、促进、保持并最终终止于一连串导向目标的行为。

由于激发动机的基础在于人们的需求，因此许多心理学家都把人的需求作为研究课题。心理学家马斯洛在《动机与人格》一书中提出的需求层次论，成为引发动机设计的基础（图2-17）。

需求层次论表明，人的需求是多样的并且是持续发生的。当一种需求得到满足，另一种需求很快就会出现。或者在同时存在的各种需求中，第一需求得到满足，那么很快新的需求又会上升为第一需求以寻求满足。人的生存和发展遵循一种上升的逻辑，在基本需求得到基本满足之后，人们就会尽力实现更高层次的需求，而最高层次的需求则体现为个人理想的实现和个性的充分发展。

传播信息可以指向人的需求的任何一个层次。

如依云矿泉水广告；既可以宣传水是人类最基本的生理饮料（第一层次），还可以强调水质的纯净和健康（第二层次），也可以强调它是时尚人群的选择（第三层次），或者强调它是来自法国的尊贵名牌（第四层次）等。有些高档表广告不强调走时准确，经久耐用，而暗示其为爱的象征，或者展示自我的独特魅力等。

3. 认知性设计

认知性设计是以人的认知心理为主要依据。

这种设计认为，作为有理性的动物，有将周围事物合理化的倾向。面对这样的受传者，劝服就应该以事实、信息和逻辑推理为基础，运用一定的事实来说明道理，而不应该过分强调自己的观点或立场。在受传者听明白事实中的道理后，就会不知不觉地接受劝服讯息。

然而认知性劝服的讯息不是盲目和随意的，而是传播者有目的的传播主张与受传者主动追求信息两种需要和目的的巧妙统一。也就是说，传播者一方面通过向受传者提供新鲜的信息或事实来传播观点，进行劝服；另一方面也利用受传者求得心理平衡、认知

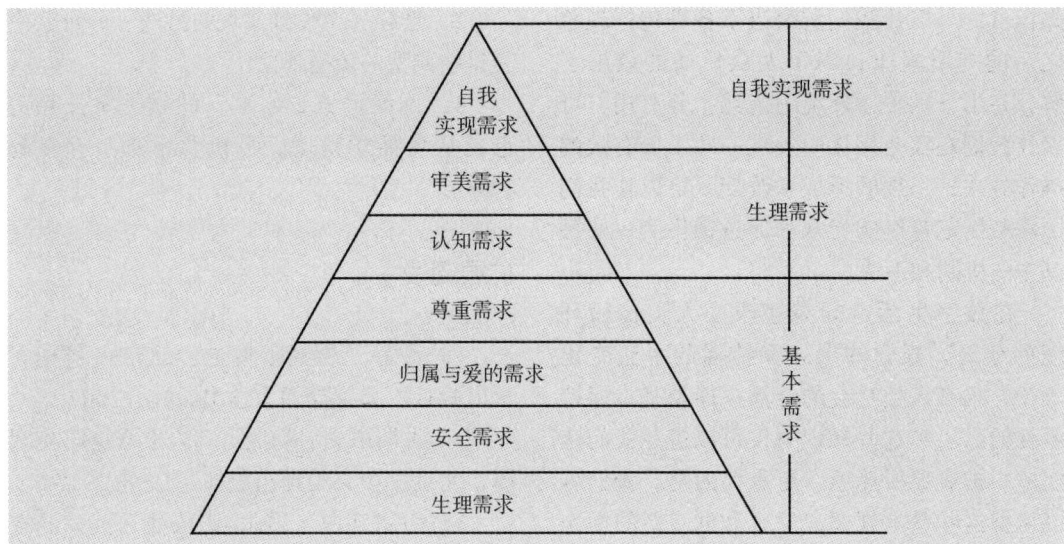

图2-17　马斯洛需求层次图

一致的愿望，来传播特定的信息，以改变受传者的态度或促使人们采取一种公开行动。

4. 社会性设计

与"号召随大流"的方法相类似，社会性设计更多借鉴了社会心理学有关群体规范、群体压力和个人从众行为的研究成果。这种设计的基本出发点就是，个人的态度很大程度上依赖于他所归属的社会群体，而社会群体的赞同可以支持个人的态度，因此可以将个人视作某个群体的成员来诉求。

大多数人都有随大流、避免偏离或越轨的倾向，社会群体的赞同与反对会支持或改变个人的态度。

如"大宝，我们大家都爱它"，是一种社会性设计。

5. 个性化设计

个性化设计的基本观念是，在试图说服他人时，要考虑对方的个性需要。这一设计突出强调了个性中的自我防御性和价值表现。

自我防御态度的形成是个体试图通过态度来保护自己，维护自我形象，避免或抗拒内在矛盾和所处危险。对于有防卫性态度的人，劝说往往有更大的难度和敏感性。

勒平格提出可以试用几种技巧：

一是设法减弱信息中蕴涵的威胁。比如有关交通安全的宣传往往喜欢使用恐怖的交通事故现场图片，但这种图片却可能使人感到很不舒服而力图回避，因此反而影响了传播效果。

二是用幽默的方式来缓和受传者的紧张心理。

三是使其本人察觉到自己的防卫态度及行为，使其自行调整。比如有人担心别人瞧不起自己因此总爱贬低他人，如果让他意识到这一点，他就有可能努力改变自己的行为。

四是将对方的自我防卫转换成表述价值观，比如"为了您的家庭幸福，请注意交通安全"。

本章小结

本章介绍了传播学的基本理论和一些与营销推广相关知识点。了解传播学的基本模式及重要理论，可以让我们认识人类传播的基本特征，人类接受信息刺激与反应的过程，传播的符号性、互动性和社会关系性等知识点，可以让我们洞察当下各种传播现象之后的本质规律；对于大众传播的效果了解，在当下的传播环境中依然十分有用，可以让我们在实务操作中发现一些十分有效的操作方式；态度的形成和改变，可以让我们了解利用信息影响受众和促进销售的一些最基本的机制和手法。

在数字生活空间高速改变人类传播环境的今天，媒介的形式和传播的手法变化万千，只有人类社会的传播规律是基本保持不变的。了解这些知识不仅可以避免我们在实务中被表象所迷惑，更重要的是，我们可以依据这些基本规律，发现和创造新的操作技巧和操作方式。

思考题

1．从传播学的角度，分析为什么现在很多年轻人喜欢"宅"。

2．选择一个你经常玩的游戏，分析其中有哪些典型的传播现象。

3．网络搜索"水军"的相关定义和信息，从传播学角度，分析"水军"存在的利弊。

扩展阅读

1．许静．传播学概论．北京：清华大学出版社、北京交通大学出版社，2007．

2．古斯塔夫·勒庞．乌合之众．冯克利译，北京：中央编译出版社，1998．

3．伊丽莎白·诺尔–诺依曼．沉默的螺旋．董璐译，北京：北京大学出版社，2013．

4．约书亚·梅罗维茨．消失的地域．肖志军译，北京：清华大学出版社，2002．

第3章

营销战略基础

3.1 什么是营销战略

所谓营销，是企业管理层用于策划并实施其产品（商品、服务、品牌、观念）概念、产品定价政策、产品推广与分销的一个经营过程。营销战略，是企业产品概念、定价、分销和传播各营销元素的特定组合方式。这些元素中的任何一个都有可能影响到传播推广的类型和方法。

任何产品，其成功的关键都在于它必须满足消费者的需求，产品满足功能性需求和象征性需求的能力，称之为产品效用。

有五种功能性效用对消费者非常重要：形态效用、任务效用、占有效用、时间效用和地点效用。

企业在生产具体物品时，如自行车，就创造了形态效用；为他人发挥作用，如自行车可以代步、可以用来锻炼身体，就提供了任务效用。

即使在提供了形态效用和任务效用之后，企业也必须考虑消费者如何才能占有该产品。这就涉及分销、价格战略、供货、购买合约、发货等。一般人们用钱来获得占用效用，在网络空间中，也有很多服务是免费的，但是这种"免费"使人们浏览网页或使用网络服务，从而产生其他的价值为企业所用（比如广告发布），我们可以说在这种情况下，消费者用时间或者注意力来获得占用效用。

在消费者正好需要产品的时候给他们提供产品，称之为时间效用。因此，营销要求在消费需要的时候，提供充足的产品。

地点效用指将产品放到消费者力所能及的范围内，这一点也是买卖成功的重要因素。这就是银行设立分行和超市、24小时便利店普及的原因。现在的网店销售，极大地提升了地点效用满足消费者的能力，只要有手机和网络，任何地方都可以让消费者购买到需要的产品。

如果产品能满足消费者的象征性需求或心理性需求，消费者还能获得心理效用。比如一辆豪车，不仅满足了驾驶功能，也能满足消费者自我实现的心理需求。

营销的终极目的是引起交换，满足个人或团队预定的需求和欲望，实现他们的目标。

交换是指一个人或组织用一件有价物品去交换另一件物品的过程。交换是营销学的传统理论核心。企业通过交换扩大业务，获得利润。营销推动这种交换，更加刺激消费者获得满足的欲望。

广告是帮助企业实现自己的营销目标的一种营销工具。通过对信息进行有组织的、有控制的非人员传播，广告利用媒介对广告主的产品、服务和观念进行劝服性传播。因此广告人想使自己的广告富有成效，就必须对整个营销流程了然于胸，这样才能针对特定的情况运用正确的广告形式。

3.2 营销战略的产品要素

确定营销组合时，广告主通常从产品要素入手，主要包括产品的设计、分类、市场定位、品牌策略和包装。在研究上述要素的基础上，广告主可以得出一个产品概念。

产品概念，是广告主根据预期制定的消费者认可的一个产品或意向服务所具备的满足功能性、社会性、心理性或其他需求和欲望的一组实用性和象征性价值。

企业可以利用很多战略强化产品概念，可以为目标市场进行专门设计（如特殊的颜色和尺寸），制定相应的价格，确定挑选店址和零售商的标准，还可以制定最具表现力的广告信息。

产品概念可以对广告的利益点支持、诉求点发掘、调性控制、媒体选择等内容产生影响。

图3-1　大众Polo广告

图3-2　大众Cross Polo广告

强调速度的保时捷和强调安全的沃尔沃，其对顾客的利益点完全不一样；将保健品定位成礼品之后，广告方式与其他保健品就会很不一样；新产品上市，是归属于一个即有品牌，还是进行新品牌或子品牌延展，其广告调性和手法都会受到巨大的影响。

如图3-1和图3-2所示，同样是大众汽车，Polo的产品概念是小而坚固，而Cross Polo则引入了"跨界"的概念。

产品概念的确定通常从产品生命周期、产品分类、产品定位、产品差别、产品品牌、产品包装几个角度综合考虑。

3.2.1　产品生命周期

产品生命周期包括引入期、成长期、成熟期、衰退期，如图3-3所示。产品在生命周

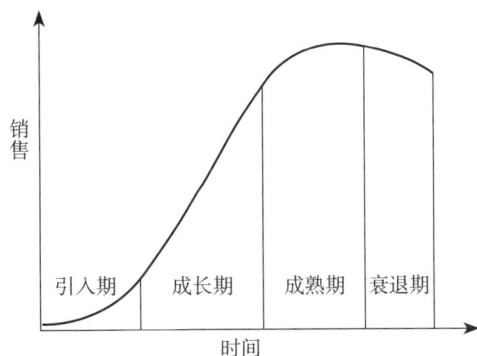

图3-3　产品生命周期曲线

期中的位置会影响到所采用的广告形式。

在产品引入期，广告主必须花费大量的广告经费教育顾客、建立广泛的经销网络、刺激需求，建立自己的市场领导地位，力争在成长期开始前就赢得较大的市场份额。

这一阶段，广告的目的一般是迅速吸引潜在顾客关注、尝试、提升产品认知度。

当销量飞速上升时，产品进入成长期。这一时期的特点是市场快速扩大，越来越多的顾客受到广告和品牌的影响；竞争对手出现，但早已确定领导地位的企业仍是最大的获利者。广告费支出所占比例下降，企业首次实现大量利润。

这一阶段，广告的目的一般是强化产品特点、吸引新顾客和应对竞争。

进入成熟期，由于竞争产品增加和新顾客人数的萎缩，市场逐渐饱和，企业销量趋于稳定，竞争进入白热化，利润减少。此阶段，企业加强自己的促销力量，但着重向顾客突出选择性需求，强调自己品牌的微弱优势，销量的增长是以牺牲竞争对手为代价的，我们称之为征服性销售。这个过程中，市场细分战略、产品定位战略和价格促销战略都变得更为重要。

这一阶段，广告强调产品的特点及其低廉价格，产品成了一种标准折扣商品。

在成熟期后期，企业往往会力争延长产品的生命周期，他们尽力寻找新用户、开发

产品的新用途，改变包装规格，设计新的标识，改进产品质量。

最后，由于过时、技术革新或新的消费口味的出现，产品进入衰退期。这时企业可能停止所有促销活动，迅速停止产品的生产，或仅用少量的广告维持，让产品逐步自行消亡。

产品生命周期对广告的影响，在房地产行业的广告中表现得非常明显。一般项目立项后到认购前，是产品引入期，实务中经常被称为"蓄水期"，广告注重对楼盘设计理念、项目区位发展优势、开发商实力等内容的宣传，楼盘形象广告、项目新闻宣传、售楼处环境、项目工地围挡、分众视频、广播等各种广告形式花样繁多，是一个市场教育和引导的阶段；开盘前后，产品进入成长期，实务中称为"强销期"，更实际的产品内容开始在广告中出现，包括房型、价格、开盘特惠、限时促销等内容，广告发布一般选择一种主要的媒体形式进行规律性的发布；在产品销售到达一定程度以后，市场进入成熟期，形象广告量减少，促销活动和价格型广告增加，同时通过"客户通讯"、现场活动等拉动关系和体验营销；产品销售基本完成时，就进入清盘阶段，广告量进一步减少，一般直接以"清盘价"吸引客户。

通过分期开盘和特殊户型的销售控制，地产开发商可以持续的为一个楼盘注入活力，延长产品的成熟期。

3.2.2　产品分类

企业对产品分类的方法在确定产品概念和营销组合的过程中起着相当重要的作用，也可以将产品的广告创意导向不同的方向。

划分有形产品的方法有许多，按市场、按消费者的购买习惯、按消费程度或产品明确程度或按其物理属性。比如脑白金是保健品，但它的产品概念把自己划分为礼品。

与有形产品不同，服务是一些无形的利益，能满足人们的某些需求和欲望。例如，铁路运输提供的是一种设备型服务，而广告公司提供的是一种人员型服务。服务型产品的分类转换也可以影响广告创意。比如中国移动的通信服务，早期是以语音通话为主，是一种设备类服务，广告强调功能型利益；在手机普及过程中，逐渐转变为沟通服务，包括了更丰富的服务类型，广告加入了更多心理型和社会型的利益；现在则是综合性的信息服务类型，涵盖了更广阔的领域。

3.2.3　产品定位

广告人员在掌握了产品所处的生命周期及其分类以后，就可以制定一个战略决策——定位。定位战略的基本目的，是在潜在消费者的心目中形成某种概念。这个概念能让产品与同类产品相区隔，并与目标消费者的某种需求和欲望满足形成直接的关联。

李维斯令人想起"牛仔裤"，宝马是"驾驶乐趣"，沃尔沃是"安全"（图3-4、图3-5），耐克是"运动鞋"，这些都是消费者心目中被占领的产品概念。

■ 链接：定位理论

定位理论，由美国著名营销专家艾·里斯与杰克·特劳特于20世纪70年代提出。2001年，"定位理论"击败瑞夫斯的"USP理论"、奥格威的"品牌形象理论"、科特勒的"营销管理理论"、迈克尔·波特的"竞争价值链理论"，被美国营销学会评选为有史以来对美国营销影响最大的观念。

所谓定位，在对本产品和竞争产品进行深入分析，对消费者的需求进行准确判断的基础上，确定产品与众不同的优势及与此相联系的在消费者心中的独特地位，并将它们传达给目标消费者的动态过程。

图3-4　沃尔沃广告1

标题：我们设计的每一辆沃尔沃汽车都以此作为准则。

图3-5　沃尔沃广告2

广告语：沃尔沃，为生命

定位理论总结了消费者的五大心智模式：

（1）消费者只能接收有限的信息；

（2）消费者喜欢简单，讨厌复杂；

（3）消费者缺乏安全感；

（4）消费者对品牌的印象不会轻易改变；

（5）消费者的心智容易失去焦点。

成功的定位可以帮助产品或品牌实现差异化，定位理论梳理了九大差异化方向：成为第一；拥有特性；领导地位；经典；市场专长；最受青睐；制造方法；新一代产品；热销。

里斯和特劳特认为，定位要从一个产品开始。那产品可能是一种商品、一项服务、一个机构甚至是一个人，也许就是你自己。但是，定位不是你对产品要做的事。定位是你对预期客户要做的事。换句话说，你要在预期客户的头脑里给产品定位，确保产品在预期客户头脑里占据一个真正有价值的地位。

定位理论的核心是"一个中心两个基本点"：以"打造品牌"为中心，以"竞争导向"和"消费者心智"为基本点。

进行定位有四个步骤：

第一步：分析行业环境：你不能在真空中建立区隔，周围的竞争者们都有着各自的概念，你得切合行业环境才行。

第二步：寻找区隔概念：分析行业环境之后，你要寻找一个概念，使自己与竞争者区别开来。

第三步：找到支持点：有了区隔概念，你还要找到支持点，让它真实可信。

第四步：传播与应用：并不是说有了区隔概念，就可以等着顾客上门。最终，企业要靠传播才能将概念植入消费者心智，并在应用中建立起自己的定位。

3.2.4　产品差别

产品专门针对某一特定细分市场的偏好而设计的产品差异。

消费者能明显感受到的产品差异叫显性差异；隐性差异不明显，但可以加强产品的吸引力。

广告必须让消费者了解产品差异，能实实在在地告诉潜在消费者你的产品新颖、与众不同。

对于许多产品种类，药品、食品、金融服务等，广告可以为其带来诱导性差异。比如汇仁肾宝的"他好我也好"就是一种诱导性差异。

3.2.5 产品品牌

在产品功能极大同质化的市场上，造成产品差异的基本手段是品牌。

品牌是企业或品牌主体（包括城市、个人等）一切无形资产总和的全息浓缩，而"这一浓缩"又可以以特定的"符号"来识别；它是主体与客体，主体与社会，企业与消费者相互作用的产物。

品牌从表现上可以是标明产品及其产地，并使之与同类产品有所区别的文字、名称、符号或图形的接合体。

对于消费者来说，品牌有利于人们快速认知和区分产品。同时品牌又担负着向消费者和生产厂家保证产品的特性、质量标准的可靠性、品位、规格、甚或心理满足感，进而增加商品价值的任务。

品牌资产是买主、经销商、批发商，甚至竞争对手经过较长时期形成的对某一品牌的全部感受和看法。任何品牌广告和促销活动的终极目的都是创造更大的品牌资产。

品牌资产高，能在很大程度上保持顾客忠诚、价格稳定、利润长久。但培育品牌资产需要时间和金钱，品牌价值和品牌偏好能带来市场份额。在大众传播环境下，往往是广告费支出最多的广告主赢得市场占有率和品牌忠诚。要想提高品牌忠诚，需要增加200%~300%的广告费用才能引起忠诚度的变化。

3.2.6 产品包装

产品包装是产品的一个要素，也是决定产品在销售点命运的一种外在媒介。实际上，包装有时是特定品牌体现其差异化的一个优势，也是与消费者在零售店沟通的最后机会。

设计师应该让包装刺激、迷人，同时又具备其应有的功能。包装设计中要考虑的四大因素为：识别、容纳、保护与方便、动人和经济。这些功能甚至可以作为产品广告的主题或者创意元素。比如轩尼诗XO酒瓶酷似美女腰部曲线的动人设计。

包装设计中的消费诉求是多种因素——规格、颜色、材料和形状——的结果，一丝一毫的变化都可能在销量上造成高达20%的变化，这种现象很普遍。

■ 案例：我是江小白

2012年始中国白酒行业开始进入冬天，2013年14家酒企市值蒸发2490亿元。

在高端白酒受到打压，白酒市场整体低迷的情况下，作为一家成立于2012年的年轻白酒企业，"江小白"却仅用了一年的时间，就成为白酒行业的一匹黑马，在2013年下半年实现盈利，2013年全年综合收支平衡，销售额为5000万元。

江小白的创始人陶石泉在2013年11月重庆微博营销大会上的案例分享中，以"简单、态度、情绪"三个词归纳江小白的成功基因。

他首先谈到江小白的定位：当江小白品牌入市的时候，我们的实力离大企业差距太远了。对酿造美酒传播美酒这件事情我是有情怀的，总归还是要做，所以我们选择了做小，小瓶酒、小投入、小传播、小营销就成了我们的定位。我们之前在谈到中国酒这个行业的时候，每一个品牌都有很多历史的情怀，当我们端起酒杯的时候，会想起古代的一个人，会想起某个文人骚客，这就是我们的历史。江小白试图去做一个创新和跨越，当我们端起酒杯时，不用想起古代的人，而就是一个活生生站在身边的一个人，这就行了。于是有了"江小白"这个卡通人物的形象（图3-6），他是每一个当下热爱生活的文艺青年的代表，而根据这群人的思想特征，我们提出了"我是江小白，生活很简单"的品牌理念。

针对白酒市场整体低迷，但作为大众消费的低端白酒却逆市上扬的市场情况，江小白将产品市场竞争区间定位在中低端市场小瓶装白酒。同时，针对年轻人普遍认为：白酒口味太冲，不适合自己；场合有限，觉得太过正式；度数高，容易醉酒；给人感觉不够时尚等市场调查特征，江小白以国家评委为核心的酿酒团队，在酒体口感上进行了深度创新。强化单纯、纯净、柔和、甜润的国际化口感特征，突出单一高粱酿造的独特口感特征。并以大量的消费者测试为基础，形成了独一无二的青春型高粱酒风格（图3-7）。

作为一款有情怀的白酒，江小白的产品包装和品牌推广走了一条白酒没有走过的路。

在包装上，江小白没有走金碧辉煌的高大上路子，它选择了符合目标消费群的"小清新"风格。江小白的包装简单到极致，白色透明小扁瓶，外加一个印着语录的纸套，而纸套上的语录则成为江小白与消费者沟通互动的情绪触发点。"我把所有人都喝趴下，就为和你说句悄悄话"；"我们总是老得太快，却聪明得太晚"；"大道理人人都懂，小情绪难以自控"……这些能勾起青春记忆、触动年轻人内心的小语录不仅成为江小白的品牌印记，更让江小白在白酒市场独树一帜、迅速蹿红（图3-8、图3-9）。

在传播渠道上，江小白选择了微博作为主要的传播平台。品牌官微、创始人个人微博都成为品牌与消费者的互动平台。经常开展的#遇见江小白#活动，让消费者在任何地方看到江小白的东西，用手机拍下来@我是江小白的微博，就可能成为中奖客户；不断被企业和消费者共同创造的"江小白语录"，在微博和社交媒体上被分享扩散，简单、鲜活、态度鲜明，进一步深化品牌印记和品牌影响

图3-6　江小白卡通形象

图3-7　江小白目标客户描述

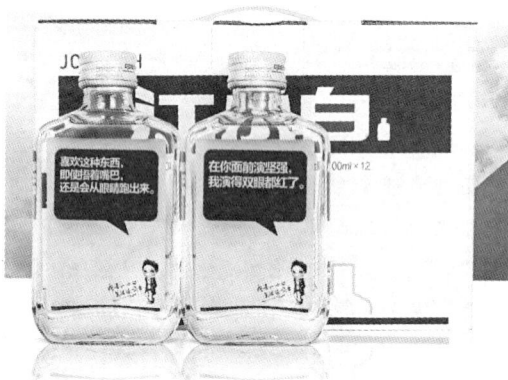

「环保理念」

过度包装消耗资源、污染环境
单纯高浓淡化烦为简，以简单的包装风格
给您带来更单纯的体验

图3-8　江小白语录

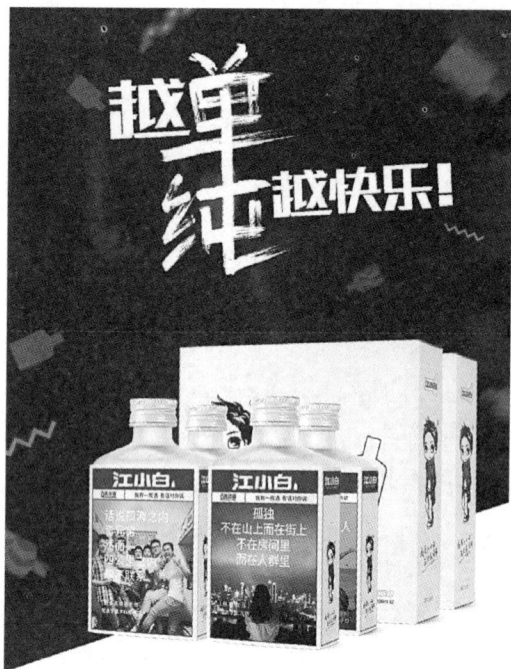

越单纯越快乐！

图3-9　江小白包装

力。同时，通过传统媒体和网络媒体的互动发布，江小白将线下的受众拉到微博互动圈，扩大传播效果和覆盖。

如图3-10，是江小白在成都地铁发布的一个广告。

广告在表现上采用了微博的形式，"亲爱的@小娜：成都的冬天到了，你在北京会冷吗？今天喝酒了，我很想你，一起喝酒的兄弟告诉我，喝酒后第一个想到的人是自己的最爱，这叫酒后吐真言吗？已经吐了，收不回来了。"

线下的目标消费者看到广告后，可能会因为产生共鸣或觉得好玩，而将广告拍摄下来进行分享；再加上表现形式的微博化对消费者进行的暗示和#遇见江小白#活动，消费者就有了更多可能将这张图片发上微博，实现从线下到线上的互动。

同时，除了开设低成本的网络店铺进行销售外，江小白也非常重视对餐厅饭馆的售点铺货（图3-11）。网上传播的江小白体也被下载到线下售点，扩大影响力。

任何酒类产品都是嗜好品，嗜好品的营销传播特征就是情感营销占主导因素。江小白的成功离不开定位、产品和推广三大要素，它通过产品包装、消费者社交互动和对80后为主的年轻群体的情感洞察，将产品打造成了一个"有情怀的白酒"，成为消费者情绪宣泄的一个显性渠道。

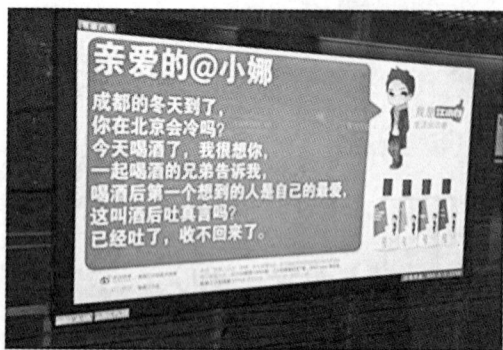

亲爱的@小娜

成都的冬天到了，
你在北京会冷吗？
今天喝酒了，我很想你，
一起喝酒的兄弟告诉我，
喝酒后第一个想到的人是自己的最爱，
这叫酒后吐真言吗？
已经吐了，收不回来了。

图3-10　江小白地铁广告

图3-11　江小白餐馆地贴

资料来源：2013年11月重庆微博营销大会陶石泉案例分享演讲录音，江小白天猫旗舰店

3.3　营销战略的价格要素

营销组合中的价格要素极大的影响着消费者感知。企业一般以市场对产品的需求量、生产成本、销售成本、竞争状况和企业目标来确定价格。

3.3.1　市场需求

如果产品供应量比较固定，而对此产品的欲望（需求量）却增加，价格一般会上升，如果供过于求，价格则趋于下降。这一点会对广告讯息产生很大的影响。

图3-12供求曲线，描绘了需求与价格、供应与价格的关系。

需求曲线显示了不同价位的购买量；供应曲线显示不同价位的供应量。

两线相交点被称为市场结算价格，此时供求平衡，从理论上讲，这个价格应该是产品的售价。

3.3.2　生产与分销成本

产品的生产和分销成本增加必然会转嫁给消费者，这时，常用的广告战略是在广告中突出表现制造产品的材料，这有助于证明厂家向消费者收取这部分成本的理由。

网购平台的商品通常以价格便宜作为其核心卖点之一，重点就是在于强调产品的分销成本比传统渠道低廉。

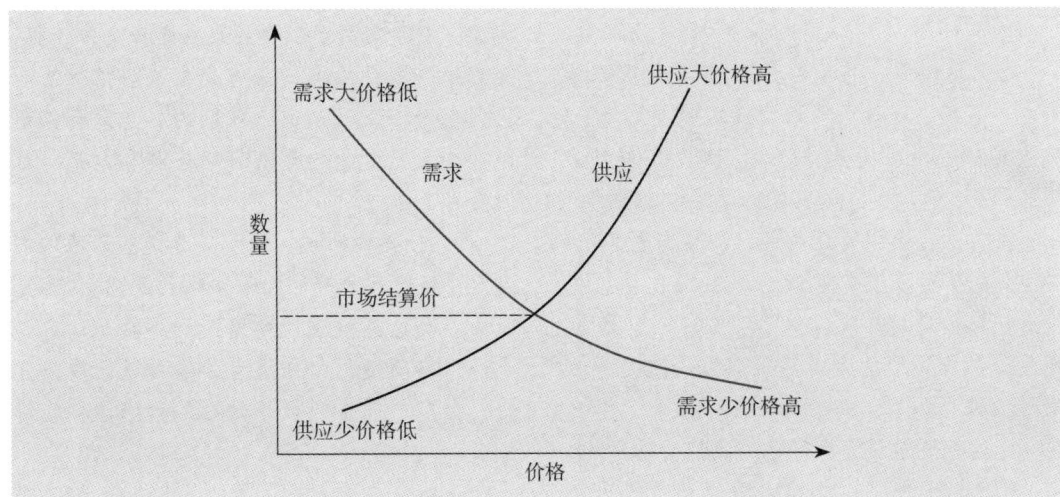

图3-12　供求曲线

3.3.3　竞争

对很多产品种类，消费者更关心的是与竞争对手的产品相比心理感受的那个价格，而不是产品的实际价格，广告任务就是保持消费者的有利感觉。

给产品定高价从而使其显得更有价值的做法就是一种典型的心理定价，而广告的作用就是为这种高定价提供理由。同时，高定价也可能在广告中被转化为产品的差异化卖点，从而与其他同质产品相区隔。

■ 案例：贝克啤酒–你买不起的啤酒

贝克啤酒在新加坡上市时，知名度很低，价格很贵。上市广告战役选择了有文化、有消费能力的高消费层作为目标受众，在新加坡典型的雅痞杂志《商业时代》上刊登一系列长文案广告。广告以充满冷嘲热讽的黑色幽默式文案，围绕"你买不起"的创意概念展开，以小投入创造了市场的大效果（图3-13）。

标题：

今天早上你觉得有点灰心？看下去，中饭的时候你好去自杀了

内文：

1．想想看，你有多惨？有点消沉，有点心灰意懒，还是已经到了痛心疾首的地步，就像JOHN MCENROE在他还算不错的时候所表现的那样？

在你的生活中可还有一线希望？祈祷吧。毕竟，《海峡时报》今天已经按时出版，并没有任何被烧过的痕迹，生活仍然一如既往。而且，从你耳边的唠叨声可以判断你还没有离婚。

比这些要糟糕吗？好吧，我们看看别的。

2．难道你没有注意到酒廊早上不开门吗？这显然是一个错误。这些人就不想想，

图3-13　贝克啤酒《自杀》篇

对我们这些一大早就有点头疼的人，他们可以卖出多少烈酒吗？

3．外面的阳光才是灿烂的。

4．没有什么能令人开怀。你迟早都会被淘汰。浮华的商业社会简直就是一个杀人犯，没有一种默默无闻的品牌会被《科学》或者迈克尔·杰克逊知道，他们的目光只会停留在那些五光十色的霓虹灯广告牌和灯光闪烁的舞台上。

5．按上面所说的情形（都是些落伍的俏皮话？简直就是陈腔滥调……得了吧），你是否认为自己是一个吸血鬼？照照镜子，有影子吗？你确定？如果没有，你可以让最恨你的人去取根棒子或棍子什么的，把你自己钉起来。

另外，你最喜欢哪种血型？反正都比喝贝克便宜，至少这一点是令人安慰的。

6．贝克啤酒真是贵得太过分了，这不公平。一般的啤酒可不这样。

7．生活本身就不公平。（看上面）

8．你一定会同意，有钱就有快乐，没钱就惨。穷人一辈子只能和VIZ或者WHIT这样的啤酒纠缠不清，而不会是贝克啤酒。如果你是一个穷人，你肯定会认为这太不公平了；如果你是一个有钱人，滚回去喝你的贝克啤酒吧，淹死你才好！

9．一个红灯总是会带来一串红灯。

10．尤其是在火烧眉毛的时候。

11．尤其是你就要迟到的时候，你真希望你起初没有定下这个约会。

12．当你汗流浃背，出尽百宝才到达约会地点，你还是迟到了。

13．他来的时候，总是挂着一副扑克脸，眼神就像当铺的老板一样冰冷。

14．就算是他毫无理由的吹毛求疵，从礼节上讲你也不能把他干掉。

15．当你年轻的时候，你又帅又酷，但是你没有钱，所以不在美女们的考虑之列。

16．当你年华老去，腰缠万贯，脑满肠肥，又秃又丑，美女们又突然对年轻的穷小子们倒戈相向。

17．如果你的满头浓发尚还幸存，姑娘们又会告诉你秃顶很性感。

18．如果你真的秃顶了，她们又变了。

19．生活不是玩意儿，所以你只好凑合娶了一个。

20．另外，还有曼谷，还有马尼拉。

21．还有艾滋病。

22．贝克啤酒是比一般啤酒贵得多。我们有告诉过你吗？它完全有理由让你梦萦魂牵。

23．黄油土司在落地的时候总是涂着黄油的那一面着地，这是一个众所周知的物理学原理，同样可以用来解释生活和世间所有的事。在你48岁的时候你就会同意我这样说。

24．律师们可以戴卷卷的假发，穿长长

25．不是律师而又戴着假发、又穿黑色燕尾服的人，多半都会被关起来。相对于戴假发、穿黑色燕尾服的律师而言，如果他们当上最高大法官之类的，他们还可以戴更长的假发、穿红色的燕尾服。（黑色丝袜、吊袜带、蕾丝内衣都随他们选）

26．律师们可以喝贝克啤酒，而且也买得起，这真是太、太过分了。

27．BEN HUNT买不起贝克但可以有的喝。要知道，他什么都喝。

28．祸害常常都有好运气。

29．除非你变成一个坏蛋，那样的话，欢迎你到CHANGI酒馆来：这瓶给你，好好享用。

30．贝克啤酒的生产商和酒贩可以在街上四处游荡，尽管他们那么贪得无厌、寡廉鲜耻、毫无人性。

31．一个玩弄无知少女感情的男人应该被绞死，事实也常常如此。

32．在新加坡，你想买到一个热的、像样的牛肉三明治是不太可能的。特别是当你想象用冰镇的贝克啤酒配一个热牛肉三明治的时候，你就更火冒三丈。

33．从另外一个角度看，贝克啤酒配什么都会不错，只是它的价格你吃不消。如果这会变得公平，那么我一定是个中国人，可惜我不是，所以永无可能。

34．如果你是一个中国人，又能买得起贝克，我恨你，任何时候，都让你买单。

35．当你晚归，而且还喝得醉醺醺，你的老婆并没有睡觉，她很清醒的在等着你。

36．当你没有喝醉、早早就回家的时候，你的老婆却回娘家去了。这种情况有时候被称为"蠢男人法则"，与"墨菲法则"相反。（参见23）

［译注：墨菲法则——有可能出错的事情终究要出错］

37．那个17岁的如花少女总有一天也会

变得像她妈妈一样。

38．如果她的妈妈是个美女，她就会像她爸爸。不然，就像她的金鱼。

39．如果你住在欧洲，你可以用买一部中档日本车的价钱买一部梅塞德斯。在这里买一部劳斯莱斯，相当于在伦敦买一套三室的公寓。可是别管你住在那里，贝克啤酒都贵得太过分了，所以你最好还是待在家里吧。

40．不管赚多少钱，你都得花出去。

41．比如，花了很多钱请了一个文案，他用我的钱去飙车、泡妞、喝贝克，大肆挥霍，写的东西却没有人愿意看。这绝对是太不公平了，但我不在乎。

42．午饭时间到了吗？难得我现在感觉不错，我要去喝一杯贝克。

43．豁出去了。

资料来源：http://www.neilfrench.com/

3.3.4　企业目标与战略

企业目标与战略会影响其价格策略。如果企业的市场战略指向获取规模效益、快速加大市场份额，就有可能采用较低的定价策略；反之则采用高定价策略，以较小的生产和销售规模，获取较大的利润。

经济状况，消费者收入和口味，政府法规，营销成本均会影响价格，进而强烈的影响广告设计。

奢侈品采用以品牌形象为基础的高溢价定价策略，以具有较高消费能力的客户层作为广告受众，广告表现针对受众的自我实现需求，展现生活态度和品牌主张，不需要强调价格，着力营造与品牌调性相符的氛围；而针对大众市场、注重价格竞争的定价策略，则要求广告设计突出价格优势，具有"低价冲击力"，也会采用减价广告、清仓广告、特价广告等相应的形式。

3.4　营销战略的分销要素

在进行广告创作之前，必须首先决定产品的分销（或场所）要素，营销人员必须明白，像价格一样，分销手段必须与品牌形象保持一致。企业一般采用两种基本分销方法：直接分销和间接分销。

3.4.1　直接分销

生产企业直接将产品出售给终端用户或消费者。比如雅芳，采用厂家销售代表而非零售商的形式将产品直接出售给消费者。

网络营销是现在发展最快的一种直销方法，又叫"多层营销"。

在网购平台上，生产厂家可以直接开设自己的旗舰店，跳过批发和经销环节，以低廉的价格直接出售给消费者；个人也可以在网购平台上充当某制造商或商家品牌的独立分销商。

在新出现的微信销售中，个人可以通过朋友圈劝说自己的亲友购买产品，并发展其他人参加，通过这种循序渐进的、口传的过程，购买并使用直接从厂家批发来的产品，同时向更多的朋友和熟人推销产品。

3.4.2　间接分销

大多数企业通过由转销商网络组成的分销渠道出售自己的产品。转销商包括代理商、批发商、厂家代表、经纪人和分销商。

分销渠道由所有参与产品流通过程、并对产品享有权益的商行或个人组成。

消费品生产厂家一般采用三种分销战略：密集分销、选择性分销和独家分销。

1．密集分销

利润低，但销量大。生产厂家的全国性广告负有销售使命。一方面，刊登在贸易杂志上广告将产品推入零售管道，另一方面，刊登在大众媒介上的广告则刺激消费者将管道中的产品拉向自己。

2. 选择性分销

限制零售店的数目，降低分销和促销成本。生产厂家也许会使用全国性广告，但销售广告通常要由零售商负责。厂家有时会采用联合广告的形式分担零售商的部分广告费用。

3. 独家分销

有些生产厂家将独家分销权指定给某一地区的一家批发商或零售商。在市场覆盖方面的损失常可以通过维护高尚形象和高价得到弥补。独家分销协议还会迫使生产厂家和零售商在广告活动和促销活动中紧密协作。

4. 垂直营销体系：特许专卖的发展

垂直营销体系是一种集中计划、集中管理的分销体系，向一批店铺或其他行业提供货物或服务。目前垂直营销体系发展最快的是特许专卖（如麦当劳）。

垂直营销体系的优点：营销力量的集中调配、资金上的节省和广告上的一致、有利于消费者。

3.5　营销战略的传播要素

广告与传播（促销）要素，包括卖主与买主之间所有与营销相关的传播活动。

各种不同的营销传播手段共同构成了传播组合，这些手段可分为人员传播和非人员传播。

人员传播活动包括与顾客的所有人际接触；非人员传播活动则借助某种中介作为传播工具，包括广告、直接营销、公关活动、辅助材料、销售推广。现在的趋势是将所有这些因素与企业内部职能整合到一起，形成整合营销传播活动。

■ 案例：汉堡王——皇堡惊魂记

汉堡王在皇堡上市50周年纪念时策划的整合营销活动，是在特定的汉堡王餐厅进行两天的"社会实验"，并用隐藏式摄影机记录消费者的反应。

实验的第一部分是"惊魂"，餐厅内的点餐牌被取消，工作人员告诉来店点皇堡的消费者：汉堡王不再提供皇堡。

第二部分是"气炸"，餐厅向消费者提供竞争对手的汉堡，并用隐藏式摄像机记录真实消费者的反应，并将这些场景制作成系列电视广告。

上市纪念日当天，由这些素材构成的电视广告与皇堡惊魂记网站正式推出。

系列传播活动还包括了在其他网站上推广这一活动的FLASH和丰富的网络病毒式广告，在《今日美国》上刊登的平面广告和户外广告，甚至包括了一个为配合活动在纽约杜莎夫人蜡像馆推出的蜡像。

这一整合营销传播活动让汉堡王的到店率提升了29%，其主题网站在4个月的时间中点击率超过400万，更引发了大量消费者自己制作搞笑视频上传分享，广告认知率创造了新高，并造成竞争对手业绩下滑。

战役囊括了2008 One Show、纽约广告奖、戛纳广告奖的多项大奖。

资料来源：www.adsofworld.com

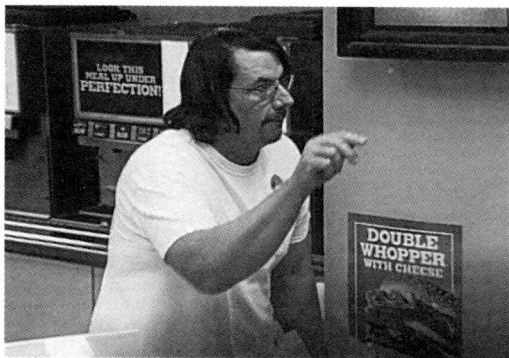

图3-14　汉堡王——皇堡惊魂记

在实务操作中，国内大多数广告公司承接的项目都是客户既定营销战略下的广告执行，因此，在项目开始之前，与客户进行营销战略的深入沟通，分析各营销要素对广告的相关作用，是广告设计有的放矢的先决条件。

对于运作成熟程度较高的广告主或服务较为深入的广告代理商，客户有可能提供系统的营销战略方案供广告公司参考，也有可能由其品牌管理部门，如市场部或企划部，向广告公司提供创意简报，这种情况下，策划人可以比较完整、清晰的了解客户的思路，并针对性提出问题进行探讨。

在大多数情况下，客户在项目开始前会向广告公司提供企业内部的产品介绍、业务方案或者促销计划，这些资料是由企业内部各相关部门提供的"内部资料"，并不一定能从营销传播角度清晰界定目标和要点。这时，需要广告公司根据既有资料对目标市场、产品特点、传播要点等进行预先梳理，再与客户沟通，以期明确创作方向。

在相对极端的情况下，客户只有概念性的营销方向，如"促销"、"拉动销售"、"新品上市"等，没有具体营销战略或战术方案，广告公司的工作不仅是广告创意，更需要介入前期的营销策划环节。

在当下数字生活空间的营销传播中，营销与传播的联系更为紧密，有时会很难区分传播策划人的工作范围和界限。策划人要向更全面的方向发展，更需要建立一个清晰的观念，即整个营销传播环节，每一环都可以进行创意策划。

3.6 营销战略的主要类型

企业的营销战略对其广告有着重大的影响，它决定着广告在营销组合中的地位和使用量，决定着创意的推动力和采用的媒介。制定营销战略，传统上可以采用两种思路，即自上而下式营销和自下而上式营销。

3.6.1 自上而下式营销

采用"形势分析——营销目标——营销战略——营销战术"路径进行思考。营销目标为企业指明想要到达的目的地；营销战略指明计划选择的道路；营销战术则明确将在内部和外部采取的具体的短期行为，谁来执行？何时开始？等等。

1. 形势分析

对企业的现行状态以及造成此状态的原因进行客观实际的陈述，列举所有涉及企业沿革、成长、产品与服务、销量、市场占有率、竞争状况、企业能量、优势和劣势以及其他任何相关信息。一旦历史性信息收集完成，工作重心便转移到公司无法控制的、由外在关键因素（如政治、经济、社会、技术活广告环境因素）决定的潜在威胁和机会上。

2. 营销目标

营销目标是对企业的当前形势进行分析，对未来管理趋势进行预测，以及对企业目标进行审核的必然结果。营销目标源自企业目标（利润或投资回报率或净值、盈利比例、发展前途或企业声誉），与目标市场的需求和具体销售目标有关。包括被称为"总体目标"的需求——满足式目标和"具体目标"的销售——定向式目标。

总体目标——需求-满足式目标

我们打算为顾客做什么，那对我们的顾客有什么价值。

广告实务操作中，涉及需求-满足式目标更多地被广告主和代理公司讨论，简单地说，对这一部分内容的梳理和界定，直接关系到"广告目标受众是谁"和"要对他们说什么"。

具体目标——销售-定向式目标

我们要为自己做到什么，即一定时期内要实现的、具体的、量化的、切实可行的营销目的。销售目标的界定更多的是针对企业内部员工。

在传统广告环境的实务操作中，虽然会遇到客户要求广告效果与销售目标挂钩的情况，但由于广告只是营销组合中的一个组成部分，而且大多数代理商对企业内部产品、分销、价格等环节的介入程度有限，因此无法单独以"广告效果"影响"销售目标"。

广告主经常在"广告效果"与"销售目标"之间加入一个转换型的指标，比如在房地产业，采用"广告发布后的来电量"来考核广告效果。因为来电量受多种因素的影响，这种考核方式并不一定准确，只能作为参考。

在数字网络环境下，广告效果的考核方式有了更多可量化的技术手段。网络后台可以直观显示出浏览量、点击量、转化率、转发量、评论量、阅读量等数据，都可以作为广告发布效果的评判因素。

3. 营销战略

在明确了市场形势和营销目标之后，企业可以根据实力优势和防御优势界定自己的营销战略。

最典型的战略类型是"营销战略方阵"。

由战争法则演变而来的营销战方阵认为：每100家公司中，应该有1家采取防御姿态、2家采取进攻姿态、3家侧攻、94家打游击。

防御战

•只有当你是市场领袖时方可参战

•抢在竞争对手之前推出产品和服务

•以迅速模仿对手的方式阻挡对方的竞争活动

如果广告主采用"防御战略"，代理商则需具备密切关注持"进攻战略"的主要竞争对手的广告动向，并随时做好准备快速应战；同时在广告操作中，要注意进行领袖地位和优势实力的提示，注重品牌资产的累积和品牌调性的延续，尽量不要自降身价就自身弱点进行直接对攻，以避免受众降低广告主的"领袖认知"。

中国移动是国内通信市场采用典型防御战策略的企业。在智能手机普及以前，我们总是看到移动率先推出某项新服务，而在联通的某种资费产品降价之后才看见移动跟进降价，我们也总是会听到移动不断地强调自己的网络优势和客户规模，这些都是典型的防御型策略。

进攻战

•衡量领头人的实力和地位

•尽可能集中火力，最好以某一产品为攻击对象

•攻击领头人的最薄弱点

只要有利润，很多企业都乐意为自己营造一个老二的地位。

如果广告主采用"进攻战略"，代理商不仅需要关注持"防御战略"的对手，也需要关注持"侧攻战略"的对手。一方面及时捕捉"领袖"的弱点，突出自身的相对优势进行攻击，挖掘市场份额，积累品牌资产；另一方面关注"侧攻"者的变招，快速反应，寻找新的进攻点，防御攻击。

在中国3G发牌以后，电信和联通同时将市场重点放在了"3G上网"上面，这一市场战略正是源于进攻战方对进攻点的选择。因为从语音服务上看，中国移动的规模优势十分强大，不容易进攻；而"3G上网"作为一个新服务，电信和联通在现阶段均有相对的技术优势。

侧攻战

•向没有竞争的领域发起侧攻战

•采用突然袭击的方式，过多的调查会浪费宝贵的时间

•保持自己的追求；许多企业在夺取胜利以后便放弃了追求

在实际运作中，侧攻就是在没有竞争的地方推出产品。

在广告主采用"侧攻战略"时，企业的产品创新是关键，代理商最重要的责任是配合产品创新寻找新的诉求点。

苹果IPhone作为手机市场的后进入者，上市时采用的就是侧攻战略。以新颖的外观设计、独有的触摸式图片浏览、图像自动旋转、地图定位等功能，并受益于苹果强大的品牌资产，迅速取得成功。

游击战

• 寻找一块较小，以便防守的细分市场
• 无论多么成功，绝不像领头人那样行事
• 随时准备"撤退"

取得游击战成功的法宝是灵活性。如果局势发生变化，游击队应放弃产品或市场。

在面对游击战时，代理商更注重广告传播的差异化，标新立异，以"新鲜感"配合"灵活性"。

实务操作中，广告创作人员如果对企业的战略方阵位置理解不够深入，就容易"做不对"，比如对防御战客户采用标新立异的广告战役，模糊了广告认知的统一性；或者对游击战客户采用与防御战客户类似的广告形式，在广告投入、知名度、认知度均无法抗衡的时候，让游击战客户的广告无法进入受众的视线。

3.6.2　自下而上式营销

企业创造强大优势的最佳途径也可以是先集中精力找出一个巧妙的战术，然后将此战术发展成战略。将正常程序颠倒过来，有时反而会得到一些重大发现。对中小企业而言，人人都兼任好几项工作，可能没有时间去考虑正规、系统的策划，但是，可以用自下而上式营销来解决这种困境。许多大企业也能从自下而上式营销中获益。

战术是企业单纯、有力的脑力活动，通过自下而上式的策划，企业可以找到一些独特的战术加以利用，而广告只应该找到一个战术，而不是两个或更多。然后，广告主便可以将所有营销组合要素都集中在这个战术上。

企业的广告计划是产生具有竞争力的战

术的良好土壤。但机遇看起来往往不像机遇，倒更像陷阱或诡计，所以，机遇很难发现。

中国移动在推出短信业务初期，只是一个战术层面的增值服务项目。在看到短信交流方式被中国大众迅速接受，并开始创生"短信文本"文化之后，中国移动搭建了庞大的增值服务平台对其进行支撑，进而带动一个短信产业链的兴起，使"短信"在很长一段时间中成为移动的战略重点。之后的彩铃业务，也具有这种特点。

3.6.3　营销战略的检核

1. 战略循环检核：策划思考路径所示的五大环节在战略思考中是否清晰、严密。

2. 顾客价值检核：是否为顾客创造了可感知的比较优势价。

3. 资源重点检核：有没有集中有限资源解决重点问题。

4. 匹配性检核：外部机遇挑战是否与内部优劣势相匹配。

5. 延伸性检核：战略是否具有向多元化领域延伸的可能。

6. 独特性检核：战略是否具有独特性且不易拷贝。

7. 可持续性检核：是否可以塑造可持续的竞争优势。

8. 配套性检核：组织、流程、内部管理是否能支撑战略执行。

9. 可变性检核：是否能根据市场变化快速进行调整。

10. 风险性检核：风险何在，有没有应对方式。

本章小结

本章介绍了营销战略的产品、价格、分销、传播四大基本要素和几种主要的战略类型，目的是建立市场营销的基本视野和概念。

产品概念的选择在很大程度上决定了广告策略的推演和策划，产品概念的界定可以从产品的生命周期、分类、定位、差异、品牌、包装等角度来进行考虑；市场营销中的定价不仅受产品生产成本的影响，也要根据市场需求、分销渠道的成本、竞争状况和企业战略目标来灵活考虑；对不同分销渠道的选择，不仅决定营销产品的具体价格，也决定了产品面对消费者的最终界面，对传播推广而言，分销渠道是一个重要的消费者接触点，不同的分销方式可以采用不同的媒介和推广方式；传播要素是与广告策略直接相关的要素，下一章会进行详细介绍。

营销战略类型，主要依据企业/产品/品牌的竞争架构来进行选择，它决定了传播推广中最基本的关注重点和攻守形态。

思考题

1．网络搜索"优衣库"的相关信息，研究其产品、价格、分销、传播四大战略要素的特点，推演"优衣库"的营销战略。

2．网络搜索淘宝店"周小帅私房菜"之"咆哮体"客服，分析一下他家的营销战略。

3．假定你要开设淘宝网店，尝试从产品选择、产品概念界定、定价和推广四个角度拟定营销战略。

扩展阅读

1．菲利普·科特勒、加里·阿姆斯特朗，市场营销原理．郭国庆译．北京：清华大学出版社，2013.

2．艾·里斯、杰克·特劳特，定位．谢伟山、苑爱冬译．北京：机械工业出版社，2010.

3．金焕民，营销红皮书．北京：企业管理出版社，2009.

第4章

广告策略与创意策略

4.1 什么是广告策略

4.1.1 广告策略的概念

在数字网络改变人类的社会生活之前，营销传播领域的工作一直是以企业/广告主的营销战略作为基础，营销战略中涉及促销和推广的部分就是广告策略。

在数字网络出现之后，广告、公关、活动、直效营销、互动传播、媒介购买、营销咨询、品牌咨询等原属于不同公司的专业职能，界限变得越来越模糊，整个营销传播领域呈现出融合、创新、演进的趋势。广告策略也不再像以往一样基本由广告代理公司制定，而是可能并入整合营销传播系统，由企业和提供整合营销传播服务第三方服务公司联合制定，或者干脆就是由企业内部的创意传播管理部门制定。

但是，到目前为止，不管行业的变化如何巨大，涉及营销传播最终行动计划和表现方式的基本形式依然与传统广告策略中的四大要素紧密相关，依然需要达成企业/广告主的传播目标。因此，即便是我们处在模式和理念最前沿的公司或团队中，作为策划人，我们依然可以从对广告策略相关知识的学习和了解中获取实用的思考方式和操作手法；同时，我们还要考虑到，在当下的行业环境中，各种操作模式的营销传播服务公司处于共存状态；各种运作模式、发展阶段的企业/广告主在巨大的中国市场中也是并存的，他们中的相当一部分依然需要采用相对传统的广告运作模式来提升销售和达成信息的传递。

广告策略由目标受众、产品概念、传播媒介和广告讯息四个核心要素组成，是推动广告战役的核心，也是具体的执行计划。广告公司与客户必须在创作活动开始之前，就对目标受众、产品、媒介、讯息四大要素有

充分的了解并在这几方面达成一致，清晰界定广告战役"对谁说"、"说什么"、"用什么说"等关键问题。

4.1.2 广告战役的特点

一个广告策略计划，可能是一个完整的大型广告战役，也可能包含了相互关联的多个广告战役，成为一个复杂的项目组。广告策略采用《广告策划案》的方式呈现，一般包括形势分析、目标市场、营销传播目标、广告策略、行动计划、效果评估标准、预算等部分，具体的撰写形式在实务操作中非常灵活，可根据实际情况进行变通。

单一的广告创意表现，不需要广告策略来提供计划安排。比如有些客户仅要求根据某个口号设计一张海报，并不要求广告公司了解更多的相关信息、提供更多相关服务，这时候仅需要针对信息要点拟定创意策略、进行创意设计即可。

相互关联的广告与各行其是的单一创意表现相比，前者具有更持久的价值。当一个广告有助于支持、巩固或者加深其他广告时，消费者会记忆得更长久。

广告战役（Advertising Campaign），也被译作"广告运动"，是一系列用来实现相互关联的目的的广告和有助于创作他们的活动。

与单一的创意广告集合相比，广告战役具有两个明显的特点：

一是一致性，从某种意义上来说，关于同一个产品的所有广告都是相互关联的，因为它们一致的最终目标是销售产品。区分广告战役和广告集合的是每个广告在实施中的相互关联的程度。一个广告战役下的广告或创意作品，一般拥有同样的沟通主题和创意调性，采用具有统一性的标志性符号。

二是战略导向，相对于形式上的一致性，同一个广告战役中的广告和创意作品，共同完成一个阶段性的营销传播战略目标，是广告战役更根本的特质。不论使用什么样的手法和表现方式，广告战役中的各个最终表现都应该指向同一个目标。

4.2 广告策略的要素

4.2.1 目标受众要素

所有接收到信息的人，都可以称为"受众"。

在广告创作中，会从大众之中选定"特定对象"，称之为"目标受众"，他们是广告实际希望接触到的特定族群，而非所有人。简单的说，目标受众界定了"广告做给谁看"。

目标受众的界定与目标客户（目标市场）的锁定密切相关。

要锁定目标市场，就需要对消费者进行细分。细分市场的目的就是要找到特定的"位置"，或者说市场中的空间，整个"位置"是适合广告主的产品或服务去填充或占领的。

1. 市场的类型

细分市场的过程一般有两个步骤：首先，在较大的消费者用品市场或企业市场中识别出具有某些共同需求和特征的人群；然后，根据他们对产品效用的共同兴趣，将这些人群聚合成较大的细分市场。

一个市场由众多细分市场构成，每个细分市场的需求会有差异，企业会针对不同的细分市场采用不同的产品和营销战略。要进行市场的细分，先要了解不同的市场类型。根据消费者的性质不同，企业将市场区分为两大类：消费者市场和企业市场。

消费者市场，又叫B2C（Business to Customer）市场，指以个人为顾客的市场。大众媒体上发布的广告大都针对消费者市场，属于宽泛的消费者广告，针对购买产品或服务供自己或他人使用的消费者。消费者市场的沟通方式，受消费者需求和行为的影响。我们日常生活中购买的各种商品大都面对消费者市场，比如海飞丝、王老吉、LV等。

企业市场，又叫B2B（Business to Business）市场，指以企业或者机构为顾客的市场。比如英特尔，生产芯片，面对的是电脑制造厂家。

几乎有一半的广告是B2B的广告，但是他们大多出现在专门的商务出版物、专业期刊、直邮或展览会上，一般很少使用常见的大众媒体。

商务顾客往往是知识丰富而精明的购买者，他们的购买决策有大量的技术信息，还要受企业发展战略、财务预算、组织机构运作流程等因素的影响。因此创作B2B的广告会比B2C的广告要求更多的专业产品知识和行业经验。

2. 细分消费者市场的方式

"共同特征"是细分市场的关键要素。

消费者的需求、欲望和记忆会留下很多痕迹，这些痕迹揭示出消费者住在哪里、买什么东西、怎么休闲等信号，而广告主可以根据这些痕迹来锁定具有相似需求和欲望的群体，进而针对他们制定信息，并在恰当的时间、地点向他们传递信息。

这些"共同特征"可以通过地理、人口统计数据、消费行为和消费心理等变量来进行分类，广告主可以按照这些分类来标明细分市场，并针对细分市场制定相应的策略。

地理细分

细分市场最简便的方式是运用地理细分。不同国家、不同地区的人具有不同的需求、欲望和购买习惯。比如农村和城市的市场需求不一样，中国市场和美国市场的需求不一样。

人口统计细分

按照人口统计特征：性别、年龄、民族、文化程度、职业、收入等各种可量化的因素来进行市场细分。比如孩子的需求与成人不一样，男人和女人的需求不一样。

人口细分经常和地理细分相结合，以便广告主选择目标市场，被称为地理人口细分。

随着数字网络的发展，全球化、城市化等因素日益消弭地理消费差异，网络的去中心化和海量信息也带来了人们生活方式、学习能力和信息交流获取方式的极大改变，这让地理人口细分越来越难与消费需求直接建立联系，一般只能作为参考性的细分市场要素存在。

消费者行为细分

细分市场的一个最佳方法是按消费者的购买行为将其分类。

行为细分由许多变量来决定，其中最重要的变量有购买时机、利益追求、用户身份和使用率。这些分类可以向我们揭示谁是我们目前的顾客、他们何时购买产品、为什么购买产品、消费多少产品。若能发现产品重度使用者的共同特点，便可以确认产品的差异，进而更有效地进行广告活动。

我们可以在行为细分的基础上，根据地理、人口统计和消费心态来制定详尽的顾客资料。

消费者心理细分

对于某些产品，顾客更易受情感诉求或文化价值观诉求的影响而改变自身的行为，消费心态的细分就变得更为重要。

消费心态细分依据人们的心理因素——价值观、态度、个性和生活方式，将消费者归类。

SRI国际公司依据20世纪80年代对大约1600户美国家庭的调查，设计出一个把消费者放于九个细分群体的体系，也称为VALS（价值观与生活方式类型模型）。

到80年代后期，研究人员开始批评VALS不能适应生活和时代的变化，SRI国际公司开发出了VALS2，如图4-1所示。

VALS2模型的分类方式，是基于对美国

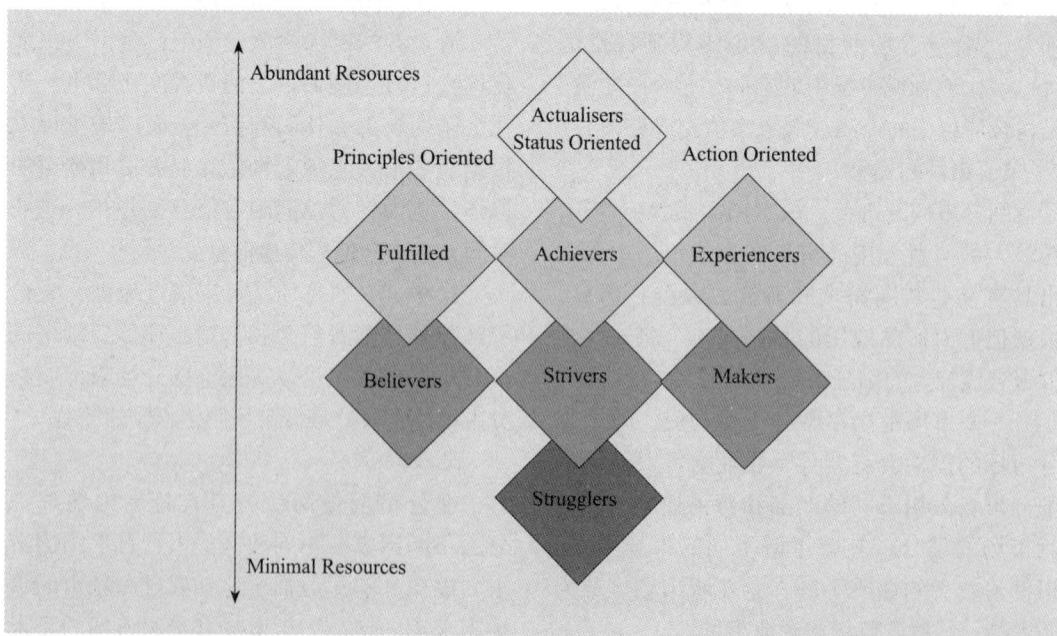

图4-1　VALS2模型

消费者调查数据，它细分市场基于两个因素：

消费者的资源（Resources）：包括收入、教育、自信、健康、购买愿望、智力和能力水平。

自我导向（Actualisers），或者说什么激励他们，包括他们的行为和价值观念。

调查中，被验明的有三种自我导向：

以原则为导向的消费者（Principles Oriented）——他们被知识而不是感觉或其他人的观点所左右。

以地位为导向的消费者（Status Oriented）——他们的观点是基于其他人的行为和观点，他们为赢得其他人的认可而奋斗。

面向行为的消费者（Action Oriented）——他们喜欢社会性的和物质刺激的行为、变化、活动和冒险。

根据自我导向变量，VALS2将消费者划分为8个细分市场：

①现代者（Actualizers）：乐于赶时髦。善于接受新产品，新技术，新的分销方式。不相信广告。阅读大量的出版物。轻度电视观看者。

②实现者（Fulfilleds）：对名望不太感兴趣。喜欢教育和公共事务。阅读广泛。

③成就者（Achievers）：被昂贵的产品所吸引。主要瞄准产品的种类。中度电视观看者，阅读商务、新闻和自助出版物。

④享乐者（Experiencers）：追随时髦和风尚。在社交活动上花费较多的可支配收入。购买行为较为冲动。注意广告。听摇滚乐。

⑤信任者（Believers）：购买美国造的产品。偏好变化较慢。寻求廉价商品。重度电视观看者。阅读有关退休、家庭/花园和感兴趣的杂志。

⑥奋斗者（Strivers）：注重形象。有限的灵活收入，但能够保持信用卡平衡。花销主要在服装和个人保健产品上。与阅读相比，

更喜欢观看电视。

⑦休闲者（Makers）：逛商店是为了体现舒服、耐性和价值观。不被奢侈所动。仅购买基本的东西，听收音机。阅读汽车、家用机械、垂钓和户外杂志。

⑧挣扎者（Strugglers）：忠实品牌。使用赠券，观察销售。相信广告。经常观看电视。阅读小型报和女性杂志。

尽管VALS和VALS2是基于美国消费者开发出来的，但它目前也被应用于欧洲的消费者。这种技术在略加修改后同样被用于日本市场。如日本的VALS模型用三个导向代替了两个导向：自我表现者、成功者和传统者。利用这些导向，日本的VALS模型产生了10个细分市场。国内的学者也对VALS进行本土化的研究和探索，2003年曾有论文提出了CHINA-VALS模型，将中国消费者分为14个细分族群。

在当下的营销传播环境中，中国的社会阶层和人们的生活形态、价值观演变迅速，随着数字网络带来的社会生活方式的改变，固定的模式化细分方式在实务操作中应用难度很大，因此，实务操作中更倾向于利用数字网络技术根据实际产品购买和市场变化来进行灵活的细分与界定。

简单说，在实务中进行消费者价值观及生活形态细分时，我们可以采用对典型消费者或潜在消费者贴标签的方式来显示他们的共同特征，这在国内的近几年的标签化族群中十分常见，如布波族、森女、女汉子、屌丝、白骨精、驴友等。一个精确的细分市场特征，可以包含4-5个主要标签特质，在数字网络空间中，细分市场的地理、人口统计特征日益弱化，相同的兴趣、爱好、关注点等因素可以促使人群聚合，并拥有相似的消费需求和欲望，这在当下的营销传播中需要特别关注。

■ 链接：长尾理论

长尾理论是网络时代兴起的一种新理论，由美国人克里斯·安德森提出。

"长尾理论"的核心含义是：当商品储存流通展示的场地和渠道足够宽广，商品生产成本急剧下降以至于个人都可以进行生产，并且商品的销售成本急剧降低时，几乎任何以前看似需求极低的产品，只要有卖，都会有人买。这些需求和销量不高的产品所占据的共同市场份额，可以和主流产品的市场份额相比，甚至更大。

长尾理论认为，由于成本和效率的因素，过去人们只能关注重要的人或重要的事，如果用正态分布曲线来描绘这些人或事，人们只能关注曲线的"头部"，而将处于曲线"尾部"、需要更多的精力和成本才能关注到的大多数人或事忽略。例如，在销售产品时，厂商关注的是少数几个所谓"VIP"客户，"无暇"顾及在人数上居于大多数的普通消费者。

而在网络时代，由于关注的成本大大降低，人们有可能以很低的成本关注正态分布曲线的"尾部"，关注"尾部"产生的总体效益甚至会超过"头部"（图4-2）。

Google adwords、Amazon、Itune都是长尾理论的优秀案例。

Google是一个最典型的"长尾"公司，

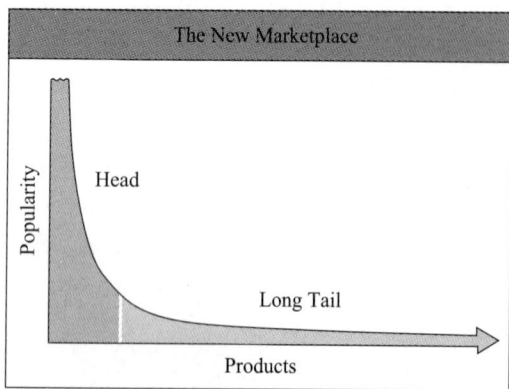

图4-2　长尾理论

其成长历程就是把广告商和出版商的"长尾"商业化的过程。以占据了Google半壁江山的AdSense为例，它面向的客户是数以百万计的中小型网站和个人。对于普通的媒体和广告商而言，这个群体的价值微小得简直不值一提，但是Google通过为其提供个性化定制的广告服务，将这些数量众多的群体汇集起来，形成了非常可观的经济利润。

再看亚马逊的例子。一家大型书店通常可摆放10万本书，但亚马逊网络书店的图书销售额中，有四分之一来自排名10万以后的书籍。这些"冷门"书籍的销售比例正以高速成长，预估未来可占整体书市的一半。

国内的专业水军团队、微信联盟、阿里妈妈推广体系等，也都利用长尾模式。

简单地说，长尾理论告诉我们商业和文化的未来不在于传统需求曲线上那个代表"畅销商品"（hits）的头部；而是那条代表"冷门商品"（misses）经常为人遗忘的长尾。安德森认为，网络时代是关注"长尾"、发挥"长尾"效益的时代。这意味着消费者在面对无限的选择时，真正想要的东西、和想要取得的渠道都出现了重大的变化，一套崭新的商业模式也跟着崛起。

长尾理论对于搜索引擎营销中的关键词策略非常有用。即虽然少数核心关键词或通用关键词可以为网站带来可能超过一半的访问量，但那些搜索人数不多然而非常明确的关键词的总和——即长尾关键词同样能为网站带来可观的访问量，并且这些长尾关键词检索所形成的顾客转化率更高，往往也大大高于通用关键词的转化率。

长尾市场也称之为"利基市场"。"利基"一词是英文"Niche"的音译，意译为"壁龛"，有拾遗补缺或见缝插针的意思。简单地说就是小型的空白市场，通过对市场的细分，企业集中力量于某个特定的目标市场，或严格针对一个细分市场，或重点经营一个产品和服务，创造出产品和服务优势。

长尾理论被认为是对传统的"二八定律"的彻底叛逆。在传统的营销策略当中，商家主要关注在20%的商品上创造80%收益的客户群，往往会忽略了那些在80%的商品上创造20%收益的客户群。在"二八定律"中被忽略不计的80%就是长尾。在互联网的促力下，被奉为传统商业圣经的"二八定律"开始有了被改变的可能性。市场已经分化成了无数不同的领域。互联网的出现改变了这种局面，使得99%的商品都有机会进行销售，市场曲线中那条长长的尾部（所谓的利基产品）也成为我们可以寄予厚望的新的利润增长点。这一点在媒体和娱乐业尤为明显，经济驱动模式呈现从主流市场向非主流市场转变的趋势。

使用长尾理论来瞄准市场必须注意它有前提条件。

首先，长尾理论统计的是销量，并非利润。管理成本是其中最关键的因素。销售每件产品需要一定的成本，增加品种所带来的成本也要分摊。所以，每个品种的利润与销量成正比，当销量低到一个限度就会亏损。理智的零售商是不会销售引起亏损的商品。这就是二八定律的基础。

传统超市是通过降低单品销售成本，从而降低每个品种的止亏销量，扩大销售品种。为了吸引顾客和营造货品齐全的形象，超市甚至可以承受亏损销售一些商品。但迫于仓储、配送的成本，超市的承受能力是有限的。

互联网企业可以进一步降低单品销售成本，甚至没有真正的库存，而网站流量和维护费用远比传统店面低，所以能够极大地扩大销售品种。比如亚马逊就是如此。而且，互联网经济有赢者独占的特点，所以网站在前期可以不计成本、疯狂投入，这更加剧了品种的扩张。

如果互联网企业销售的是虚拟产品，则支付和配送成本几乎为0，可以把长尾理论发挥到极致。Google adwords、iTunes音乐下载都属于这种情况。可以说，虚拟产品销售天生就适合长尾理论。

其次，要使长尾理论更有效，应该尽量增大尾巴。也就是降低门槛，制造小额消费者。不同于传统商业的拿大单、传统互联网企业的会员费，互联网营销应该把注意力放在把蛋糕做大。通过鼓励用户尝试，将众多可以忽略不计的零散流量，汇集成巨大的商业价值。

了解长尾理论，对实务操作中SEO的优化有重要意义，我们可以利用长尾关键词来进行搜索引擎的推广投放，这在搜索门户和电商平台内的搜索引擎上（如淘宝直通车）均可以应用；其次，我们可以对一些新型商业模式的成功有所了解；长尾理论可以让我们发现小众、非标准化产品的市场空间和潜力，这有助于创新型产品的创业模式探讨和市场定位。

3. 锁定目标市场和目标受众

完成了市场的细分，企业可以选择对产品用途具有相同兴趣的人群，根据他们的购买潜力和利润潜力，将他们重新聚合成稍大的细分市场。

在这些稍大的细分市场中，企业需要预测哪一个细分市场具备最大的利润潜力，哪个市场最容易渗透；然后根据预测结果将一个或多个细分市场定位为自己的目标市场，即企业愿意对之进行诉求、设计产品、开展营销活动的一组细分市场。

根据目标市场投入资源的程度不同，可以区分为一级目标市场、次级目标市场等。

"目标受众"一般比目标市场要大，如麦当劳的目标市场是成人，但目标受众也包括孩子；也有可能比目标市场小，只是其中一部分，比如奢侈品的目标市场包含了富裕人群和中产人群，但目标受众一般是中产人群；还有可能不是目标市场的客户，而是产品的利益相关人，如企业员工、原料供应商、行业主管部门、媒体等。

广告策略对目标受众的界定，可以直接影响传播媒介和传播讯息的选择。同一个产品，在不同区域投放广告，其目标受众的特征不一样，媒介选择和讯息重点也会不一样；同一个广告战役，在不同的阶段或者战术过程中，目标受众也会有差异。

通过以生活方式、喜好、行为勾勒目标受众的生活风格，可以对目标受众进行界定和描述，这是比较实用的方式，也有利于选择与之相匹配的广告风格。

在全球经济一体化和文化融合的趋势下，典型目标受众风格也在趋同，但是仍然有地域性差异，在实务中需要参考通用的划分方式，还需要结合当地的具体情况。

典型受众描述的方式很多，图4-3是HAVAS创意集团描述的五大类生活风格客层及其适用的广告风格，可以作为实务操作中的描述参考。

特立独行客层

以家庭较为富裕的年轻一代知识分子、大学生，或者已在新兴行业中任职的年轻主管、自由职业者为代表。类似于国内的知识分子、公知族群。

①核心特征：

反对因循守旧，喜欢无所禁忌、稀奇古怪。

②典型的生活风格：

不为收入操心，但十分投入工作；在自己的小圈子中活动，关注自己感兴趣的艺文、技术、社会话题；对于创新领先、异国情调、次文化都感兴趣；他们是意见领袖；喜欢新鲜、高级、特殊品味的东西，希望与众不同；对"过分编辑的信息"采取不信任态度，对广告一般采取负面态度，但又会欣赏广告中的创意。

③偏好的广告风格：

更新鲜原创的创意；以幽默、暗示、隐喻的方式表现；增加心理附加值，保有想象力，但又不会过于前卫，搞怪难懂。

广告中，产品是一个道具，为他们提供一次"让想象力任意漫游、翱翔旅行"的机会（图4-4～图4-6）。

自我中心客层

处于结束青春期走向成年的瓶颈，生活

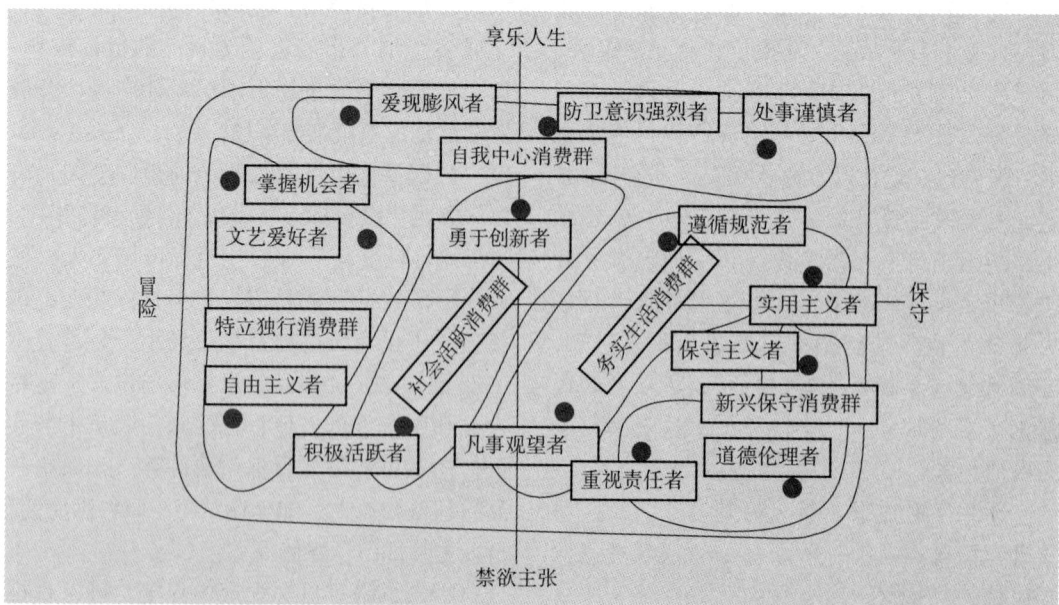

图4-3　HAVAS集团消费者生活风格分层图

图4-4　SnapTax网上报税服务广告1

图4-5　SnapTax网上报税服务广告2

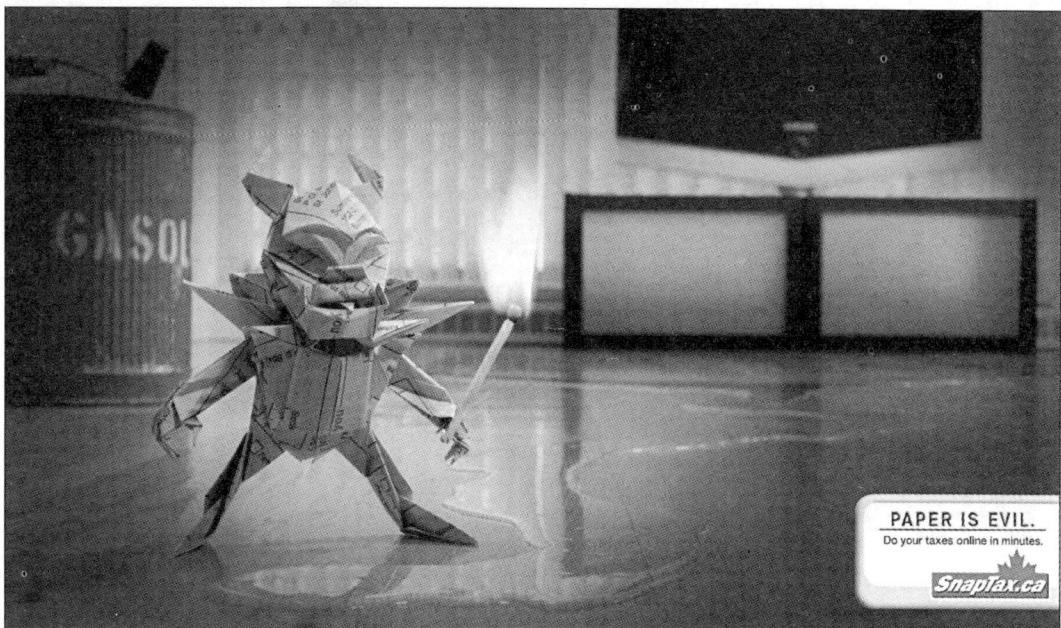
图4-6　SnapTax网上报税服务广告3

以幽默手法纸质报税单的讨厌和可怕。

及职业又卡在各种不确定的状态下，有一种"被剥夺感"，产生了不安、甚至很强烈的反抗情绪。对理想化、自由化的生活方式十分向往，渴望消费，但越是如此，越感到经济上的压力，就越不满足。类似于国内的中二、屌丝族群（图4-7、图4-8）。

①核心特征：

做梦都在追求"虚荣"、"偶像"，但未能如愿。

②典型的生活风格：

全部精力都用在"在不满意的环境中存在并生存下去"上；希望以一种炫耀自己、让人产生强烈印象的方式，显示自己的存在；渴望被注意，哪怕是争议性的方式也无所谓；羡慕和崇拜明星、白手起家的人；需要幻想，一般的通俗娱乐文化是取得"幻想"的最佳

图4-7　维珍信用卡广告1

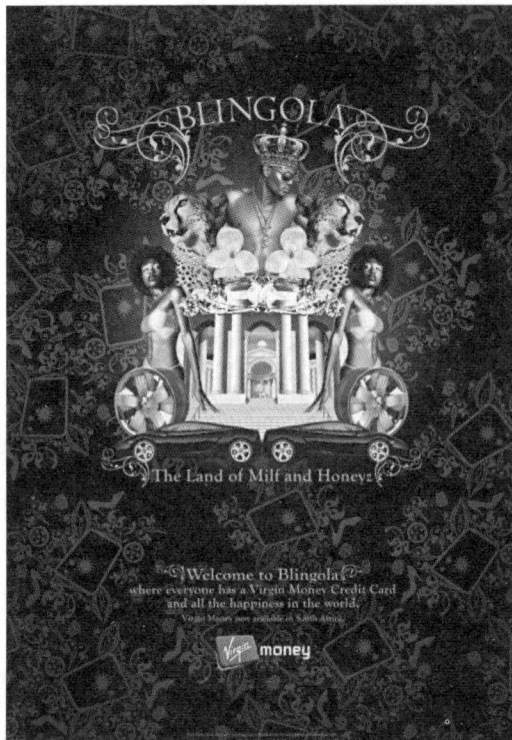

图4-8　维珍信用卡广告2

广告虚拟了一个名叫"Blingola"的国家，口号是"欢迎来到Blingola"。只要顾客拥有维珍信用卡，就可以进入这里，这里充满奇幻美丽的人和事物，而且满溢幸福。

管道，包括广告；喜欢向往代表力量、成功和影响力的东西。

③偏好的广告风格：

女人希望自己漂亮、健美；男人则强壮、有型；喜欢寻找煽情的信息，并获取进行主观判断的机会；喜欢传奇故事；喜欢表现社会地位的题材；被强化"社会型附加价值"会让他们产生好感。

广告中神奇的形象、强有力的形象、简单的口号、各种象征都能达成有效沟通。

社会活跃客层

主要是企事业单位的中坚力量或者企业负责人，学历较高，也是社会中的佼佼者。类似于国内的白骨精族群。

①核心特征：

追求社会地位、名声，野心勃勃。

②典型的生活风格：

关注信息，信息对他们而言是竞争的武器，因此他们消息灵通，对政治、经济、社会问题都可以娓娓道来；处世态度严肃冷静，全部精力用在事业生涯上，与个人生活全部混杂在一起；在权利及金钱上，偏向希望掌握权力；特别喜欢那些以"精英分子"为目标受众的专业媒体及题材，满足他们希望掌握命运的企图心；喜欢摆弄概念，喜欢经过浓缩、概念化、综合加工后的资讯；消费社会中黄金贵族，喜欢体育、时髦、时事还有万中选一的美女；爱看广告，从广告看到自己理想的一面，是广告最容易接触到的一群，也是最难打动的一群。

③偏好的广告风格：

介于"心理型、社会型、功能型"三种附加价值的交界点上；为"心理型附加价值"的美学价值以及享乐心理所吸引，但不喜欢过于难懂、过度娱乐化的广告；喜欢将重心放在受众角度、具有"社会型附加价值"的广告，因为可以找到精英文化的象征，但其在追求社会地位的价值观上相对"自我中心客层"更为传统和收敛；喜欢以"传者"角度，欣赏具有"功能型附加价值"的广告，因为从中可以看到一个成功企业以及企业家的意志、掌握的力量、专业能力（图4-9～图4-11）。

广告中，他们其实对产品不感兴趣，更多的是获取"自我陶醉"，希望寻找"自我升华"的形象。

务实生活客层

大多数处于社会中间阶层，不太富裕，少有朝气，曾经渡过困苦的日子，对未来多少带有悲观情绪，因此处世谨慎小心、规规矩矩。类似于国内的工薪族。

①核心特征：

什么都考虑"实用"、"效果"，过着战战兢兢的务实生活。

②典型的生活风格：

希望安分守己、舒舒服服地过自己的日子，不要受到外界打扰；自我防卫意识强，不容易接受外来文化，也不喜欢复杂的科技语言；信息不是"发现新事物"的管道，而是一种"警惕"的信号；信息不是"自我激励"的手段，而是让自己放心的"镇定剂"；信息不是"通往未来世界"的窗口，而是"反映今天、熟悉天地"的镜子。

图4-9 《经济学人》杂志平面广告

标题：因为骑墙很难受

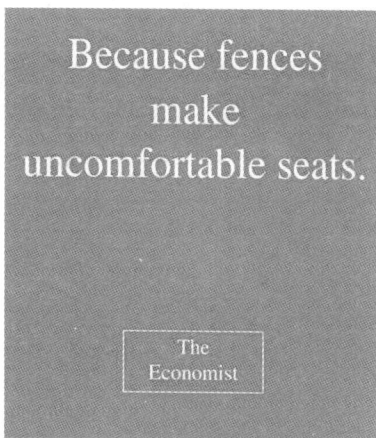

图4-10 《经济学人》杂志机场推车广告

标题：放下你的包袱

广告语：读，即知天下
以简洁、双关的标题和标志的红白色两色表现形式，针对金融工商业的读者群体现《经济学人》杂志的专业性，智慧性和独特性。

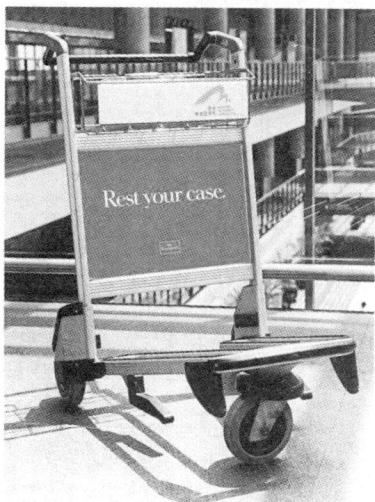

图4-11 《经济学人》杂志户外广告

③偏好的广告风格：

安稳的、熟悉的，让他们能安心待在自己小天地中的广告信息；在广告中可以看到自己、认识自己、找到熟悉的工具、关注的问题，能由广告中为实际遭遇的问题找到解决方案；简单、务实的语言，冷静、客观、清楚的分析，不添油加醋，告诉他们处理日常事务的诀窍，让他们在迷宫中得到指引（图4-12）。

保守倾向客层

随着社会的发展，在原本属于高年龄层的保守倾向客层中，加入了越来越受过良好教育的年轻人。他们的道德观、政治观点、社会人际关系的处理，是趋向保守的；但他们的做事作风却是完全"现代化"的。类似于国内的公务员族群。

①核心特征：

凡事希望"稳当"、"可靠"、"有保证"。

②典型的生活风格：

他们使用电脑、接收卫星电视、关心国际货币的浮动汇率、掌握以及面对前所未有的新科技、管理上的新思潮，但是支撑他们的力量并非源于用于探索的冒险精神，而是稳健、严谨的思想与行事规则；对它们而言，信息要符合他们的传统价值观，也要符合他们掌握新事物、适应现代生活的需要；激情在他们的心中占有重要的地位，但有自我克制，隐藏在尊严的外表后面。

③偏好的广告风格：

信息中人物具有刻板形象，背景是传统的、说理要清楚、编排有层次、思想要主流、色彩要协调。"社会型附加价值"的方式最容易与之沟通；喜好"过去"与"现在"的平衡，期望信息应该是"科技应当符合伦理"、"文化无所不在"、"现实根源于历史"、"让每一个人都具有内涵"；对"功能型附加价值"也会产生共鸣，对产品的实用性，采取冷静及理性的严格考验（图4-13）。

图4-12　南方贝尔广告

生活化的动作，熟悉的煲电话粥的场景，诠释通信资费的便宜。

图4-13　沃尔沃S60广告

理性说明产品各项特征，画面设计清晰悦目。

■ 案例：《魔兽》电影-大数据下的精准整合营销传播

2016年6月8日，电影《魔兽》在中国大陆上映，午夜场零点票房5540万，首日排片占比68%，盛况空前。

截止到下档，影片创下多项国内影史纪录，国内票房达14.7亿，是国内首部上映两日票房过6亿影片，首部最快破9亿纪录的进口片，国内票房占全球票房53%。

整个6月，即使你没有去看《魔兽》，你也会被超强的刷屏风潮所影响。

一部基本没有国际明星大咖，国外口碑普通甚至中下，内容也确实没什么太多亮点的游戏电影，何以会如此火爆？从营销传播角度，我们可以发现以下几个因素（图4-14、图4-15）。

首先，要归结于《魔兽世界》游戏的影响力

《魔兽世界》作为世界上最成功的MMORPG游戏，在全球拥有超过1亿玩家。2010年峰值时全球付费玩家达1200万，其中中国玩家约占一半。史诗级的故事、庞大的场景设计、完整的世界观、沉浸式的游戏体验让《魔兽世界》成为角色扮演类网游的王者，十年不衰。

中国是《魔兽世界》最大的市场，对于70后、80后男性群体有着非同一般的影响力，相较于欧美玩家的按部就班，中国的WOWER与《魔兽世界》有更多的故事，各种流行语和段子、红桃K、杨教授、电子海洛因、等待巫妖王、转战台服、网瘾战争……可以说，《魔兽世界》对于玩家而言，一方面是青春、友情、激情与历险的记忆；另一方面是与成年人价值观抗争、融合、成长的历程。

一位魔兽玩家的论坛留言，可以代表中国WOWER的心声："很多魔兽粉如今跟我一样，都成为现实而无趣的成年人，已经AFK（away from keyboard）很久，房价、工作、学业、逼婚逼迫的我们喘不过气，再也没有心情和精力，像当年那样投入一部游戏了，再也无法体会那种单纯的快乐了。"对他们而言，去看《魔兽》，是一种"致青春"的仪式，这一群体也构成了《魔兽》电影最不可撼动的市场基础。

其次，是以大数据研究为基础，细分目标市场下的精准传播

图4-14 《魔兽》电影海报

图4-15 《魔兽》电影海报玩家阵营演绎

《魔兽》电影在宣传发行之初，腾讯影业就与传奇影业一起合作进行了大数据分析。

通过标签体系定向，研究团队很容易地找到了第一批核心种子用户-魔兽玩家。对于魔兽玩家来说，等待《魔兽》电影已经有十年时间，电影是否进行推广基本不重要，因为他们"就算电影播放两个小时的进度条，也是要去看的"。另外，研究团队还根据电影的魔幻类型和吴彦祖扮演了大反派古尔丹选定了"西方魔幻类型电影的观看用户"和"吴彦祖粉丝群"作为易被影响和锁定的核心用户。但是，这三个细分市场的规模远远不能满足营销的要求，要实现更广泛的覆盖、提升票房，就必须挖掘更多的细分市场。

通过和影视用户以及大盘用户的对比分析，研究团队发现：核心用户男性占比明显高于电影兴趣用户以及大盘用户，说明影片对影视核心用户的女性来说，会有吸引力不足的风险；核心用户相比电影兴趣用户，年龄更加成熟，23-26岁用户占比更多。说明对于年轻的消费者来说，会有影响力不足的风险。这些发现提示了影片有可能过于核心向，女性用户、路人转化难度大等风险，推动后续营销点（目标受众）更聚焦于边缘用户上。

为了精确的锁定更大规模的目标市场，研究团队使用了Look-alike模型，从核心用户快速复制出大批量的相似用户，将目标市场规模扩展了40多倍。通过这个环节，即使你不是魔兽玩家，没有听说过魔兽，也有很大的概率收到魔兽的相关推广（图4-16）。

Look-alike（相似人群扩展）模型（图

4-17），是腾讯社交与效果广告平台广点通共同推出的一种通过种子用户寻找类似人群的技术，可以提升广告主人群定向的精确度。其运作机制依据种子用户的数字网络行为特征，利用网络后台数据库，通过人口基础属性、商业兴趣、App行为、关键字、搜索、浏览等维度自动扩展选取具有共同特征人群。

确定目标市场之后，受众被精准的分成了核心用户-魔兽玩家、认知用户-对《魔兽》有认知的人、活跃用户-喜欢看电影的人、机会用户-有可能被吸引来看电影的人四类目标受众。

找到了目标受众，还需要知道他们分别

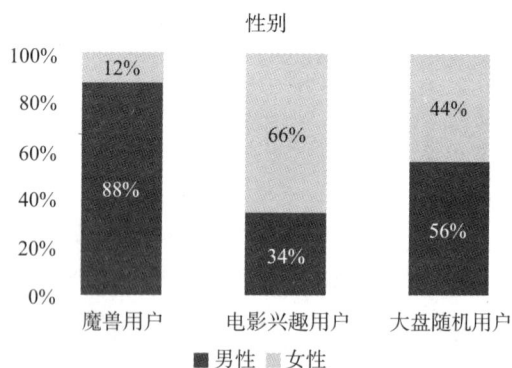

图4-16 《魔兽》电影潜在市场对比分析

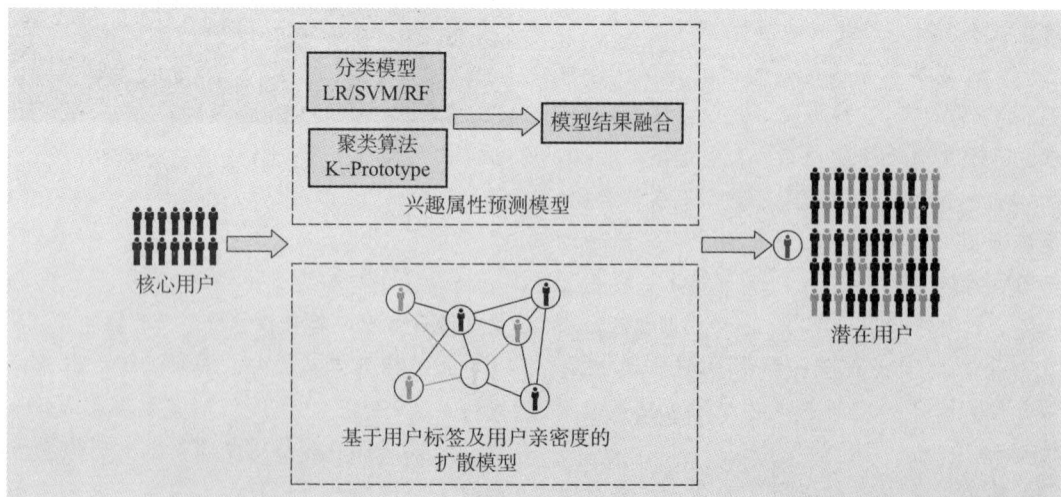

图4-17 用户扩散模型原理示意图

对哪些讯息内容感兴趣。研究团队基于目标受众的认知和兴趣，分别进行了话题、信息投放测试，通过对传播过程中用户的评论进行及时反馈，优化营销话题，最终挑选出更受欢迎的素材（图4-18）。

通过客户挖掘、受众扩散、营销测试优化、素材测试和优化这一系列的工作，在正式投放中，文案讯息分为魔兽、游戏、观影和普通用户4类，对应不同的受众进行投放。最终目标受众较普通用户的点击率提升78%（图4-19）。

在信息投放上，微信、微博成为话题和热点引爆的重点平台。

腾讯微信公众号"电影魔兽"从2015年9月开始运营，到电影上映前累计内容阅读人数已达700多万，累计传播数在1600万左右，超过了多数电影类大号。微信公众号的推文，一半以上的阅读量来自朋友圈打开阅读，也就是通过玩家分享朋友圈之后，扩散到了玩家身边的朋友。

不仅如此，腾讯还整合各种自有平台资源，利用手机QQ公众号、企鹅号、猫眼号、兴趣部落等，与微信公众号联动，打造粉丝平台，通过各种粉丝活动、专题、H5互动等，在腾讯体系内外分发传播信息，持续影响目标受众。

电影上映前一周，提到"魔兽"的微信相关文章数量就已高达12772篇，其中有十多篇文章的阅读量突破10万+，"毒舌电影"、"独立鱼电影"等多个电影类大号都参与了影片的推荐。随着电影的持续火热，这一类的讨论文章也大量增加（图4-20）。

在微博上，@电影魔兽官微虽然只有6万多粉丝，但是每一条博文的互动率比较高，都达到3位数以上。电影上映前一周，微博相关话题阅读量超过1亿的就有三个，讨论热度持续不减。

第三，跨界联合，全面联动，全渠道接触

为了扩大营销传播的影响力，《魔兽》的

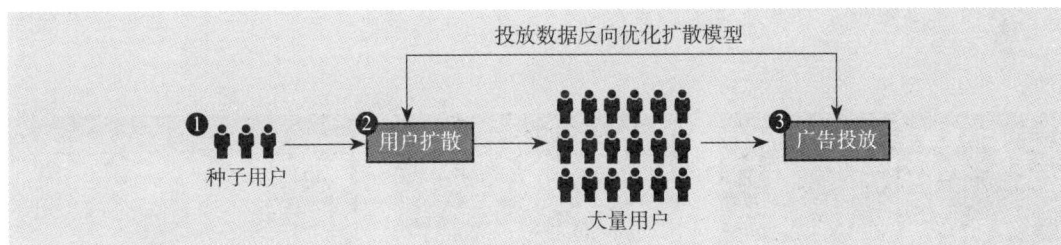

图4-18 投放数据反向优化扩散模型原理示意图

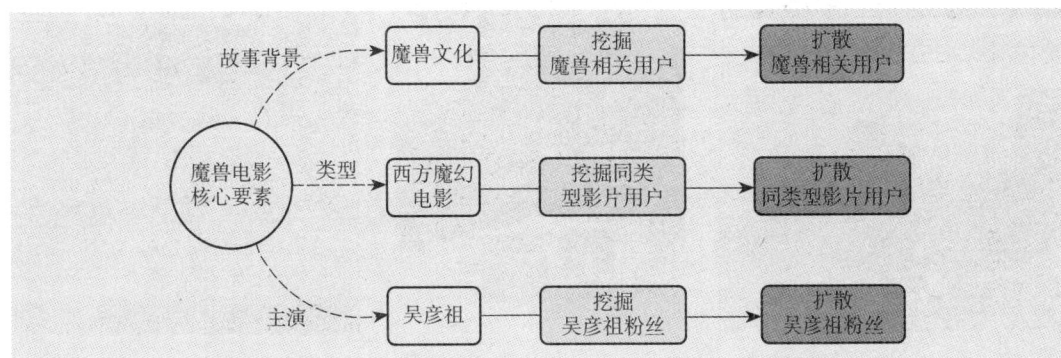

图4-19 《魔兽》电影用户特征聚类及用户扩散

公众号	标题	发布时间	阅读数	点赞数
电影演出票	全球限量收藏级！又一波《魔兽》周边高端来袭	6月3日	10+	68
美特斯邦威	福利√｜免费《魔兽》电影票，"点"进来就有了	6月2日	10+	440
杜绍斐	5天后，我们要告诉「小时代」什么才叫青春片	6月3日	10+	603
电影演出票	站形扁礼！《魔兽》只有一个世界，无法同时容下两个阵营	6月3日	10+	289
浦发银行信用卡中心	六月好戏连台，1积分看IMAX 3D《魔兽》！10元看《X战警》！	6月2日	10+	52
电影演出票	9.9元起｜六月大片扎堆来，先跪教授去订票	6月2日	10+	501
毒舌电影	这部高分国产怎么还没刷爆朋友圈	6月7日	10+	2022
独立鱼电影	六月，集齐了这个夏天的所有大片	6月7日	10+	545
我的格瓦拉	《魔兽》《爱丽丝》6元最后一天，快跟上！	6月7日	10+	442
毒舌电影	就算「魔兽」是坑，我也会跳	6月7日	10+	486
全球热门生活	除了魔兽，还有什么电影值得期待？	6月6日	10+	1342
十点读书	如果有男生约你看魔兽，你应该知道这背后的意义	6月7日	10+	390
平纪工作室	【平纪】为了部落！为了联盟！我们的魔兽世界（上海站）	6月6日	10+	157

图4-20 《魔兽》上映前微信大号推文数据

推广全面覆盖线上线下。多个线下场景营销全面铺开，主创团队见面会、《魔兽世界》主题展、户外媒体广告、预告片的全渠道投放等，增加了信息的覆盖范围，蒙牛、Jeep等品牌的跨界合作以及众多品牌的搭车营销，

亚马逊特别发售的魔兽cos道具，各种各样接触点，也促成了《魔兽》传播和热点效应的扩大化（图4-21～图4-24）。

粉丝经济也表现在票房之外，《魔兽》品牌形象衍生品在中国的独家授权代理时光网表示，《魔兽》上映之前，他们售出的衍生品的价值就超过了1000万美元。单是《魔兽》首映的夜间，他们的产品销售额就超过100万美元（图4-25）。

第四，《魔兽》上映的时点和发行力度非常给力

《魔兽》定档6月8日在中国大陆地区上映，这个时间点选择正好是端午小长假前的最后一天，也是全中国940万高考考生结束高考的日子，所以，这个时间点，虽然不是周末，但胜过周末百倍。

《魔兽》背后站着无数中国金主，《魔兽》的出品方如万达、腾讯影业在影片的发行营销环节上也纷纷展开行动。除了超高的排片量，以格瓦拉、猫眼、淘宝电影等为首的票务网站，都已通过各种的资源在补贴上发力。

万达影业甚至把部分影院的影厅名字改

图4-21 JEEP联合广告

图4-22 《魔兽世界》主题展

图4-23 蒙牛新养道联合广告

图4-24 天猫超市快递盒广告

图4-25　时光网《魔兽》衍生产品

图4-26　万达影院《魔兽》主题影厅

成了《魔兽世界》中的地名，影院座位被分成了部落和联盟两种颜色和阵营，让每个观影的消费者带来身临其境的体验感（图4-26）。

腾讯影业与大地影院开展的"十年魔兽，十万玩家"的观影活动，邀请SKY、林熊猫等在中国有影响力的游戏玩家现场与观众互动，并打出"曾经熬夜一起刷副本的兄弟，再次组队一起看才叫燃"的口号，为分散在各地难以聚首的魔兽玩家制造集体观影感。

整体来看，《魔兽》电影的营销传播是一次成功的整合营销传播战役，融合多种传统电影营销及当下营销传播领域的手法和技术手段，在利用大数据和网络技术细分市场方面也代表了未来营销传播领域的发展趋势。

资料来源：腾讯研究院http://www.tisi.org/

4.2.2　产品概念要素

产品的在广告战略中的界定，与营销战略中基本一致。广告主展示给消费者的一系列价值就是产品概念。广告计划中必须对产品概念进行简单的陈述。为此，广告主首先要考虑消费者对产品的感觉，然后对照企业的营销战略。

不同类型的产品引起的消费者关心度（高／低）和关心类型（思考／感觉）是不同的。不同的产品需要不同的广告加以配合。

如图4-27所示，"金-洛坐标"表现了消费者在对不同产品作出购买决策时的方式和投入程度。

产品在方格中的位置，一方面可以显示产品的购买方式（认知——感觉——行动或感觉——认知——行动）；另一方面也可以决定广告的诉求方式，是采用理性诉求还是感性诉求，这和广告设计的调性以及广告文案的语境有密切关系。

有些产品的概念相对单一，在一个广告

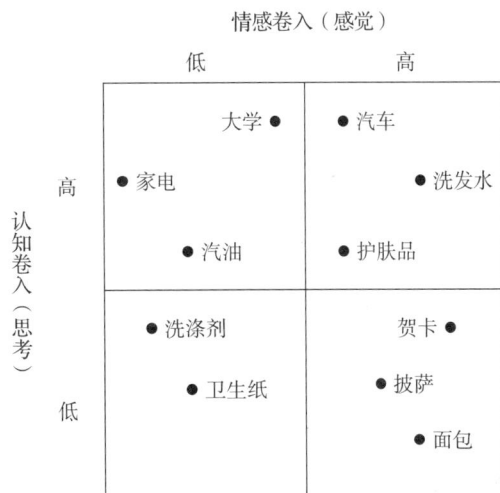

图4-27　金-洛坐标

策略中均强调一个概念，比如"海飞丝——去屑"；有些产品概念是复合型的，在广告策略中就有可能根据实际情况的不同而选择不同的重点，最常见的是将产品概念的不同组成部分，作为广告策略不同阶段的讯息重点。

4.2.3 媒介要素

广告计划需要确定广告活动所运用的媒介。媒介的选择由目标受众的媒介接触习惯决定。在多元媒体发展的今天，由于受众的媒介接触日益分散和细分化，媒介选择跟创作活动的关系也越来越紧密。

不同的媒介选择，会导致不同的创意手法和讯息设置。比如，选择以数字网络为主要载体进行讯息传播时，会更多地采用互动型的创意手法，讯息设置也可以更丰富和自由；如果选择渠道媒介为主体，创意手法就需要更强的视觉冲击力，讯息则倾向于简单有力，触发即时反应；如果选择专业类的印刷媒体，则需要有更多的技术参数、测评等讯息，才能满足受众的认知需求。

要进行媒介的选择，需要了解不同媒介的特征，以下为目前营销传播环境中常见的媒介形式及其特点。

1. 报纸

报纸是一种普及程度很高的大众媒介类型。

在互联网出现以前，报纸是普及型产品的理想媒介，它时效性强，地域针对性明确，费用相对合理；但是对受众缺乏针对性，印刷质量一般不高，而且信息内容很庞杂，广告信息容易被干扰。

进入网络时代以后，报纸的发行量日益降低，大多呈现出明显的运营危机，发布费用也相较以前走低。但是，考虑到有些细分族群有报纸的阅读惯性，报纸依然有一定的传播效果。

报纸广告可以分为图片广告（硬广）、文字型广告（软稿）、分类广告、报眼、报花、夹报等种类。对应的主要特点如表4-1所示。

报纸广告的种类和特点　　　表4-1

报纸广告种类	特点
图片广告（硬广）	* 有多种规格和尺寸 * 图文并茂，大多以图形为主 * 可以承载丰富的创意表现 * 可以采用特殊规格版面
文字型广告（软稿）	* 有多种规格和尺寸 * 可由报社排版，也可由广告公司设计版面 * 文字为主体 * 可以隐藏广告主的标识，诱导受众认为其内容是报纸的新闻信息
分类广告	* 一般有一个基础单元的规格，可以购买1到多个单元 * 一般版面较小 * 信息简单，大多以文字为主 * 版面环境复杂，干扰较大
报眼	* 报纸版头旁边的小型广告位 * 位置醒目 * 承载的信息量小
报花	* 一般是报纸广告中体量最小的广告 * 承载简单信息，多用于提示性告知
夹报	* 是直邮广告在报纸发行体系中的一种变形方式 * 可以利用报纸的发行量达成大范围传播 * 也可利用发行渠道的分区进行精确传播 * 印刷质量可以选择

报纸广告按版面位置、版面尺寸、发布类型计费，不同报纸的收费标准不一样，同一报纸在不同时间的费用也有差异。具体可以参见报纸的广告刊例价格，实务操作中，国内的报纸刊例均有不同的折扣幅度，洽谈一定时间段或版面总量的合作打包价格会有较大的优惠。

2. 杂志

杂志可以让广告主利用高质量的印刷表现到达特定的目标受众，是高关心度产品较理想的媒介。它可以精确瞄准目标对象，可以选择灵活的设计和印刷形式，具有反复阅读性；但是价格相对较高，印发周期较长，很难在短期内迅速建立到达率和频次。

杂志广告的种类相对简单，主要分为图文广告、文字型广告和夹寄别册三种，与报纸广告对应种类相似。

杂志广告的计费方式与报纸类似，也可以洽谈合作打包价格。

3. 广播

广播是一种个人化、一对一的媒介。随着中国家用车拥有率的快速增长，近年来广播广告呈现一种复兴趋势，即从以往听众逐渐向中老年群体萎缩，到可以覆盖较高消费能力的有车一族。

广播广告具有一个显著的传播特性——形象移植。广告主在电视上播放一段时间的广告之后，再将声音部分移植到广播广告中，75%的消费者会在听到广播广告的时候，在脑海中重现电视广告的画面，这在无形中以极低的代价延长了电视广告的寿命。

广播广告的优势在于具有较高的到达率、频次、高效益和较强的针对性；其缺点是只是一种瞬时性媒介，稍纵即逝，其受众细分程度高，广告寿命短，而且往往只有一半被人听到，每条广告还必须与其他广告竞争。

广播广告也分硬广告和软广告，硬广告一般是指5～30秒的节目中间的插播广告，软广告则包含栏目合作形式的产品推荐、问答、咨询、热线营销等。

广播广告按发布频道、时间段和长度计费。不同频道的价格差异较大，需要考虑频道针对的客户群进行选择。具体价格可以参见电台的广告刊例。国内的电台基本都有套播优惠，指组合使用多个频道多个时间段的发布，这种方式可以覆盖较大的受众范围，相对价格也比较优惠。

4. 电视

电视广告的投入成本大，但是千人成本较低。

在互联网发展以前，电视广告是覆盖率最大的媒介。随着数字电视技术的发展和互联网播客、直播、病毒式传播、分众视频等新兴方式的兴起，视频广告的创意和设计手法也在向更广阔的空间扩展。

电视广告的表现形式丰富多样，也分硬广告和软广告。硬广告一般发布时间5-30秒，在节目中插播，软广告也是使用栏目合作的形式。同时还包括大量的冠名、赞助等形式。

电视广告的收费方式也与广播广告类似，按发布频道、时间段和发布长度计费。不同电视频道和不同节目时段的广告价格差异很大，针对的人群也有很大差异。比如新闻联播时段的受众主要集中在生活稳定的中老年人、城镇居民、农村人口，电视剧时段的广告主要针对家庭主妇，晚间新闻时间段的观众则有很多是繁忙的中青年上班族。具体需要参考电视台的收视统计数据。不同电视台的发布组合和价格系统相对比较复杂，投放时可以请专业媒体公司进行代理操作。

5. 户外媒体

户外媒体，是指在广告潜在对象的住宅外到达他们的媒介，如户外路牌、车体、地铁、站台等。

户外媒体的优点是：千人成本低，可以用当地语言迅速而不断地向大批受众传递简洁的讯息或形象；一天24小时不间断传播信息，而且是强迫性信息；冲击力强，特别是发布简单、短小和命令式讯息；创意空间大。

户外媒体的缺点是：讯息短促、环境影响大、受众测定困难和控制难度大、成本较高。

户外媒体按其位置可以分为大型路牌、户外灯箱/看板、候车亭、电子屏、车体、公交车内、地铁等种类，有不同的特点，如表

4-2所示。

户外广告按类型、点位、发布时间长度
计费。不同地区的收费差异较大，一般要求
一定的发布数量覆盖才能达成传播效果。

户外媒体是目前拥有最多创新运用形式
的传统媒体，在监管允许的范围内，如果能
跟创意进行高效的结合，往往会产生超越期
待的效果（图4-28~图4-31）。

图4-29 MINI户外路牌广告

户外媒体的种类和特点　　　　表4-2

户外媒体种类	特点
大型路牌	* 体量大，有创意空间 * 受众观看距离远，信息要求简单
户外灯箱/看板	* 一般位于道路两侧和社区 * 体量比大型路牌小
候车亭	* 一般位于公交车站 * 由于受众有等候时间，所以可以承载较多的信息
电子屏	* 户外广告与电波广告的结合体 * 可以承载动态信息，但持续时间不能与电视广告相比
车体	* 搭载在公共交通工具外的广告 * 可在车体外部，也可在车体内部 * 除平面形式外，还有电子形式
地铁	* 一般在地铁站台上和通道上 * 体量大，有创意空间 * 通道内的广告位暴露时间较短；站台上的暴露时间较长

图4-30 《越狱》第三季户外广告

图4-31 AMORA减肥食品户外广告

以巴黎的下水道井盖作为媒介，夸张的展
示可以瘦到何种程度。

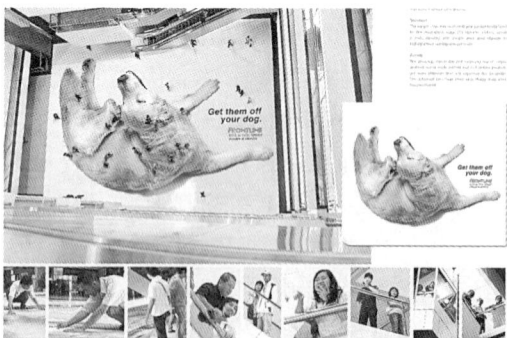

图4-28 宠物狗驱虫药地贴广告

6. 直邮媒体

直邮广告（DM）是一种可寻址媒介，可以将广告信息直接送达潜在对象，是一种高效经济的销售媒介和促销媒介。

直邮广告的优点包括：针对性较强，可以按人口统计特征或消费者数据库进行投递；覆盖集中，到达广泛；创意空间大；信息便于控制；可根据特定受众的个人需求、欲望和希望设计直邮广告而又不侵犯其他顾客；不受其他竞争对手的信息干扰；有利于测试收件人对产品的接受程度，以及对定价、优惠、文案、销售说明等的反应程度等。

直邮广告的缺点包括：成本较杂志和报纸广告高；投递过程可能无法完成；是否有效取决于目标受众的选择是否准确、内容是否适合；很多消费者把直邮广告看成垃圾。

直邮广告可分为电子邮件、销售信函、折页、邮简、公告书、内刊、目录、实物等种类。超市的促销刊就是一种典型的目录型直邮广告，而房地产客户的"客户通讯"也是一种直邮内刊。

直邮广告的发布费用一般包括制作费和投递费两部分。制作费与直邮广告的设计有关，投递费则跟邮政或专业投递公司的计费方式有关。

7. 陈列媒介

有些媒介是专门设计用来吸引顾客对产品加以注意的，这类陈列媒介往往在售点或接近售点的地点上使用，这些陈列媒介包括产品包装、商品展台和陈列品等。如果运用得当，陈列媒介与其他媒介协同产生的增效作用足以使产品或品牌知名度提高500%。

高达70%的购买决定是在售点作出的，因此包装在广告和销售中发挥着相当重要的作用。包装不仅是消费者在购买产品前看到的最后一个广告，也是他们在使用产品时看到的唯一一个广告。

售点广告（POSM），包括广告主在销售渠道设置的易拉宝、海报、吊旗、展板、桌签、主题装置、堆头、玻璃贴、地贴等种类。

展示陈列，指配合企业参加展览展会进行广告设计，可以在特定空间中立体呈现企业、品牌形象。

会务活动物料，指配合企业开展公关和现场活动进行的广告设计，包括背板、请柬、条幅/横幅、指示系统、节目单、礼品袋、桌牌、工作证、现场展示等内容。

陈列广告的发布费用包括制作费和投放费用。制作费与设计有关，如果投放使用广告主自有的点位，则费用可以忽略；如果使用非广告所有的点位，则需要与发布点位进行洽谈协商。

8. 数字网络

数字网络是有史以来发展最快、创意空间最大、类型最丰富的传播载体，几乎融合了上述各种传统媒体的特征，并且拥有传统媒体所没有的特点。它是真正的全球性媒介；可以实现真正的实时互动；拥有仅次于人员面对面销售的反馈效率和速度；在数据技术的支持下可以拥有极高的精确性；能提供各种各样形式的信息和创意；还能直接形成销售。

最新的研究认为数字网络与传统媒体有本质的区别。媒体，是指传播信息、资讯的载体，即信息传播过程中从传播者到接收者之间携带和传递信息的一切形式的物质工具。在数字生活空间中，这种作为物质工具的媒体肯定是不存在了，因为数字网络是一个语义的世界，消费者和企业都以信息实体的形式生活在互联网平台上。数字网络带来了媒体的消融，它包容了媒体形态的传播，但远远超过了媒体。相关内容我们将在第七章"创意传播管理"中介绍。

在数字网络上，依然有类似于传统媒体的机构，比如门户网站。按照互联网发展早期的通用观点，我们在这里可以将数字网络上的广告按发布形式粗略分为以下几类：

①网站

有些企业把自己的整个网站视为一条广

告，或者为某个营销传播战役专门建设一个主题网站。

一个网站可以包含几乎所有传统媒体的各种广告形式，还可以直接获取用户资料、反馈和实现销售。比如淘宝，就可以看作是一个超级广告网站。

②条幅与按钮

这是最常见的网络硬广告方式，更像是传统的报纸广告、户外广告、杂志广告、广播广告、电视广告在网页上平移变形，不同的是，条幅与按钮都可以提供网络的点击交互。

③网页植入

在网站嵌入网页或内容的广告方式，比如各种网页活动专区，一般都会链接导向活动网站或销售界面。

④搜索引擎广告

通过关键词竞价排名在搜索引擎上优先显示的广告形式。这是普及程度非常高的一种广告形式，比如我们每天都会接触到的百度搜索。一般同一关键词的前几条结果都是广告。

⑤分类广告

与传统媒体的分类广告类似，提供大量分类信息的发布和刊登，比如赶集网、58同城等。

⑥电邮广告

以互联网为平台的直邮广告，可以搭载语音、视频等更丰富的内容。

数字网络广告的形式非常多样，计费模式与上述传统媒体有较大的差异，目前没有统一的模式和标准，实务操作中要根据具体情况进行洽谈协商。

■ 链接：网络广告的计费模式

CPM（Cost Per Milli-impression）

每千人印象成本，依据播放次数来计算费用。广告图形或文字在计算机上显示，每

1000次为一收费单位。

例如，一个横幅广告（Banner）的单价是50元/CPM，那么，广告投入如果是5000元则可以获得100×1000次播放机会。这种方式比之于笼统的广告投入是一个进步，它可以将广告投入与广告播放联系起来。在CPM中印象的标准是不同的，有Page Views也有User Sessions。前者是访问次数，后者则是一个用户的活动过程。Page Views反映了有多人访问你的网页，User Sessions反映了多少人到过这个网站。

这种收费模式最直接的好处就是把广告与广告对象联系了起来，是较常用的收费模式之一。

CPC（Cost Per Thousand Click-Through）

每千人点击成本，以实际点击的人数为标准来计算费用，每1000次点击为一收费单位。

比如，一则广告的单价是40/CPC则表示400元可以买到10×1000次点击。与CPM相比，CPC是更科学和更细致的广告收费方式，它以实际点击次数而不是页面浏览量为标准，这就排除了有些网民只浏览页面，而根本不看广告的虚量。

CPC相应的成本与收费比CPM要高，但仍然比CPM更受欢迎，它能直接明确地反映出网民是否对广告内容产生兴趣。

CPA（Cost Per Action）

每行动成本，是指按广告投放实际效果，即按回应的有效问卷或定单来计费，而不限广告投放量。只有当网络用户点击广告，链接广告主网页，参与互动（如回答问卷或下单购物）后，才按点击次数付给广告站点费用。

CPA的计价方式对于网站而言有一定的风险，但若广告投放成功，其收益也比CPM的计价方式要大得多。

按位置、广告形式的综合计费

以广告在网站中出现的位置和广告形式为基础对广告主征收固定费用。与广告

发布位置、广告形式挂钩，而不是与显示次数和访客行为挂钩。在这一模式下，发布方按照自己所需来制定广告收费标准。在数字网络上提供付费信息发布的网站类型丰富多样，发展迅速，每一种都可以集合多种不同类型的功能，比如图文、视频、音频、搜索、用户互动、社交、电子商务等，其形式没有严格的区分，但按照经验性理解，可以进行粗略的分类，以下为最常见的几种。

门户网站：是指通向某类综合性互联网信息资源并提供有关信息服务的应用系统。在全球范围中，最为著名的门户网站是谷歌以及雅虎；而在中国，最著名的门户网站有四大门户网站，新浪、网易、搜狐、腾讯。门户网站几乎包括了各种网络应用形式，可以发布各种形式的网络广告，也可以合作开展各种线上活动。

搜索引擎：是指根据一定的策略、运用特定的计算机程序从互联网上搜集信息，在对信息进行组织和处理后，为用户提供检索服务，将用户检索相关的信息展示给用户的系统，如百度、谷歌、必应等。搜索引擎是网络营销传播必备的手段。

主流商务模式（百度的竞价排名、Google的AdWords）都是在搜索结果页面放置广告，通过用户的点击向广告主收费。绝大多数网络形式都内置有搜索引擎，需要特别关注的是大型搜索门户和电商平台内部的搜索引擎。

垂直网站：专注于某些特定的领域或某种特定的需求，提供有关这个领域或需求的全部深度信息和相关服务。比如IT网站、新闻门户类、财经网站、网络游戏、B2B网站、房产网站、汽车网站、旅游网站、票务网站等等。垂直网站对于特定行业的营销传播具有更好的针对性，可以发布各种形式的网络广告，也可以发布相对更为专业详细的软性广告，比如各种评测、指南等。

分类网站：默认是指有类目的生活类、大众化、商务化、可以在线注册并在线分享信息的站点，是以收集各个产品、服务信息为主的平台，比如赶集网、58同城等。分类网站一般可以自主注册和发布信息，也提供各种形式的广告发布，成本较低，但信息的可信度也良莠不齐。

视频网站：是指在完善的技术平台支持下，让互联网用户在线发布、浏览和分享视频作品的网络平台，如优酷、土豆、乐视等。除了传统的对视频网站的理解外，近年来，无论是P2P直播网站，BT下载站，还是本地视频播放软件，都将影视点播扩展作为自己的一块战略要地。影视点播已经成为各类网络视频运营商的兵家必争之地。视频网站以发布视频贴片广告和影视广告为主，近年来已部分取代传统电视频道的营销传播功能。

网络社区：指包括BBS/论坛、贴吧、公告栏、群组讨论、在线聊天、交友、个人空间、无线增值服务等形式在内的网上交流平台，同一主题的网络社区集中了具有共同兴趣的访问者，如天涯、百度贴吧、豆瓣等。网络社区具有较高的受众针对性，可以发起和引导网络议题。

点评网站：以提供线下商家消费信息发布及体验点评为主的网站，如大众点评网、口碑网。点评网站是电子商务网站的一种发展形式，被大量应用于营销传播中促销优惠（团购、赠券等）和口碑维护，可以连接线下商家和网络用户，是O2O（线上到线下）商业形式的一种基础服务平台。

问答平台：互动问答平台是集成了自动切分词、智能搜索、自动分类等一整套的自然语言处理和信息检索技术，为用户提供的一个交流平台，大家可以在这里接受专家和其他网民的帮助，同时也尽力给别的网民提供有效的帮助，如百度知道、知乎等。问答平台在营销传播中可以发布话题、进行客户维护，是一种重要的辅助推广手段。

直播平台：直播平台可以分为视频和音

频两大类。视频直播与视频网站的差异主要体现在内容的实时与互动上，可以看作网络实时视频内容的互动平台，如斗鱼；音频直播由有声博客（播客）发展而来，通过语音的实时互动，实现网络电台、远程教育等功能，如YY。直播平台在营销传播中的应用包括社交互动、导购、产品展示等方面，目前演进迅速。

电商平台：电子商务平台是为企业或个人提供网上交易洽谈的平台。企业、商家可充分利用电子商务平台提供的网络基础设施、支付平台、安全平台、管理平台、物流平台等共享资源，有效地、低成本地开展自己的商业活动，比如淘宝、京东。电商平台可以为营销传播提供全方位的服务。不同电商平台的内部管理机制和平台内的推广信息发布规则不尽相同，在实际使用中需要进行详细的了解。

社交网络：社交网络（SNS）是一个系统，系统中的主体是用户（User），用户可以公开或半公开个人信息；用户能创建和维护与其他用户之间的连接（或朋友）关系及个人预分享的内容信息（如日志或照片等）；用户通过连接（或朋友）关系能浏览和评价朋友分享的信息，比如微博、微信、人人网、QQ等。社交网络是当下营销传播的核心平台之一，其传播模式和创意手法与传统大众传播有很大的不同。

在当前的营销传播环境中，数字网络技术不断发展出新的信息载体形式，比如2009年我们还在为微博带来的传播变革感到振奋，2011年微信就进入了我们生活，打开了另一个世界。这些新的传播平台不仅为我们提供了新的信息载体，也带来了传播方式、创意技巧、投放规则等各个层面的巨大变化。未来AR、VR技术的发展，智能手机应用技术的发展、5G网络时代的到来等，都会为我们带来更多信息载体和传播方式的变化，这需要我们积极关注技术变化，并在实践中勇于进行创新运用。

■ 案例：新西兰ASB银行——数字货币

2007年，新西兰ASB银行推出了一个创新的金融服务——PAGO，它将一个虚拟的账户与实际账户链接起来，用户注册之后，可以通过手机短信方式实现不同账户之间的货币转账。广告主要求代理商奥克兰OMD及TBWA，为他们策划一个前所未有的广告战役。

创意团队发现产品的使用相对复杂，需要用手机注册是推广的第一大障碍，而让客户能体验到数字货币转账的便捷是第二个必须解决的问题。

同时，他们发现产品的目标客户是"数字化的一代"，他们对传统的广告方式深恶痛绝，但对新科技非常容易理解和接受，也很容易被创新性的数字化技术迷住；同时，他们都是很少在家的且手机不离身的年轻人。

因此广告战役确定了"用新技术和PAGO的媒体创新触动客户"的策略。

创意团队在新西兰最大的音乐节Big Day Out上，利用活动场地内的广播，不断的提醒目标客户街头互动看板上的即时贴可以送他们5块钱；然后，利用蓝牙技术，将PAGO的业务信息直接送到目标客户的手机上，让白拿5块钱的短信在音乐节上被年轻人们传来传去。

在街头，创意团队采用3万张即时贴，组成一个巨幅互动看板，看板图形是像素化的5块钱新西兰币；他们将看板投放在人流量大的市中心车站和主要街道上，吸引路过的年轻人取下即时贴；每张即时贴都写着"开通一个数字钱包，用短信在手机之间转账"，并提示消费者注册PAGO业务（图4-32～图4-36）。

在2007年，手机支付还没有大规模普及，这个广告战役对新西兰的年轻人来说显得非常好玩、有趣。战役发布两个月，就获得了超过推广目标21%的客户，第一周的注册客户

图4-32　新西兰ABS银行数字货币战役

图4-33　新西兰ABS银行数字货币战役即时贴户外看板

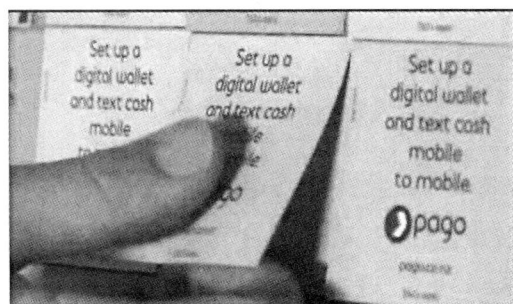

图4-34　新西兰ABS银行数字货币战役即时贴

在街头的互动灯箱上，创意团队安装了蓝牙发射点，写着"现金站——走近一点，拿PAGO现金"，让注册客户可以利用手机蓝牙收到5块钱的代金券。

图4-35　新西兰ABS银行数字货币战役蓝牙互动灯箱

图4-36　新西兰ABS银行数字货币战役受众参与互动

数超过目标300%，代金券的蓝牙下载达到注册客户数的76.4%。

创意团队只花了非常小的预算，在没有多少广告和品牌效应积累的情况下，就让使用方式相对复杂的PAGO成功推出。

战役获得了2007戛纳广告节媒体创新类的全场大奖。

资料来源：https://www.canneslions.com/

4.2.4 讯息要素

讯息的选择是最具指导性的广告策略环节，也是创意简报的撰写重点，需要解决营销传播中的三个问题：要对消费者说什么？如何去说？为什么要这样说？

讯息的选择与消费者的认知劝服过程和消费决策行为密切相关，要合理的选择讯息，需要先了解这些过程。

1. 消费者决策过程

消费者行为受很多因素的影响，是制定营销传播战略的关键。

消费者行为，是研究购买和使用商品与服务的人都有哪些精神、情感过程和身体活动。在消费者行为过程中，广告的主要任务是影响他们的认知、态度和购买行为，亦即"消费者决策过程"中的"个人过程"和"购买决策"。

当媒介将某一广告讯息传递给消费者时，消费者的大脑快速运转，做出判断，这个过程就是消费者决策过程。

下图所示的消费者决策概念模型，表明了消费者购买决策过程中的各个基本环节。

如图4-37所示，消费者在决策过程中受一系列因素的影响，其中还包括了很多子过程。

对于简单的、习惯性的日常购物，如饮料、食物，决策过程通常非常短，但在消费者卷入度较大的购买活动中，如汽车、房产，则决策过程通常比较长。这种差异对营销传播信息的选择和诉求的方式有很大的影响。

无论决策过程的长短，都有无数的社会学和心理学变量影响着消费者行为，这些变量包括一系列的个人子过程，而他们本身又受到不同因素的影响。

其中有三个"个人过程"引导我们处理原始信息（刺激）并将此转化为感觉、思想、信念和行动。这就是"感知"、"认知和劝服"以及"动机"过程。

其次，消费者的思维和行为还受两组因素的影响：人际影响，包括家庭、社会和文化影响；非人际影响，往往不以消费者的意志为转移，包括时间、场所、环境影响。这些因素进一步影响到个人感知、认知和劝服以及动机过程。

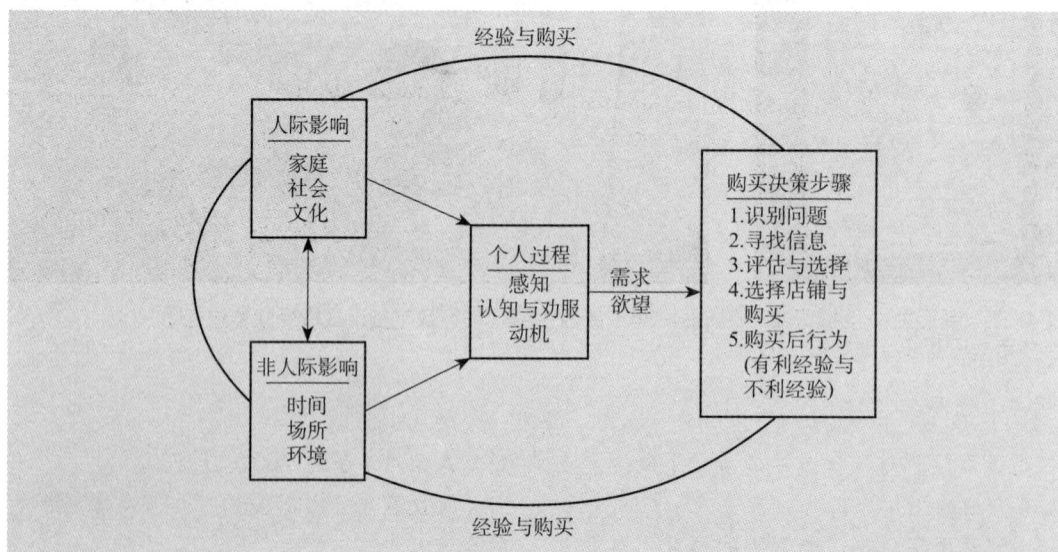

图4-37 消费者决策过程的概念模型

2. 感知过程——如何接触信息

感知，是指系消费者个人感觉、消化和理解刺激的方法。

感知引导着我们的一切行为。当消费者在一大堆同质产品中进行选择时，对不同的品牌感知将决定他们会使用哪一种。感知过程决定了消费者的感知差异，也决定了营销传播的信息是否能被消费者注意和接收。

感知过程对营销传播的影响主要体现在以下四点：

①刺激

刺激是我们通过感觉器官接收到的物理信息。图形、文字、声音、动作、气味都可以对人造成刺激。刺激的强度大小，可以决定我们是否注意到了刺激，比如一声炸雷会让绝大多数人注意到，而冰箱运行时的噪音却经常被我们忽略。在营销传播中，广告、事件、议题、话题都可以造成刺激。我们经常会强调广告要有冲击力，就是说要有足够的刺激强度来吸引受众注意。

②选择性感知

人的知觉是一种与外部现实紧密相关的状态，但由于人脑的局限性，使我们不能完全把握现实。大脑的设计实际上是减少其处理的信息量，它以选择性感知的方式来达到这种效果。虽然我们所看、听、触、闻、尝到的一切都可以作为潜在的感觉材料，但最终进入我们意识知觉的只是筛选出来的一小部分。

选择性感知可以分为生理过滤和心理过滤。生理过滤会忽略那些刺激强度不够的信息，如画面上的文字太小，我们就不会去读；心理过滤，则受情感和兴趣的影响，它基于人的先天因素和后天习得的因素（如个性、人类本能需求、自我感觉、兴趣、态度、信念、以往经验和生活方式等）来评估信息，帮助我们归纳大量的复杂信息。

作为消费者，我们每天接触的信息非常多，我们的大脑中会滤掉或修正许多砸向我们的感觉，拒绝那些与我们以往经验、需求、欲望、态度和信念相矛盾的东西。营销传播要越过感知过滤，需要从消费者角度设计信息，与消费者产生共鸣。

③认知

认知，就是理解刺激。一旦我们识别刺激并允许其透过我们的感知过滤层，我们就可以理解并接受这个刺激。

④大脑档案

存储在我们大脑中的记忆就是大脑档案。大脑按重要性、价值、质量、特点或其他因素对档案里的产品和其他资料排序。消费者很难在一个档案中存下7个以上品牌名称——多半只记住一两个。

由于记忆有限，我们拒绝开发新的大脑档案，不愿接受与档案中现存内容不符的信息，消费者从使用某一品牌中得来的经验又会巩固他们对该品牌的感知，这种成见是很

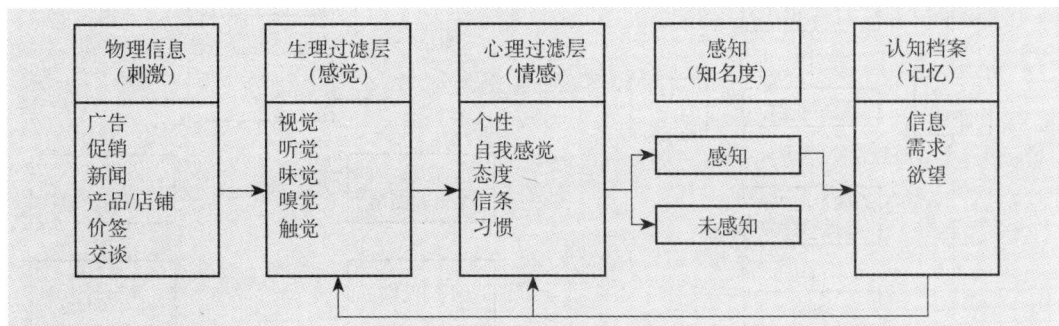

图4-38 感知过程

难被广告这一样东西改变的。不过，一旦新的感知真的进入了我们的大脑档案，新信息就会改变我们心理过滤所倚仗的资料库。

3. 认知与劝服过程——如何处理信息

要想改变消费者的大脑档案，需要了解新档案形成的机制。我们每往大脑中增加一份新档案，就要经历一次学习过程，学习过程一方面不断清除大脑中的旧档案，一方面又往新档案里增加新内容。我们的习惯和技巧正是通过学习获得的。学习还有助于培养兴趣、态度、信念、偏好、偏见、情感和行为标准，而这些因素影响我们的感知过滤活动和消费决策过程。

跟消费者决策有关的学习理论主要有两大类：认知理论和条件理论。

认知理论把学习过程看作是大脑记忆、思考和合理地应用知识来解决实际问题的一个过程。这一理论能准确地描绘我们怎样从他人（比如父母）身上认知经验，怎样对房产、股票、保险等这类复杂购买进行评估。

条件理论，也叫刺激反应理论，将学习看作是一种尝试——过失的过程。有些刺激（如一条广告）引发了消费者需求或欲望，进而促使人产生做出反应的动力。如果这种反应削弱了动力，则产生满足感，反应得到的回报会强化。

条件理论更多用于消费者日常进行的简单的基本生活品购买，如香皂、麦片等。比如人在低血糖的时候，产生了喝某种饮料的动力，喝了之后低血糖解除了，那么以后低血糖的时候会自然地想到要喝这种饮料。如果学习得到季度的强化，并足以导致重复行为，就可能会形成购买习惯。

认知与劝服有密切的关系，如果传播活动能改变人的信仰、态度或行为企图，便可实现劝服。广告主对劝服及其过程相当关注。

劝服消费者的传播途径有两个：中心（有意）劝服路径和外围（无意）劝服路径

中心劝服路径是指在消费者高度关注产品与讯息的情况下，对其进行劝服。

外围劝服路径则是指在消费者不太关注产品与讯息的情况下，通过一些外缘性的信息吸引其关注，并对其进行劝服的过程。

绝大部分大众媒介广告经历的都是外围劝服过程。

在产品差别不大的时候，广告主希望受众采用外围处理方式，他们的广告更注重形象或娱乐，许多低关心度的产品采用这种方式。

如果产品有特殊优势，广告主就应该采

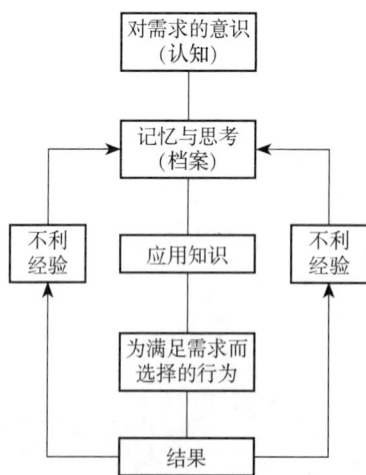

图4-39　认知理论

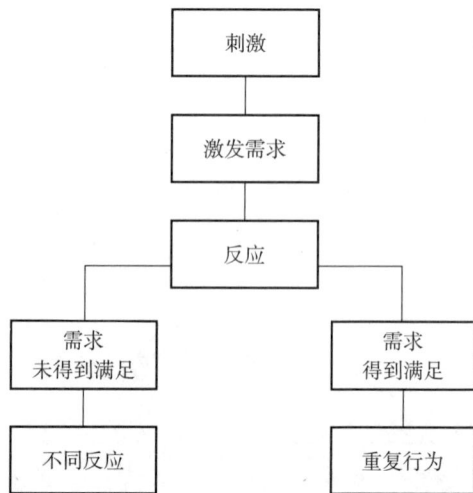

图4-40　条件理论

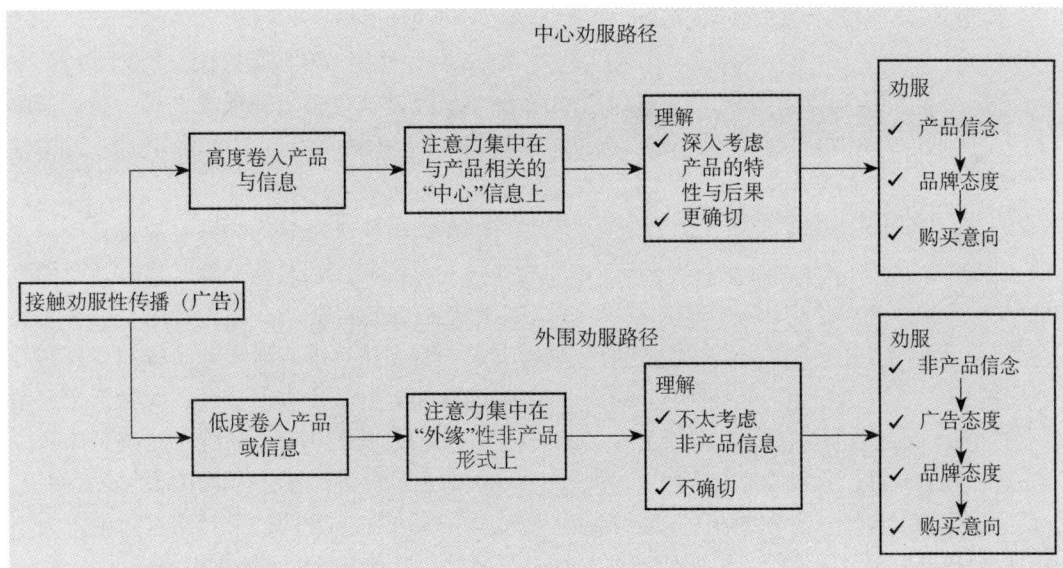

图4-41　认知劝服过程

用中心劝服路径来增加消费者对讯息的重视。

重复，对"认知和劝服"过程非常重要，重复讯息可以唤起人们对过去的广告重要信息的记忆，从而顺利透过消费者感知过滤。这是传统广告发布需要一定频次来达成效果的依据。

认知和劝服过程有四个作用：引发态度和兴趣；产生习惯和品牌忠诚；确定需求和欲望；认知劝服还可以触发另外一个个人过程——动机。

4. 消费者动机过程——因何采取行动

动机，是促使我们付诸购买行为的潜在驱动力。这些驱动力来自我们想满足自己需求和欲望的目的。需求是驱动我们行事的基本的、本能的动力；欲望则是我们在生活中认知到的"需求"。

动机无法直接观察到。我们看见一个人在吃东西，会认为他饿了，其实未必。人们还可以因为其他很多原因吃东西，比如想合群、吃饭的时间到了、紧张或无聊等。

人们通常为了满足某种需求而受驱动，这种需求也许是有意的，也许是无意的；可能是物质的，也可能是心理的。了解人们消费行为的动机，可以帮助企业制定战略和改进产品。

对人类造成驱动的因素，最经典的理论就是第2章介绍的"马斯洛需求层次论"。许多广告都承诺能满足消费者某一层次的需求，当代学者将马斯洛的需求层次转换成更利于卖主和广告主使用的战略性概念，如表4-3所示。

在被动情况下，消费者主动寻找信息，以便解除压力，所以也可以被称为"解除"动机，因为它是靠解除人的被动状态来发挥作用的。

主动生成动机向人们许诺某种奖赏而非解决或降低某种被动状态，其目的是利用主动实施来加强消费的动机，促使消费者了解或寻求新产品。心理满足、智力刺激、社会认可又被称为转换性动机，因为消费者希望将此转换成某一种感觉、智慧或社会意识。

在创作信息之前，必须仔细考虑引导消费者动机的那个目标，因为主动生成动机和被动生成动机的消费者需求不同的诉求方式。

罗西特和帕西的八种基本购买使用动机

表4-3

被动生成 （信息性）动机	主动生成 （转换性）动机
1. 解决问题 2. 回避问题 3. 不完全满足 4. 混合的手段——回避 5. 正常消耗	6. 心理满足 7. 智力刺激 8. 社会认可

5. 人际因素对消费行为的影响

对广告主而言，只知道个人的感知、认知和动机过程还不够，一些重要的人际影响会指导、影响甚至控制上述过程。这些因素可以分为消费者家庭、社会和文化环境三个层面。

家庭影响从幼儿时代起就影响我们的消费行为，影响我们对许多产品的态度和我们的购买习惯。这种影响强烈而持久。对有历史感的老品牌来说，这是复兴品牌的福音，如美加净护手霜就曾主打"妈妈用过，女儿也用"的诉求概念；对新品牌或产品来说，则是一种营销传播的障碍，需要破除旧习。

人们都身处在社会中，当我们将自己归属于某一社会阶层，或与某一参照群体挂钩，或看重某意见领袖的观点，这些社会影响就会影响我们对生活的认识，影响我们的感知过滤活动，最终影响到我们如何购买产品。这在各种明星代言、粉丝追星现象中非常典型。

文化是指同一种族的一整套信仰、态度和行为方式，一般代代相传。

亚文化是同一文化下的分支，人们具有有别于其他分支的相同的语言内涵、价值观和活动方式，这种群体一般也会将自己的信仰和价值观代代相传。

不同文化和亚文化对消费者有着巨大的影响。比如美国人和中国人的消费观念不一样，东北人和广东人、藏民和汉人的消费观念也会有差异，这些都会影响到传播讯息的

内容和调性选择。

6. 购买决策和购后评估

在经过这些过程和影响之后，我们面临着整个过程中最为关键的决策——买还是不买。

在做出购买决策的时候，消费者一般会寻找、考虑和比较其他品牌。这时，我们可以称这些备选品牌为一个参考组，消费者会设定一套评估标准，对参考品牌的特点和好处进行评价。基于人们自己的大脑档案，消费者一般会考虑4～5个品牌，这些是广告主真正的竞争对手。整合营销传播的最后一步，也就是要在消费者的这个对比过程中，为消费者提供其他品牌所不能提供的满足。

购买完成之后，"购买后评估"极大地影响我们未来的所有购买活动。

购买后的这段时间，消费者可能会对这次购买感到满意，进而肯定自己的决策；反之，如果这次购买令人不满，消费者就会更新自己的大脑档案，这将影响以后的品牌感知和购买决策。

购后评估的一大特点是认知失调，它是指人们总想通过减少认知与现实间的不协调来尽力证实自己的行为是正确的。事实上，调查显示，为了抵消这种失调，消费者实际上更乐意阅读自己购买过的品牌的广告，而非新品牌或竞争品牌的广告。

了解购后评估的重要性和认知失调现象，一方面可以帮助企业通过完善售后服务来强化正向的购物体验，另一方面也影响到营销传播中对老顾客的激励和带动。比如，在网络环境中，一个对产品或品牌很满意的老顾客，有可能成为品牌的义务宣传员，他们更愿意转发、分享和传播与品牌有关的正向信息，如果品牌有很高的忠诚度，他们还有可能帮助广告主应付负面的信息，比如锤子手机的粉丝。

和传播过程一样，购买决策过程也是循环往复的，掌握这个过程，可以使自己的信

息更好的到达消费者。

研究消费者行为，可以梳理：目标受众如何看待产品，对其提供的功能和品质有什么要求？有没有认知障碍需要克服，如何解决？有没有心理偏好和禁忌需要关注？产品利益点是否能成为目标受众的购买动机？产品利益点与诉求点的关系为何等问题，以便制定有效的广告创意策略。

7. 广告讯息的组成

广告讯息包含三部分的内容，文字部分、非文字部分和固定内容部分。

文字部分，指明广告要说些什么，广告给受众的承诺是什么，是偏重理性还是感性、是强调功能还是情感的满足、是开放性话题还是导向性的宣传等，即我们常说的诉求点或沟通点。

需要关注的问题包括：影响字眼选择的因素有什么，是使用标准语还是方言、是偏书面化还是偏口语化等；文案表现手法与传递讯息的媒介类型之间是什么关系，是用长文案来增加信息量还是简单直接、是强调互动参与还是单向告知强调等。

非文字部分，说明广告视觉表现形态的整体本质，广告必须使用的视觉形式以及图案与媒介之间的关系。传播信息的非文字部分涉及很多复杂的因素，比如选择什么风格的代言人、是摄影还是插图、是动画还是实景拍摄、冷色调还是暖色调等。

固定内容部分，包括了指定必须出现的内容诸如地址、标志、口号、专利等等。

传统广告在制定讯息的过程中，要回答一些基本问题：市场如何细分？产品如何定位？谁是产品的最佳目标客户？目标受众与目标市场是否相同？重点消费者利益是什么？产品或企业目前的形象如何？产品的独特优势在哪里？

但在网络环境中，讯息完全由企业或广告主制定的局面已经被打破了。营销传播的

精选广告诉求　　　　　　　　　　　　　　　　　　　　表4-4

需求 ＼ 手法	精选广告诉求		
	理性	感性	
自我实现	更多的休闲机会 经营或使用中的成效	雄心壮志 免除体力劳动 好奇 愉悦	反应的快乐 简洁 体育／游戏／体力 活动
身价	品质可靠 性能可靠 盈利把握 选择余地	个人外貌的骄傲 拥有某件物品的骄傲 合作	款式／漂亮／品位
社会	清洁卫生 购买时的实惠	对他人的忠诚 内疚 幽默 家庭舒适	浪漫 性吸引 社会成就 社会认可 对他人的同情
安全	耐久 对他人的保护 安全	恐惧 健康	保障
生理	休息或睡眠	胃口	个人舒适

图4-42　我是凡客韩寒篇

图4-43　我是凡客王珞丹篇

重点很多时候是要发起一个可以被网络受众接受进而分享、讨论和演绎的议题，在创意传播管理理论中，这个议题被称为"沟通元"。我们将在第7章对沟通元进行介绍。

■ 案例：凡客诚品-凡客体

2007年，凡客诚品（简称凡客）创立，品牌定位于有态度的互联网快时尚服装品牌，以80后为主的年轻人为目标市场，采用电子商务渠道，产品主打"足够的时尚度，高性价比的品质，用户体验至上的服务"三大利益点。

2009年到2010年的两三年间，凡客的业绩连年翻番，多次拿到巨额融资，估值快速飙升。

2010年，是凡客最得意之时，一年卖出了3000多万件服装，总销售额突破了20亿元，同比增长300%，不仅是垂直电商的老大，更以全行业排名第四的业绩，让所有人为之侧目。

同年，凡客推出"我是凡客"传播战役。

"我是凡客"邀请韩寒和王珞丹出任形象代言人，以户外广告作为先导，网上传播为主要平台，采用戏谑主流文化的文案风格，用"我是凡客"为推广口号，彰显品牌的自我路线和个性形象（图4-42、图4-43）。

韩寒、王珞丹都属于80后靠自我奋斗、努力获得成功的代表，他们的个性既符合现代年轻人的成长心态，也能和凡客品牌进行很好的融合。符合目标受众的价值观的代言人，加上80后生人谑主流文化、自我且极富个性化的语言，不仅彰显出凡客"有态度"

的品牌形象，也引发了网友的围观关注。

先是广告业的从业人员采用凡客广告的模式进行了模仿创作，并发布到网上，很快网友就进行了大量模仿，代言人、品牌、文案、产品被各种替换，凤姐、小沈阳、犀利哥、李宇春、曾轶可、付笛声、赵忠祥、成龙、郑大世、C罗、卡卡、贝克汉姆、余秋雨、哆啦A梦等悉数登场，广告词更是极尽调侃，令人捧腹。

以"爱……，不爱……，是……，不是……，我是……"为基本叙述方式的"凡客体"在网上掀起PS热潮，据不完全统计，截止到2010年8月5日已经有2000多张"凡客体"图片在微博、开心网、QQ群以及各大论坛上疯狂转载。千余位明星或被恶搞或被追捧。此外，也有不少是网友个人和企业出于乐趣制作的"凡客体"。

凡客诚品的知名度随着"凡客体"的走红爆炸式提升。"凡客体"一词成为2010十大网络流行语之一。

"凡客体"是中国数字网络空间营销传播的一个典型案例，信息设计在引发目标受众共鸣的基础上，具备了可分享、可演绎、可扩散和娱乐性的特征，触发了消费者的主动创造和扩散，取得了超越期待的传播效果。

4.3　如何制定广告策略

制定广告策略是一个将客观信息和创造性思维结合在一起以达成营销目标的过程。

很多"大创意"的产生源于广告策略的创新和突破，而不仅仅是广告表现手法的新奇。

传统模式下，广告策略大多由广告公司的策划人员在广告主营销战略的基础上完成。策划人员制定广告策略，除了仔细研究企业的营销战略要素外，针对广告策略的各要素进行调查以外，还需要清晰梳理一些关键问题，以便搭建营销与传播之间的桥梁。

4.3.1 广告策略要梳理的问题

1. 从营销目标到广告目标

广告为营销服务，广告活动要解决的核心问题与营销目标密切相关，但又不完全等同于营销目标。营销目标指向企业的市场目的，如提升销售额、累积品牌资产、推进产品入市等；而广告目标则指向达成营销目标的传播重点及其要攻破的传播障碍。

在雀巢咖啡早期的销售中，速溶咖啡产品的优点明显，市场差异度大，但因为广告过分强调其工艺上的突破带来的便利性而一度使销售产生危机。原因在于，许多家庭主妇不愿意因为使用这种产品而让人觉得自己"偷懒"。在这种情况下，营销目标是"提升销量"，而广告要解决的问题是"选择雀巢咖啡不是偷懒"。因此，"味道好极了"的雀巢口号应运而生，用"为全家人带来好口味"的主妇形象攻破了消费者的认知障碍。

面对同一类营销目标，广告需要解决的问题可能并不一样。表4-5列举常见的营销目标与广告目标对应关系。

2. 界定目标受众及其消费行为特征

界定目标市场、目标受众的方式在上节进行了介绍。在广告策略的具体制定和呈现中，我们需要梳理细分市场的具体划分方式和目标受众的选择结果。

广告活动的目标受众与营销战略的目标客户有可能完全重叠，也可能只是其中的一部分，还有可能是利益相关人。

在一般情况下，普及型快速消费品的目标受众与营销目标客户最容易重合，如纯净水、啤酒、洗发水等产品。

新产品，特别是高技术含量或者创新性的产品，在上市阶段，目标受众会锁定目标市场中的意见领袖，或者最有可能率先尝试产品的客层。

购买成本较大的高关心度产品也会有区分问题，一般家庭的房屋购买决策可能倾向于妻子，而汽车的购买决策者倾向于丈夫。

而使用者和购买决策者分离的产品，目标受众的界定相对复杂，比如教育辅导类产品，使用者是孩子，购买决策者是家长，但孩子对产品的选择又会有一定的建议权，在制定广告战略时就需要针对具体情况进行分

营销目标与广告目标对应关系　　表4-5

营销目标	广告目标
提升 销售额	提升目标受众对产品利益的认知
	解决即有的认知障碍
	进行促销活动宣传，迅速拉动购买
提升品牌 形象	提升品牌知名度
	提升品牌美誉度
	深化品牌核心精神认知
	提升品牌的亲和力
	重塑品牌形象，建立新的品牌观念
	针对利益相关人，进行特定品牌信息的传达
新产品 上市	锁定目标受众，吸引关注，迅速扩大产品知名度
	强调产品的差异性优势，包括工艺、品质、价格、使用体验等
	强调新产品上市活动，拉动尝试性体验
	以差异化的传播定位，进入利基市场
应对竞争 对手攻击	强调与竞争对手的差异性优势
	暗示竞争对手的弱势
	扰乱竞争对手的攻击战术
	以新的诉求点削弱竞争对手的攻势

析，最终确定以谁为主要目标受众。

另外，B2B产品的目标受众界定也会面对复杂的情况，比如企业的信息管理软件，产品功能的关心者是信息技术人员，而产品的购买决策者是企业的管理者，将哪一方作为广告活动的目标受众需要根据市场情况和媒介资源来进行选择。

以利益相关人为目标受众的情况更多地出现在企业的公关活动中。虽然在很多教科书中，"公关"与"广告"分属不同的范畴，但实务操作中，广告公司也经常接到公关型的工作任务，比如新闻发布会、项目启动会、企业年会、赞助推广活动等。活动针对的目标受众不同，广告策略的侧重点，特别是媒体选择和讯息设置也会有差别。

3. 目标受众的媒介接触习惯为何

有了清晰的目标受众，需要研究受众的媒体接触习惯，即找到暴露广告信息的最佳时间和最佳地点，并配合媒介特征制定讯息策略。

一个工作繁忙经常加班的城市白领与一个退休在家的老年人，显然有着大不相同的媒介接触习惯，前者更多依靠网络和人际交流圈，而后者是以报纸、电视为主。

同时，中国的城乡差异和区域文化的特征，也会对目标受众的媒介接触习惯带来更多变数，比如北京和天津，同样都是一线城市，北京的上班族有更多机会接触地铁媒介，而天津上班族则更多使用公交车，接触到的是户外路牌、候车亭和公交广播广告。

在制定广告策略时，不仅要考虑媒介数据库和相关媒体发布的收视率、到达率、粉丝数等数据，更要考虑不同地域的具体情况。

在传统广告操作模式中，媒介接触习惯的界定和媒介策略的制定，由广告公司的媒介部或专门的媒介代理公司进行，与广告创作人员的关系不大。但是在互联网带动传播变革的今天，媒介情况变得日益复杂，传播路径多元化，媒介的选择和运用也变成了创意的一部分，甚至在某些案例中成为创意的

主导因素。

4. 开展广告活动资源如何

现阶段有哪些既有资源可以利用，还有哪些资源是有可能利用的？

广告策略的可行性与可支配的资源有紧密的关系。广告公司一般与企业的品牌管理部门、市场部或者企划部打交道，而一个广告活动是否能真正获得成功，与广告公司和客户的执行力都有关系。

如果在实务操作中不考虑"资源调动"问题，广告策略就有可能沦为一纸空谈。比如有些广告策略需要与消费者进行互动，这就需要广告主的渠道或者服务部门具有较强的支撑能力；有些广告策略需要有新闻公关支持，就要考虑是否能调动媒体资源；有些需要增加合作方，比如网络推广可能需要网络数据技术支撑，就要考虑广告主是否能提供相应配置……

制定广告策略，还需要对广告公司、广告主、媒介、合作方的工作时间、预算成本和人员能力等客观因素进行综合考量。

另外，在广告策略的制定中，还可以因应当下的新闻、话题热点和特殊时点来进行考虑，利用社会舆论环境和人们的关注热点来增强广告效果。

4.3.2 广告策略的类型

对策略相关的问题进行梳理之后，我们可以根据产品定位、讯息选择、媒介选择确定广告策略。以下列举常见的几种广告策略以供参考：

1. 一般战略

适用于广告标的在品类中占据垄断或者绝对优势地位时；其特征是没有竞争性或者优先声明权；优点是有助于使品牌与产品具有相同的意义。如格兰仕微波炉。

2. 优先声明战略

适用于竞争品牌可能提供相似的利益或者具有相似的属性，但他们没有宣传这些利

益和属性时；其特征是优先声明一些主张；优点是可以抢先占有这些利益和属性。如乐百氏27层净化。

3. USP型战略

USP（Unique Selling Proposition），即独特的销售主张，适用于差异化程度高，而且不容易被竞争对手模仿时；其特征是创意建立在独特的物质特性或者利益基础上的优先声明；优点是广告主可以得到强大劝服优势，迫使竞争对手仿效或者选择更积极的战略。比如"爱她，就带她去哈根达斯"。

4. 品牌形象型战略

适用于同质化程度高的产品，要求充分了解消费者来产生有意义的象征或者联想时；特征是建立在心理差别技术上的主张，通常是象征性的联想；优点是不直接向竞争者挑战，而又能达成差异化认知。比如麦当劳"我就喜欢"。

5. 产品定位型战略

是攻击市场领先者的最好策略，适用于新品牌的进攻性市场战略；其特征是相对于确定的竞争对手，建立或者占据精神利基；优点是可以对竞争对手进行一定程度的限制并与之区隔。比如百事可乐的"百事一代"。

6. 共鸣型战略

适用于著名的产品，特别是品牌的更新和重塑，要求充分了解消费者来确定讯息模式；特征是试图唤起潜在顾客的经历，赋予产品相关的含义或者意义；优点是利用既有的品牌资产使之适应于当下的市场环境。比如路易威登"旅行的意义"战役。

■ 案例：路易威登—旅行的意义

2008年，LV启动全球性的广告战役"旅行的意义"，传达全新的品牌核心价值"旅行"，希望人们能重新认识LV。

作为世界上最知名的奢侈品牌之一，人们早已习惯把LV和高级时装、奢侈箱包、明星联系到一起，所以常常会忽略了它的历史起源——154年前，出生于法国木匠之家的LOUIS VUITTON在巴黎开设了第一家皮具店，主要产品是平盖行李箱——这是LV品牌与生俱来的"旅行"基因。

LV品牌原市场定位于消费者中5%的人口，但现在奢侈品消费者的定义已经越来越宽泛。为了吸引更多顾客，赋予品牌更多活力，LV希望将目标定位于40%-60%的消费者，并将形象转化为"新型奢侈品"，也就是所谓的大众奢侈品。

大众奢侈品的一个重要标准就是人们对奢侈品负担起也能买得到，在品牌形象上，则需要既保持高端、神秘，又具有亲和力。

对于自带"旅行"基因的LV来说，用"旅行"来连接消费者的情感非常顺理成章，毕竟精神和情感上的旅行造就了每一个人。

LV希望通过新的品牌传播战役告诉人们：只要你拥有足够的阅历和金钱，就可以像那些传奇人物一样带着LV旅行箱，开始一段单身旅行和自我探索之路。更重要的是，这只价值不菲的传奇旅行箱不仅象征你的财富和地位，陪伴你走过千山万水，还见证着你的生命之旅。

以前，人们旅行通常以沙漠、山水等自然景色作为拍摄题材。但是随着时代的变迁，旅行的定义也在不断进化。如今，只要坐上飞机，就能方便地抵达世界上大部分地方，罕见的美景已不再是旅行最吸引人的地方。因此，LV在系列平面广告和全球发布的视频广告中，把"人"作为旅行的主体。

"每个人旅行的原因、态度都有所不同。为了表现品牌核心价值，我们把人与旅行的关系作为重点，"LV品牌传播总监Antoine Arnault说，"其实这一系列广告对于亚洲市场尤为重要。因为在欧洲国家，不少家庭都有一两只我们的旅行箱。但是我们进入亚洲才20多年，年轻人都把我们当作时装品牌，却

图4-44　LV旅行的意义视频广告

不了解我们的历史。"

"何为旅行？旅行不是一次出行，也不只是一次假期。旅行是一次过程，一次发现，一次自我发现的过程。真正的旅行让我们直面自我。旅行不仅让我们看到世界，更让我们看到自己在其中的位置。究竟，是我们创造了旅行，还是旅行造就了我们？生命本身就是一场旅行。生命将引领你去向何方？"

LV历史上首支广告片，90秒的片中没有任何明星面孔，也没有出现任何著名场所，更没有提及任何产品，但唯美的画面却将观众带入一种如梦似幻的境界，意味深长的广告词让LV旅行包承载了作为旅行用品之外的更高内涵——旅行改变生活（图4-44）。

"我活了这么二十几年都暂时与LV的包包没有什么缘分，希望以后可以吧。"一位看完视频广告的网友在自己的博客上憧憬着。LV是很乐意看到这样的回应的，因为他们的目的已经达到了：广泛告知受众，让LV的品牌概念与"奢侈品"、"追求"等品牌联想元素打包在一起传达给他们，而又让他们各得其所。消费得起的拎着它到处走；而消费不起的人则通过这个闪耀的LOGO产生直接的头脑反射——它是一种生活品质和生命中的期待（图4-45～图4-48）。

7. 情感型战略

适用于产品功能差异化程度低，但依靠消费者情感联系取得成功的品牌；其特征是通过模糊的、幽默的或者类似的东西来激发

图4-45　LV品牌形象平面广告凯瑟琳·德纳芙篇

图4-46　LV品牌形象平面广告戈尔巴乔夫篇

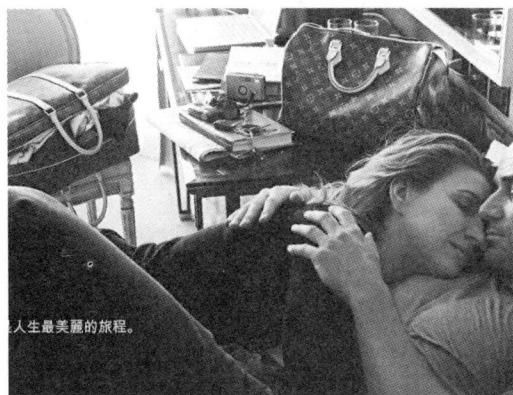

图4-47　LV品牌形象平面广告阿加西和格拉芙篇

图4-48　LV品牌形象平面广告登月宇航员篇（纪念人类登月40周年）

情绪反应；优点是可以为产品的溢价销售提供动机。

■ 案例：统一企业——左岸咖啡馆

台湾统一企业的乳类食品都是以"统一"品牌出售，在市场上长期无法突破二、三线商品的形象。究其原因，是"统一"品牌的产品跨度太大，不仅包括饮食，还有保险甚至娱乐场，这导致了品牌感知的混淆。为此，统一希望它的乳类食品建立一个新品牌。

当时台湾市面上，以Tetra Pak包装的饮料，不论是高价的咖啡还是低价的豆奶，价钱总是10到15元新台币，市场竞争非常激烈。统一希望能将同样类别、相同容量的饮料卖到25元。为此，统一开发了一种白色塑料杯，这个没有真空密闭的杯子只有在5℃冷藏柜才能让内容物保存一段短暂的时间。这本应是一个缺点，但反过来看问题，这也是一个机会：保存期短使消费者相信物料新鲜，而一杯新鲜的饮品自然比其他要贵些。

于是，所有的策略思考集中在一个主要目的上：如何让消费者接受25元一杯的高价？在这杯子里放进什么商品才能卖到最高价，以确保能创造出一个高级品牌？

在考虑过很多商品：葡萄汁、果汁、牛奶等等之后，最后选取了咖啡。因为咖啡不易变质，被认为是高质饮品，还能因牛奶成分而得到优惠税率。

但是，从什么地方运来寄售的咖啡最有高级感？策划人员为此组织了八个讨论小组，最后想出四个高级场所作为尝试的概念：

1．空中厨房。来自空中厨房专门为头等舱准备的咖啡。

2．日式高级咖啡馆。来自优雅、精致的日式咖啡馆的咖啡。

3．左岸咖啡馆。来自巴黎塞纳河左岸一家充满人文气氛的咖啡馆的咖啡，一个诗人、哲学家喜欢的地方。

4．唐宁街10号。来自英国首相官邸厨房的咖啡，平日用来招待贵宾。

经过分析尝试，人们觉得来自左岸咖啡馆的咖啡价值最高，他们愿为此付最高价钱。

但是风险仍然存在，用Tetra Pak包装的咖啡只卖15元，谁会再高出10元买一杯？新饮品在推出三个月内如果达不到高营业额就会被撤走。一些人会出于品牌的创意而购买这个新牌子，但仅有好奇心不能形成固定的消费群，还需要赋予品牌个性和意念，并编造一些动人的故事。

统一决定选择17到22岁的年轻女士作为目标对象，她们诚实、多愁善感、喜爱文学艺术，但生活经验不多，不太成熟，她们喜欢跟着感觉走。相对于产品质量而言，她们更寻求产品以外的东西，比如情感回报、使她们更感成熟的东西、了解、表达内心需求。

而左岸咖啡馆，这个来自法兰西塞纳河边的神秘幽远的艺术圣地，将带着咖啡芬芳、成人品味，给她们精神上一种全新的感觉。

对目标对象的调查显示，她们最欣赏的作家是村上春树。他的作品忧郁、超现实、冷峻，能唤起城市人的感觉。因此左岸咖啡馆的广告视觉应该非常法国化，但其文本却应是很有日本文学的风格。

"让我们忘记是在为包装饮料做广告，假想是在为一家远在法国的咖啡馆做广告。"策划人员如此告诉自己。广告应促使消费者在脑海里建造一个自己最喜欢的法国咖啡馆、一个理想的咖啡馆、一个历史悠久、文化艺术气息浓厚的咖啡馆。左岸咖啡馆有能力刺激消费者在她们的想象中产生一种真实、强烈的反应，它和消费者的关系，就像一本喜爱的书、一册旅游摘记，在你享受一片独处空间时，它随手可得，带你到想去的地方。就好比你身在台湾，忙碌中偶尔想到欧洲度过浪漫之旅，左岸咖啡馆能够满足你随时可能冒出的一点精神欲望。

最终，左岸咖啡馆的电视广告是一位女孩的旅行摘记；平面广告是一系列发生在咖啡馆的短篇故事；电台则在深夜播放着诗般的咖啡馆故事（图4-49～图4-52）。

为使消费者相信咖啡馆的存在，策划人员又计划了一连串节目让幻想变成现实。在

图4-49　左岸咖啡系列广告1

图4-50　左岸咖啡系列广告2

图4-51　左岸咖啡系列广告3

图4-52　左岸咖啡系列广告4

法国咖啡馆摄影展期间，台湾最豪华的书店外布置着左岸咖啡馆，还制作了15分钟题为"左岸咖啡馆之旅"的有线电视节目，介绍塞纳河左岸20家咖啡馆。法国国庆期间，左岸咖啡馆是庆宴和法国电影节的赞助商之一。与雷诺、标致、香奈儿、Christian Dior等法国品牌同在赞助商之列。左岸咖啡馆的电视广告有一种愉快的孤独感，八成被访者相信有左岸咖啡馆的存在。

左岸咖啡馆广告如一阵旋风刮过台湾，在一批年轻女士的心中产生很大反响，她们说"广告太棒了，我们去买吧。"头一年，左岸咖啡馆就卖了四百万美元，品牌继续得到巩固。1998年上半年营业额比1997年同期增长15%，左岸咖啡馆成为名噪一时的高级品牌。

4.3.3　广告策略的检核

1. 符合显著、身份、承诺和简洁的标准吗？

2. 能使产品/品牌与消费者建立相关的、出人意料的联系吗？

3. 现有资源下，是否还有更佳的策略组合可以运用？

4. 讯息的设置是否与消费者行为相匹配？

5. 针对了一种或几种人类的基本需求吗？

6. 包括情感和理性的双重利益吗？产品和广告能否支撑这些利益点？

7. 考虑过竞争对手使用的吗？他们忽略了什么，是否有机可乘？

8. 讯息设置与目标市场匹配吗？

4.4 广告策略的呈现

广告策略采用《广告策划方案》的方式呈现，一般包括形势分析、目标市场、营销传播目标、广告策略、行动计划、效果评估标准、预算等部分，具体的撰写形式在实务操作中非常灵活，可根据实际情况进行变通。

本质上，广告方案要能为参与广告战役的人提供引导，并赢得企业/广告主的认可，而最终获得相关资金、人力和资源来实际执行。

表4-6提供了一个相对典型的《广告策划方案》提纲，可以在实务中进行参考。

实务操作中，广告策划案没有严格的格式或提纲限制，逻辑清晰、内容简洁易懂、表现方式新颖有趣即可。

比如，如果客户的营销战略已经提供很详细的市场分析内容，则广告策划案中不需要呈现具体的调查分析过程，只需进行要点的提示以保持方案的完整性；如果客户的营销案欠缺与广告策划案相关的分析内容，则可在广告策划案中对该部分进行较详细的补充。一般而言，广告主对自己的营销环境和市场情况都有较深的理解，提示要点达成共识即可。

对于预算部分，如果客户没有要求，或有第三方合作公司（媒介发布、活动执行等），广告策划案中可以不进行具体预算的编制，但在策略发展过程中，需要根据客户的预算额度控制传播操作的范围和力度，避免超过客户预期太多。

对于效果评估部分，需要根据客户具体行业情况进行考虑。在传统广告公司的操作中，效果评估一般不在方案中列出；在数字网络的营销传播中，由于受众的反应可以从网络数据后台进行收集，可以根据具体发布形式进行效果预测范围的框定。

广告策划方案纲要	表4-6
一、介绍或者概述	
二、形势分析	
1. 企业分析	
2. 消费者分析	
3. 市场分析	
4. 产品分析	
5. 竞争分析	
6. 问题和机遇	
三、目标市场概况	
1. 细分市场	
2. 目标市场	
3. 目标受众	
四、目标	
1. 营销目标	
2. 传播目标	
3. 广告目标	
五、广告战役计划	
1. 广告策略	
（1）讯息策略	
（2）创意策略	
（3）表现示意	
2. 媒介策略	
（1）媒体选择	
（2）发布安排	
（3）发布预算	
3. 促销策略	
（1）促销方式	
（2）成本预算	
4. 事件活动	
（1）活动方式	
（2）成本预算	
5. 行动计划	
（1）时间排期	
（2）分工安排	
六、效果评估标准	
七、总结	

4.5 什么是创意策略

4.5.1 创意策略的三个关键要素

创意策略是广告策略中的一部分，是广告策略讯息要素的具体表现形式，为文案和艺术总监提供指导，以制作与广告策略相一致的广告。

创意策略的制定涉及三个关键要素：创意概念、调性界定和创意元素。

1. 创意概念

创意概念是指为了确保所有的创意都符合广告策略，将创意方向清晰的表述出来。

在同一个讯息策略下会存在不同的创意发想方向，而讯息策略包含的内容越多，发想方向也会越多，这种以一个圆心为出发点，向四面八方前进的方法显然不能高效的应对创作工作。因此，创意概念在讯息策略的基础上构建一个清晰的方向，让创意过程可以在此方向下得以迅速、深入的推进。表4-7是一些著名的创意概念表述示意：

创意概念表述示意　表4-7

品牌	创意概念表述
劲量电池	劲量电池的持续时间比其他品牌的电池更长
万宝路	像牛仔一样有男子气的男人抽万宝路香烟
温迪汉堡	在我们的汉堡中有更多的牛肉
耐克	耐克为那些知道这样才能赢得比赛的人提供运动鞋，做你想做的吧

2. 调性界定

调性界定是为创意概念提供相匹配的背景。

如：选择什么氛围的场景提升创意概念的感知；需要加入哪一种人物来提升目标受众的代入感或者利用其投射心理；适合使用哪一种语气传达讯息才能让受众产生共鸣等。

调性界定可以明确广告或产品的风格，不同的目标受众，有不同的生活风格，也会接受不同的广告风格。

3. 创意元素

创意元素，界定在创意表现中需要采用的特殊形式、组合、口号等内容。

采用能吸引注意力、增加差异化的创意元素，能令广告产生令人难忘的效果，与竞争对手的广告区隔，还有可能通过积累成为品牌资产的一部分。

比如"劲量兔子"、"麦当劳叔叔"、"万宝路牛仔"的形象；"农夫山泉有点甜"、"我就喜欢"的口号；绝对伏特加的瓶子形状、耐克的标志、《经济学人》杂志的红底白字和犀利文案等，都是强有力的创意元素。

4.5.2 创意策略的选择性因素

创意策略作为广告策略衍生出来的创意纲领，不是单为一条广告而存在的，它与整个广告战役的各个环节都有关系，与品牌资产的积累也有关系。因此，在制定创意策略时，除了需要明确前述三大关键因素，还需要考虑两个主要的选择性因素。

1. 物质一致性

在广告战役中，一般会在每一个广告中加入某种东西，让受众留下一个相似的印象，让他们感觉某个广告是其他广告的延续。看起来和听起来很相似的广告有助于使创意工作与广告目标相符。打个比方说，如果一个人有一句独特的口头禅并且长期坚持使用，这句口头禅就会成为他的个人标签，一旦有人说了这句话，认识他的人马上就会想起他。

"物质一致性"的运用可以通过重复某一

元素，不断加深受众印象。具体可以体现在平面广告的VI规范上，电波广告的标版上，也可以体现在广告语、主题句上，还可以体现在代言人、吉祥物上。

2. 心理一致性

广告可能看起来和听起来很相似，但是除非它们在心理上的效果是相似或者一致的，它们不可能作为一个完整的广告战役发挥功能。广告主要努力通过在他们的广告中发展一致的主题、形象、基调或态度，来统一消费者对广告的看法。打个比方说，就像是一个人的性格，长期稳定的性格会让人了解你，而突然性情大变，即使长相还是那样，周围的人还是会觉得你变得陌生。

4.5.3 创意策略的呈现方式

创意策略一般采用《创意简报》的方式呈现。

《创意简报》是广告公司用于描述创意策略的说明性文件。用于承载策略核心、沟通创作内容、规范创作范围、限定创作时间。

创意简报一般由客户服务人员撰写，也可以由策划人员撰写。其内容提纯了三大策略阶段与广告创作相关的各个关键信息。

创意简报撰写的原则是清晰、简练，一般情况下可以尽量在一张A4纸中完成。在一个包含多个广告创作项目的广告运动中，一份创意简报可以只针对特定的广告创作项目。

1. 创意简报的基本内容

不同广告公司的创意简报格式不同，但基本内容都是一致的，主要涉及以下几个方面：

①谁是我们的目标？

简洁描述生活方式/态度。包括：一些人口统计数据，但不是对大部分产品都重要；他们是使用者、大量使用者、非使用者，还是竞争品牌的使用者？

②我们在目标的心目中地位如何？

他们不认识我们；他们知道我们的产品，但并不使用；他们更喜欢另一个品牌，因为什么？他们不知道我们能做什么？他们没使用我们产品的全部用途等。

③我们的竞争对手在目标的心目中地位如何？

用与自身描述相同方法描述竞争品牌。

④我们应该在这个人心目中有什么地位？

产品被定位于是获取什么功能和价值的最佳选择；由于什么原因，目标受众知道产品能做什么。

⑤对顾客的承诺是什么？

陈述广告战役核心概念。这个阶段还不是成型的广告口号或主题词，只是用简单的语言表达的观点，但它是最终作品的基础。

⑥支持承诺的依据是什么？

列举消费者获得的益处，更有利的支持广告承诺。

⑦使用怎样的调性表述广告

采用形容的方式表述，比如亲切的、有家庭感的、引人瞩目的、高技术的、严肃的事实或幽默等。

⑧广告创意必须要有的元素

包括使用的VI规范，是否有色调或代言形象的要求，是否有固定的图形、文字元素等。

⑨广告使用的媒介

作品使用何种媒介发布，有什么印刷或排版的特殊要求；创意是否需要在其他媒介上进行延展。

⑩工作时限

创作限定在什么时间之内完成，提案时间为何。

2. 实务操作中的创意简报类型

①传统简报

条例简报是传统型简报的主要内容，并作为创作人员的工作依据，每个公司的具体格式会有差异，参考格式如图4-53所示。

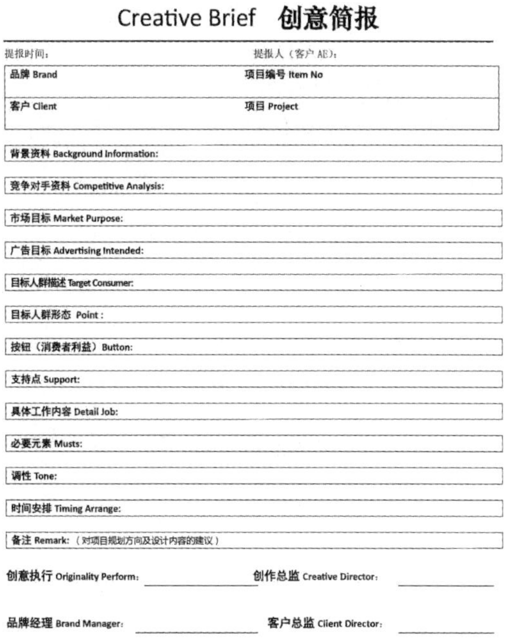

Creative Brief　创意简报

提报时间：　　　　　　　　　　提报人《客户 AE》：

| 品牌 Brand | 项目编号 Item No |
| 客户 Client | 项目 Project |

背景资料 Background Information:

竞争对手资料 Competitive Analysis:

市场目标 Market Purpose:

广告目标 Advertising Intended:

目标人群描述 Target Consumer:

目标人群形态 Point:

按钮（消费者利益）Button:

支持点 Support:

具体工作内容 Detail Job:

必要元素 Musts:

调性 Tone:

时间安排 Timing Arrange:

备注 Remark:（对项目规划方向及设计内容的建议）

创意执行 Originality Perform: ＿＿＿＿＿　创作总监 Creative Director: ＿＿＿＿＿

品牌经理 Brand Manager: ＿＿＿＿＿　客户总监 Client Director: ＿＿＿＿＿

图4-53　创意简报

②口头简报

针对一些比较简单或者附属性的工作，可能采用口头简报的形式。比如改版（根据媒介发布要求，改变即有广告作品尺寸）；调整文字信息（根据广告活动的进程修改内文信息）；进行延展设计（在主形象不变的情况下，进行不同媒介的延展）等。

③作业说明会

针对复杂的广告战役，单一的创意简报只能界定其中一项广告创作的要求，这时为团队举办一个"作业说明会"有助于创作人员全面理解策略，并协调不同广告创作项目之间的相关性。

4.5.4　创意策略的检核

1．创意能否达成广告目标，广告能实现什么。

2．沟通的对象是谁，我们对他们了解多少，我们是否知道他们的沟通方式。

3．我们希望目标受众如何描述产品/品牌——尤其是它的本质和个性。

4．我们希望产品/品牌对目标受众意味着什么，他们会喜欢它吗？

5．我们希望目标受众从广告中了解的最重要的一件事是什么？

6．我们的广告是否可信，产品/品牌为这种可信提供足够的支撑吗？

7．我们所选择的关键元素是否能构成一个大创意的基础？

8．我们是否将某种趋势、风尚或信息与我们的消费者洞察联系在一起？

9．策略可以在不同媒介上延展吗？

4.6　创意策略的常见类型

创意策略的制定本身就是一个创意过程，其类型非常丰富，下面列举一些常见的类型。

4.6.1　事件策略

1．策略核心

以非常特别、具有创意的手法介绍产品，像是引爆一件轰轰烈烈的大事件，借此提高产品与广告的价值，又表现了广告主的创新能力。这一类手法，都属于"引发事件性"创意策略。"前所未见"是这一类模式的成功关键。

2．适用情况

目标受众偏爱戏剧效果、具有特立独行的特点或者喜爱自我表现。

产品看来过于平凡、普通、一般性。

企图产生"一炮而红"的广告效果来为新产品上市造势。

为了替一系列的广告攻势找到一个能"引起轰动"的起点。

3．典型案例：

2009年澳大利亚昆士兰旅游局推出的"世界上最好的工作"广告战役。

■ 案例：澳大利亚昆士兰旅游局－世界上最好的工作

2009年1月，在全球经济危机引致裁员浪潮的背景下，澳大利亚昆士兰州旅游局为了推介大堡礁旅游线路，推出的"大堡礁看护人全球招募活动——世界上最好的工作"，成为席卷全球的网络事件。

入住大堡礁上的海景别墅，在风景如画的岛屿上散散步，喂喂鱼，写写博客，告诉外面的人自己在岛屿上的"探索之旅"，为期六个月，还可以得到15万澳元（约70万人民币）的薪酬。这份"世界上最好的工作"只需要登录活动网站www.islandreefjob.com以博客、照片、视频日记等形式提交资料就可以申请（图4-54～图4-56）。

广告战役以报纸招聘分类广告为启动引线，以网络作为主要载体，设置了7种语言版本的活动主题网站，收集应征者的资料和视频说明文件；在复赛期发布入围者资料，并邀请网友投票；最终决赛期全程跟进活动进程，选出看护人。

这份面向全世界招聘的工作在全球刮起了应聘热潮，各国新闻媒体都对这份令人难以置信的工作进行了报道。在两个月的海选中，共收到来自201个国家和地区的3.5万份申请，中文搜索结果达到9.9万个，英文搜索结果高达62万。当季活动中，34岁的英国选手Ben Southall最终胜出。

昆士兰旅游局以不到二百万澳元的投入，获取的传播价值估计高达1.1亿澳元。

这个广告战役在当年的戛纳广告节上横扫公关、直取2尊全场大奖和4尊金狮。

资料来源：www.canneslions.com

4.6.2 话题策略

1. 策略核心

一般在表现形式上故意不完整、不完美

图4-54　世界上最好的工作报纸招聘广告

图4-55　世界上最好的工作活动网站

图4-56　Ben Southall最终胜出

或是语带弦外之音，言有所不尽，让人感觉
产品隐藏了雄厚的实力。

2. 适用情况

①对于自我防卫意识强烈或是充满好奇
心的受众，极端自由主义倾向或是艺术文化
爱好者，嗜好新奇的受众，都能取得良好的
沟通效果。

②制造悬疑话题或曲折剧情，故作神秘，
而使受众投入，因而提高产品的附加价值，
使它与众不同。

3. 典型案例：

贝纳通延续数十年的广告战役"贝纳通
色彩联合国"。

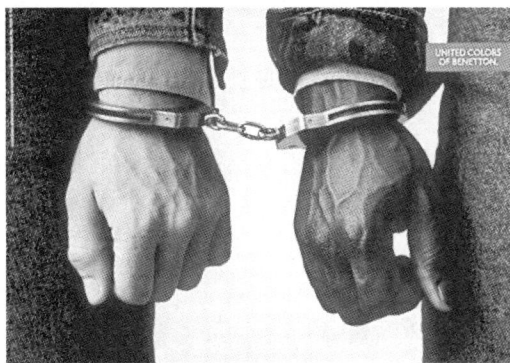

图4-57　贝纳通色彩联合国广告1

■ 案例：贝纳通——色彩联合国

贝纳通，作为一个诞生于1965年的意大
利服饰品牌，起初是一家生产毛衫的小作坊，
因其生产的色彩鲜艳羊毛衫与当时流行的深
色腈纶套衫截然不同，而迅速流行，并建立
了全球性的时装王国。

20世纪八十年代开始，贝纳通推出
"贝纳通色彩联合国（United Colors of
Benetton）"广告战役，将服装的色彩理念极
端升华为肤色和人种的概念，并在1988年将
广告创意策略转为较为激进的话题策略（图
4-57～图4-60）。

广告针对敏感社会问题进行创意表现，
如苏美冷战、种族、艾滋病、宗教、环境污
染、难民、童工、街头暴力等，在很多国家
引发争议，甚至被禁止刊登。

从传播角度看，这些广告震撼人心而且
非常成功。贝纳通广告创造了话题性和新闻
性。在遭到禁刊的时候，却得到了新闻媒体
的免费刊登，节约了广告开支；而其关注人
类现实的创意表现也超越了产品本身，彰显
了品牌与众不同、极富差异化和人文主义精
神的形象，赢得了大家的尊重。

图4-58　贝纳通色彩联合国广告2

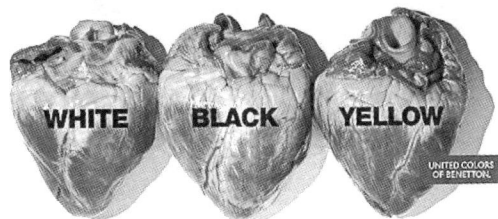

图4-59　贝纳通色彩联合国广告3

图4-60　贝纳通色彩联合国广告4

4.6.3 "咒语"策略

1. 策略核心

在广告中重复固定的词句，重复某一个简单的符号，产品有如宗教仪式中被人膜拜的对象，借此抬高了产品的地位，这一类广告就属于"咒语笼罩型"广告。

2. 适用情况

①对于习惯"接受规划"或是"认同宗教"的受众有效。

②产品面临的"竞争范畴"极大，本身又没有什么独特性。

③品牌没有特别的个性。

3. 典型案例

脑白金的"送礼只送脑白金"就是典型的咒语型策略。

4.6.4 专家策略

1. 策略核心

产品有如一部百科全书，直接向受众传授专业技能或知识，受众因而成为"专家"，进而提高产品的价值和地位。

2. 适用情况

①适用于希望能取得某项"专业知识、技能"，以提高自己社会地位的受众。

②产品本身的价值不高，主要的长处偏重在日常使用功能上。

③产品太平凡普通。

④产品与竞争对手太类似。

3. 典型案例

舒肤佳香皂"长效抗菌"就是典型的专家策略。

4.6.5 借力策略

1. 策略核心

将产品与其他在社会上已具有正面肯定地位的物品、象征结合，相互感染，借力使力，而达成同等地位的沟通手法（图4-61～图4-64）。

2. 适用情况

适用于追求"使用商品要与社会地位、身份相当"的受众，对于"良好品味"关心的受众。

通过借力来提升自己的商品价值。

产品的身价已有贬值的倾向，变得平凡、一般化。

产品的目的、商品的用途未被受众所了解。

形象与其他竞争者太过近似。

图4-61 delas女性频道广告1

图4-62 delas女性频道广告2

图4-63 delas女性频道广告3

图4-64 delas女性频道广告4

巴西IG网站delas女性频道形象广告，借力著名的男性形象，强调男人做的事情女人也可以做

3. 典型案例

"左岸咖啡馆"案例在创意上就是典型的借力策略。

4.6.6 幽默策略

1. 策略核心

采用"扭曲的逻辑",诙谐、风趣,巧妙运用笑话或者幽默,让受众不自觉的发笑。

2. 适用情况

适用于喜欢"幽默,说俏皮话",但不是"胡乱搞笑"的受众。

当产品给受众太实际、太功能性的印象。

当产品有某些忌讳不便言明,或是会让人感到不舒服。

因为产品过于创新、让受众不易了解,接近。

当产品没有什么值得一提的优异处,只能采取博人好感一途。

3. 典型案例

杜蕾斯的广告由于不便言明,大多采用幽默策略(图4-65)。

4.6.7 说理策略

1. 策略核心

产品是某种逻辑推理的结论,或是成为一连串推理的原动力。经由逻辑说服,增强了产品的存在价值。

2. 适用情况

①针对需要经过"讲道理"、"示范"才能放心的受众。

②产品过于新奇,使受众无所适从。

③产品其实相当平凡,需要提醒受众:它的来源并不平凡。

3. 典型案例

宝洁公司的潘婷"维他命原B5"采用这种策略。

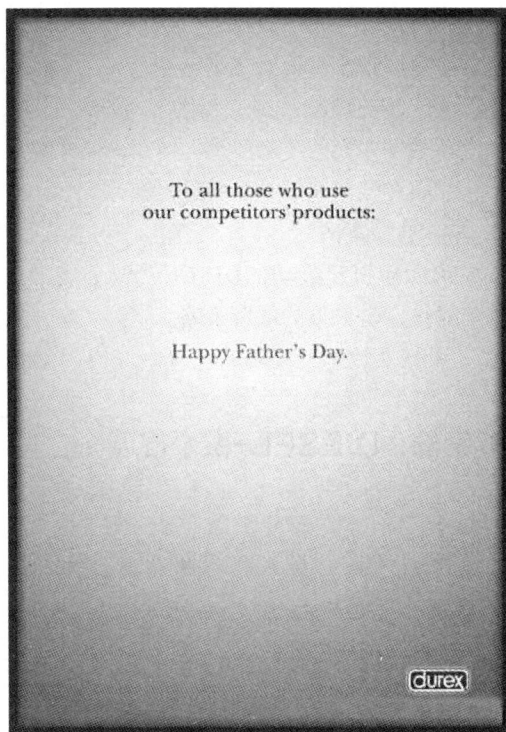

图4-65 杜蕾斯父亲节篇

文案:致我们竞争品牌的客户父亲节快乐"
广告在父亲节当天发布,清晰、简单、幽默、精确把握发布时点进行创意,让受众心领神会。

4.6.8 颠覆策略

1. 策略核心

对于传统、行之已久的规则,过往神话般的事迹,习以为常的图腾等嗤之以鼻,甚至对于自己所拥有的传统都报以嘲弄的态度,借以凸显广告标的"鹤立鸡群"、"百无禁忌"、"特立独行"的地位。

2. 适用情况

①适用于自认"很有思想"、"很开放"、"很能接受新事物"的受众。

②产品十分畅销普及，显得平凡无奇，希望广告来点惊人之举。

③产品的形象已经"老化"，希望广告重新激发人们的"新鲜感"。

④面对强势的领导品牌进行进攻。

3. 典型案例

2010年引起轰动的DISEL"做个傻瓜"战役，是典型的颠覆策略。

■ 案例：DIESEL-做个傻瓜

2010年春夏新装上市，DIESEL一如往常，选择与大多数品牌相背的方向在全球范围内推出"做个傻瓜（Be Stupid）"广告战役。

在DIESEL看来，这个世界上已经有太多的聪明人，他们接受教育、寻求资讯、聘请顾问，相对理性地去解决几乎所有事务。"做个聪明人"已经成为肯定的、理性的、有所期待的、也是安全的选择；但相反地，"做个傻瓜"代表着脱离常规、不再听取说教、鼓励冒险试错以及做回真正的自己。

DIESEL通过recruit.diesel.com寻找正在发生的愚蠢行为，用于MV的素材；以White Stripes所唱的"Seven Nation Army"作为集体Stupid的立誓宣言；与年轻的摄影师合作，拍摄各种"做蠢事"的瞬间……

所有的素材，最后变成约40张各种犯傻的广告招贴，在报刊、户外、数字媒体等渠道发布，让年轻的目标族群可以通过FaceBook与朋友分享；同时病毒式的短片也在YouTube进行传播（图4-66～图4-70）。

"Be Stupid"战役凸显了DIESEL追求小众、个性、叛逆的品牌个性，强化了与目标客户的情感连接。各种意想不到

图4-66　DIESEL做个傻瓜系列广告1

标题：智者有计划，傻瓜有故事

图4-67　DIESEL做个傻瓜系列广告2

标题：智者批判，傻瓜创造

图4-68　DIESEL做个傻瓜系列广告3

标题：智者用脑，傻瓜随心

图4-69 DIESEL做个傻瓜系列广告4

标题：智者有脑，傻瓜有种

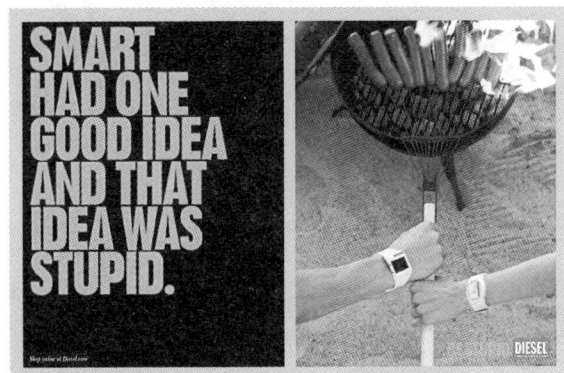

图4-70 DIESEL做个傻瓜系列广告5

标题：智者都有好办法，但是那招好傻

的"蠢行"荒诞、搞笑而又青春逼人，即使那些不同意傻瓜哲学的人也不得不承认它的力量。

战役引起全球轰动，获得2010年戛纳国际广告节户外类全场大奖，The One Show户外类金铅笔奖。

资料来源：http://www.welovead.com/cn/

4.6.9 嘲弄策略

1. 策略核心

在广告中加入某些"不合常情"、"荒诞不经"、

"刻意违背品味"的剧情，以提高产品的地位与价值。

2. 适用情况

①适用于喜欢"违反常规"的幽默感、讽刺性的受众。

②希望让产品与受众建立默契。

③产品过于普通，让人感到麻烦。

④产品过于创新，让人们脚步跟不上。

⑤广告的诉求令人难以置信。

⑥在同类产品中，无此类型的广告表现。

3. 典型案例

可口可乐与百事可乐的竞争性广告，经常采用嘲弄策略。国内2010年加多宝"对不起"系列广告也是典型的嘲弄策略。

■ 案例：加多宝–对不起

2010年，广药集团向香港鸿道集团发出律师函要求收回"王老吉"商标，拉开了"凉茶大战"的序幕。是年，"王老吉"商标被估值1080亿元，是中国销量最高的饮料。

2012年香港鸿道集团输了官司，禁用"王老吉"商标，改名加多宝，但仍用红色包装加多宝。

其后，加多宝利用王老吉品牌的影响力，推出"全国销量领先的红罐凉茶改名加多宝"、"中国每卖出10罐凉茶，就有7罐加多宝"、"连续7年销量第一"等广告，进行媒体和渠道覆盖，一方面稀释"王老吉"品牌，另一方面将"凉茶"认知向加多宝转移。广药集团对此再次诉讼加多宝虚假广告并胜诉。

2013年2月，加多宝官方微博就官司失败发布"对不起"系列广告，以悲情

口吻说营销业绩，并暗讽广药集团，赢得网民广泛的同情和支持（图4-71~图4-74）。

资料来源：加多宝官方微博

4.6.10 炫耀策略

1. 策略核心

广告是一面镜子，受众从镜子里看到自己"被放大"、"理想化"的个性，借此提高产品附加价值。

2. 适用情况

①针对需要从广告中看到"属于自己独特个性"的人，特别是有冒险精神的受众。

②产品很平常、普通；产品还有某些未开发、能够引发"想象力"的空间。

③广告与竞争者太类似雷同。

3. 典型案例

很多高档汽车和奢侈品广告会较为隐晦的采

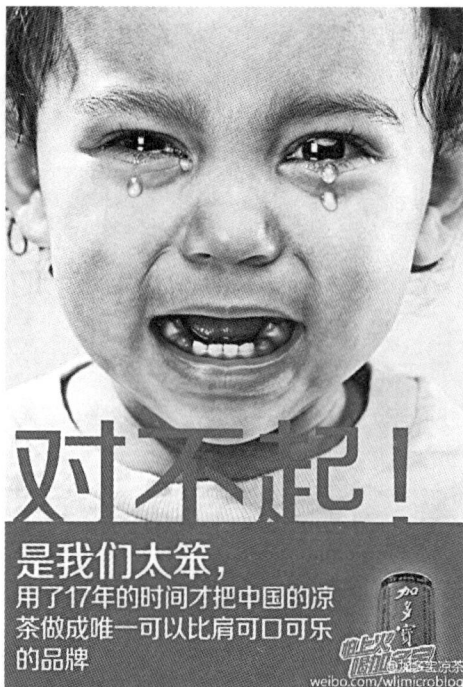

图4-71 加多宝对不起系列广告1

图4-72 加多宝对不起系列广告1

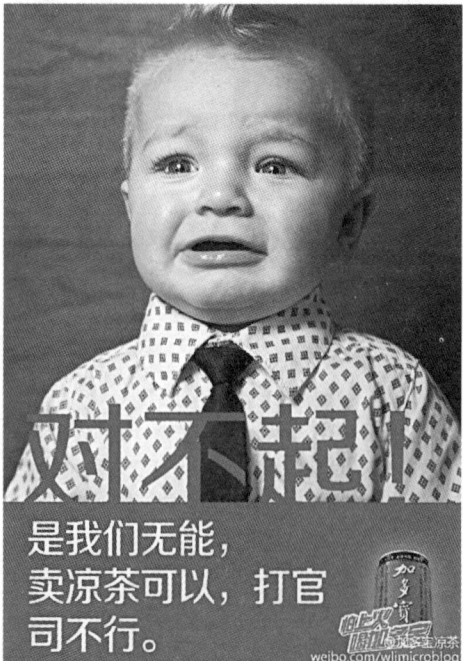

图4-73 加多宝对不起系列广告3

图4-74 加多宝对不起系列广告4

用炫耀策略，但炫耀得很彻底的案例是新加坡"不用带商标的皇家芝华士"系列广告。

■ 案例：不带商标的皇家芝华士

面对新加坡的皇家芝华士的价位不够高、销量也在下滑的境况，策划人想出了"提价，然后告诉所有的人：他们买不起。"的策略。

创意策略是：使用一种不可一世的腔调来告诉人们你买不起。

这一系列广告采用整版报纸版面，没有商标，很少出现品牌名称，但在广告发布结束后，皇家芝华士的销量跃居新加坡首位（图4-75～图4-77）。

资料来源：http://www.neilfrench.com/

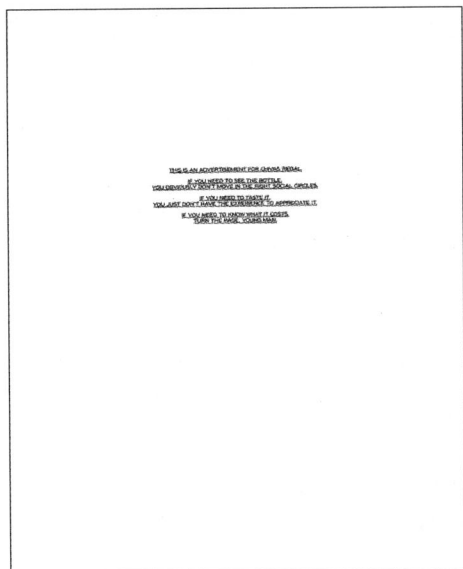

图4-75 皇家芝华士系列广告1

文案：这是一个皇家芝华士的广告。如果你需要看见它的瓶子，你显然不在恰当的社交圈中；如果你需要品尝，说明你还没有享用它的荣幸；如果你还需要知道它的价钱，翻过这一页吧，年轻人！

图4-76 皇家芝华士系列广告2

文案：如果你认不出它，你显然还没有为它做好准备

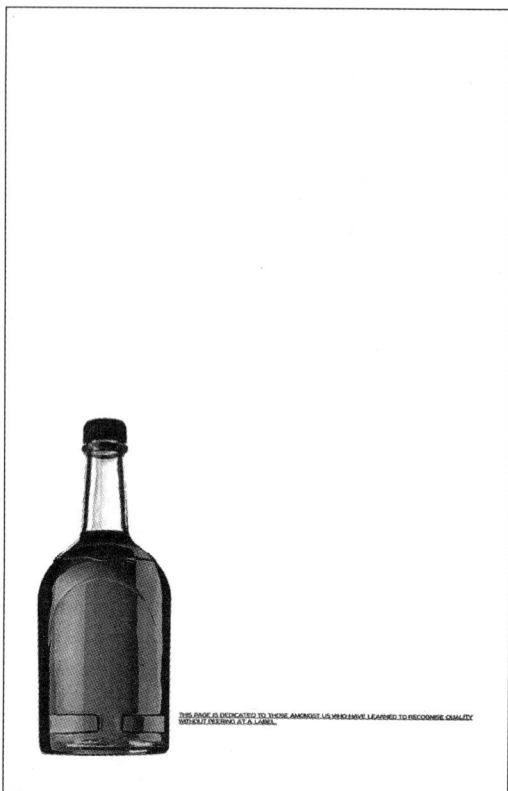

图4-77 皇家芝华士系列广告3

文案：这一页专门为我们当中的那些无需商标也能识别高品质的人设计

4.6.11 证言策略

1. 策略核心

借由受众自己来证明产品的创新功能、经济实惠、质量可靠，因而提高产品的价值。

2. 适用情况：

①对于"相信朋友"胜于"相信权威"的受众，尤其日常习惯以理性与良知做判断基础的人。

②产品平凡无奇，甚至被受众遗忘。

③广告主的声誉不佳，或者与受众关系生疏了。

④产品的功能还不能让受众相信，需要

有人保证。

3. 典型案例

汰渍的郭冬临社区实验系列，是典型的证言式创意策略。

4.6.12 道具策略

1. 策略核心

产品成为受众学习社交活动、取得进步、职场升迁、维系社会良好关系的道具，得到尊敬的保证，让受众觉得其中有好友的忠告，借此提高产品的价值及地位。

2. 适用情况

①适用于关注理想化的社交形式，对社会规范敏感，凡事小心谨慎的受众。

②产品仅仅具有实用功能。

③产品让人觉得陌生，在受众心目中没有特色创作机制。

3. 典型案例

海飞丝的"亲近"、绿箭的"自信"和"成功"，都是典型的道具策略。

4.7 营销、广告、创意三大策略阶段的异同点

在营销传播的所有环节中，都有策略思考和创意过程，策略和创意在整体流程中并无完全的界限划分，但是营销、广告、创意三大策略阶段各有侧重，这种差异在实务操作中一般体现为职能分工的不同。

4.7.1 三大策略阶段的相同点

1. 思考路径相同

营销战略、广告策略、创意策略都是策略过程，其"策划思考路径"都是从分析问题到解决问题，可以简单地概括为五大步骤策划循环，广告创作人员在接手工作任务之后，也应该遵循这样的思考过程，全盘考虑。

2. 分析要素相同

三大策略阶段都会涉及市场、消费者和产品/技术服务三大要素的分析，但侧重点不同。

3. 核心目标相同

三大策略阶段都服务于营销目标，即实现交换、购买或认同。

4.7.2 三大策略阶段的不同点

1. 策略范围不同

三大策略阶段是包含关系。营销战略覆盖全局，为广告策略提供方向和基础，广告策略又为创意策略提供方向和基础。

2. 侧重点不同

营销战略大多由企业的营销部门或咨询公司负责，侧重于企业预期达成的市场目标；广告策略大多由广告代理商的策划部门负责，侧重于配合营销战略的传播和沟通目标的达成；创意策略一般由广告代理商的策划和创作部门协作完成，侧重于在既定广告策略下的创意表现方向和手法。

3. 作用不同

三大策略阶段的结果呈现和用途不同。营销战略形成《营销战略企划书》，可以为企业各部门和各合作方的工作提供战略指导；广告策略形成《广告策划方案》，主要用于企业广告管理层、传播主管部门和广告代理商达成共识、制定协调一致的工作方式；创意策略最终显现为《创意简报》，主要用于对广告代理商创作人员的创意工作提供指导，也用于创作工作开始前或作品提案时与广告主的沟通基础。

本章小结

本章介绍了广告策略和创意策略的制定方式。广告策略主要针对广告战役的目标受众、产品概念、媒介和讯息四大关键要素进行梳理分析，结合广告主和营销目标以及实际操作中所能调动的资源，制定传播的行动计划；其中，讯息的具体表现方式，需要用创意策略来进行明确和界定。

广告策略和创意策略都有一些常见的类型，结合实际案例可以更清楚地理解不同的策略的操作方式、适用情况和特定作用；同时，我们还可以在近期案例中发现，营销、广告、创意三大策略阶段虽然各有侧重，但实际并无严格的界限划分，特别是广告策略和创意策略，在现在的营销传播环境中，经常融为一体，可以很灵活的选择和组合各种策略类型。

思考题

1. 网络搜索大型公益性传播战役"地球一小时"，研究其历年的推广方式，推演其广告和创意策略。

2. 网络搜索"统一小时光面馆"传播案例，分析其广告和创意策略要素。

3. 针对当下减碳减排、推进环保节能的国家战略，制定一个对新车消费人群推广电动汽车的广告策略。

扩展阅读

1. 唐纳德·帕伦特，广告战略. 王俭译. 北京：中信出版社，2004.

2. 威廉·阿伦斯、大卫·夏尔菲，阿伦斯广告学. 丁俊杰等译. 北京：中国人民大学出版社，2008.

3. A.杰罗姆·朱勒、邦尼L.朱奈尼，广告创意策略. 郭静菲、黎立译. 北京：机械工业出版社，2003.

第5章

品牌理论基础

5.1 品牌是什么

宝洁公司的董事长A·G·雷富礼曾经这样说过：最好的品牌总能在两个关键时刻恰到好处地脱颖而出，第一个时刻是在商店的货架上，这正是消费者要决定购买甲品牌还是乙品牌的时候；第二个时刻是在家里，这时，他或她使用这个品牌，并对此感到满意或不满意。在这些时刻，胜出的品牌一次又一次地在消费者的心目中赢得特殊地位，最强的那些品牌便与消费者终生捆绑在一起。

品牌是企业或品牌主体（包括城市、个人等）一切无形资产总和的全息浓缩，而"这一浓缩"又可用特定的"符号"来识别；它是主体与客体、主体与社会、企业与消费者相互作用的产物。

品牌既可以用来识别某一销售商或某一群销售商销售的产品或服务，也可以用来区别竞争对手的产品或服务；品牌可以有效防范竞争对手生产外观相似的产品，既保护消费者，也保护了生产商。

现代营销的显著特征就是重视品牌的差异化建设。人们用市场研究来寻找品牌的差异化要素。借助产品的特征、名称、包装、分销策略、传播推广，可以建立差异化的品牌联想。差异化的品牌联想可以把普通产品转化为品牌产品，从而降低购买产品时价格因素的重要影响，并加大差异化因素的影响作用。

5.2 品牌资产

5.2.1 品牌资产的五个维度

品牌资产是与品牌（名称与标志）相联系的，可为公司或顾客增加或削弱产品价值或服务价值的资产和负债，主要包括5个纬度，即品牌忠诚度、品牌知名度、感知质量、品牌联想以及其他品牌专属资产（如专利、商标、渠道关系等）。

品牌资产可以帮助顾客理解、处理并存储大量的产品信息和品牌信息。顾客用过产品、熟悉品牌及其特征后，品牌资产还可以影响顾客再次购买产品时的信心。更重要的是，感知质量和品牌联想可以增加顾客对产品使用的满意度。

品牌资产不但能为顾客创造价值，同样也能为企业创造价值。品牌资产可以提高营销计划的效果，可以提高品牌忠诚度，减少营销成本。品牌资产通常还具有较高的边际收益，一方面可以使品牌具有高价优势，另一方面品牌对降价促销的依赖程度低。同时，品牌资产的积累还可以方便企业实现品牌延伸和生意扩张；可以对分销渠道产生营销影响，获得更多渠道资源的支持；品牌资产还可以提升企业的竞争优势，通过对某一重要联想或象征概念的占领，让品牌产品在与同类产品的竞争中获取绝对优势，比如海飞丝对于"去头屑"概念的占领，就让很多新产品难以与它进行竞争。

构成品牌资产的五个维度，每个维度的建设都需要资金支持，都需要保值维护，也都能为品牌带来价值（图5-1）。

5.2.2 品牌忠诚度

顾客群的忠诚度往往是品牌资产的核心要素。如果消费者对品牌漠不关心，购买产品时只考虑功能、价格、便捷性，对品牌名称很少关注，我们可以说这个品牌没什么资产可言。反之，即使竞争对手的产品在功能、价格、便捷性上更胜一筹，顾客依然选择心目中的品牌，那么品牌、品牌名称、品牌口

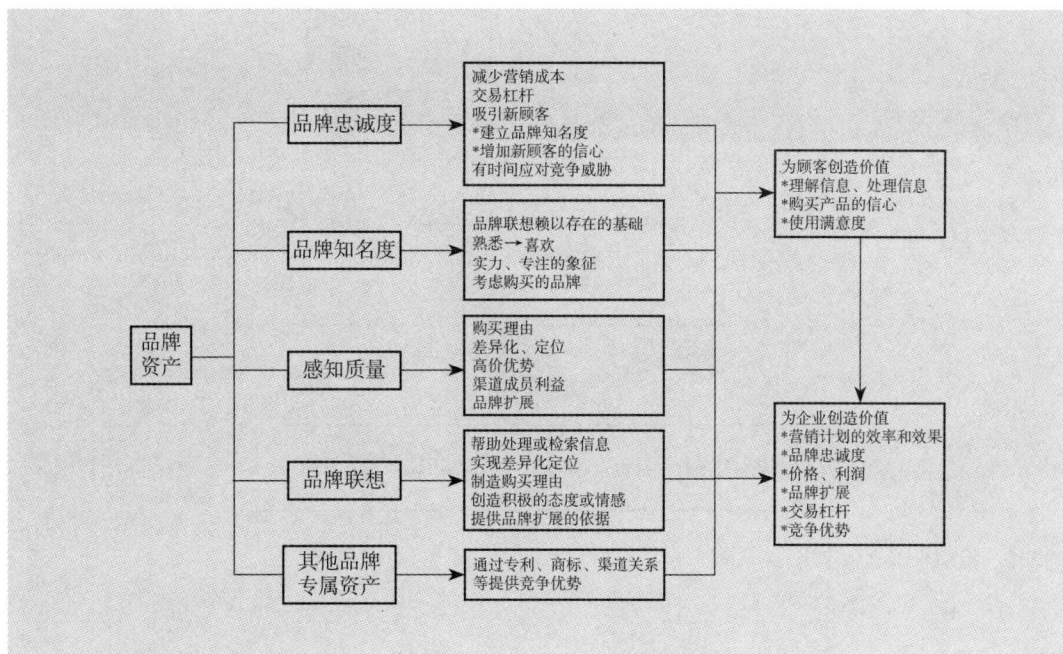

图5-1 品牌资产的维度及作用

号就蕴藏着巨大的价值。

品牌忠诚度是衡量顾客是否忠于品牌的一种方法，长期以来一直是市场营销领域的核心概念，品牌忠诚度反映了顾客转向其他品牌的可能性，特别是品牌在价格或产品功能发生变化时。品牌忠诚度可以直接转化为未来销量，与未来收益密切相关。品牌的忠诚度越高，顾客受其他公司竞争行为的影响就越弱。

在任何市场，争取新顾客都需要付出高昂的代价，而维持老顾客则成本相对较低，特别是老顾客满意于该品牌，甚至喜欢该品牌时。在很多市场中，即使顾客转换品牌的成本非常低，即使顾客对现有品牌的忠诚度不高，顾客仍有着巨大的惯性，不愿作出改变。

品牌忠诚度可以划分为若干级别，不同的级别会给营销工作带来不同的挑战，同时也意味着不同的资产管理方式和开发方式，如图5-2所示。

最低一级的消费者无品牌忠诚度，购买产品时，品牌对他们的影响微乎其微，可以称为转换不定者或价格型购买者。这一类消费者对于任何一个品牌的推广而言都是最有难度而投资回报相对较低的消费者，但在进行时点促销，特别是新产品时点促销时，这类消费者容易被拉动。

第二级的消费者容易受竞争对手的影响，只要竞争对手向他们提供显而易见的好处就可以促使他们转换品牌。针对这一类消费者，紧盯竞争对手进行价格竞争，推行会员制、积分制增加转换成本都可以进行稳固。以屈臣氏的会员制为例，店面提供的大多数产品并不具唯一性，但有集群效应，增加了选择和购买的便利性，同时提供会员积分，增加了购买粘性。

第三级的消费者转换其他品牌的成本较高，如时间、金钱、风险方面的成本等。要想吸引这类消费者，竞争公司就需要提供具有诱人之处的产品或者提供极大的益处以补

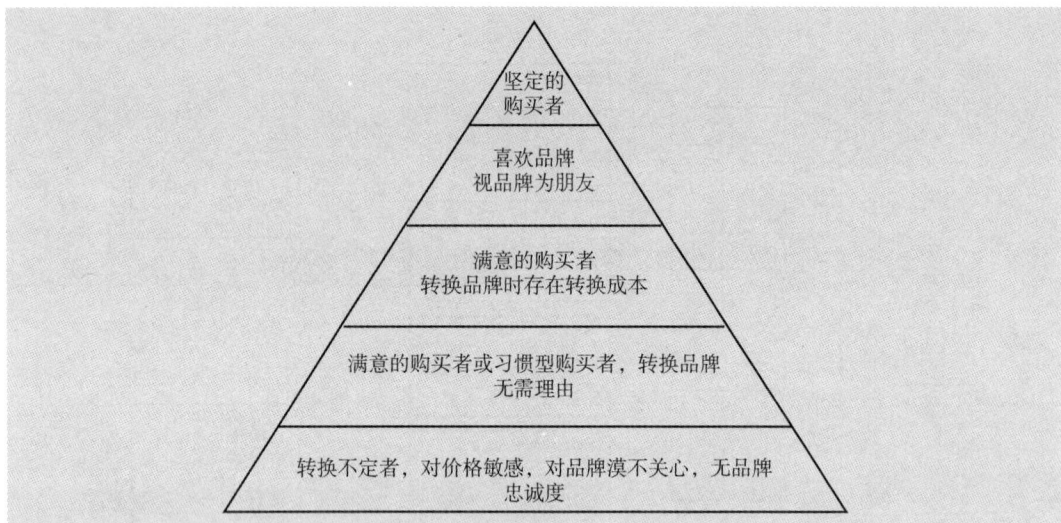

图5-2 品牌忠诚度金字塔

偿转换成本，比如移动运营商在中国的竞争。中国的移动运营商是多寡头垄断竞争的局面，在几大运营商之间转换使用品牌，早期均需要改变电话号码，这就增加了消费者的转换成本。后期，虽然政策上要求移动运营商之间可以"带号转网"，但实际上依然有许多操作壁垒，让"带号转网"非常麻烦，这使得市场占有率相对较低的运营商不断推出"入网送手机送话费"这样的促销优惠，来补偿转换成本，吸引顾客。

第四级消费者是真正喜欢品牌的顾客。他们对品牌的偏好取决于标志联想、使用体验和感知质量。然而，这种喜欢往往只是笼统的感觉，存在情绪或情感上的依恋，无法深入细微之处，喜欢有着特殊的规律或惯性。针对这一类消费者，品牌可以深入挖掘消费需求和潜力，精细划分市场，以新产品增加销量。

最高级别的忠诚是坚定不移的。这类消费者无论是发现了该品牌，还是使用了该品牌，会有一种自豪感。他们有信心将品牌推荐给其他人。这种消费者对品牌的作用，与其说是增加了市场，不如说是他们对其他人、

对市场本身产生了影响。比如"果粉"，坚定的苹果手机粉丝，在每一个新版本发布时彻夜排队购买，积极地在社交媒体上秀自己的产品，并以使用苹果而自豪。这些行为本身就推动了苹果品牌资产的积累。

建立和维持品牌忠诚度的方法很多，关键是认识到人们喜欢熟悉的产品，相信熟悉的产品。如果消费者已经购买了某个品牌的产品，就很容易形成对品牌的积极态度。正确地对待顾客、提供良好的产品和服务体验、倾听和理解顾客的需求、衡量并管理顾客的满意度、制造转换成本、提供额外服务、重视老顾客的维护……这些方式都可以建立和提升品牌忠诚度。

■ 案例：奔驰Flickr书

奔驰公司希望用新的方式增加品牌忠诚度。创意人员发现在大型图片分享网站Flickr上面有超过10万张带有奔驰车的图片，这些照片大多是由奔驰车主拍摄和上传的。因此他们找到了一个与奔驰车主互动的新方法。

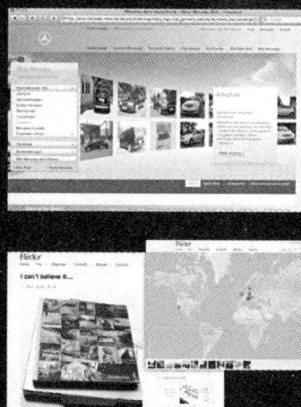

图5-3　奔驰Flickr书

创意团队选取了Flickr上比较有特色的奔驰照片，制作成一个小册子投放到咖啡馆，邀请奔驰车主上传他们和车的合影，并附带拍摄时的背景故事。活动得到了奔驰车主的热烈响应，并引发了他们在社交媒体上的讨论。奔驰车主对奔驰车的喜爱和拥有奔驰车的自豪感在这些讨论中展露无遗。

创意团队将收到的照片和故事编辑成书《我的奔驰》，并发送给车主。这本书成了车主们乐于与亲友分享和炫耀的道具。后来，这本书还被奔驰车主上传到社交网络上，形成了二次传播，非常成功地提升了品牌忠诚度（图5-3）。

资料来源：http://adsoftheworld.com/

5.2.3　品牌知名度

品牌知名度是指潜在顾客认出或想起某类产品中某一品牌的能力。从不确定认不认

识品牌到坚信某类产品只有一个品牌，品牌知名度就在这一连续区域进行变化，这种变化，也可以使用一个金字塔图来显示（图5-4）。品牌知名度在品牌资产中的作用取决于具体环境和知名度的级别。

最低级别的"不认识品牌"，表示品牌无知名度可言，是新品牌。

第二级认出品牌，表示顾客能在有提示的回想实验中想起某一品牌，又叫"提示知

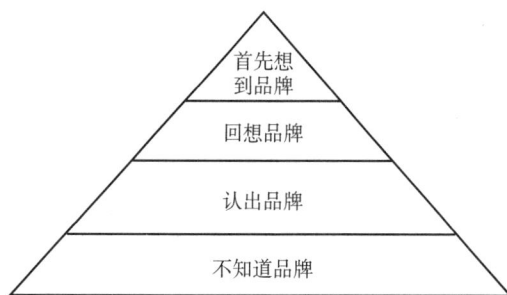

图5-4　品牌知名度金字塔

名度"。提示知名度虽然为品牌知名度的最低级别，但在顾客购物、选择品牌时会起到特别重要的作用。比如你在超市购买洗发水，一种新产品摆放在显眼的位置，有着诱人的捆绑优惠，你仔细看看它的名字，发现这个品牌你听说过，这个时候，如果产品的包装和促销能吸引你，你就有可能进行尝试性购买。这是很多高知名度的产品在新产品上市时会采用的终端促销手法。

第三级为回想品牌，即调查对象可以直接说出某类产品中某些品牌的名称，也叫"无提示回想"。无提示回想，表示消费者已经在产品与品牌之间建立了联系，品牌已经进入消费者在购买某类产品时的备选清单。

最高级为首选品牌，也就是在无提示回想中第一个想到的品牌。首选品牌在消费者心目中的地位要远高于其他品牌。

顾客认识品牌是品牌传播的第一步，知名度是品牌联想赖以存在的基础，没有品牌名称就无从联想品牌特征。知名度带来熟悉、喜欢的心理反应。人们往往喜欢购买熟悉的品牌，熟悉的品牌让人产生舒服的感觉。在人们心里，熟悉的品牌是被普遍认可的，比较可靠的，有质量保证的。因此人们常会选择知名的品牌，不会选择不知名的品牌。如果顾客只考虑品牌产品，只在看中的几个品牌中选择，那么品牌的知名度就显得特别重要，不知名的品牌基本没有被选中的可能。

知名度的局限性在于，它虽然是品牌的关键资产之一，但它本身却不能创造销量。对新产品而言情况更是如此。以英菲尼迪为例，英菲尼迪上市时，日产公司采用了一套惹人争议的广告方案。广告中有鸟、天地、湖泊等场景，但没有汽车。广告推出以后，受众的认知水平达到了90%，也建立了独特的品牌联想，但产品的销量却不尽如人意。这是因为广告中没有给出产品的利益点，即告诉消费者"购买理由"。以至于有喜剧演员调侃说："广告效果相当好，石头、树木销量大涨300%。"

知名度高并不一定意味着品牌会被人喜欢。有些品牌具有极高的知名度，但人们对它的评价却一般，比如中国邮政、中国铁路；有些品牌虽然知名度一般，但却能在自己的顾客中保持很高的忠诚度，这一类是优质的小众品牌，比如哈雷机车。同时，提升知名度的广告宣传也并不一定能起到正面的效果。比如有一年春节，恒源祥推出的十二生肖广告，虽然成为新闻热点，并被网友热烈讨论，但大多数观点都认为广告很"脑残"，对于品牌的联想并无正面效果。

知名度会衰变，特别是最高级别的知名度。但品牌一旦真正建立，顾客对品牌形成了高度认可，这是即使取消广告宣传，品牌认可度也会在相当长的时间内保持较高水平。这使得很多老品牌名称具有历史性的优势。国内的一些百年老字号，就依靠广泛的知名度在当下的市场环境中进行了成功的品牌复兴，如百雀羚。

建立知名度，让顾客认得出品牌、想得起品牌，一是需要取得品牌身份，二是需要将品牌与某类产品联系起来。对于新品牌来说，两者缺一不可。

实现、保持、提高知名度的方法很多，最佳方案取决于具体的环境，可以参照以下几条原则：

一是与众不同，令人难忘

很多同类产品的品牌传播方式非常相似，就很难让品牌脱颖而出。反之，则有可能让受众记住，比如脑白金上市时与众不同的礼品定位，就从保健品的品类相似性中脱颖而出。

二是使用口号或押韵

"钻石恒久远，一颗永流传"，戴比尔斯的中文广告语就是非常成功的应用，不仅加深了人们的印象，建立了产品与品牌之间的联系，更提供了购买理由。

让标志被人们记住也是一个很好的方式。

麦当劳在中国推广的初期，推出过很多强调标志"黄金拱门"的广告，其中有一支广受欢迎的广告，表现一个摇篮中的婴儿，一会儿哭一会儿笑，镜头拉开，可以看见婴儿视线中，一会出现一会儿消失的麦当劳标志。

三是公共宣传

制造新闻和热点，对建立和提升知名度常常有着比广告更加事半功倍的效果。如果品牌本身具有新闻点，那么就更应该妥善利用，比如iphone上市、谷歌眼镜等，都是具有新闻点的产品。

四是活动赞助

大多数活动赞助的主要作用在于制造或维持知名度。各种啤酒品牌很早就发现了赞助推广的价值，百威、米勒等品牌经常与各种体育赛事联系在一起。

五是品牌扩展

把品牌名称扩展到其他产品上，能增加消费者接触到品牌的可能性，也能让品牌更加引人注目，比如迪斯尼将品牌扩展到童装、文具的产品上；宝马开设品牌服装店等。

5.2.4 感知质量

感知质量是指顾客了解某一产品或服务的具体用途后，心里对该产品/服务相对于其他同类产品/服务的质量或优势的整体感受。

感知质量是顾客对产品质量的主观感受，并不等于产品的客观质量，比如认为宝马的车比尼桑的好；不同行业，顾客对质量的感知也不一样，比如电脑品牌的感知质量不同于服装品牌。感知质量可以直接影响顾客的购买决定和品牌忠诚度，特别是购物者不想或不能作详细分析时。感知质量还可以支持品牌的高价优势，同时，感知质量是品牌扩展的基础。如果一个品牌能在一个环境中得到广泛认可，一般情况下消费者会认为该品牌在其他类似环境中具有同样优秀的质量，比如拜耳生产优质的药品，我们会认为他的宠物药品也会是高质量的。

产品和服务两大方面都可以影响感知质量，其中有可以细化出各种要素，可以用表5-1对品牌感知质量的要素进行检核。

影响感知质量的要素　　表5-1

产品质量	服务质量
1. 性能	1. 有形特征
2. 功能	2. 可靠性
3. 符合标准性	3. 资质能力
4. 可靠性	4. 响应能力
5. 耐用性	5. 同理心
6. 服务能力	
7. 质感和外观	

提高品牌的感知质量，以产品本身的高质量为基础，然后将真正的高质量通过消费者体验、优质优价、卓越的销售终端呈现、高质量的信息调性等方式让受众知道，转化成高感知质量。

5.2.5 品牌联想

品牌名称的潜在价值往往在于品牌的各种联想，即品牌对人们的意义，比如看到耐克，我们会想到个性张扬的运动员，健康的普通人，产生积极向上挑战自我的兴奋感。

品牌联想是作出购物决定和品牌忠诚度的基础。一个品牌可能存在很多联想，可以通过很多方式为企业和顾客创造价值，其中包括：帮助顾客处理或检索信息，让品牌实现差异化，制造购买理由，创造积极的态度或情感，提供品牌扩展的依据。如果一个品牌在该类产品的核心特征上具有良好的定位（如服务支持或技术优势），那么竞争对手将无从攻击，比如苹果手机。

1. 品牌联想的类型

品牌联想有很多种类型，一般品牌管理者会把联想方向锁定到可以直接影响或间接影响顾客购买行为的方向上。这个方向的选择与品牌的定位息息相关。表5-2显示了品牌联想的不同类型和实例。

2. 确定品牌联想的方法

人们对某一品牌及其竞争品牌的主观感受可以采用结构化的衡量方法来确定，最简单的可以直接采用消费者深度访谈或小组讨论的形式，通过"选用的品牌有哪些"、"为什么会选用这些品牌"、"会产生哪些品牌联想"、"使用品牌时会产生什么样的感觉"、"使用品牌的都是哪些人"等问题，来了解品牌对于人们的意义。

定量衡量品牌感知的方法，是根据品牌的各个维度来对品牌进行定量衡量，这需要采用具有代表性的顾客样本、确定品牌感知的组成纬度、寻找目标市场、指明竞争对手、展示并阐释品牌形象，并以上述工作为基础，最终找出并确定重要的品牌感知。

定性衡量品牌感知可以采用间接的情景投射法，从不同角度让调查对象随意表达自己的相关经历、态度和感受，如图5-5所示，据此来充分了解顾客对品牌的认识。

品牌联想的类型　　　　表5-2

品牌联想的类型	实例
产品特征	佳洁士：没有蛀牙
无形特征	LV：旅行的意义
顾客利益	雀巢奇巧：休息一下
用途	红牛：累了困了喝红牛
相对价格	美宝莲：（新女性）你值得拥有
用户/顾客	美宝莲：（新女性）你值得拥有
名人/人	耐克：迈克尔·乔丹
生活方式/个性	百事可乐：百事新一代
产品门类	脑白金：送礼只送脑白金
竞争对手	安飞士汽车租赁公司：我们排名第二，我们会更加努力
国家或地域	依云矿泉水：来自法国阿尔卑斯山深处

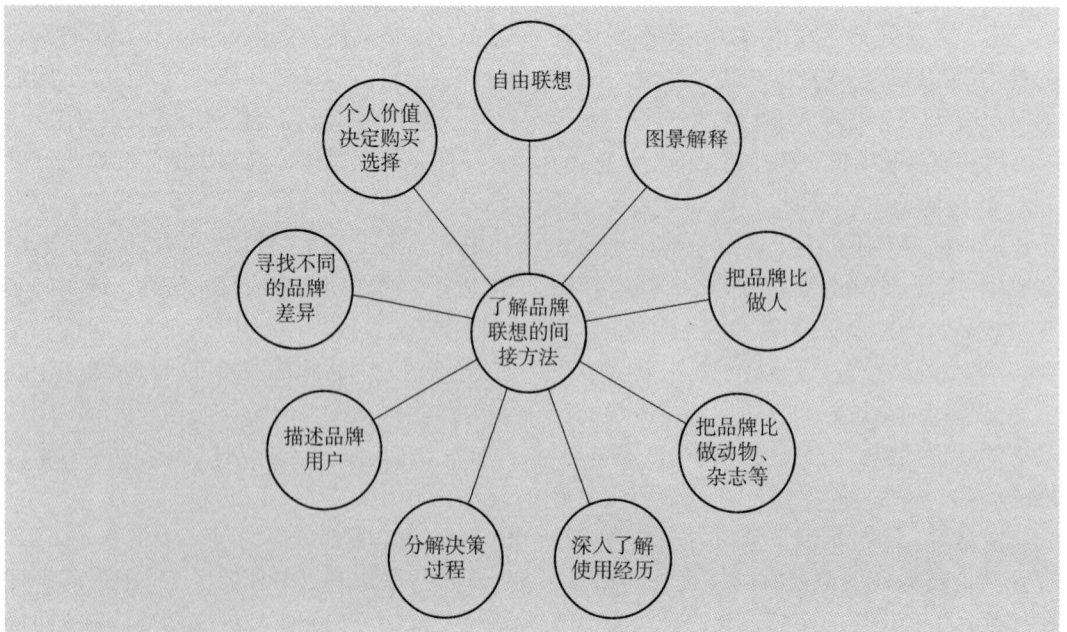

图5-5　确定品牌的意义

3. 品牌联想的选择

一个品牌的联想可以包括很多方面，成功的品牌推广需要在这些联想中选择并确定最主要的那一个。品牌联想的选择就是推广定位选择，是营销活动各项工作的前提条件，特别是对于新产品、新服务而言。

选择品牌联想必须对竞争优势起到支持作用，要考虑联想的市场反应以及联想所产生的投资和边际成本。一般从三个方面分析，如图5-6所示。

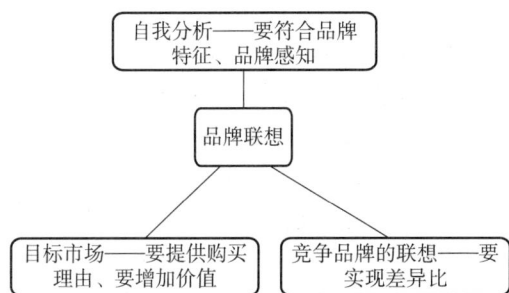

图5-6　品牌联想关系定位决策的三个方面

选择品牌联想首先要名副其实，要确保品牌在使用体验、产品特征、服务质量等方面能兑现承诺。实际上，对品牌的感知比产品本身更为重要，特别是产品知名度高、广告宣传力度大、品牌感知强烈的时候。因此，我们必须对现有联想的性质和优势作到心中有数。改变现有联想，特别是强烈的联想，通常是非常困难的。一般而言，最好的办法就是充分利用现有联想，或者直接创建新的联想，而不是改变现有联想或压制现有联想。

如果需要重新定位，那么要看企业是否具有重新定位的意愿和能力。重新定位的风险很大，可以利用市场需求或市场机遇，但更会出现品牌名不符实或企业难以传达新定位的情况。

了解竞争品牌的联想是进行定位决策的第二种关键方法。在大多数情况下，大多数品牌都必须开发不同于竞争品牌的独特联想。

如果品牌没有与众不同的地方，消费者就没有理由选择该品牌，甚至不会注意到该品牌。产品特征是品牌的核心，必须加以强调，如果能在产品特征方面找到独特的联想，那是最好的，这就是在很长的一个阶段中，USP被作为广告推广重点策略之一的原因。但是，现在，越来越多的产品处在同质化的竞争环境中，那么强调顾客感受的独特性，而不是产品本身，就成为一种相对更可行的方法。

品牌联想分析的第三个方面是目标市场。分析目标市场的主要目的是建立可以形成品牌优势的品牌特征、可以实现品牌差异化、可以有市场反应的联想。这种联想要么可以提供购买理由、要么可以增加消费者的体验价值。

4. 创建和保持品牌联想

联想是通过与品牌相关的事物创建的。

在创建品牌联想的过程中，要注意识别和管理判断信号，了解联想的关键信号是什么，这些关键信号如何影响顾客感知，比如要对汽车的消费者建立高品质的品牌联想，需要考虑在汽车的信息收集、导购、试驾、售点、售后服务、配套用品等一系列环节中，消费者如何根据过程细节得出高品质的判断，哪些细节具有关键性的作用。在中国市场环境中，除了4S店的整体环境和服务管理，还需要关注各大汽车网站的评测、知乎上的问答、百度知道等内容，这些都是识别和管理判断信号的渠道。

产品或服务的功能和利益，以及包装和分销渠道是品牌形象的核心；品牌的名称、标志和口号是重要的定位工具；广告宣传是品牌联想得以创建的直接原因。另外，降价促销、公关宣传等方法也对创建品牌联想有重要的作用。

保持品牌联想往往比创建更难，它一方面需要营销计划的支持；另一方面又要受到外部因素的影响。但有几个基本的指导原则可以遵循：

1）不随时间而变。

品牌联想的建立需要很长时间的积累，在品牌战略周期内，保持稳定的品牌联想，有助于认知的积累。假如广告的效果不错，就要坚持下去，不要为了变化而变化，徒然浪费资源和成本。

2）不随营销计划而变。

营销计划要服务于品牌联想的积累，特别是与定位直接相关的主要联想。通过不同阶段的营销计划，强化和深化消费者对主要联想的认知和记忆，但在新产品上市或产品升级时，我们可以改变次要的联想，来增加购买动机和消费者利益。

3）管理危机，降低伤害。

品牌所面临的最严重的损害是那些影响品牌形象进而危及品牌资产的灾难。如果已经出现了问题，出现对品牌的负面宣传，企业应该尽可能地缩短它的持续时间，承认问题、尽快纠正错误，并让消费者信服。

2016年三星N7手机的爆炸事故，是典型的品牌灾难，对三星品牌甚至整个韩国的经济造成了严重的打击。这个问题的出现首先是在技术上没有避免和防范问题的发生，其次就是危机应对的不当。在发生事故报道的相当长一段时间内，三星没有进行及时的应对和表态，也没有第一时间召回产品并对消费者提供可以信服的解决方案。到目前为止，三星N7手机已经被很多航空公司列入禁止携带登机的物品名单，在起飞前对每一架航班的乘客进行重复的告知，这种影响将是长期而且毁灭性的。

5.2.6 其他品牌专属资产

品牌的专属资产，比如名称、标志、口号、专利、渠道关系等，可以阻碍甚至制止竞争对手争夺顾客群、损害品牌忠诚度。

1. 名称

名称既是品牌的基本特征，也是品牌的核心特征。名称是建立知名度和传播品牌的基础。更重要的是，名称可以产生联想，进而对品牌是什么、品牌做什么进行描述。也可以说，名称构成了品牌概念的核心。

名称一旦建立，就能成为其他企业进入市场的实质壁垒，比如宝马，虽然是中译名，但完美的结合中文意义，诠释了汽车的品类特征和高端产品的特性；比如飘柔，占用了这类产品的核心特征；比如苹果的iPhone、iPad、iPod，凸显了颠覆性智能化产品的特质。

名称的长远性远远超过营销计划的其他元素，因此备选名称的生成和选择应当系统、客观，依据相应标准来生成和评估。

好的名称或口号来自于比喻，通过比喻，复杂的思想可以非常简洁地表达出来，可以让人产生联想。当然，我们也可以采用没有联想的名称，让名称保持抽象或模糊的状态，从而附加到更多的产品中，比如柯达、别克、耐克。

在确定名称之前，依据品牌联想的不同维度，尽量多地生成备选名称，然后按照一些通用原则来进行评估，是相对科学和系统的作法。

我们可以从以下几个方向来生成备选名称：

①使用不同寻常、引人注目或激发好奇心的名字。

②使用有趣的名称，押韵、双关等。

③使用可以产生心理图像的名称。

④使用有意义的名称。

⑤使用有情感的名称。

⑥使用简单的名称。

选择名称的标准可以参考以下原则：

①好学、好记——独特、有趣、有意义、动人、好读、好写且具有视觉形象的名称可以产生良好的效果。

②既要体现产品门类，提高回想率，又要有一定的扩展性，以备将来之用。

③支持标志和口号。

④给人以正面的联想，既要引人注目，又不惹人生厌。

⑤避免不好的联想——名称应当权威、可信，让人感到舒服，不应让人产生错误的预期。

⑥独特——不应与竞争对手的名称混淆。

⑦合法，可用。

通过上述原则对备选名称进行初步审查，去掉明显不合适、明显不合法的名称，可以对剩下的名称进行顾客调查，其中包括：

①词语联想：有没有出现负面的联想？

②回想测试：提供一组备选名称，待调查对象的注意力分散后，让调查对象写出能回想起的名称。这项测试不仅能确定回想率，还能确定名称是否好记。

③定量衡量品牌：这项调查主要针对相应产品的重要特征和品牌的定位。

④评估品牌偏好：偏好程度的显著差异往往是由品牌名称引起的。

通过定性和定量的系统分析，选定品牌的名称，可以避免很多经验性的问题。

在中文环境中，特别是在数字网络日益壮大的中文沟通环境中，命名品牌更需要慎重，包括从方言、谐音、恶搞等角度，仔细推敲是否会有负面的演绎形态存在，比如一款电动车叫"都市风"，很容易在日常恶搞中被称为"都是风"。

2. 标志

在高度同质化的市场中，产品/服务很难区分，标志就会成为品牌资产的核心要素，成为品牌实现差异化的关键特征。

标志的设计表现形式很多，由于视觉形象比词语更容易学习，标志本身可以创造知名度、联想、好感或其他感受，这些反过来又会影响忠诚度和感知质量。

标志的选择和创建会影响标志在品牌资产四个维度的作用。

标志可以传达品牌联想，提升消费者积极的情感体验，甚至是具体的行业产品特征，比

如中国银行的标志，图形将中国的"中"与传统的铜钱"孔方兄"进行了结合，既提示了品牌名称又显示了行业产品特征（图5-7）。

图5-7　中国银行标志

企业经常在标志上投入大量的资金，改变标志是有风险的行为，一般情况下，要保护和维持既有的标志和消费者已经形成深度认知的视觉形象（比如可口可乐的瓶形）；另一方面，标志也会过时，也会与企业或品牌日益发展成长的品牌联想不吻合，有时也需要主动进行标志的升级换代。

3. 口号

名称与标志结合起来可以说是品牌资产的重要组成部分，但名称和标志的作用仍然有限。比如福特的名称和标志都是固定不变的，这样的品牌一般都不能选择其他名称和标志来强化或改变定位策略，但口号可以附加到品牌名称和标志上用于定位策略。口号的法律限制或其他限制也要远远少于名称和标志。

口号可以增加品牌联想；可以创建自己的资产，以供开发利用；口号还可以强化名称或标志。以耐克的"Just Do It"为例，不仅传达了"挑战自我，超越自我，想做就做"的品牌精神，更通过广告宣传，成为流行文化的一部分，极大地提升了耐克在青年群体中的影响力。

■ **案例：耐克与刘翔**

回顾刘翔与耐克的营销互动，我们能看到耐克如何善用刘翔的影响力和各种新闻热

点，传递品牌"Just Do It"的理念。

2002年，耐克以50万元每年的赞助费用签下了刘翔，那一年刘翔先后获得了全运会、东亚运动会、世界大学生运动会男子110米栏冠军。

2008年，刘翔北京奥运会退赛，耐克率先发出声明支持刘翔，并打出了下面这条广告："爱比赛，爱拼上所有的尊严，爱把它再赢回来；爱付出一切，爱荣耀，爱挫折。爱运动，即使它伤了你的心。"

从此开始，耐克与刘翔，更像是伙伴，肝胆相照、惺惺相惜（图5-8）。

2012年伦敦奥运会，刘翔再度退赛。

耐克第一时间在微博放出广告文案："谁敢在巅峰从头来过，即使身体伤痛，内心不甘。让13亿人都用单脚陪你跳到终点。活出伟大，一起为飞翔而战！"

这则微博发出的24小时内，被转发13万次并收到26000多条评论，成为当年社交媒体传播的标杆（图5-9、图5-10）。

2015年4月5日下午5点，刘翔正式在微博宣布退役。洋洋洒洒一篇长文"我的跑道，我的栏！"，道出了心酸和无奈。退役事件的关注度迅速发酵，成为意料之中的新闻头条（图5-11）。

耐克在刘翔微博发出后仅一分钟，便迅速发出了以下微博（图5-12）：

点击图片之后，#平凡也能飞翔#九张平面广告，将刘翔的手、脚、眼睛、耳朵等每一个身体部位都大肆赞赏（图5-13）。

一分钟时间做出如此完整的创意策划是绝不可能完成的任务，这是一场准备充分的传播战役。晚21:00，耐克再次发声，以#平凡也能飞翔#为主题的电视广告释出。

"每一个平凡的人，都有铸就奇迹的潜质，我们不会忘记你带给世界的奇迹，叫飞翔。"

活动并未停止，4月8日，耐克再发微博，并联合@易建联@甄子丹@黑人建州@李晨nic等艺人一起拍下"NO.1"的手势，号召网友

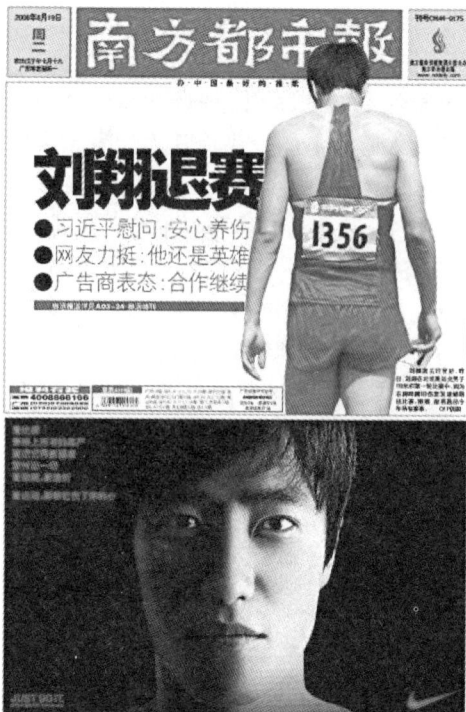

图5-8　耐克2008年刘翔退赛广告

图5-9　耐克2012年刘翔退赛广告1

图5-10　耐克2012年刘翔退赛广告2

为刘翔最后的谢幕造势。

微博上有网友说这是一场策划，是榨干刘翔最后一点商业价值。但商业本就如此。

相比在你辉煌时跟进，低潮后遗弃的品牌，耐克做到了有始有终。

签订终身合作，就已预见运动员的潮起潮落，有顺势，亦有逆境，有辉煌，也难免跌倒。同你一起辉煌，陪你面对低谷，即使在最危急的时候仍然保持坚定的态度与责任。

撇去商业利益不说，这种品牌传播中渗透出的人情味儿，不仅受众看到品牌商对刘翔的"不放弃"，也让他们感受到品牌的勇气

图5-11　刘翔退役微博长文

今天，让我们向这个改变世界的平凡人致敬。#平凡也能飞翔#点击图片，了解刘翔的平凡和他的伟大。

图5-12　耐克官微回应刘翔退役

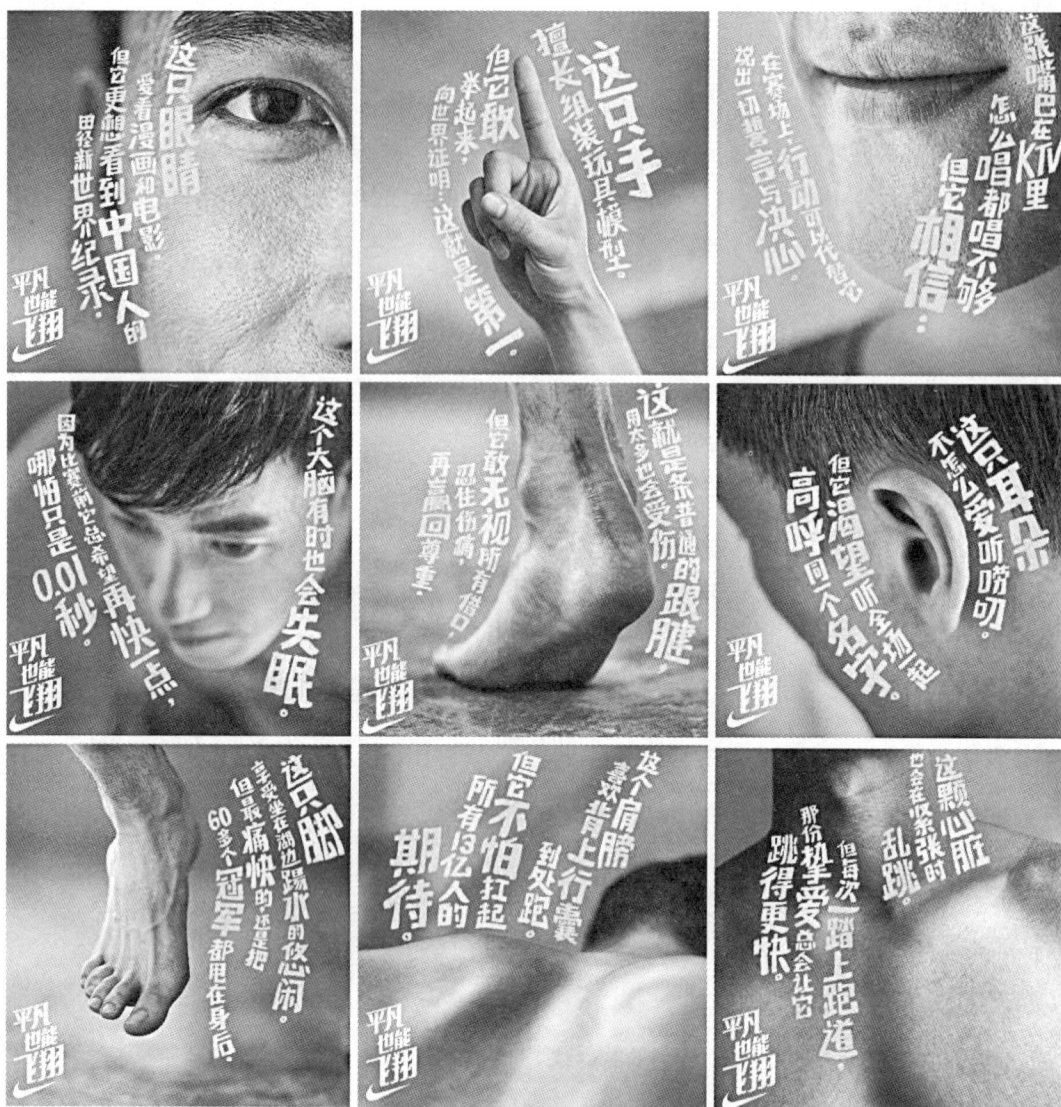

图5-13　耐克平凡也能飞翔系列广告

与价值观——挑战自我、无惧人言，同甘共苦、互相扶持。这给消费者带来的感动与震撼，更胜过刘翔最闪亮时期的代言人身份。

最好的品牌传播，不是喊口号、表决心，而是用行动向粉丝传播情感和观念。"Just Do It"作为耐克的传播口号，是其品牌精髓"超越"的外化体现，传递的是体育精神、挑战精神，它本来就是写给普通人看的，并不是赛场超人们的专属。耐克在与刘翔的品牌互动中，充分利用了刘翔在"神"与"人"之间的戏剧化变化，展现了"不论成败，挑战自我，想做就做"的品牌内涵，相对于耐克与当红明星风头正旺时的互动，这种坚持和温情，更感人，更有深意。

资料来源：中华广告网http://www.a.com.cn/

5.3 品牌形象

5.3.1 什么是品牌形象

1. 品牌形象的定义

品牌资产，是品牌长期积累而成的产物，品牌形象，是品牌建设希望达成的目标。品牌形象是品牌战略制定者渴望创造并保持的一系列独特联想，这些联想意味着品牌代表的事物，表达了组织成员对消费者的承诺。它为品牌提供了方向、目标和存在的意义，它是品牌战略远景的核心内容，而且驱动着品牌联想。

品牌形象通过创建包含功能利益、情感利益和自我表现利益的价值主张，帮助建立品牌与消费者的关系。

品牌形象由四个方面、12个因素组成：作为产品的品牌（产品范围、产品属性、质量/价值、用途、使用者、来源国）；作为组织的品牌（组织属性、本地还是全球）；作为个体的品牌（品牌个性、品牌与顾客的关系）；作为符号的品牌（视觉形象/符号和品牌传统）。

品牌形象结构包括核心形象和延伸形象。

核心形象处于品牌中心，是永恒不变的精髓，品牌进入新市场，推出新产品，它仍然会保持不变。

延伸形象包括品牌形象元素，它组成互相联系、富有意义的集合体，实现一定的特征和竞争力。

2. 品牌形象陷阱

品牌形象的确定是一个系统工程，在梳理过程中，需要厘清以下几种差异，规避品牌形象陷阱。

1）品牌印象陷阱

品牌印象，是消费者和其他人如何感知品牌。对品牌印象的了解，给品牌形象的建设提供了有用或必要的背景信息。但是品牌印象不等于品牌形象。有些品牌印象是负面的或不合时宜的，有些品牌印象因为消费者过去的经验或需求变动而变得不健全，这些都不能成为品牌形象。

另外，品牌印象陷阱还容易导致"让消费者来决断你是什么"的问题，这对品牌来说是一种过度的顾客导向。创造品牌形象并不只是要了解顾客想要什么，而是一定要反应品牌的灵魂和愿景。

品牌印象是基于过去经验的、被动的产物，而品牌形象应该是主动的、面向未来的，应该反映品牌渴望拥有的联想。

2）品牌定位陷阱

品牌定位是品牌形象和价值主张的一部分，定位通常向目标受众积极地进行传播。

与品牌定位相比，品牌形象更为宽泛，它的某些元素并不一定会被积极地传递给顾客，有些元素（如产品类别联想）也会随着品牌的成熟而逐渐模糊。

由于要为传播人员提供传播目标，在实务中，对于品牌形象的探索往往会变成对品牌定位的探索，这就会发生品牌定位陷阱。这种情况下得出的传播目标就变成了广告口号，而非品牌形象。

定位陷阱会阻碍品牌形象系统的形成，因为品牌决策者会不停地剔除那些他们认为不值得沟通的方面，聚焦于产品属性的趋势越来越明显，忽略了品牌个性、组织联想等因素，因为这些内容对创造广告口号没有帮助。

另外，一条精炼的广告口号不太可能为品牌建设活动提供很多指导。品牌定位通常缺乏足够的韵味和深度，无法指导品牌建设活动，比如赞助什么事件、哪个包装更好、哪种店面陈列能够支持品牌等。

3）外部视角陷阱

如果企业没有意识到品牌形象能帮助理解其基本价值和目标，就会陷入外部视角的陷阱。因为一个有效的品牌形象部分是基于规范性的行为，持续的阐释品牌的力量、价值和愿景。这一努力能够给内部人员提供一个交流渠道，认识到品牌是什么。如果雇员不理解、不认同品牌远景，很难期望他们能让愿景得到实现。

4）产品属性固着陷阱

产品属性固着陷阱是最为常见的陷阱。它基于一个错误的假设，即产品属性主导消费者决策和市场竞争。这种陷阱导出的战略通常不是最理想的，有时还会犯下破坏性的错误。

规避这个陷阱，首先要明确产品不等于品牌，品牌不仅包括产品特征，还包括了品牌使用者、来源国、组织联想、品牌个性、标志、品牌与顾客的关系、情感利益、自我表现利益等要素。其次，还需要注意基于产品属性调查的数据，也容易将品牌形象局限在产品层面。

掉入产品属性陷阱，会让品牌难以差异化、易于被模仿；会产生假设"消费者是理性的"之误区；会限制品牌延伸战略；会降低战略的灵活性。

3. 品牌形象规划模型

建立强大的品牌形象，关键在于拓宽品牌的概念，将其他维度和视角考虑进来。

品牌识别规划模型，可以为品牌形象计划提供更广阔的视野。它以战略性的品牌分析为基础，以品牌识别系统为核心，最终导向品牌定位和品牌形象塑造计划（图5-14）。

5.3.2 战略品牌分析

战略性的品牌分析能帮助经营者了解消费者、竞争者和品牌本身（还有品牌背后的企业）。这与营销战略中的相关分析过程基本一致。

消费者分析不但要倾听消费者说的话，更要了解语言背后的真实行为。有创见的定性研究往往在这方面很有启发。另一个问题是如何界定细分市场以推动品牌战略，为此，品牌经理们要发现真正具有影响力的细分群体，了解群体的规模和能量。

竞争者分析通过考察目前的和潜在的竞争者，保证品牌策略能实现差异化，使传播活动能以有效的方式脱颖而出。对竞争者实力、战略和市场定位的把握能推动对品牌创建工作的深入思考。

自我分析能发现企业是否拥有足够的资源、实力和决心来创建品牌。自我分析不但要了解品牌历史的和现实的形象，还要知道品牌的实力、局限、战略和企业组织在营造品牌过程中积累的经验。总而言之，成功的品牌策略必须捕捉到品牌的精髓和企业的灵魂。

5.3.3 品牌识别系统

品牌识别的说明和制定旨在为丰富品牌识别内容，使之结构更清晰、完整。缺少这个步骤，品牌识别的要素（如领导者、友谊、信任度和关系等抽象的概念）就可能过于模棱两可，无法指导决策者判断哪些行动是有利于品牌的。

1. 品牌形象的四个视角

品牌形象并不完全从作为产品的品牌角度提出，作为组织的品牌、作为个人的品牌和作为符号的品牌能够加强对品牌差异化的理解，并为差异化建立基础。整合使用这四个视角，可以让品牌管理者思考不同的品牌元素和模式，从而使品牌形象清晰、丰富并具有独特性。

并不是每一个品牌形象的塑造都需要应用所有视角。对有些品牌而言，只有一种视角是可行或合适的，但每个品牌都应该考虑到所有这些视角，并将那些有助于在消费者心目中清楚表达品牌形象的视角应用于实际。

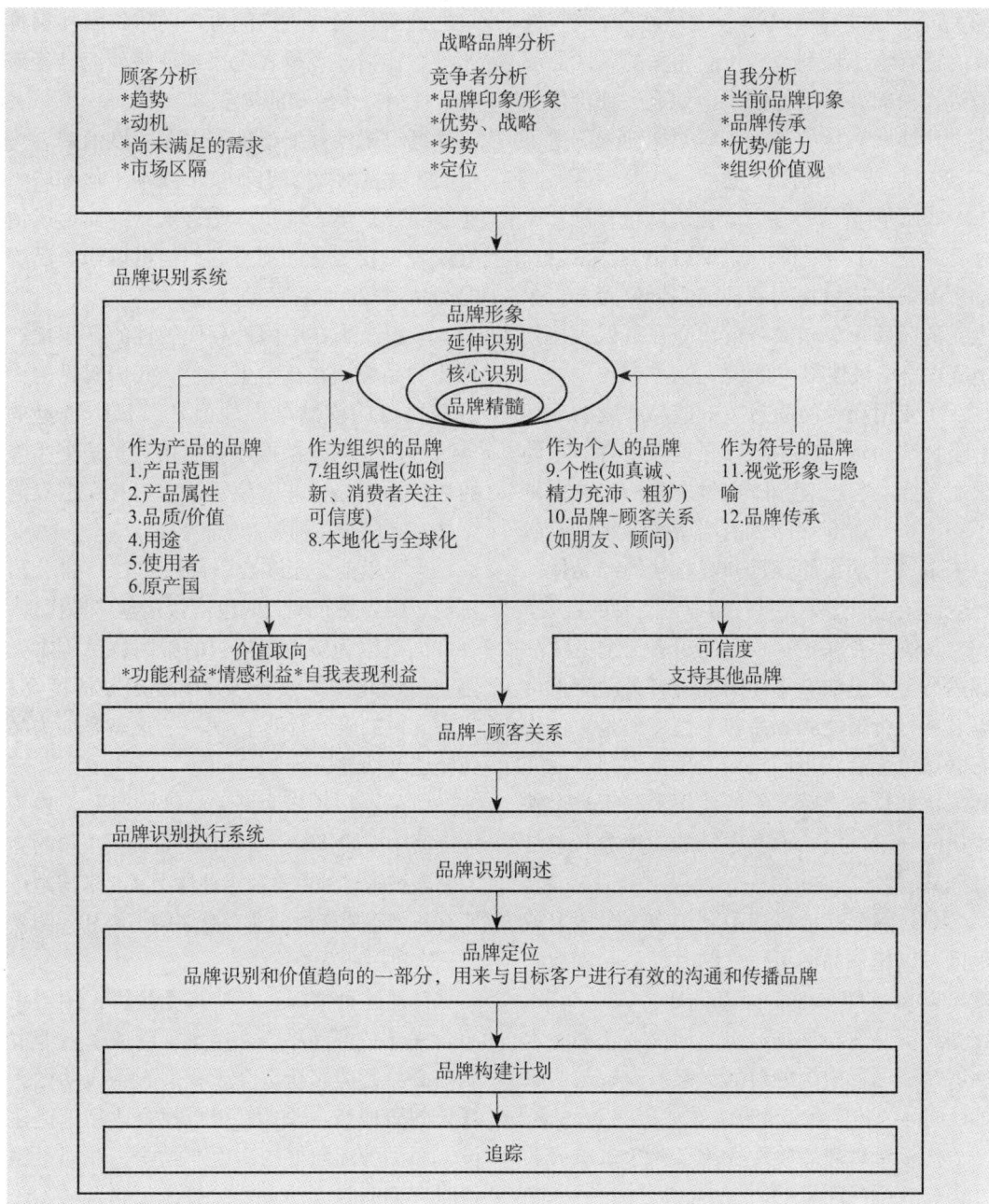

图5-14 品牌形象规划模型

作为产品的品牌可以建立产品相关的联想，它包括以下几个层面：

①产品范围，是与产品类别相关的联想。比如提到哈根达斯会想到冰淇淋，提到别克会想到汽车。与产品类别牢固的联系意味着

当顾客想到这种产品时，就有可能想起这个品牌。而一些市场上占统治地位的品牌，可能是消费者想起的唯一品牌，比如邦迪创可贴。

②产品相关的属性。与购买或使用直接

相关的属性能够为消费者提供功能性利益，有时还有情感性利益。产品相关的属性能够通过提供额外或更优的事物创造一种价值主张，比如海飞丝的"去头屑"属性，创造了"亲近、自信"的情感利益。

③质量/价值。在每个竞争领域，感知质量要么决定了接受价格，要么决定竞争关键。许多品牌将质量作为一种核心形象元素。星巴克的品牌形象很大程度建立在真诚、持续地提供全球最佳咖啡的声望上。

④使用场景的联想。一些品牌成功地拥有了特殊用途或应用，并强迫竞争者的举动限制于此。星巴克咖啡通过友善的雇员提供了一个亲切、高端的休闲场所；苹果体验店以未来风格的极简设计和高科技的产品体验环境，让人们感受了科技行业创新者的魅力。

⑤使用者联想。根据使用者类型定位品牌是另一种方法。牢固的使用者类型定位可以表现出价值主张和品牌个性，但是，使用者联想可能会在不同市场发生不可预料的变数，比如悍马汽车，它的使用者联想是个性张扬的硬汉气质，而在中国的使用者联想是"煤老板"。

⑥与国家或地区相关联。在一个国家或地区可以增加品牌可信度的时候，品牌战略就可以把品牌与一个国家或地区联系起来。比如红酒品牌与法国波尔多地区；比如香水品牌与法国；中国的5100矿泉水，就与西藏地区的高海拔无污染相联系。

作为组织的品牌更多地聚焦于组织的属性，而不是产品或者服务的属性。

创新、对质量的追求、对环境的关注等组织属性是由雇员、文化、价值观和企业战略规划所创造的。

与产品属性相比，组织属性更持久，对竞争的抵抗力更强。因为仿制一个产品比复制一个具有独特雇员、价值观和规划的组织容易得多；组织属性可以应用于一系列的产品类别，而来自单一产品类别的竞争者很难

与之抗衡；具有创新能力等的组织属性很难评价和传播，竞争者也很难证明他们已经跨越了任何一个感知的沟壑。

组织属性有助于价值主张。以消费者为中心、关注环境、追求技术或本土化等联想能够引发钦佩、尊重或是喜欢，继而形成情感或者自我表达的利益。他们可以给予品牌的产品宣言增加可信度。

组织品牌在中国最具代表性的是房地产企业的品牌。在日常生活中，我们看见的大多是楼盘的营销推广。但是，每个楼盘的1~3年的平均营销推广周期相对于一个品牌的建设而言显得非常短暂，它们其实都只能算是一个房企品牌生产的产品。

十年以前，很多合资背景的4A广告公司在地产广告热火朝天时也不做楼盘广告代理，一方面是因为房地产广告的中国特色（本土化、城市化特征强；客户的要求灵活度高；客户支付的服务费低），另一方面就是因为品牌塑造周期过短。

但是，房子作为高关心度的产品，投资大、使用周期长，消费者在进行购买决策时会考虑多种多样的因素，这种情况又要求房地产要有品牌，要能给消费者更多的信心和保障才能拥有更多的竞争优势。

针对这种情况，打造房企品牌，用组织品牌来支持产品品牌（楼盘）就成了行业发展的必然趋势。所以今天我们看到成功做大规模的房地产企业，都很重视企业品牌的建设，而品牌形象好的房地产企业，在楼盘销售时会拥有强大的竞争优势，比如万科（图5-15~图5-17）。

作为个人的品牌就是品牌个性。

把品牌看作是人的视角指示了另一种品牌形象，它比建立在产品属性之上的品牌形象更为丰富、更有趣。一个品牌就像一个人，可以被认为是高层次的、有能力的、令人印象深刻的、值得信赖的、有趣的、积极的、幽默的、休闲的、正式的、年轻的或是

图5-15　万科形象广告1

图5-16　万科形象广告2

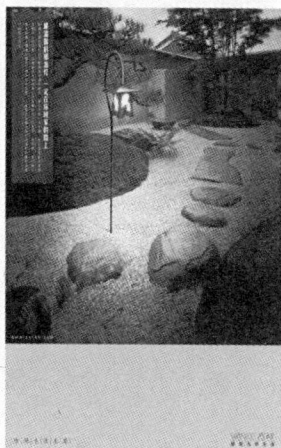

图5-17　万科形象广告3

聪明的。

　　品牌个性可以通过多种途径使得品牌更为强大。它有助于创造自我表现利益，为顾客提供表达个性的工具；正如人的个性会影响人际关系一样，品牌个性也奠定了顾客与品牌之间关系的基础；品牌个性还有助于传递产品属性，从而有助于表达功能利益，如瑞士军刀，是低调、高品质、能干的男人，非常可靠，让人放心（图5-18）。

　　作为符号的品牌可以带来凝聚力和层次。

　　一个强有力的符号可以帮助品牌形象获得凝聚力和层次，并使品牌更容易得到再认

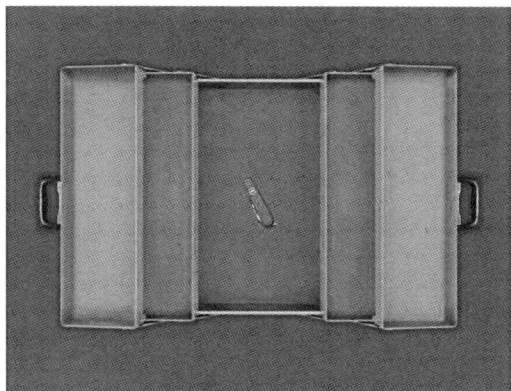

图5-18　瑞士军刀广告

和回忆。它的出现是品牌发展的关键因素，而它的缺位显示一个巨大的障碍。将符号提升到品牌形象的地位，就反映了其潜在能量。

　　任何代表品牌的事物都可以成为符号，包括视觉形象、比喻和品牌传统的符号。

　　与视觉形象相关的符号容易记忆、力量强大，比如麦当劳、苹果；如果符号设计中使用了比喻，其中的符号或符号特征能够代表某种功能、情感或自我表达利益，它们将更加富有意义，比如劲量电池的兔宝宝；强有力的标志可以作为品牌战略的基础。

■ 链接：品牌VI系统

　　品牌VI（Visual Identit，视觉识别）系统，是以品牌标志、标准字体、标准色彩为核心展开的完整、系统化的视觉传达体系，它将品牌识别的理念、内涵等抽象概念转换为具体的视觉符号。基本上，所有的知名品牌都有自己的VI系统，并将VI系统的应用和管理作为重要的品牌管理工作。

　　VI系统为品牌在传播中的视觉形象提供了核心元素和应用规范。通过运用、执行和

管理VI系统，对内可以征得员工的认同感、归属感，加强内部的凝聚力；对外可以统一品牌视觉形象，整合资源，有控制地将企业的信息传达给受众。通过视觉符号的重复出现，不断地强化受众的认知，从而形成记忆，获得相应的品牌联想。

品牌VI系统分为基础系统和应用系统两大部分。

基础系统，界定了品牌视觉符号的核心元素，包括：品牌名称、品牌标志、专用字体、标准字体、标准色、标准组合形式、专用辅助图形、品牌吉祥物等。

应用系统，根据视觉符号使用范围的不同，为核心元素在不同应用环境下的具体使用方式提供规范，主要包括：办公用品设计、办公环境设计、运输工具系统设计、服装识别系统设计、公关礼品系统设计、产品包装系统设计、广告宣传系统设计、网络传播系统设计、VI手册设计等。

品牌VI系统的规划，与品牌形象规划息息相关，特别是基础系统的设计元素，需要能表达品牌形象的核心概念，是品牌精髓和核心识别的视觉化表达。

品牌VI系统的设计，一般由专业设计公司进行，具体工作属于视觉传达专业的内容，在设计时应遵循相关性、独特性、一致性和实用性四大原则。

相关性，是指视觉图形设计要与品牌精髓和核心识别相关，是品牌内涵的外化表现。

独特性，是指设计要与众不同，具有视觉上的冲击力，要符合审美原则，要与竞争对手有显著的差异，易于在传播中被受众识别。

一致性，是指整个系统的设计应该保持相关视觉元素具有内在的联系和规范，在实际应用中能达成整体视觉的协调性，能被很容易地识别为一个系统。

实用性，是指设计内容是品牌传播和品牌管理中可以具体使用的，并且视觉图形适合在不同材质、不同媒介上进行使用。VI系统的应用系统部分，包含有数百项可以进行设计的内容，在规划VI系统的设计项目时，要结合实际情况进行选择。VI系统的视觉元素，可能会被应用到各种材质和媒介上，在设计时要考虑图形的延展性，避免出现无法应用的情况。

品牌VI系统手册，是VI系统的设计和使用说明，是一种对内部和外部通用的视觉管理规范。实务操作中，我们需要认真了解和学习客户的品牌VI系统手册。在营销传播中，一方面可以从中寻找可以利用的元素，另一方面也需要遵守其中的各种要求，保持品牌在传播中视觉的统一性，积累品牌资产。

2. 品牌识别结构

品牌形象由品牌精髓、核心识别和延伸识别组成（图5-19）。一个典型的品牌识别需要6～12个方面的内容才能完整地说明品牌的内涵。一个品牌，最主要的是在其目标客户心目中建立一个价值观念，即品牌精髓。在这一观念之下可以分拆为几个不同纬度的核心识别，这些构成了品牌的核心；再向外延，品牌还应该有产品特点，有企业的风格，有个性，有感情，有独特的说话方式和行为，有代表品牌的视觉元素，有品牌在市场竞争中扮演的角色，这些是它的延伸识别。

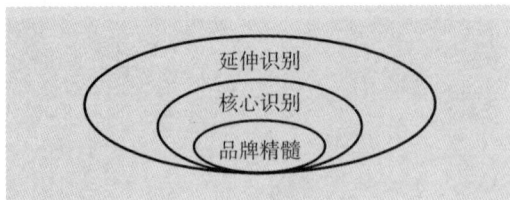

图5-19 品牌识别结构

1）品牌精髓

品牌精髓是核心识别各要素之间的粘合剂，是品牌最核心和本质的价值观，也是带动核心识别各要素协同工作的中轴。

品牌精髓必须具有这两个特征：与消费者共鸣和推动企业的价值取向。它是品牌所专有的，能持续不断地造成品牌和竞争品牌的差异化；它说明品牌是什么或品牌做什么；它必须不断向企业员工和合作者进行灌输和激励，即使非常简单的话，比如"做得更出色"或"走不同的路"等，也会对认真思考和品味其中含义的人们有所启发。

品牌精髓不同于广告口号。

如果根据备选的内容是否便于构成一条好的广告口号来取舍品牌精髓的内容，无疑是在犯本末倒置的错误。品牌精髓反映了识别的内容，它的主要功能之一是与企业内部人员进行交流和激励，而广告口号反映的是品牌定位（或传播目标），其作用是与企业外部人员进行沟通。品牌精髓是永恒的，至少存在相当长的时间，而广告口号则寿命有限。况且，品牌精髓更能跨越市场和产品类别，而广告口号则局限在一定范围。

"一个有效的品牌精髓表达方式，同时还能发挥广告口号的作用"，这看上去固然是件好事，但如果强求二者兼顾则可能会偏离了它们各自的目标，如耐克的品牌精髓是"超越"，它包含了诸如卓越的技术、顶尖的运动员、积极进取的人格特征、生产跑鞋的历史和子品牌"飞人乔丹"以及所有追求卓越的人等多样化的识别内容；而耐克的口号是"Just Do It"。

2）核心识别

核心识别往往用几句话或几个词概括出来，如"土星"是世界级水准的汽车，把顾客当作朋友来看待；而"美孚"象征着领导地位、合作关系和相互信任。

质量、创新、力量、令人振奋、富有品位、使用便捷和各种关系（友谊、领导、合作和信任等）是常见的著名品牌核心识别的关键要素。尽管简洁的表达方式使这些要素便于传播和记忆，但仍有可能引起歧义，从而无法对品牌工作进行引导和激励。

3）延伸识别

延伸识别包括品牌的个性、竞争角色、符号等内容，它有助于解决歧义的问题，但有时显得不够直接。就像前面的例子，如果品牌个性以朋友关系为基础，那么到底是哪一种朋友呢？正是由于歧义无法消除，所以准确地选择词组和句子来说明品牌核心识别的内容才显得尤为必要。这在说明延伸识别的要素时也同样重要（例如解释品牌个性方面的"幽默感"或"值得信赖"这样的概念）。

4）价值取向

价值取向是品牌为顾客提供的各种价值，包括功能的、情感的和社会的价值。

功能性利益，是品牌为消费者提供的实用性功能和实际的需求满足。

情感性利益，是品牌能在消费者购买和使用的过程中使购买者或使用者产生某种感觉。美加净护手霜是传统中国家庭亲情的象征，锤子手机代表着中国80后的情怀。

当品牌成为人们表达个人主张或展现个人形象的媒介时，自我表现型利益也随之出现了。购买和使用特定品牌是人们实现自我表现需要的一种方式。开宝马的人和开奇瑞的人，肯定认为自己跟对方不是一种人。

5）可信度支撑

可信度，对单一品牌而言是品牌展现出来的能为消费者提供上述价值或满足品牌承诺的必要条件，比如锤子手机使用了什么样的设计和技术，才可以满足使用功能和情怀表达的要求。

对于位于品牌架构中的某一个品牌而言，是品牌对于整体品牌系统的其他品牌的相互支撑和协调关系，比如海飞丝与宝洁，宝洁为海飞丝提供了"全球性个人性护理产品巨头的专业性、技术领先和质量保障"的支撑；海飞丝则为宝洁提供了"去头屑洗发水第一品牌"的感知质量和心智占领；海飞丝与宝洁旗下的其他品牌，在个人护理产品中不同领域的特质互为补充和支撑，代表了"可靠的、一流的产品"。

6）品牌——顾客的关系

品牌形象塑造的任务是要与消费者建立如同人际关系那样的联系。所有的品牌识别元素的界定和通过长期投入建立的品牌联想，最终都是为了让品牌在消费者的心智或生活空间中拥有某种亲密而特殊的关系。

■ 案例：维珍航空

1970年理查德·布朗逊和几位朋友在伦敦成立了一家小型的邮购公司，次年又在牛津大街开了一家中型零售店。13年后，维珍成为英国著名的唱片连锁店和最大的独立商号，网罗了众多知名艺人。1990年，维珍在全球发展了几百家大型零售店，其中许多商店，如"时代广场百货"，以其醒目的外观、规模和内部设计为品牌作了令人瞩目的代言。

1984年，一位年轻的律师向布朗逊递交了一份开设航空公司的计划。布朗逊自己也觉得空中旅行十分枯燥无聊，他想让飞行充满乐趣，因此他提出了一个非常诱人的主题："让各阶层的旅客花最少的钱，享受最高尚的服务。"

3个月后，第一个维珍大西洋航空公司的航班从伦敦加特卫科机场起飞了。到1997年，维珍已经运送了3000万名乘客，年销售额超过35亿美元。在大多数维珍航空服务的市场和航线上，均排名第二（图5-20）。

虽然维珍的规模与阿拉斯加航空差不多，却享有国际大型航空公司的声望和知名度。1994年的一项调查显示，90%的英国乘客听说过维珍航空，对重要人群的调查数据说明维珍是一个可信任的品牌，服务水准高并富有创意。

维珍的成功应归功于很多因素，包括理

图5-20　理查德·布朗逊与维珍航空

查德·布朗逊对开拓新商机的敏感性、战略眼光、管理层的素质和创业精神，以及和维珍合作伙伴们的胆识，当然少不了的还有运气。但将维珍商业帝国凝聚在一起的是维珍品牌。

维珍品牌的核心部分是四种清晰的价值观和联想物：创新、乐趣、服务品质和物超所值。

航运业的顾客有许多时刻能直接感受和体会服务质量。在这方面，维珍获得的多个奖项说明它的表现异常出色，如1997年，维珍连续第七次被评为最佳跨大西洋运输公司，第九次获选最佳经营者。维珍获得的其他奖项还有最佳娱乐服务、最佳地面和登机服务等。比起一向以服务著称的不列颠航空公司、安瑟特航空公司和新加坡航空公司，维珍的服务丝毫不逊色。

维珍的创新哲学非常简单——"为顾客做得最早，做得最妙"。维珍1986年起就在机舱内安排了睡椅（不列颠直到9年之后才有摇篮席），提供飞行信息、设置儿童安全带以及为商务舱乘客提供独立的录像屏幕，所有新的服务内容和等级都超过其他航空公司的服务内容和标准。维珍公司收入的3%用于服务质量的改进，这个数目差不多是一般美国航空公司的两倍。

维珍的候机室内设有按摩师、美容师和可以淋浴、小憩的场所。航班为头等舱乘客在终点准备了手工缝制的衬衫。乘客甚至可以选择一个方便的、像汽车开进麦当劳餐厅那样的特别窗口登机。这些不仅是航空公司在符合标准之后增加的一些普通的改进措施，而是为了让乘客的飞行令人难忘、充满情趣。

维珍的高级服务是面向商务舱乘客的，这种服务相当于许多其他航线头等舱的标准。它的中级服务则以十分经济的价格提供商务舱等级的服务，而大部分维珍经济舱客票都能折价购到。这种较低的价格也许能作为一个优势，但维珍从不强调它的定价。廉价本身不是维珍想传递的信息。

这四个品牌识别的核心内容是维珍品牌的主要动力，此外，维珍的识别还包括三项延伸的识别内容：品牌个性、品牌符号和身处劣势的经营模式。

维珍的经营模式十分直截了当。他们的特点是喜欢以黑马的姿态进入高手云集的行业和市场，这些"高手"企业给人的感觉都有那么一点志得意满和官僚做派，对消费者的需求反应迟钝。而维珍关心消费者的感受，不断地创新并让消费者觉得自己购买的东西是如此富有魅力。当不列颠航空试图阻止维珍获得几条航线的运输权时，维珍把不列颠描画成挡在一位真诚的、承诺了更高的服务品质和更多价值的年轻人面前的土霸王。正如布朗逊比喻的那样，维珍是现代的罗宾汉、小人物们的好朋友。

维珍品牌个性强烈，甚至还很另类，充分体现了他生机勃勃的创新意识与其创始人布朗逊的价值观念和行为做派。维珍可以被想象成这么一个人，他游离于规则之外，富有幽默感，有时有些出格，他敢于挑战权威，能力过人，自我要求很高，事情也办得很漂亮。

有趣的是，这种个性体现了许多特点：富有情趣、创新求变和能力超群。许多品牌也会这么做，但它们会在这些极端的性格特点当中进行取舍。维珍成功的关键就在于布朗逊不但把自己的这些特点都变成了维珍的个性，而且在每个方面都彰显无余。

维珍的符号说到底就是布朗逊本人，他身上体现了大部分维珍的特征。当然还有其他符号，比如维珍的小飞艇、维珍岛（维珍航空的常客们所获得的最终奖励）和维珍的名称符号。维珍的商标字符是个有棱有角的手写字，与那些传统的四平八稳的铅字形成鲜明的对比。这个手写字体使人觉得这就是布朗逊的手笔，它的尖角也似乎在告诉人们：这不是你们司空见惯的那些大公司。

维珍是个出色的例子，它说明一个品牌竟可以如此成功地延伸到人们用常理难以想到的范围。从音像店起家，维珍品牌已经延伸到航空公司、可乐饮料、避孕套等几十种门类，在22个国家拥有100家公司。维珍旗下的企业有：提供折扣航线的维珍快运，金融服务的维珍直效，化妆品零售连锁和直销的维珍Vie，维珍电台和电视台等媒体机构，维珍铁路，维珍可乐和维珍伏特加等饮料和酒类公司，维珍服饰、维珍牛仔等休闲装系列，新的V2唱片机构和维珍婚庆商店——维珍新娘。

维珍品牌的核心识别要素——创新、乐趣、服务品质、物超所值、挑战者形象、强烈的个性和布朗逊本人——都使它能够得以延伸到各种产品和服务。维珍已经成为代表某些生活态度的生活方式型品牌，顾客和维珍之间坚实的联系不仅仅是建立在功能性利益上。

维珍品牌一定程度上是由视觉行为，特别是由布朗逊亲自开展的宣传活动推动的。布朗逊十分清楚维珍无法在广告投入上和不列颠航空相比，于是他采用宣传技巧来创造知名度和发展品牌联想度。

1984年维珍首航之时，布朗逊和他的朋友、各界名人和记者都是首批乘客。飞机上的录像播放了一盘事先录好的带子，布朗逊和两位著名的板球手从机舱里向乘客们问好，而布朗逊当天在机舱里就戴着一顶第一次世界大战时期的飞行帽。

布朗逊不仅为维珍大西洋航空大做宣传，从事婚庆服务的"维珍新娘"开业时，他自己还穿上了结婚礼服。1996年维珍在美国位于时代广场的首家商场揭幕时，布朗逊驾驶热气球（他是保持多项世界纪录的热气球手）从商场上空100英尺徐徐降落。

形形色色的技巧为维珍品牌的宣传带来意想不到的收获。尽管这些伎俩有些比较出格，却没有越轨。维珍令人感到刺激、惊讶甚至震惊，却不会愤怒，例如在广告上牵涉到避孕套的使用、饥饿和种族问题等戏剧化的场面时，维珍就不会像贝纳通走得那么远。

布朗逊也把他本人的文章做足了。善于运用英国式的幽默和喜欢嘲弄体制使他赢得消费者的亲近，坚持创新、乐趣、服务品质以及物超所值等品牌核心价值使他获得消费者的忠诚和信任。许多事情可以说明人们对布朗逊和维珍品牌的高信任度。BBC广播公司曾问1200个人他们认为谁是最有资格重写十诫的人，结果布朗逊排在第四位，在特丽莎修女、教皇和坎特伯雷主教之后。

维珍的基础是唱片业的成功和超凡的创新精神，它面临着挑战和风险，因为每一次扩展的后果都可能是灾难性的，维珍也为此成为过度扩展的反面教材。维珍的滑铁卢也许是它的铁路运输。铁路运输业市场蔚为可观，但优质服务的能力却不完全由维珍控制，因为公司必须依赖于铁路和其他公司的营运状况。在头一年的经营中，维珍在准点和服务方面明显存在问题。回过头看，这种高风险产业最好用另一个品牌来经营，这样在一定程度上能保护维珍品牌（图5-21）。

资料来源：《品牌领导》，戴维·阿克.

5.3.4 品牌识别执行系统

有了品牌识别作为品牌策略的基础，下一步的工作就是策略的执行。实施过程包括4个步骤：品牌识别阐述、品牌定位、品牌创建计划和效果追踪。

1. 品牌识别阐述

精确地说明品牌形象识别的内容有三个目的：第一，通过对品牌识别各项要素的解释和说明减少了歧义，从而便于确认各种决策和计划；第二，清晰的内容加强了决策者对品牌的理解，明确了品牌的差异化特征，从而能更好地与顾客沟通；第三，诠释品牌内容会得出一些有用的想法和理念，有助于制定出针对性强的有效的品牌创建方案。

项目	子项	要素	诠释
品牌精髓	——	打破传统	——
核心识别		服务质量	始终如一地提供高品质的服务，保持幽默感和欣赏目光
		革新	始终将富于创新的、价值增值型产品特性和服务置于首位
		趣味和娱乐	一个充满乐趣的公司
		物超所值	提供的所有产品或服务都充分体现出价值，而非仅是定价最高
延伸识别	竞争角色	黑马	通过创新模式来击败业内现有的传统领先者
	品牌个性	宣扬信条	
		幽默	具有幽默感，甚至常常出人意料
		挑战	黑马，向既有市场秩序发起挑战
		能力	总能以高水平完成任务
	符号	维珍标志	手写体标志
		布兰森	个性鲜明的领导人和充满冒险精神的生活方式
		维珍热气球	
价值取向	功能性利益	高品质、创新	以幽默的方式向消费者传递具有高品质和创新性的产品或服务价值
	情感性利益	荣誉、乐趣	以黑马姿态相关联的荣誉感；有趣，欢乐时光
	自我表现利益	挑战	乐于采用出人意料的方式挑战既有权威
可信度	——		对维珍音乐、电讯、金融的等延伸品牌的全线支持
关系	——	伙伴	客户是最好的伙伴

图5-21　维珍品牌识别系统

品牌识别的阐述可以采用很多方法，让员工和合作伙伴理解品牌内涵，参与品牌识别的执行，其中包括战略性职责的描述、品牌内外部角色模式的界定、视觉象征的开发和品牌识别优先排序。

1）企业的战略性职责，可以将品牌识别与经营策略挂钩。

品牌识别的内容蕴涵着品牌和企业对消费者的承诺。战略性职责是对完成这种承诺的基础资产和项目进行的一种投资。

品牌战略是否具有可行性？投资方向是什么？战略性职责的确定能为这些问题提供现实的参照。这一点同样非常重要。资金来源有保证吗？企业是否真的能履行承诺？企业组织是否具有品牌工作所要求的创新性？如果这些问题的答案是不清晰的、否定的，说明企业缺乏实现体现在品牌识别中承诺的能力和意愿。承诺因此成为一个空泛的广告口号，要么浪费资源，要么消耗品牌资产。

2）品牌识别的角色模式，分为内部角色模式和外部角色模式，可以赋予品牌意义和情感，从而推动和指引品牌创建工作。

内部角色模式是指最能切中要害地体现品牌识别内容的企业的传奇故事、项目、活动和人员。

公司的经典故事能使品牌识别得以传播，给人们以启发和感动。这些故事既反映了品牌，也可以影响企业文化，大多是品牌发展历史中的传奇，比如"褚橙"。

品牌的人格化，可以利用企业的创办者或高效、知名并且对品牌有清晰认识的CEO，作为强有力的品牌识别角色模式，比如马云之于阿里巴巴，乔布斯之于苹果。以创始人为中心聚合品牌识别使识别内容清晰而可信。也可以采用代言人的方式使品牌人格化，代言人可以和品牌保持多年的关系，比如迈克尔·乔丹之于耐克。但是，这种使用创始人或代言人的方式也存在一定的风险。

内部角色模式由于业已存在品牌的背景当中，因此可能特别管用，但它们也只局限在企业内部已经完成的工作中。把网撒大一些捕捉更多的企业的内容来丰富角色模式，使之更具影响力、更有想象力就是外部角色模式。

可供寻找的外部品牌角色模式的范围很广，可以看看本企业欣赏的品牌是什么，哪些品牌与本企业的设想最吻合，以从中获得启发，比如香水品牌如希望塑造一种成熟的感觉可以借鉴 Tiffany；冷冻食品想找到一个有益健康的定位则要多观察健身俱乐部。

3）视觉象征的开发，是将品牌识别视觉化、符号化的过程。

标识的隐喻是体现思想的基本方式，大多数传播活动（估计有70%～90%）是非语言传播。视觉图像在很多情况下比语言传播更能影响人们的认知和记忆，所谓"一图胜千言"。

视觉符号的设计和选择是一个相对专业的过程，采用视觉定位的方法来制定和解释标识相对更具科学性。视觉定位方法一般从战略性的核心识别要素（如实力、温馨、领导者等抽象概念）入手，接着找到与这些概念相关的视觉形象，这些形象的主题和基调各不相同。接着让被访人员对这些形象进行排序，看哪些最能体现品牌内容，并让他们解释自己为什么这么排序。这种方式不但能指导策略的制定，还提供了一系列视觉刺激物，引导后续创意工作的方向。当然最好的结果，也是非常难得的是从中发现能为品牌独有的视觉标识。

有些企业在制定品牌标志时喜欢采用网络征稿的形式，或是将设计出来的备选方案放在网络上，请人们投票选择。这些方式看上去集思广益，有"群众基础"，实际上充满随意性和盲目性。在采用征稿形式的时候，提交人未必能深入理解品牌识别希望诠释的内容和视觉表达的重点，也有可能只是单纯地根据要求进行图形设计，没有考虑标志图形在不同传播物料上的延展实用性和可行性。在采用评选模式的时候，首先投票的人未必是企业希望沟通的目标市场客户或潜在客户，他们可以是永远也不会使用品牌产品的人；其次他们同样可能存在不明了品牌内涵，不考虑标志应用的情况；第三，图形的符号含义、审美要求和独特性要求，也需要相当的专业领域知识才具有评判能力。因此，视觉象征符号的制定和选择还是应该交由专业人员进行更为合理。

4）品牌识别的优先排序，明确传播的重点。

品牌识别作为对品牌多方位的展示，本身是十分复杂的。品牌的联想物可以反映产品属性、品牌个性、组织联想、符号和使用者的印象等。这些概念的先后次序如何安排呢？可以采用以下的方法：

①强化与改变品牌联想物

大多数这类品牌都可以这样区分联想内容：

需要保持的——有责任感、可靠、值得信赖、有道德感、品质出众。

需要加强的——技术基础、经验丰富和全球化的经营。

需要减弱和消除的——过时迂腐、反应迟缓、价格太贵。

需要增加的——现代感、充满活力和创新精神。

决定是否加强现有的联想物还是制定新的联想物归结起来有两个问题：其一，现有的联想物是否能承担参与目前竞争的重任，是否迫切需要用新的联想物来替代；其二，能不能为引入新的联想物找到充分的理由，该理由是否具备可行性和基础。

②内部品牌形象

品牌识别的职责之一是企业内部传播工作，所以员工和合作者也是传播对象。不清晰、不和谐的品牌识别是无法实现传播的。

向员工或负责传播的人员提出的这两个问题是：你知道品牌代表着什么吗？你关心品牌吗？如果希望品牌的承诺能得以实现，对上述问题都应回答"是"。

内部传播工作应享有优先地位，因为新的品牌联想物在被外界认同之前要首先在内部推行。问题是如何传播和鼓动员工以及合作者来了解和关心这些新的联想物。内部认知的差异足以误导策略的实施，消除差异理所当然地应成为首要考虑的问题。

③发现有差异化特征并能与消费者产生共鸣的联想物

安排品牌各元素的先后顺序时要考虑的是，它们能否使品牌区别于竞争对手，能否与消费者产生共鸣。有些识别内容看起来犹如品牌战略的左膀右臂，但无法形成差异化特征，也无关消费者决策，只是每个品牌都希望表现的东西。强势品牌通常都有几种既有差异性，又能与消费者产生共鸣的联想物。

实施品牌识别的关键任务之一是向组织成员和合作者传播识别内容。有效的传播需要足够的传播次数，正确的理解，要能起鼓动和激励的作用。可以通过品牌发言人的演讲，分组讨论以及录像、书籍和手册的演示等多种形式来传播。

2. 品牌定位

品牌定位是品牌形象与价值主张的组成部分，它展示品牌相对于竞争品牌的优势，需要向目标受众进行积极的传播。品牌定位是品牌传播计划的基础。

品牌定位陈诉应该强调4个方面的问题，如图5-22所示。

①品牌形象和价值主张中的哪些元素应成为定位和积极沟通内容的一部分？哪些元素将与顾客产生共鸣，将品牌与竞争者区隔开来？

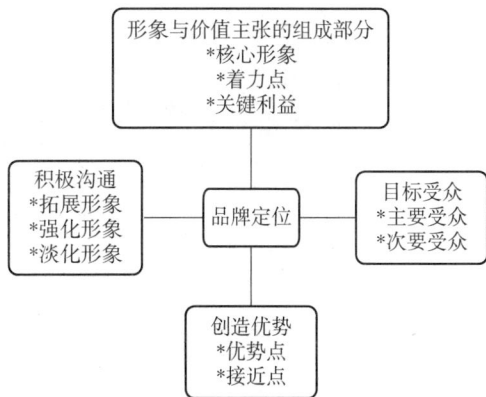

图5-22　品牌定位要强调的四个方面

②谁是主要的目标受众？谁是次要的目标受众？

③沟通的目标是什么？目前的品牌印象是否需要拓展、加强和开发，还是弱化或去除（即品牌不代表什么）？

④优势点是什么？品牌印象中哪些点最好是与竞争对手接近（而非一定要超越）。

关于品牌定位的描述，在传播策划案中几乎是个必有项目。实务操作中，有很多种形式来进行品牌定位描述。共性是从传播角度归纳品牌在传播中要传达的我是谁、我做什么、我为谁做、我为什么能这么做、你为什么要喜欢我这几个内容。一般情况下，可以使用一段话来总结核心内容，这种方式被称为"品牌写真"，可参考图5-23格式。

3. 品牌构建计划与效果追踪

品牌的构建，对外部而言是品牌传播沟通，对内部而言同样也需要进行不断的沟通和引导。

外部沟通通常通过广告传播、公关推广、消费者互动、顾客关系管理等方式得以实现；内部沟通则涉及建立品牌管理制度，开展品牌识别培训，实行品牌战略性职责等内容。

品牌建设的效果追踪可以基于定量调查也可以基于定性调查，主要是通过评估品牌资产的变化来进行评估。

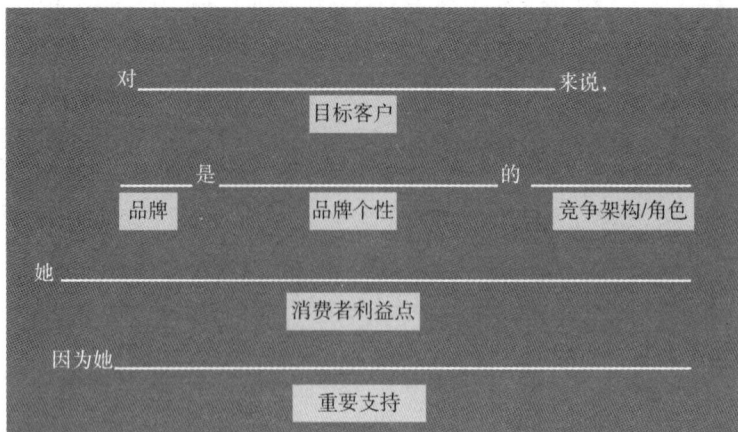

图5-23　品牌写真的描述方式

5.4　品牌架构

5.4.1　品牌架构的相关概念

绝大多数品牌在发展过程中都会面对品牌延伸的问题：是否向不同市场或不同行业推出新产品或新品牌，这些产品和品牌与原有的品牌或企业品牌之间如何关联，如何互相助益等，这就是需要进行品牌架构的梳理和管理。

品牌架构是指品牌组合的组织结构，它具体规定了各品牌的作用，界定品牌之间（如花旗银行和VISA间的关系）和不同产品市场背景之间的关系（如福特卡车和福特轿车间的关系）。一个构思巧妙和管理完善的品牌结构是清晰、协调的，它使品牌保持平衡、避免重心模糊、市场混乱和资金浪费。

1.　托权品牌

托权品牌通常代表的是企业组织而不是产品，知名品牌的托权为受托品牌带来了信誉和支持。因为和托权背景有关的主要是企业的组织联想如创新精神、领导者地位和信任感等。而且，由于托权品牌在某种程度上独立于它们托权的品牌，所托品牌的表现也

不太可能影响托权品牌的这些特征，比如沃尔沃和吉利沃尔沃，就是一种托权品牌与受托品牌的关系。

2.　主品牌与子品牌

子品牌是与主品牌（或父辈品牌、庇护品牌）相联系的，它可以增强或改变主品牌的联想。主品牌是基本参照点，子品牌为其增加了联想物（如苹果和iPhone）、品牌个性甚至活力（耐克Force），从而使主品牌获得扩展。子品牌的共同作用是将主品牌扩展到一个新的有意义的领域。

3.　描述性品牌

描述性品牌（也称为描述者）只说明所提供的内容，比如"宝马X3"，其中"X3"是一个车型的描述，它仍是一个品牌，但承担的品牌驱动责任有限。

4.　驱动者作用

驱动者作用反映品牌在多大程度上促进消费者决定购买和加深消费者的使用经验。当人们被问到"你买（或使用）哪个牌子"时，答案就是那个能够使他决定购买的品牌。

受托品牌、子品牌和描述性品牌都有承

担驱动者责任的潜力，虽然在某些情况下作用不大，例如，ThinkPad是联想品牌下的笔记本品牌。如果在使用调查中，消费者说他们"有一台ThinkPad"，而不是"有一台联想"，那么ThinkPad就是联想的驱动者；反之，联想是ThinkPad的驱动者。

5.4.2 品牌关系谱

品牌关系谱有助于各种产品市场背景下品牌作用的定位。这些选择构成了包含4个基本策略和9个次级策略的连续体，如图5-24所示。

每种品牌架构策略在关系谱上的位置，反映了在策略的执行中以及最终在顾客的头脑中品牌（如主品牌与子品牌，托权品牌和受托品牌）被分离的程度。

最大的分离出现在关系谱右端的多品牌组合体中，各品牌各自为政（如大众和保时捷）；向左移是托权品牌和受托品牌的关系，但品牌仍隔离得很开（如中华牙膏和联合利华）；再向左移，主品牌和子品牌的关系就比较有限制，子品牌（如全球通）可以改善和扩大主品牌（中国移动）但不能太脱离主品牌；在最左端的品牌化的组合中，主品牌是驱动者，而子品牌通常是驱动责任很小的描述者（如宝马和它的系列车型）。

1. 品牌化的组合

在品牌化的组合策略中，主品牌从基本驱动者变为主导驱动者，而描述性亚品牌的作用从微小到几乎没有甚至根本没有作用，因为主品牌提供了庇护伞。

品牌化的组合策略平衡了知名品牌，而且每个新受托品牌需要的投资也很少。从品牌命名的角度看，比起多个独立的、有各自联想物的品牌，消费者更容易理解和记忆一个历史比较长的、通过产品来传递信息的品牌。雇员和传播人员也能从一个更清晰的、焦点更集中的主控品牌中受益。

品牌化的组合通常也能最大程度地实现协调，因为参与某个产品市场所创造出的联想物和知名度有益于其他市场。而且，品牌在某个环境中不断曝光使人们更为熟悉，从而加强了所有环境中的品牌意识。

品牌化的组合策略也有弱点。当李维斯、耐克和三菱这样的品牌扩展到各种产品线时，企业针对具体群体的能力会受到限制，比如统一方便面和统一润滑油，哪个品牌的认知强烈，就会对另一个品牌产生认知上的疑惑；而且，如果主品牌动摇了，大量的销售额和利润就会受到影响，比如三星的手机爆炸事故，影响了三星全线电子产品的销量。

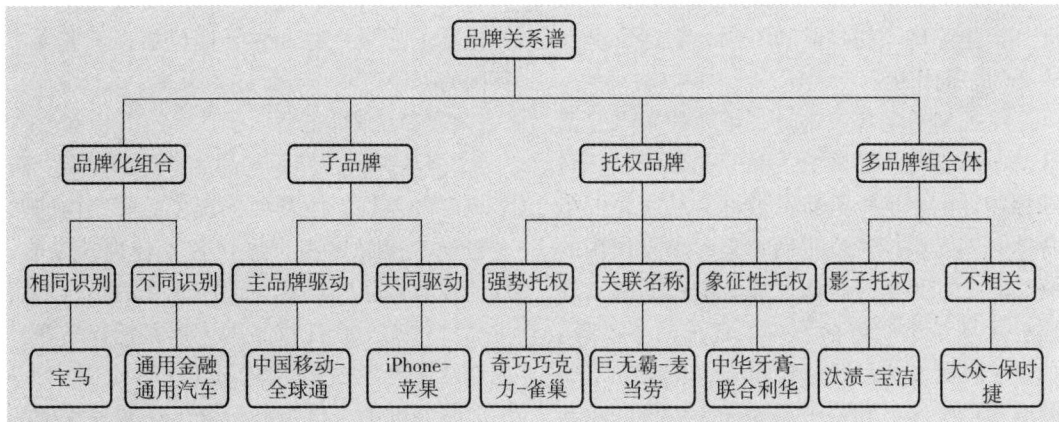

图5-24　品牌关系谱

当同一个品牌在不同的产品、市场和国家使用时，人们可能会认为尽管品牌名称相同，但具体环境里可以有不同的品牌识别和定位，但使用不同的品牌识别制造了品牌的混乱，恰恰会导致低效率的品牌；人们也可能认为要在任何情况下都采用一种识别和定位，即使这样会导致平庸或者品牌失去作用。事实上，这两种方式都不可取。通常需要的是数量有限的品牌识别，它们既包含共同的元素又有区别，比如在不同产品时使用描述性品牌来进行产品区隔，或是在不同市场使用既包含共同的元素又有区别的识别方式，如GE Capital。

2. 主品牌下的子品牌

子品牌可以通过增加某一特征或利益联想，增加品牌的活力和个性，或与用户建立联系来改变主品牌的形象，如动感地带可以让中国移动更年轻、更有活力；子品牌还可以扩展主品牌，使它在本不适合的领域进行竞争，如iPhone让苹果进入智能手机这样全新的领域；最后，子品牌可以说明新的受托行为是新颖的、有新闻价值的，如英特尔开发奔腾品牌的部分原因就是为了表明新一代的芯片更先进。

子品牌与主品牌间的联系比托权品牌和受托品牌之间的联系更为紧密。由于这种密切关系，子品牌有影响主品牌联想物的巨大潜力，这种潜力可能是机遇也可能是风险，此外，主品牌与托权品牌不同，它通常会起主要的驱动作用。

在规划子品牌策略时，重要的一点是要认清子品牌与主品牌的关系。如果子品牌是纯描述性的，这个策略可被称为品牌化的组合体，因为主控者或主品牌是起主导作用的驱动者。如果子品牌能发挥有意义的驱动作用，这项策略就包括了一个真正的子品牌。如果子品牌和主品牌一样重要，就出现了共同驱动的情况。如果子品牌成为主导的驱动者，它就不再是子品牌而是受托品牌了。

在共同驱动的情况中，如果两个品牌代表的产品质量不相当，这种联系就可能会损坏名气比较大的那个品牌。

当主品牌是基本驱动者时，子品牌如果驱动作用很小，说明企业不应在子品牌中投入大量的资源，而重点应放在主品牌上。

3. 托权品牌

多品牌组合体策略下的各个品牌是互相独立的。托权品牌仍然是独立的，它们通常由企业集团性品牌授权；虽然托权活动有助于改善受托品牌的形象，但主要作用还是为受托品牌提供信誉，为买家和使用者提供保证。

托权品牌的驱动作用通常很小，如戴尔和外星人，驱动品牌很明显是外星人，因为顾客相信他们购买和使用的是外星人，而不是戴尔，但戴尔作为托权品牌保证了外星人拥有完善的服务体系和质量保障。

托权品牌策略要发挥作用就必须理解集团性品牌的作用。由于产品品牌与集团性品牌的差异不同，中华牙膏品牌得以保持完整性和自我表现型利益，而联合利华的托权，则让有历史感的国产品牌拥有了国际化管理和品质控制的联想，拥有了更多的活力。

托权给某个品牌的另一个原因是为托权者提供一些有用的联想物，如雀巢收购了奇巧（Kit—Kat）这个英国著名的巧克力品牌后，集团的托权活动得到了增强，其作用与其说是帮助奇巧，还不如说是通过它在巧克力市场的质量优势和领导地位加强了雀巢在英国的形象。

4. 多品牌组合体

"多品牌组合体"与"品牌化的组合"两个概念的差别，生动地体现了品牌结构的两个极端。多品牌组合体包含了各种独立的、彼此没有联系的品牌，而品牌化的组合则以主品牌带动一套托权品牌，这些托权品牌只能通过描述性的子品牌来运行。

多品牌组合体策略包含了一套独立的品牌，每个品牌都在某个市场施展自己最大的影响力。维珍是品牌化的组合，而宝洁（P & G）是多品牌组合体，通过80多种大品牌来经营。这些品牌与宝洁以及品牌彼此之间都没有太多的联系。这样，宝洁放弃了在各个行业使用单一品牌整体运作可能获得的规模经济，此外，宝洁放弃了每个品牌的平衡，让每个品牌都在比较狭窄的生产范围中生存。

然而，宝洁的多品牌组合体策略使公司可以根据品牌的功能性优势来给品牌定位，并控制相应的市场领域。在为某个品牌定位时，不要过多考虑它的功用是否适应于其他产品市场背景，而是通过明确的价值取向直接与目标顾客联系起来。

以功能性优势直接瞄准目标市场不是使用多品牌组合体策略的唯一原因。其他原因包括：避免某种与受托人不协调的品牌联想物，比如大众与保时捷；表明托权品牌的突破性优势，比如丰田与凌志；通过使用反映产品某个关键优势的叫得响的名称来获得新产品的层次联想，如Gleem牙膏或Reach牙刷；避免或尽量减少在通货渠道发生的冲突等。

多品牌组合体策略中次级策略"无关联品牌策略"是最极端的，因为它在最大程度上拉开了品牌间的距离。

5.5　创建强势品牌

品牌领导模式是创建强势品牌时必须具备的思维方式。

品牌领导的建立可以采用四个步骤：第一是建立创建品牌的组织，第二是发展一个全面的指明战略方向的品牌架构，第三是为重要品牌制定品牌战略，其中要包括品牌识别、能实现品牌区别化并且能引起消费者共鸣的品牌定位，第四是制定高效的品牌创建计划，建立能追踪和测量效果的系统。

建立强势品牌的第一个挑战是如何创建

为其服务的组织结构和流程。品牌必须由某个人或某个团体来负责，这样才不会沦为那些缺乏长远投资兴趣的人草率决定下的产物。如果是跨市场、跨国或多元产品的品牌，就要在每个领域配备专门的经理，还要制定一系列通用的运作方式。传播系统要能让参与品牌工作的人分享经验、见解和心得。总之，一个组织必须营造以服务品牌为目的的文化和系统。

品牌架构问题涉及判断哪些品牌和附属品牌将得到支持，它们不同的角色是什么，更重要的是它们相互间的关系。一个有效的、印象深刻的品牌架构能清晰地为消费者提供他们想要的东西，能凝聚各个品牌和它们的传播活动，充分发挥品牌资产的效力。品牌混乱无序，经常困扰于阶段性传播行为的失误将会浪费资金，对品牌也很有危害。对高科技和服务性行业来说，没有品牌政策和计划的指导和监督，企业特别容易在品牌扩散时感到困惑。

管理得好的品牌都要有清晰的识别，就是它们在目标消费者心目中被认同的形象。品牌识别是品牌领导模式的核心，因为它是指引和激发品牌创建计划的工具。品牌识别一旦模糊暧昧，有效地创建品牌的机会就微乎其微了。

品牌定位能突出品牌识别的焦点，它确定了传播目标，即什么样的信息最能体现差异化，最吸引目标市场。

强势品牌成功的要诀在于出色的执行，这意味着从一堆毫无头绪的东西中找到正中目标的好点子，随着时间的流逝其影响能连续不断地累积下去。当然，问题就在于好点子不少，但能出彩的还不多。因此，要关注消费者，要改变他们看问题的角度，要强化他们的态度，要加深与他们的联系。

出色的执行需要正确使用传播工具。广告不是唯一的工具，其实广告有时发挥的作用很小甚至没有。未来的强势品牌必须熟悉和使用互动媒体、直效手段、促销活动等方式，这些方式能让消费者体验到品牌在试图与他们建立直接的关系。还有一个关键是要学会控制产生效果的传播计划，使计划在战略上保持协同一致。

成功的管理离不开评估工作。缺少评估过程，预算无法控制，计划的效果也无法估量。评估内容要包含品牌资产的各个方面：品牌知名度、品质认知、顾客忠诚、品牌个性和企业联想等。单纯衡量短期经济效果只能处理品牌短期内出现的问题，无法解决创建品牌过程中所有的问题。

■ 案例：多芬-真美战役

1957年，Dove美容香皂在美国市场露面，并因"温和滋润"的特点与消费者之间建立起牢固的品牌关系。到20世纪末，多芬开始面临品牌日渐老化、产品线单一、发展潜力不足等问题。

1999年，配合标志和包装升级，产品线的延伸和扩展，多芬系列洗护用品陆续推出，开始进行全球化推广。如何才能找到与全球市场沟通的策略，并在更大的市场上让品牌拥有清晰而可信赖的品牌识别特征？

经过三年严谨的全球调查，多芬发布了《美丽的真谛——女性、美丽和幸福全球调查白皮书》。调查发现：只有2%的女性认为自己美丽；只有5%的女性认为如果自己被形容为"美丽"，会觉得很舒服；只有9%的女性认为如果自己被形容为"有吸引力"，会觉得很舒服。这说明美丽的现有定义过于狭隘。

研究还表明：83%的女性并不相信出现在广告中的女性模特真正使用了她们为之广告的商品；68%的女性同意"媒体和广告为女性设定了一个无法达到的、不现实的美丽的标准"；56%的女性表示她们更愿意看到广告中的女性与她们自己有相仿的地方。

这些发现让多芬确定了全新的颠覆性的品牌战略：挑战美丽的现有定义。打破那种只有年轻、高挑、消瘦才是美丽的思维定势。

2004年10月，"多芬真美运动（Real Beauty Campaign）"正式拉开帷幕。这项运动旨在启发女性认真思考关于美丽的问题，比如社会对美丽的定义问题、要求完美的问题、美丽和身体吸引力之间的差别、媒体塑造美丽形象的过程和手法等。

战役开始之处，多芬推出一组新广告，选用了6位年龄从22岁到95岁的"典型女性"，展现她们自信、生动、充满活力的一面，并在他们的照片边上提出诸如"有皱纹还是非常棒？"、"灰色还是出色？"等问题，观众可以登陆网站进行投票。投票结果不仅可以在网络上直接显示，还可以在时代广场的户外的互动广告牌上显示出来（图5-25～图5-28）。

在多芬公司的官方网站上，许多人对这几位多芬广告模特进行了投票，其中有83000人认为95岁的老妇爱琳看上去"美丽极了"，而只有17800人认为她"形容枯萎"。许多主要媒体都予以报道，给予正面评价。例如CBC新闻网的记者就写道：在我看来，这家公司正显示着自己巨大的勇气，因为其他公司都通过广告让女人们自我感觉不好，然后去买他们的产品，而多芬是通过让女人们的自我

□ wrinkled?
□ wonderful?

Will society ever accept 'old' can be beautiful? Join the beauty debate.

campaignforrealbeauty.co.uk ➡ | Dove

图5-25　多芬真美广告1

图5-26　多芬真美广告2

图5-27　多芬真美广告3

图5-28　多芬真美广告4

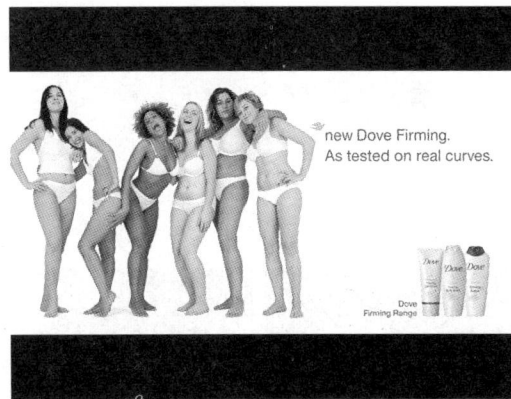
图5-29　多芬真美广告5

感觉更好来销售自己的产品，够大胆的。

　　与此同时，多芬真美专题网站 campaignforrealbeauty.com开通，人们可以在这里讨论美容问题，可以讨论什么是真的美，可以分享自己的观点，也可以上传自己认为美丽的照片参加互动活动。

　　2005年，多芬紧肤乳液的"真人广告"在伦敦露面。广告上是6位丰满的女性，她们不是专业模特，而是根据多芬在《TIME OUT》杂志上刊登的"寻找欣赏自己曲线的乐观女"广告报名，然后在众多候选人中脱颖而出的。这6位女性穿着统一的白色内衣的身影出现在整个欧洲的户外广告牌上（图5-29）。她们真实的身体和真正的曲线，为我们揭穿"美丽"

的刻板印象——不是只有瘦才是美，不是只有年轻才是美，美来自自然、来自内在、来自自信。此广告发布后的第一个月中，多芬产品销量就翻了一倍。

　　多芬公司的发言人说：我们聘请"真人"模特做广告，是想挑战当今社会那种鼠目寸光、思想狭隘的美女观念，把更多的"自然美女"呈现给大家。通过这项活动，向全世界的人们表明，美丽是多元化的。我们希望能够抛砖引玉，让社会接受更加现实、更加宽容的美女概念。多芬希望能通过另外一种视角，给美丽一种全新而有力的诠释。

　　延续户外广告的成功效应，多芬在全媒体渠道进行了广告的延展，并取得了巨大的效益。最能说明问题的当然是产品的销售情况。自从"真人广告"推出以来，多芬紧肤乳的销售在英国急升700%，在德国上涨300%，在荷兰增长220%，创下了历史纪录。

2006年，多芬推出脍炙人口的视频短片《进化（Evolution）》（图5-30），影片展示了一个普通的女孩如何在美容、化妆和PS的作用下变成风姿绰约的广告模特，向年轻的女孩揭示出"人造美女"的不真实，"美"的概念如何被人为地扭曲，进一步强调"真美"概念。这部广告短片引起了消费者的震撼及共鸣，在YouTube上获得了数百万的浏览，引发热烈讨论和扩散，获取了巨大的传播效益，并斩获多项国际大奖。

针对很多女性因为对自己的美不自信而阻碍了自身发展的问题，多芬建立了"真美"

自尊基金项目"，用来激励和引导年轻女性重塑"美丽"的定义。

在"超级碗"黄金时段发布"小女孩"广告片，展现了不同小女孩，她们的容貌都有一些常规意义上的瑕疵，比如雀斑、胖、戴牙套等，但是当她们自信开怀地笑起来时，你会觉得她们都很美。多芬透过镜头和字幕告诉我们，只是因为美的观念被歪曲了，所以我们没有发现真的美。影片鼓励观众去激励那些因为容貌而缺乏自信的小姑娘，让她们知道什么是真正的勇气和美丽（图5-31）。这次发布的信息估计到达了8900万观众。

此后，奥美制作了多部病毒视频来深化真美概念。"女儿篇"，采用母女两代人的访谈的形式，让妈妈和女儿探讨对美的理解和"美丽产业"带来的影响。多芬自尊基金项目

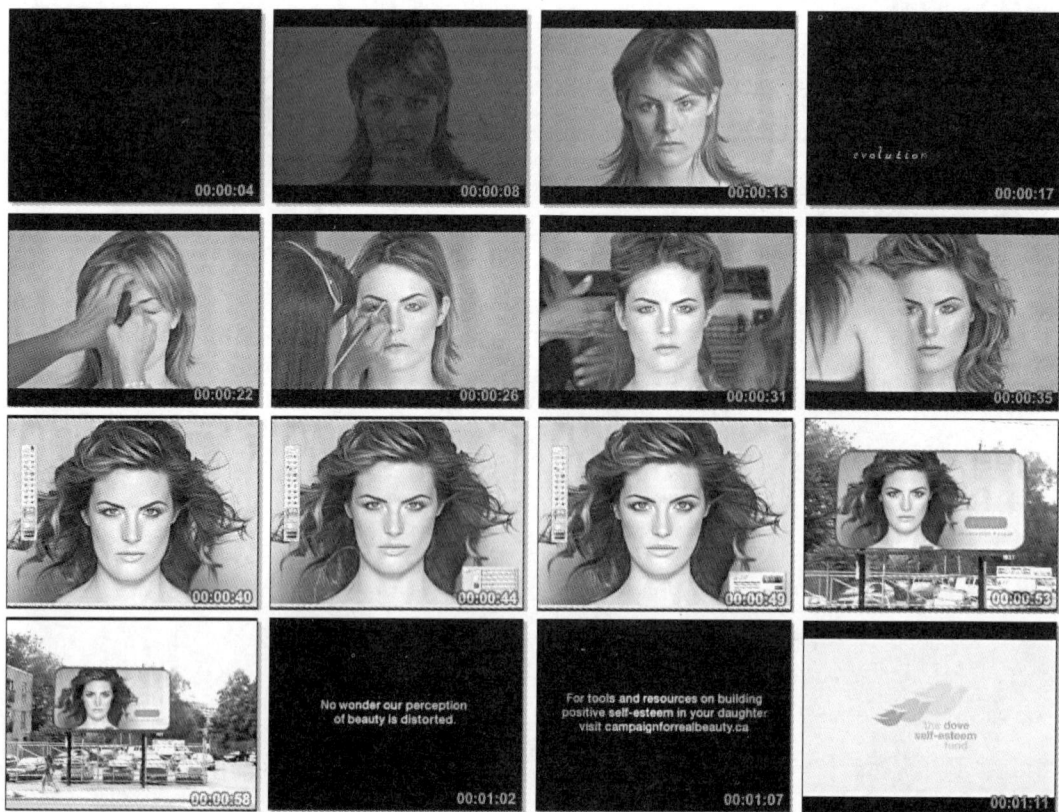

图5-30　多芬真美视频短片《进化》

用统计数据说明了年轻女性对美的认知如何被扭曲。随后奥美推出"冲击篇"视频,影片展现了一个小女孩在各种美丽产业的各种媒体攻势下感受到的"美"的压力。多芬的主题网站上推出专门的版块,让人们可以分享关于影片、美丽产业和美的观点。

延续分享、互动、转变观念的机制,多芬自尊基金项目为女性提供了一个与青少年下一代沟通和分享真美的机会。多芬在全球邀请女性参加这个项目,在专业合作伙伴支持下,世界各地有数以万计的教师和父母在参与该项目的在线内容中,多芬还通过与独立的学术专家合作,开展全球性的研究,以提高年轻人的自尊和信心(图5-32)。到目前为止,这个项目已经帮助超过1000万人。

2007年,多芬进一步拓展美的定义。多芬在市调中发现,很多人认为美丽与年龄有密切的关系,91%的50~64岁女性认为人们应该转变"年龄"与"美"成反比的观念。配合"逆龄"产品的推广,多芬推出新的广告,广告中展现了6名50岁以上的真人女性,她们虽然年华老去,但依然有成熟优雅的别样之美(图5-33~图5-34)。

2008年,多芬真美运动进入中国。

在湖南卫视《丑女无敌》未开拍前,多芬就进行了全面的观念置入,从编剧阶段开始,用电视剧的主题、内涵,凸显多芬的真美内涵,并借助电视剧的热播取得了良好的传播效应(图5-35)。

2011年,多芬以微博为主要平台,在中国开展"女人生来美丽"主题营销活动。

奥美互动首先基于"中国人普遍更缺乏

图5-31 多芬真美视频短片《小女孩》

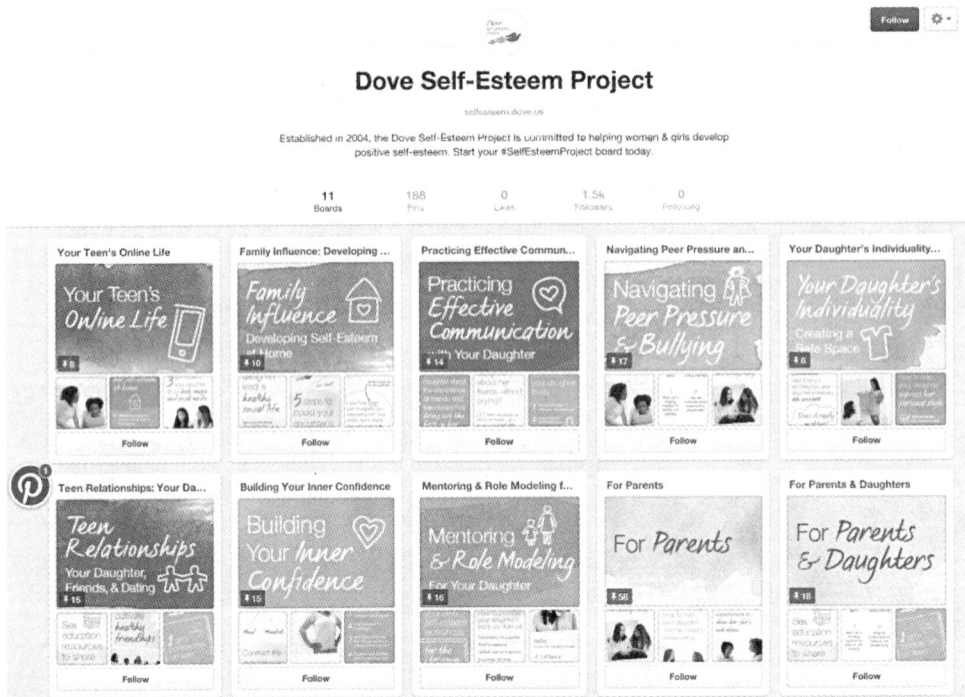

图5-32 多芬自尊基金项目

图5-33 多芬真美广告6

图5-34 多芬真美广告7

图5-35 《丑女无敌》主演代言多芬

自信"和"在中国的计划生育政策下,每个家庭有一个孩子,而承载了父母极高期望的女孩子会因为社会对女性外貌的苛求,令她们的前途、幸福都会受到负面影响"的洞察,将准妈妈的大肚子作为创意的载体。

他们邀请了一位女摄影师和三位女艺术家在三位准妈妈的肚子上通过作画的方式描绘了三个问题,唤醒社会对女性美丽标准的反思——"我快来到这世界,倘若长大后只有A罩杯,你们会笑话我吗?""我是还未出生的女孩,如果以后体重140斤,我还会是你们的宝贝么?""未出生的我长大后可能是塌鼻梁的女孩,你们还欢迎我吗?"(图5-36)。

图5-36 多芬真美"女人生来美丽"主题广告

之后,配合传播活动开始分阶段展开:

3月8日妇女节,多芬借助官方微博推出"那一瞬,我觉得你很美"的互动活动,倡导消费者能给身边的女性一个赞美。经过微博的大规模传播,消费者的注意力被集中到"所有女性都是美丽的"这一点上。

3月18日~25日,多芬开始在官方微博平台上推出主题广告,同期在平面纸媒上进行投放。

与国外不同的是,多芬针对中国的沟通环境,强化了对意见领袖的运用。

在"女人生来美丽"广告发布以后,多芬请了一些意见领袖来评论这些作品,并进行传播。这些意见领袖包括美容专家、心理

学家、女性作家以及一些草根的女性博主。

意见领袖之一、美国乔治亚理工学院心理学博士张怡筠在个人微博中分享了这样一个故事:"小时候,有人说她颧骨高,长大了后会不够温柔。当时,她妈妈笑着告诉她这就是你的魅力,许多明星也有高颧骨。一句话让我更爱我自己。"在这样的引导之下,许多网友开始分享自己的故事。

另外一位意见领袖是青年女作家饶雪漫。多芬之所以选择她,一方面是因为活动当时正值她的新书《那些女生该懂的事》热卖,作者本人的关注度和话题性都有相当的人气;另一方面是因为这本书传达的观念与此次活动主题非常契合;再者,多芬还可以用这本书作为对消费者参与活动的奖励,充分利用其粉丝效应。

最后一个阶段是在4月初,这一阶段,多芬鼓励消费者通过微博,把自己小时候和现在的照片分享出来,并发表自己关于"与生俱来的美""岁月给我们的美"的宣言。

活动期间,共有8300万消费者表示对活动感兴趣,"女人生来美丽"的话题转发量最高达263000次,最终有近一万人真正参与了互动,并贡献了自己的想法。多芬此次营销活动的整体媒体投入仅为13万元,但却获得40万美元(约合250万人民币)的媒体价值,是媒体投入的19倍。

2012年,多芬在针对中国女性的调查中发现:只有4%的中国女性能发现并敢于说出自己的美丽。借此推出"真美万千,享我所美"主题推广。

活动以街访形式拍摄两条主题视频:一条视频展现了大多数女性能很快说出自己不美的地方,却在说自己美的时候十分犹疑或干脆说不美;另一条视频则让别人来说出自己的美,透过女儿或朋友的眼睛,人们发现自己有很多很美的地方。

两段真美视频引发人们关于美丽认知问题的讨论,继而多芬活动官网提供百万多芬

产品试用申领及分享平台，并从参与产品申领体验的消费者中，选择了8位普通的真美女性，为其拍摄视频，来展现不同地域、不同职业、不同年龄的中国女性的真美面貌，演绎"万千真美"。

同时多芬携手《心理月刊》，邀请专业摄影师游历中国，捕捉女性真美瞬间。40天、15个城市、300个女性，300张美丽面孔经《心理月刊》多芬爱美丽官方微博等社会化平台发出后，进一步触动到更多的女性朋友。

活动官网、新浪微博、开心网、MSN、视频网站……多芬通过各个平台与消费者进行沟通，满足消费者各自的上网习惯和接受信息的方式。系列视频累计获得了5700万次的播放。在多芬的鼓励下，超过1500万中国女性通过线上分享试用体验、讲述美丽故事等各种方式，最终打破了自己和美丽之间的心理阻隔，大声说出"我就是美丽的"。

2012年8月，"多芬真美印象空间"于上海开放。

多芬邀请到时尚摄影师陈漫、心理咨询师金韵蓉和联合利华高层等活跃于不同领域的女性精英阐述美丽宣言，还通过图片、文字、视频及互动装置等鼓励大家参与。

2013年，多芬发动了一项"真美素描"的社会实验活动（图5-37），来向全球女性证明非常重要的一点：你比你自己认为的更美丽！

多芬特邀FBI素描肖像家吉尔·萨摩拉为此次受邀参与测试的女性绘制素描肖像画。

肖像在受邀女性与画师没有见面而只有语言交流的情况下完成；在此之前，受邀女性们曾被安排与一位陌生朋友见面并短暂相处。随后，萨摩拉会在与她们见面的这几位陌生朋友的描述下再次绘制她们的素描肖像画。

测试证明，根据陌生朋友的描述所绘制的肖像画看起来大多更美丽（图5-38、图5-39）。由此可见，女性对于自己美丽的不自信更多在于她们对于自己美丽的苛求。

"真美素描"的视频再次引发全球热捧，获得1.65亿次点击观看，成为全球被观看次

图5-37　多芬《真美素描》视频

图5-38　多芬《真美素描》广告1

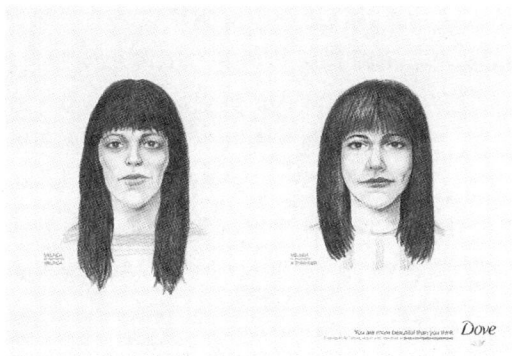

图5-39　多芬《真美素描》广告2

数最多的视频，也为多芬斩获戛纳肽狮的全场大奖、肽狮和整合营销类的金奖、媒体类金奖以及其他类别的16个奖项。

近年来，多芬广泛利用社交媒体和互动渠道，并通过"多芬自尊基金项目"收集关于美丽的问题和信息，并洞察出实际生活中女性所面对的各种问题。这些调查成果都成为"真美战役"的创意来源。

"为什么女孩们会倾慕他人拥有的外貌特征？为什么女孩们非常在意照片获得的点赞与评论数目？你对自己的体型、身材、外貌的认知是怎么样的？一般or很美，女孩们会如何进行选择？不自信的女孩们为什么不再喜欢向父母倾诉，而是从网络寻求肯定？面对外界、媒介给予女性的性别偏见，该如何看待，以及反击？"这些日常化同时又很敏锐的问题，为真美战役注入了新的活力。

针对青少年容易羡慕别人、否定自身的发现，多芬推出"Change One Thing"广告（图5-40），以巧妙的叙事拍摄一群女孩：一

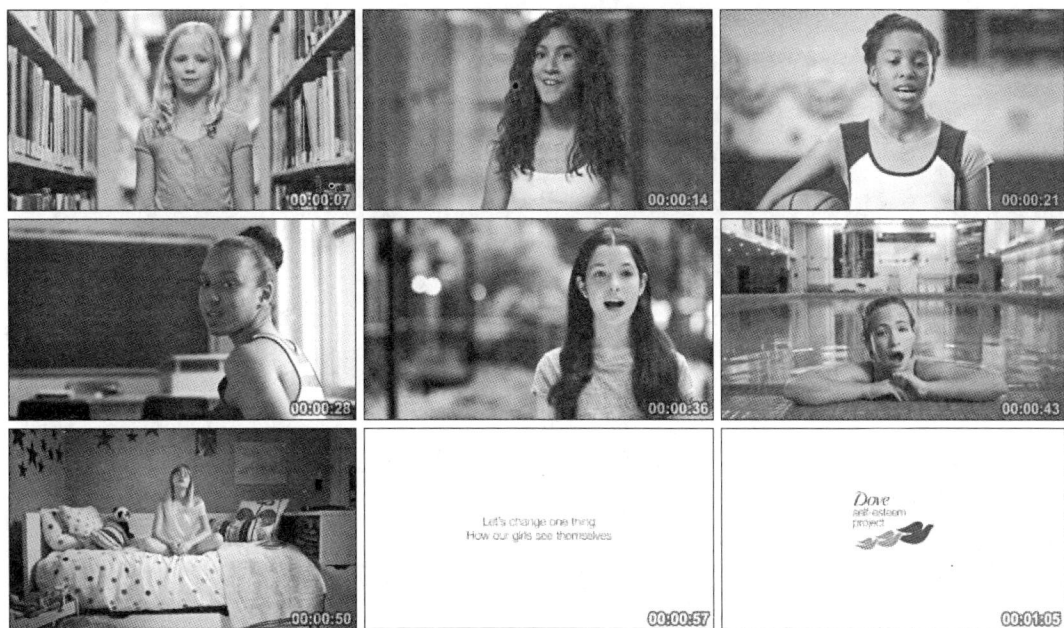

图5-40　多芬《Change One Thing》视频

个卷发的女孩渴望拥有与她现在完全不同的直发特征，而镜头转向一个直发的女孩时，她却同样地不满意，渴望拥有卷发。影片告诉我们，每个人都只是从自身视角出发去观察自己，却忽视了自己拥有的是别人没有的。

针对全球女性中有96%不会选择用"美丽"描述自己；但80%的人相信，每个女性都有美丽之处。

2015年4月，多芬在70个国家推出名为"Choose Beautiful（选择美丽）"的社会性实验，他们将办公楼或者商场的入口变成"一般"和"很美"两个选项，观察女士们会选择从哪个入口进入（图5-41）。

不出意外的是，大多数人都选择了"一般"那个入口，一位上海小姑娘在随后的采访中说到"漂亮对我的概念来说，就像明星那样遥不可及"，相信这也是不少人的心声。与此同时，那些选择"很美"的女士则带着更多自信，认为自己不会被这个社会的审美标准所影响。

越来越多参与者开始反思，为什么要自己给自己贴上"普通"的标签？一位每天都走"普通"门的姑娘在特殊的一天走了"美

图5-41　多芬《选择美丽》实验现场

丽"门，英国有位女孩在想要走进"普通"门之前被妈妈制止，母亲把女儿拉进了"美丽"门（图5-42、图5-43）。

整个过程是真人真事，参与者有感而发。实验让女性在过程中发现自身的美，找回对自己的信心。通过实验视频在全球的发布，多芬希望传达的信息是：女性在生活中会面对这两个选择，这与她们如何看待、如何定义自己有关，而美丽与否是出自自己的选择。

多芬发现，在社交媒体上女孩准备一张满意的自拍平均要花费12分钟，而且她们非常在意照片获得的点赞与评论数目。甚至，

图5-42　多芬《选择美丽》视频

图5-43　多芬《选择美丽》上海现场

图5-44　多芬《我的美丽我定义》视频

有相当一部分的英国女孩表示：相对于现实生活，她们认为自己在网络上看起来更漂亮。当她们获得很多"赞"的时候，会觉得自己更自信，反之就会感到很糟糕。

为了改变女孩对自己的容貌没有自信的现状，多芬发起了"#NoLikesNeeded（不需要赞）"战役。多芬邀请许多知名博主在图片社交网络Instagram上传带有#NoLikesNeeded标签的自拍，希望通过博主的高人气影响到那些不自信的女孩，尤其是未成年的少女，在进入人生下一阶段之前，能够接受正确的自信引导。多芬想要告诉那些不自信的女孩：你并不需要在乎社交媒体上收获了多少个"赞"，唯一值得的"赞"是你自己给的。除非你自己接受、喜欢自己，否则一张自拍即使有300个"赞"也是没有任何意义的。

2016年，针对全球有70%的女性认为：人们对自己外形的赞扬远远大于在专业领域所获成就的肯定。多芬认为现在正是女性打破传统、挑战这些刻板印象的关键时候——让整个社会意识到女性美的全新定义。随之推出的"MyBeautyMySay（我的美丽我定义）"战役，激励世界的女性战胜那些贬低自己成就的偏见（图5-44）。

多芬采访了九位来自不同职业领域的女性，采访中，每一位女性都会由于自己的外表而受到一些压力，因为漂亮而认为不能打拳击，因为年华逝去就不能穿漂亮衣服，因为肥胖而感受到周围的歧视……

在刚结束的里约奥运会上，多芬又发现了一个关乎性别的新问题：当新闻媒体在报道女性运动员时，关注点大多在她们的外表着装，而不是赛场表现，这种奇怪的角度的确让人感到不是那么舒服。于是，多芬携手前体操运动员Shawn Johnson一起呼吁公众重视起这个问题，勇敢地质疑甚至挑战媒体，希望报道能够改变性别偏颇。随着话题的推广，多芬也在网站上建立了一个合集，上面汇集了很多女性运动员的故事和心声，她们鼓励大家去附议这个行动，质疑媒体的不公平报道（图5-45）。

延续超过10年的多芬的"真美运动"仍在继续。这样长期的品牌整合推广，为多芬带来多项独一无二的品牌联想。而在这些所有的操作中，我们可以发现五个非常重要的品牌塑造特点：

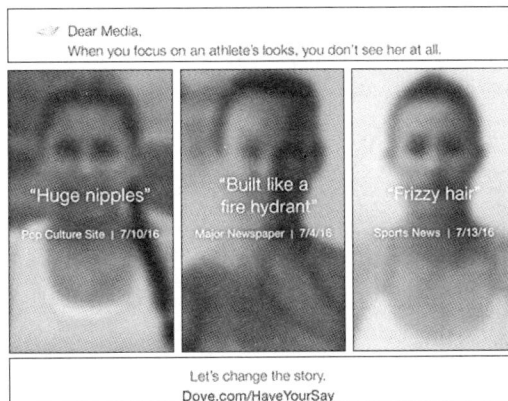

图5-45　多芬真美——女运动员话题

1．对消费者的理解和洞察源于在实际生活中深入研究。多芬每一季的调查报告都由专业机构用严谨的学术研究方式进行数据的收集、整理和分析。正是因为源于生活本身，才能获得受众的共鸣。

2．一个品牌的建立，不是在于你说了什么，而是在于你做了什么，你为消费者做了什么。在多芬的系列品牌推广中，很少直接放置产品的信息，但是品牌的差异化切入点及推广概念与产品类型的匹配依然让品牌资产的积累带动了产品销售的大幅增长。而品牌对消费者的关注和切实的行为，才是建立品牌关系的关键。

3．对于互动、反馈和全媒体渠道的应用。多芬在真美运动中建立的"真美自尊基金项目"，不仅是一个消费者互动的平台，也是一个信息发布和反馈收集的平台；多芬的系列推广大量使用了互联网、移动互联网的各种传播形式，契合当下消费者的媒介接触习惯，高效达到目标受众。

4．传播概念在各个渠道上的信息统一性和时间延续性。品牌的塑造需要时间的积累，也需要言行一致的表达。一个延续十年的品牌战役在当下的环境中是十分少见的，而多芬做到了这一点。通过长期、延续的推广和观念引导，多芬也就占领了消费者心目中"自然美、自信美"的智力资源，成为全球女性"生而美丽"的理念导师。

5．在全球化传播中的区域差异化执行。品牌在针对不同国家、地区推广时，需要面对各种媒介和文化差异问题，多芬在整体行动中，有全球统一发布的信息，也有针对当地市场的差异化落地执行，这对品牌高效地融入当地生活有很大助益。

本章小结

这一章我们对品牌理论及创建品牌的方法进行了基本的介绍，希望让大家建立品牌的基本观念。

品牌不是一个标志或者一个名称，而是产品/服务在于消费者的互动中形成的各种无形感知和观念的集合。品牌可以为企业和消费者创造价值，更可以创造销售、提供溢价和抵抗竞争。衡量品牌价值可以从品牌资产的五个纬度进行，创建品牌需要进行品牌形象系统的规划和管理。品牌形象系统包括了战略性的品牌分析、品牌识别系统、品牌识别的诠释和品牌识别系统的执行。对于多个品牌之间的关系和管理方式，我们需要进行品牌架构的搭建和管理。

在当下的营销传播环境中，商品和服务高度同质化，品牌的建设和维护变得更为重要。不论是传统品牌还是新兴的互联网品牌、线上品牌、虚拟品牌，进行品牌领导和管理是我们在进行创意传播策划时必须考虑的问题。

思考题

1．根据多芬真美战役的案例，尝试界定多芬的品牌识别系统。

2．网络搜索相关资料，分析阿里集团的品牌架构。

3．网络搜索相关资料，尝试界定联合利华的品牌识别系统。

扩展阅读

1．戴维·阿克. 管理品牌资产. 吴进操、常小虹译. 北京：机械工业出版社，2012.

2．戴维·阿克. 创建强势品牌. 李兆丰译. 北京：机械工业出版社，2015.

3．戴维·阿克. 品牌领导，耿帅译. 北京：机械工业出版社，2016.

4．凯文·罗伯茨. 至爱品牌，丁俊杰、程平、沈乐译. 北京：中国人民大学出版社，2005.

第6章

整合营销传播概要

6.1 什么是整合营销传播

6.1.1 整合营销传播形成的原因和驱动力

整合营销传播,从字面上看,包含了"营销"和"传播"两方面的内容,而在传统的企业和广告协作的流程中,这两部分分别有企业和广告公司操作,单对"营销"而言,企业内部的管理架构也自有分工、各自为政。在全球化市场到来、商品过剩和同质化程度仍然不是很高、广告公司依然能通过媒介代理和创意设计获取稳定收入的年代,"整合",不管对企业还是对广告公司来说,都不是一个有吸引力的概念。

进入二十世纪八十年代,随着经济的快速全球化,市场竞争迅速激化,"市场份额"成了新的关注点,成了企业盈利的关键所在。要快速抢占更多的市场份额,就必须实现规模经济效应,这不仅需要企业内部更高效的协作,也需要营销和传播能充分整合资源,传统的4P(产品、价格、分销、推广)营销环节各成体系的方式受到挑战,越来越不适应竞争形势,对整合营销传播的需求开始日益旺盛。

最先推动整合营销传播进入现实的,是广告公司,其目的是在企业将推广预算越来越多的分割到不同的、新的传播渠道时保护自己的收入。广告公司一开始所采取的行动就是为客户提供"一站式服务",从而满足后者所有的推广需要,比如扬雅公司提出了"一整只鸡蛋"的方法,奥美公司提出了"360度品牌管理"模式。

从图6-1可以看出,市场、消费、产品/服务三大基础因素,是策略形成的关键,而品牌在整合营销传播策略中作用很大,其定位和战略规划直接影响整合传播策略的导出。同时,在整合营销传播过程中,传播面的发散性变得更加丰富,涉及视觉识别、广告、促销、公关、网络互动、直销行销和媒介的各个层面。

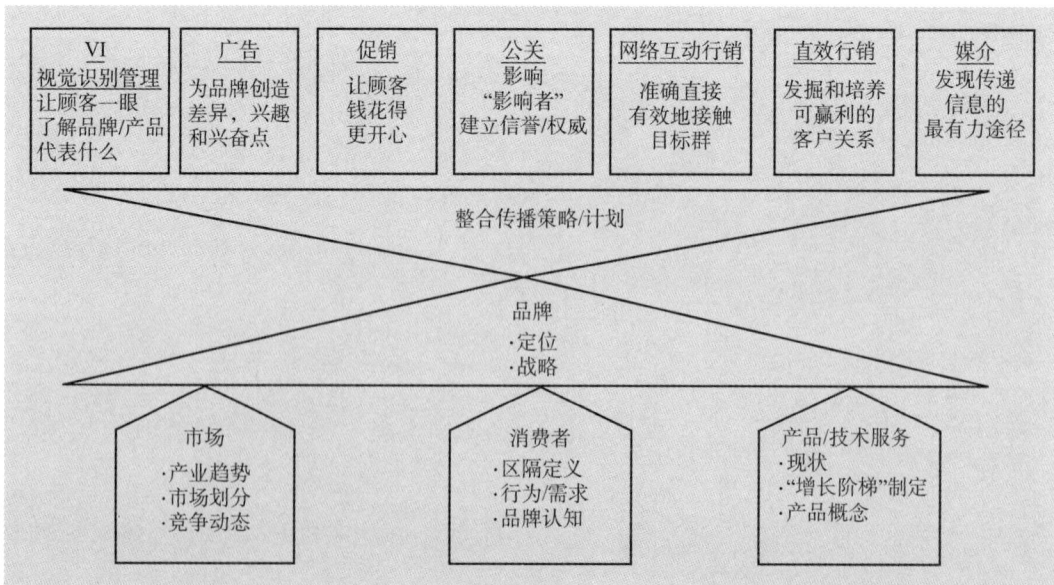

图6-1 奥美整合传播策划

尽管"统一形象、统一声音"这样的想法确实引发了企业和广告公司的共鸣，但由于其背后的推动者是广告公司，并不能从企业内部运营环节上整合各种营销资源和战略决策，因此效果有限。企业实在找不到充分的理由非要把自己的营销传播活动整合到某一个广告公司那里。

事实上，关于整合营销传播的潜力的一项早期研究发现，这一商业模式只有在客户而不是外部广告代理商的推动下才能产生可信度。而这意味着，要么赢得那些冥顽不化的职能部门管理者的支持，要么彻底改变几十年来固定下来的组织结构。

二十世纪八十年代中期，三个方面的变化将整合营销传播推上了营销的前台：

①技术——横跨商业经营所有领域的电子技术的发展和传播。

以顾客为中心，对顾客的需求做到真正理解并快速响应，一直是营销概念的核心，也是大多数企业的关键目标之一。但是，直到20世纪90年代，计算机技术的发展才使得企业有了接近顾客的可能性。以数据收集、存储和操控为形式的信息技术使得过去一直围绕着产品或服务的运作企业，终于找到机会聚焦顾客及其愿望和需求。

直复营销快速兴起，这是信息技术在营销方面显著的早期应用。事实上，直复营销注重识别顾客、联系顾客、衡量顾客一段时间以来所带来的回报，这种营销方法是整合营销传播发展的重要驱动力之一。今天，进行互联网营销的企业也是以同样的方法利用由技术驱动的各种工具。

②品牌建设——品牌成为企业应对竞争的主要差异化手段，越来越受到关注和重视。

从20世纪80年代中期开始，创新逐渐变成了所有公司的竞争手段，而不再为市场领导者所独占。

亚太地区和拉丁美洲的新兴经济体不再把资源投入到真正的创新上，而是更多地投入到对现有产品和技术的模仿和改进上，能够快速复制创新的能力变得和创新能力一样重要。这些无差异或者山寨品牌出现在每一个产品类别，包括技术驱动型产品、店家和渠道自有品牌。这些山寨产品有着很大的市场空间，飞速发展的技术和低廉的成本进一步推动了其成功。

但是，随着由价格驱动的、存在多个竞争对手的市场混战不断，一种新兴形式的竞争形态也在悄然形成，那就是品牌竞争。品牌能为产品制造差异，能为企业减少成本，也能产生收入、提高溢价能力，并一直延续到将来，这使得许多营销活动的重心开始转变，由传播企业做什么，生产什么转移到打造品牌上，因为品牌具有提升公司未来价值的力量。

③全球化——跨国化和全球化趋势越来越明显，超越了传统的地理区域的界限。

随着电子传播系统的发展，公司能够在全世界范围内做到一天24小时、一周7天实时运营。因此，传统的各种界限不复存在，不断地寻求新市场和新机会的跨国公司如雨后春笋般地诞生，到21世纪初期已经形成了一个面貌一新的全球市场。全球化趋势的迅猛发展使得各个企业都产生了改变其传播策略的需要。企业一方面需要确保对单个市场和文化的独特需求做出及时响应，一方面也需要建立一个统一、协调、整合的品牌战略，这一点显得至关重要。

技术、品牌建设和全球化这三大驱动力汇合在一起，推动企业走上整合的道路，将包括营销传播在内的多方面的业务策略进行整合。一时间，许多企业都开始围绕品牌这个重心将营销活动加以协调和协同，这种整合不只是一种被动接受，而是势在必行。

到20世纪90年代末期，整合营销传播逐步发展成为一种为大家所接受的营销手段。越来越多的企业进行了变革，建立了顺应全新商业环境需要的更为灵活、更加动态的结构。跨职能、跨部门的全球团队替代了部门式的结构，为企业开展以整合营销传播为代表的新型营销传播铺平了道路。

还有另外一个因素也进一步推动了整合营销传播走向前台，那就是互联网技术和电子商务的蓬勃发展。

电子传播技术的快速兴起使得买卖双方之间的实时交流变成可能，促进了企业对整合的迫切需求。整合营销传播在一开始仅仅是对向外传播进行协调和协同的一个手段，如今变成了整合公司与顾客之间的所有互动的一个手段，这包括从内向外和由外向内两方面的互动，从原先聚焦于单向的向外传播转变成在企业及其顾客之间建立一个互动的双向沟通渠道。整合营销传播因此有了一个新的范围，这个范围更加广泛，脱离了原先只局限于传播的方法，逐步发展成为涉及企业方方面面的、围绕顾客愿望和需求的业务战略。

今天，整合营销传播的支持力量中又增添了一个更关键的因素，那就是对基于价值的商业模式的需求，这种模式旨在创造现金流和股东价值。它被视为一个核心的业务战略，这一战略建立在可衡量的传播投入与产出的基础上。

6.1.2　整合营销传播的定义

整合营销传播（Integrated Marketing Communication，IMC）是一种战略性经营流程，用于长期规划、发展、执行、评估那些协调一致的、可衡量的、有说服力的品牌传播计划，它以消费者、客户、潜在客户和其他内外相关目标群体为受众，是与员工、顾客、利益相关者以及普通公众建立建设性的关系，从而建立和加强与他们之间的互利关系的过程。

这个定义有以下4个要素：

①IMC把营销传播从传统角色上的策略活动明显提升为战略管理工具，因此能够对有限的公司资源进行投资，同时能够计算回报。

②这个定义扩大了营销传播的范围。IMC涵盖整个组织，而不限于传播专业人员以发展外部传播为主的目标客户、消费者与潜在客户。IMC横跨了从品牌、客户、产品到服务的整个范围，包含了公司与各个层面上所有利害关系的接触。

③IMC需要持续的衡量和评估。IMC投资回报的掌管与证明是这个过程中不可分割的一部分，而且必须将之纳入所有的传播计划中。

④IMC以"长期"的方式达到想要的结果。这一特征将之与传统传播计划区分开来。和过去侧重"造势活动"取向不同，IMC是一种不仅重视短期过程而且兼顾长期绩效的持续过程。

■ 案例：英特尔-Intel Inside

很多消费者其实都不知道微处理器到底是什么，也不知道如何比较同类产品。英特尔生产个人电脑的核心部件微处理器，其系列产品被称为8086、286、386和486微处理器。不幸的是，英特尔没有得到其数字编号系统的商标保护，因此竞争对手也能使用386和486的名称，它们生产自己的芯片，并将编号的名称应用在自己的产品上。

为了将自己的产品与其他产品区分开，同时还保护研发投资和知识产权，1991年，英特尔创造了"Intel Inside"标志（图6-2），并鼓励IBM、康柏、捷威和戴尔等电脑公司把它用在其产品广告和包装上。条件是英特尔支付这些公司联合广告费用，数量为这些公司售出的包含英特尔产品的3%的销售额（如果这些公司在包装上也使用该标志，则是5%）。

与此同时，英特尔还通过各种合作式的广告协议，为制造商提供激励，让制造商在广告中把英特尔的处理器当成不可或缺的产品要件；在分销渠道中，英特尔提出了地区

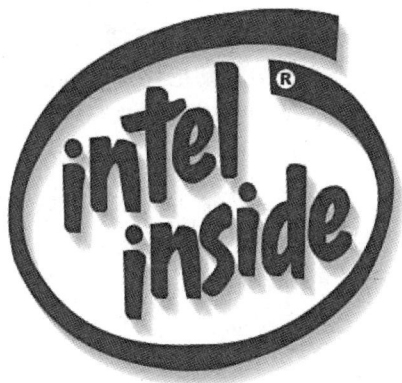

图6-2 "Intel Inside" 标志

图6-3 "Intel Inside" 标志应用方式

营销发展基金，鼓励零售商与经销商展示、宣传"Intel Inside"的价值；在消费者营销与传播上，英特尔同样进行的大规模的投入，让消费者相信只要找到"Intel Inside"标志，就找到了最先进、最可靠的芯片技术的保障，并且暗示这个电脑品牌代表着最好的产品（图6-3）。

这一传播战役起初每年的预算为1亿美元，它在各个层面上都发挥了作用。在18个月里，共产生了9万页的广告，可以转化为100亿次潜在曝光。在此期间，英特尔在商业终端用户的再认度从46%上升到80%。

1992年，也是"Intel Inside"广告运动的第一个完整年度，英特尔的全球销量飙升了63%，并在其后的十年中创造了约250亿的品牌价值。

"Intel Inside"战役成功的关键在于整合英特尔的营销与传播活动。"Intel Inside"标志被用在所有营销与传播活动中，为整个计划奠定了基础。所有的广告、直销、包装、公关，以及内外部传播都被设计的具有相同的外观和感觉，并享有同样鲜明的图形要素。无论是消费者、制造商、渠道、金融社区、

股东还是员工，一切都换上了新的外表。"一种形象、一种声音"在策略层面完全被整合起来。这个计划还跨越了多项传统的销售与营销范畴，首先从内部营运系统进行了整合，然后整合外部的供应商、制造商、渠道商，它把产品的概念"推"入了市场，同时通过制造商和渠道把它"拉"近。

我们可以通过"Intel Inside"来理解整合营销传播四个部分的定义。

首先，英特尔确实把这个计划视为战略课题，而不是局限在营销领域里。其次这个计划牵涉到组织的各个部分，包括外部伙伴和渠道成员。同一概念适用于所有的市场、部门、客户和潜在客户。第三，这个计划根据目标来进行发展、执行与衡量。最后，这个计划已经成为一个长期且持续执行的承诺义务。

资料来源：《整合营销传播》，唐·舒尔茨

6.1.3 品牌讯息的四种信源与整合营销传播的关系

戴维·阿克的"品牌识别系统"很好地表达了品牌所包含的各个层面，也明确了品

牌资产的五大维度和价值。整合营销传播理论的成型与品牌理论的发展有密切关系，整合营销传播过程与品牌塑造和品牌资产的积累过程高度匹配，整合营销传播创造的长期价值就是累积品牌资产。

在影响顾客感知的层面，营销人员必须明白整合营销传播的一个基本前提：我们所作的一切都会传递出某种讯息。企业的每一项活动都是讯息的组成部分。利益相关者收到的讯息可分为四类。

1. 计划内讯息

计划内讯息，属传统营销传播讯息，如广告、销售推广、人员销售、销售材料、新闻发布、活动赞助，这些讯息的影响力最小。计划内讯息应该朝着预定的传播目标努力，这是整合营销传播最根本的方面。

2. 产品讯息

由产品、价格或流通元素传递出来的讯息一般被称为产品讯息。产品讯息具有很大的威力。如果消费者从中得出有利的印象，就会巩固自己当初的购买决策；如果产品性能与广告承诺之间存在差距，就可能产生不利讯息。在整合营销传播中：营销组合决策其实就是传播决策。

3. 服务讯息

员工与顾客之间的相互作用也会产生许多讯息，服务性机构的服务人员传递出的服务讯息比计划内讯息具有更大的影响力。

4. 计划外讯息

企业对员工的闲话、小道消息、贸易圈的评论、竞争对手的评论、口传谣言等计划外讯息难以控制，但计划外讯息却对消费者的态度具有巨大的影响。特别是在互联网飞速发展的今天，计划外讯息的传播范围和效力极大增强，对于这些讯息，企业营销部门和广告代理商都应该进行关注并及时进行干预和引导。

要想真正了解整合营销传播，我们就必须从顾客的角度看待问题。

所有的传播活动或品牌联系（甚至财政报告和CEO的个性）——无论有无广告主——都会在消费者心中产生出一个整合产品印象。也就是说，顾客会自动把企业或其他信源发出的与品牌有关的不同讯息整合到一起，他们整合这些讯息的方式会影响到他们对企业的感觉，整合营销传播为企业控制或影响这些感觉，与这些利益相关者建立较好的关系提供更好的机会和方式。

整合三角（图6-4），比较简单的呈现了整合营销传播的基本理念，从顾客角度来看，企业和品牌应该言行一致，而且获得其他人的肯定，才能在其心目中建立一个完整、清晰、可信赖的形象。

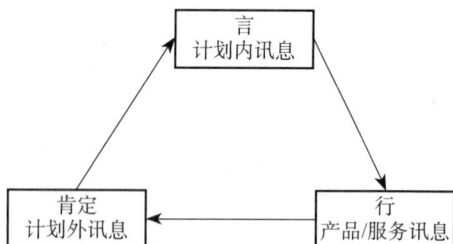

图6-4 整合三角

整合营销传播既是一个概念，又是一个过程，"整合"意味着"完整"。传播活动的完整可以产生协同效应，传播组合中的各个元素彼此增强对方的作用，这正是IMC的主要优势。在IMC过程中，传播变成了营销组合中的一个驱动型整合力量，并贯穿于整个组织中。

表6-1列出了企业常用的四种整合层次，这些层次揭示了整合营销传播活动的领域：从狭隘封闭的企业独白到开放互动的对话，最后从内到外产生了一种渗透到整个组织并驱动一切的企业文化。

6.1.4 整合营销传播的指导原则

1. 成为以客户为中心的组织

最后的终端用户、客户或消费者必须处

常用的四种整合层次　　　　　　　　　　　　　　　　　　　　表6-1

层次	名称	描述/重点	实例
1	统一形象	一个面孔、一种声音、注重强化品牌形象。	3M
2	一致声音	前后一致的声音和面孔、对不同受众（顾客、同行、供应商等）采用相应的讯息。	贺曼、可口可乐
3	好听众	采取双向传播、通过免费电话号码、调查、商展等获取反馈、注重长期关系。	安德森窗户公司 土星
4	世界级公民	关注社会、环保、健全的企业文化、注重更广阔的社会。	苹果，本田

于任一整合的中心。就IMC的目的而言，客户至上，指组织率先、用心而且永远都会考虑到最终购买者或者产品消费者。

2. 采用由外而内的规划

企业不仅要建立服务现有客户的体系，更要以客户和潜在客户为中心建立从预算规划、运营、传播到评估绩效等一系列的制度。

3. 以整体客户体验为重点

整体客户体验，包括产品或服务在市场上如何发挥作用、如何获得、渠道成员以实时而有效率的方式提供产品的能力、如何实现客户服务、公司对于所处的社区会造成什么社会影响等。

可以采用下列事项来进行检核：

①从行为和其他资料来看，客户是哪些人？

②他们对公司的体验是什么样的？

③公司可以或应该在营销和传播计划上做什么，才可能给客户带来客户所希望的体验？

④要怎样安排产品、服务以及人员，才能带来这种体验？

4. 把客户目标与公司目标结合起来

要成为战略角色，营销与传播就必须能给组织带来现实回报以证明其价值。包括增加长短期的现金流，加速现金流动，提供稳定持续的现金流量，提高公司权益或股东权益以创造股东价值。

5. 设定客户行为目标

营销传播必须影响到客户或潜在客户的行为。如果目前能给组织带来利润，就必须强化现有行为，要不然就必须改变行为，以鼓励试用或增加用量。

6. 把客户当成资产

对客户和潜在客户进行投资，然后预测这些投资的回报。广告、直销或公关上的投入根本不是真正的促销，而是对那些肯接收并可能有所响应的客户与潜在客户进行投资。

7. 精简职能业务活动

整合营销传播将企业营销传播的各种职能要素归纳为信息和激励两大类。

信息——包括品牌的概念、创意、联想、价值以及公司希望客户与潜在客户保存在记忆中的其他想法。

激励——公司认为做某件事可能会对本身和顾客双方都有价值，从而提供短期的优惠或反馈。

企业的职能业务活动按照以信息和激励为核心的观念进行规划，这样可以简化规划和发展。

8. 集中营销传播活动

任何营销传播计划的核心内容都必须是集中，将主要资源放到最重要的事情上。现在，集中有了新的内涵，就是把传统的营销传播与电子化的营销传播活动融合起来，这种融合"虚拟与实体"，或是结合特定地区实体零售与电子商务虚拟空间的做法，未来几乎会影响每一个组织。

6.2　整合营销传播流程

整合营销传播是运用多种传播方法锁定客户，整体目标则是要赢取、留住、增加并迁移客户，从而获得更大与更稳定的长期收入流。由于IMC需要组织上下共同改变想法，因此采用明确而一贯的流程最能达到这个目的。

整合营销五步流程，包含了以下五个不同的但相关的活动或步骤，并牵涉到营销与传播的多个传统职能领域。

一、识别客户与潜在客户

收集各种客户行为信息，也包括人口统计、地理、心理统计以及其他相关资料，从而将客户划分为不同的类别和组合。

二、评估客户与潜在客户的价值

清楚的勾勒出目标客户的现有使用习惯，同时将未来的发展纳入考虑当中，并说明组织目前或预测的收入流。

三、创建并传递信息与激励

彻底了解每个客户群的品牌接触与品牌网络，知道他们在哪里接触到品牌，已经拥有哪些品牌的认知和购买可能，规划具有说服力的传播内容，并将内容传递给公司的目标客户。

四、评估客户投资回报率

把结果分为短期（商务构建）回报率和长期（品牌打造）回报率，并进行评估。

五、预算、分配与评估

抓住合适的时机在市场上实施IMC计划，计划落实后要加以评估，并拟定再投资的战略。

6.2.1　识别客户与潜在客户

开展整合营销传播计划的第一步就是运用行为数据库识别并界定客户与潜在客户。

企业经常根据客户与品牌的关系强度拟定集中组合的计划，比如可以把客户和潜在

客户几种归类为群体：现有客户、竞争客户和新兴客户（如第一次做妈妈的女人、大学新生、职场新人等）。每一个群体又可以进行细分归类。

与传统的按照人口统计、市场区块、社会阶层的细分方式不同，整合营销传播首先强调根据客户的"行为"来进行归类和分组，因为行为相似的客户使用产品的方式很类似，或者以相当接近的方式处理信息或激励。这种分类方式，使营销人员能让不同形式的传统媒介发挥功效，同时还能锁定按照行为来划分的特定客户与潜在客户团体或是个人。

其次，利用数据库来对客户进行分类和组合，可以以"个人"为分辨的起点，这为利用技术手段精细精准的进行信息和激励的互动也留下了很大的空间。

企业可以通过收集客户的交易数据库、客服服务、电子商务、客户满意度/价值分析、态度/观念数据、第三方人口统计数据等资料，来进行信息、服务、产品、网络投资等战术分析，进而了解客户有哪些需要、要求和愿望。数据库的收集和整理，重点是在于整合企业各个部门所获取的客户资料，并找到关键数据。可以采用数据矩阵来获取有价值的消费者信息。

在图6-5中，横轴是从可衡量的数据到暗含的数据。可量化的数据是针对众多客户与潜在客户提供具体而有条理的信息。暗含数据则来自研究的调查方法或是不定期的客户接触与评论。纵轴是从可观察的数据到可推测的信息。可观察的信息基于可以追踪的实际客户行为与数据。可推测的数据则是基于意见调查与其他抽样技术搜集来的信息。

就很多企业而言，对消费者的深入了解是数据的连接方式所产生的结果。连接分为

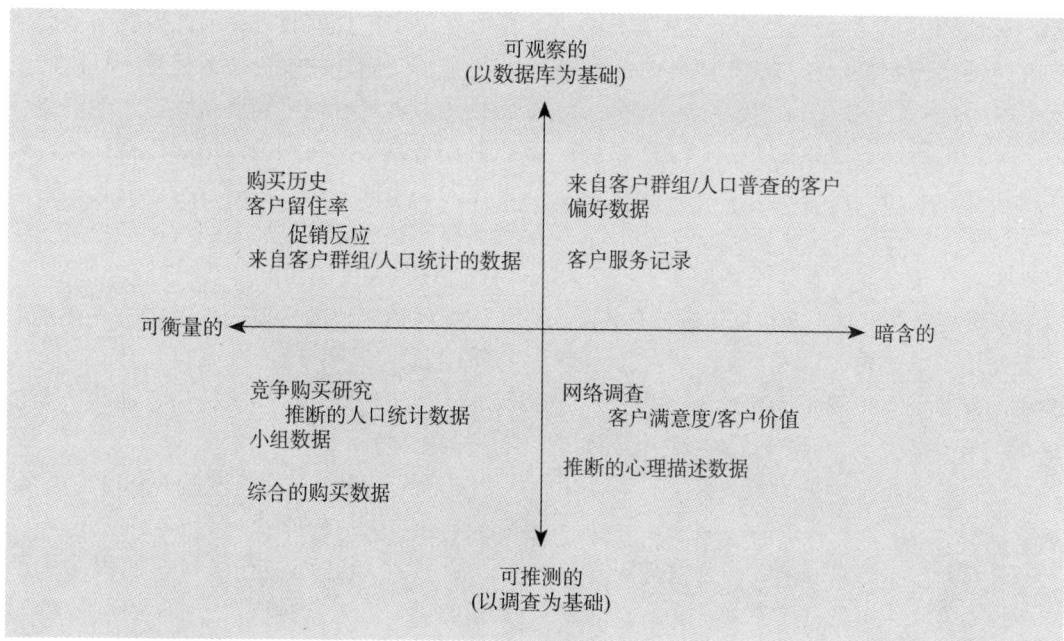

图6-5 客户数据矩阵

软连接和硬连接。

"硬连接"是指可以实际匹配各种数据的活动，比如匹配客户的购买记录与第三方的人口统计数据。

"软连接"是指那些应靠人为介入或运作来确保成功的活动。客户剖析、客户评分和数据收集的样本设计都是软连接。

所有这些方法都依赖于设计或开发各种模型以及算法的技巧和能力。

■ 案例：乐购超市的会员营销

现在，全球范围内的众多超市正在采用各种形式的顾客忠诚计划来收集有关购物者的数据。但是，在绝大多数情况下，这些数据很少得到利用，被用来影响购物者忠诚的情况更是罕见。而英国领先的超市连锁公司乐购可以算得上是其中的特例（图6-6）。

1994年，乐购意识到需要对其会员卡项目进行改进。在数据分析公司Dunnhumby的帮助下，乐购决定更好地利用会员卡使用者所提供的数据，从而更深入地了解顾客的价值、行为和需求。乐购会员卡所收集的顾客数据包括顾客花费了多少钱，在什么地方和什么时候花费的，究竟购买了哪些产品。乐购在会员卡和商品信息的基础上将顾客聚合成精确界定的相关性很高的营销群体。

图6-6 乐购超市

通过采用市场细分方法来调整其价格、产品和促销方案，乐购可以更好地适应不同顾客群体的需求。

举例说，由于对那些手头紧的购物者真正关注什么有比较深入的了解，乐购能够确保他们购买的产品具有真正的竞争力。由于深知哪些促销措施对顾客来说更奏效，乐购和旗下供应商在确保提升整体回报的前提下，尽可能地削减店内促销的数量。货架上陈列哪些产品都是有的放矢地定制的，其决策基础是理解顾客如何在不同品牌间进行转换，其中的微妙之处是一般的产品数据根本无法提供的。

最开始，根据数据来把不同的促销资料和折价券发送给不同的消费者家庭。1995年只分六种定制方案，现在每周的定制方案已经超过了10万多种。顾客所收到的产品目录都是基于其自身行为而有针对性地定制的，这些行为包括他们过去所做过的一切，哪些产品是他们不会购买的，他们在具体产品上的花费情况，以及他们对其他产品的响应度等。

乐购如今已经发展成为全球范围内最成功的大型超市之一，世界各地的零售商都在纷纷效仿其对顾客数据的利用。该公司应用来自店内各个领域的数据的能力很强，是其中一个显著的成功要素。

资料来源：根据网络资料整理

6.2.2 评估客户与潜在客户的价值

将现有顾客和潜在顾客视为公司当下或者未来的收入来源，这一点对于真正理解以价值为基础的整合营销传播是至关重要的。

不同的现有顾客和潜在顾客给企业带来的收入是不同的。有些顾客管理起来成本更高，因此其所带来的利润率可能不那么高。有些顾客获取的成本更高，因此其所带来的收入可能在很久之后才能盈利。流失的顾客显然无法带来任何收入，因此要吸引他们回来可能需要额外的投资。营销者一旦以此类特性来看待现有顾客和潜在顾客，他们就可以开始规划不同类型的营销和传播活动，以此来影响不同类别顾客的行为。而且，不同的营销传播活动将需要不同程度的投资，也将产生不同程度的回报。

要评估客户的价值，营销者首先要提出以下问题：

①要影响到哪些顾客行为，期待产生什么样的结果？

②要获取什么样的现有顾客和潜在顾客，需要付出多大的代价？

③哪些顾客能够有回报，回报多大的价值？

④要维护哪些顾客？

⑤公司通过投资营销传播活动，能够把哪些顾客转移到盈利率更高的产品线上去？

整合营销传播方法的目标是通过营销传播活动尽可能地影响由顾客带来的收入。顾客被明确定位为企业的资产，这一资产能够为企业创造收入和利润，而研发和信息系统方面的投资，会以创新、产品改进或者成本降低等形式为企业带来利润。

在绝大多数产品类别中，都存在着所谓的"80/20法则"。该法则简洁明了地指出了公司的销售、利润或者净收入中有80%是来自20%（左右）的顾客的贡献。该法则已经成了几乎所有市场聚合的基础。相对少数的顾客对于公司的成功起着至关重要的作用，这在几乎所有的公司都是这样。

需要注意的是，这一分析方法仅局限于顾客花费，并没有关于顾客年龄、性别、家庭构成、消费历史、地理区域或者其他信息来帮助我们更好地解释这些花费的规律和模式。但是，这种方法的确为评估顾客价值开了个好头。

量化评估客户价值的方法也在不断地发展当中，美国Targetbase数据库顾问集团开发了客户品牌价值（CBV）计算法，如图6-7所示。

渗透率（P）：公司所拥有的顾客数量占该产品类别的顾客总数的比例。

类别购买率（BR）：每个顾客对产品、服务或者品牌年度（或者其他时间段）平均需求量。

购买占比（SOP）：营销企业的顾客的购买量占顾客总购买量的比例。换句话说，该类别中顾客的所有购买量中，多少比例是属于营销者的品牌或者公司的？举例说，如果顾客在密封胶带上总共花了100块钱，那么其中多大比例是花费在本公司品牌的胶带上的？

边际贡献率（CM）：顾客的总购买量中有多少为公司带来了收入，该收入能够成为企业边际贡献的一部分，即毛利率。这是整个价值评估中的关键要素，因为它关乎企业所获得的实际的财务回报，而不仅仅是零售过程中产生的销售金额而已。由于公司投入真金白银来购买各种形式的营销传播活动，因此，弄清楚当所有成本投入之后企业能获得多少净收益是至关重要的。

但是需要注意的是，任何一种量化评估方法出来的数据都需要结合产品和企业自身的具体情况来进行分析，包括资源拥有情况、财务指标、市场开发规划等，这样才能有效地利用数据来实现价值。

在大多数传统营销传播规划方法中都有这样一个假定，认为企业所提供的产品或服务中内在就有某些形式的顾客价值。因此，营销传播管理者的任务就是直接把这些价值找出来或者把隐藏在产品或服务里的价值挖掘出来，将其传播给现有顾客和潜在顾客。在这种假设下，价值总是由营销者来确定的，因此，传统的广告聚焦于在每一个品牌身上找到一个独特的卖点（USP），或者找到所谓"内在戏剧性"。与这一假设相关联的营销理念是：如果营销者所拥有的资金足够充裕，其营销传播活动设计得足够讨巧，其所给到的时间足够充分，那么他们就能够把任何一种产品或者服务成功地推销给顾客。

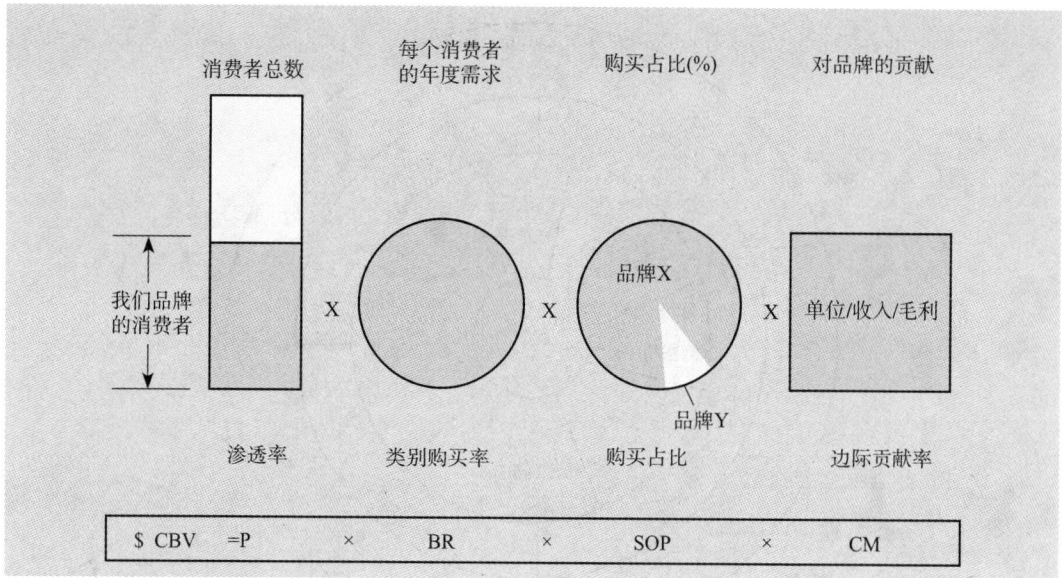

图6-7　品牌价值（CBV）计算法

顾客品牌价值计算公式为：CBV=P × BR × SOP × CM

但是，在当今这个互动性极强的环境中，主要驱动力为互联网、移动互联网、即时通信以及其他技术方面的进步，顾客可以通过各种形式、多个系统来了解信息、购物和消费，既包括传统的零售商店也包括电子商务网站。人们已经不再局限于那些能够就近获取的产品和服务，也不再局限于特定时间段内才能获取的产品和服务，曾经由营销者、渠道和媒介共同掌控的线性价值链分崩离析，买卖双方发生了角色互换，掌控力已经由卖家转向买家。

理解当下对传统价值链的颠覆，对于理解整合营销传播至关重要。

整合营销传播将顾客置于企业的中心地位，因此它也改变了有关价值的整体概念。价值创造不再像传统模式那样，只是线性地展开。相反，是顾客在决定价值，并且有所选择地从营销系统中创造价值，只选择那些对他来说具有最大价值的要素。人们可能会将此称为需求链，而不是供应链。

如图6-8所示，我们可以将这一"顾客价值创造"视觉化为一系列的圆圈。

位于该系统中心的是现有顾客或者潜在顾客。围绕着顾客的则是传统的营销价值创造系统，包括产品/服务情况、价格、渠道或分销系统、传播和信息等。除了传统意义上的4P价值要素，还有一些更相关的要素，例如品牌拥趸者、品牌推荐者和兴趣社区的影响，以及可接触性，即产品或服务的获取方式。

在围绕着顾客的第一个圆圈中所展示的附加价值并没有穷尽所有要素，但是它们可以充分地展示出有关现有顾客或者潜在顾客的新概念，即顾客在对围绕其的各种价值进行主动选择，并基本上靠自己的力量来进行大部分价值提升。

第二个同心圆包括了"整合营销传播中的5个R"的第一层。传统的营销理论聚焦于包括产品、定价、渠道和推广在内的4P，而整合营销传播则聚焦于以下五个"力"：

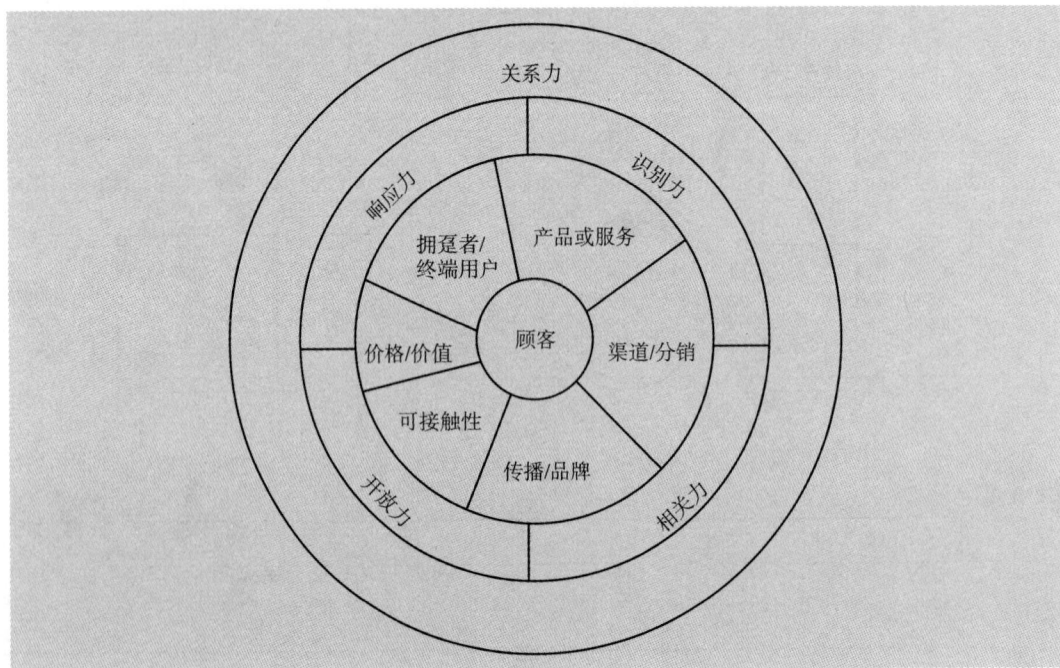

图6-8　整合营销传播的增值循环

相关力（Relevance）

这一要素是指企业在给顾客提供其需要和想要的产品和服务时与顾客之间的切合度有多深。除了产品和服务之外，还包括更有吸引力和意义的沟通；更有竞争力的价格；更方便地获取产品或者服务的渠道。比如大型超市要开设在消费者生活圈之中，要提供尽量丰富、新鲜、低价且符合当地生活习惯的商品。

开放力（Receptivity）

这一要素在战略性的整合营销传播中有两个方面的含义。

一方面，营销者希望在现有顾客和潜在顾客最愿意接受各种信息的时刻接触到信息。也就是说，如果是推销汉堡，那么最佳的接受时间就是顾客饥肠辘辘之时。因此，所面临的问题就是应该在什么时候，在哪一个接触点上进行接触，才能使得顾客更开放、更愿意接受信息或者激励计划呢？

开放力还包括一个企业对于新想法、新概念和新的商业经营方式的开放程度究竟有多高。这里蕴含的一个关键在于，整合营销传播并不只是关于企业究竟希望如何进行传播这样一个简单概念，相反，它是关于顾客本身究竟希望如何和企业沟通或者希望接受什么样的传播。这就需要营销者更善于接受新的思维模式和方法。比如网店针对上网人群普遍比较爱熬夜的特征，将客服在线服务的时间延长到晚上12点，甚至凌晨2点。

响应力（Response）

在整合营销传播情境下，这一要素也有两个方面。首先提出的问题是，现有顾客和潜在顾客对于公司所提供的东西如果要做出响应，其容易和方便程度如何。和公司打交道容易吗？在每一个可能的接触点上，公司能够有效地推动交易过程吗？其次，响应力体现的是企业在感知、适应和响应现有顾客和潜在顾客需求和愿望方面做得究竟有多好。在这个互动的市场环境下，营销者的关键技能已经不再是营销和传播活动的规划、发展和执行能力了。相反，关键在于营销者是否能够对顾客的需求和愿望做出恰如其分的响应。比如，网店运营人员针对顾客评价中不影响大局的小抱怨，是否进行反馈或联系。

识别力（Recognition）

与开放力和响应力一样，识别力也有两重含义。首先，它反映企业在重要的接触点上识别出顾客，并立即与企业所储存的有关该顾客的知识关联起来的能力。换句话说，当一个顾客拨打企业的免费电话时，接电话的客服人员是否能够立刻调取该顾客在交易和服务方面的历史信息，以便更好地进行这场对话呢？或者说，公司是否能够识别出回访其网站的用户，而且是否有将这一次的访问与其过去的行为关联起来的能力呢？比如，淘宝平台根据顾客的浏览和搜索数据，在顾客下次登录时提供与上一次登录相关的推荐信息。其次，识别力还指顾客是否有能力从众多品牌中清晰地辨别出并选择该企业旗下的品牌。现有顾客和潜在顾客熟悉该品牌吗？他们能够将该品牌与其具体的需要和用途关联起来吗？他们能够理解该品牌与竞争对手的品牌之间有什么差别吗？这与品牌的认知度和品牌联想关系密切。

以上四个R所反映的是营销者希望为顾客提供的额外价值，第三层圆圈则是一个要素—关系力（Relationship），即第五个R。

关系力（Relationship）

这一要素在营销中代表了很多含义。例如，客户关系管理（CRM）、顾客关系营销以及一对一营销，这些营销趋势其实都围绕着关系。不幸的是，在营销中，这一术语基本上是指营销企业可以在根据数据、分析和主要基于信息技术而形成的不同形式的传播的基础上，与顾客之间建立起一种关系。而在基于价值的整合营销传播中，是顾客在建立关系，而不是营销者。是顾客在决定他希望跟谁做生意，在什么时间和什么情况下做生意。理解以顾客为中心的整合营销传播，顾客的力量是其中关键所在：顾客做主，营销者来响应。

在探讨了整合营销传播流程的第一步和第二步之后，营销传播管理者应该可以给出下述三个关键问题的答案，这些问题是基于目前所获取的有关现有顾客和潜在顾客的信息梳理出来的：

①公司最佳的现有顾客是谁，为什么？

②公司最佳的潜在顾客是谁，为什么？

③为了维持与现有顾客和潜在顾客之间的密切关系，营销者需要哪些信息？

6.2.3 创建并传递信息与激励

要真正开始着手生成讯息和激励计划，管理者必须更深入地理解顾客是如何与品牌进行接触的（品牌接触）以及品牌又是如何被顾客所认知的（品牌网络）。

1. 品牌接触

传统上，营销传播管理者启动传播过程的第一步总是确定关于信息或激励计划的"创意"内容，然后就是选择一个传播系统（如广告或公关），之后才是选定一个具体的媒介形式（如电视或杂志）来进行既定信息的传播覆盖。在传统的大众传播环境下，这种做法基本没有太大的问题。

但是，如今，传播系统几乎发生了一场大爆炸。新媒体形式几乎是日新月异，从事件营销到活动赞助到鼠标垫到卫星光柱，互联网上的各种手段层出不穷，令人眼花缭乱。消费者所见或所闻的几乎每一件东西——帽子、衣服、手机屏幕和公共汽车候车亭——都摇身一变，成了一种传播媒介。最终的结果是，在当今的市场上，营销者想要说什么——的重要性已经远远不如怎么说、在哪里说。

正是因为这一巨大转变，整合营销传播彻底反转了传统的规划流程。商业的第一要务是理解现有顾客或者潜在顾客究竟是在何处听到、看到或者了解到产品或服务，然后抓住这些接触点，利用其作为相关力、开放力和响应力的大机会。只有到了这个时候，营销者才能确定创意，或者其讯息究竟要传达什么内容。

顾客"接触"品牌或者被品牌打动的方式很多，包括但不局限于直接体验（或者是通过以往的购买经历，或者是使用过样品）、与一线员工的接触、实际使用真正的产品或者服务，以及不同形式的营销传播活动。

所谓"品牌接触"，就是任何构成顾客体验的因素，这种体验的对象是被顾客归为该品牌的所有产品或者服务内容。可以用以下两个问题来确定什么是品牌接触：

一是如果顾客对该品牌的体验中有一个具体的因素表现很好，那么这究竟是谁的功劳？

二是如果顾客对该品牌的体验中有一个具体的因素表现不好，那么这究竟应该责怪谁？

如果对这两个问题中的任何一个的回答是"我们公司"或者"我们品牌"的话，那么这种体验就算是品牌接触。

图6-9所展示的就是一个科技产品的典型的品牌接触图。

整个品牌不仅是由那些传统的传播要素

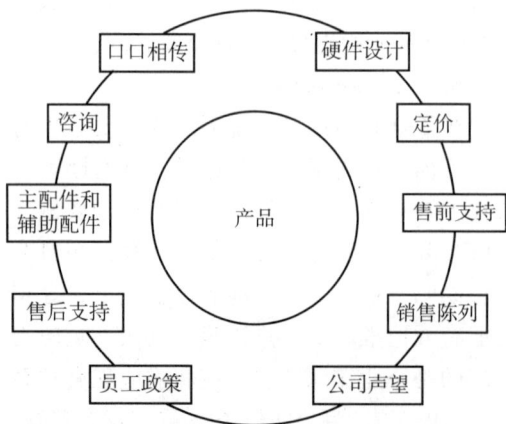

图6-9 品牌接触所构建的完整品牌

所组成的，还包括内部员工、口口相传、销售陈列、售后服务支持等。它包括一个现有顾客或者潜在顾客与产品或者服务之间可能发生的所有接触，这些接触发生的时间点可能是在购买之前、使用过程中和实际体验过产品之后。

品牌传播如果希望获得长期成功，那么很重要的一点是现有顾客或者潜在顾客在所有接触点上所接触到的讯息都得到充分的整合和协同。

梳理品牌接触，我们可以使用表6-2作为工具。在"品牌接触"一列中，列出所有产生接触的点位，如广告、手册、网站、店内展示等，要改进"品牌印象"，最简单方法是按照重要性排序来满足客户期望，同时通过信息、资源的调配，来提升客户体验，解决一些负面的接触问题。

在顾客与品牌进行互动的过程中，品牌接触并不完全掌握在营销者手中。因此，整合营销传播生成信息和激励计划的方法必须始于了解顾客希望如何接受品牌信息。要根据个体顾客的偏好来对各种不同的品牌接触点进行排序。然后，将最终的结果与公司当下传播投入进行对照。

与此同时，我们还需要给客户主动选择的权利。研究发现，只有当人们感觉到自己对某一局面至少能有某种掌控的时候，他们通常才会感到更加舒适和放松，因而才显示出更高的开放性和接受度。例如，当献血者可以自主地选择自己到底用哪一只胳膊来抽血时，他们才会感觉更自如，不那么不安。

在顾客眼中，有选择不仅能够提高顾客感知的价值，而且还能提高品牌的价值。选择赋予了顾客对品牌接触的某种掌控权。如果他们能够选择在何时何地获取营销传播信息，那么他们通常会更为主动、更投入地参与到其过程中去。如果在获取营销资料时可以自主地选择电子邮件、电话或者直邮方法，那么顾客就会感受到有某种掌控权。这样，当传播到来之际，顾客就不会将之当作垃圾邮件随手扔掉，而是认真对待。

对于现有顾客和潜在顾客来说，品牌接触只有在两种条件下才是有意义的：其一，是品牌接触对于顾客而言是相关的（相关力）；其二，是品牌接触必须在顾客希望或者想要的时候发生的，也就是说顾客对接触是持开放态度的（开放力）。而传统营销恰恰忽视了这一简单的准则，因此会让消费者名正言顺地觉得这是一种侵犯或者干扰。

■ 案例：妮维雅——保护手环

妮维雅儿童防晒霜希望提升销量。

在里约热内卢FCB的创意调查中，他们发现年轻的父母都知道妮维雅防晒霜可以保护

完整的品牌接触一览表   表6-2

品牌	重要性评估	印象评估	客户期望	客户体验	信息	当前资源分配

孩子的皮肤，但是在热闹的沙滩聚会上，他们经常会忽略了给孩子使用。同时FCB还发现，年轻的父母因为忙于与他人交谈或娱乐，还经常忽略了到处乱跑的孩子，因此"孩子在沙滩上迷路或跑丢了"经常成为里约热内卢的新闻。

FCB为此推出了一个可以保护孩子的杂志广告。广告有一个可以拆下来的竖条，上面有个信号发射器，把这个竖条卷起来可以成为一个给孩子用的手环。家长只需要去下载一个手机APP，就可以在APP上设置孩子所能达到的最远距离，还可以从APP的雷达界面上监视孩子的位置。一旦孩子在玩耍中跑出了APP上设定的范围，家长的手机就会收到报警（图6-10）。

广告发布以后，妮维雅每天都会收到很多来要保护手环的电话，当季的儿童防晒霜销量增加了62%。

这个传播行动获得2014戛纳创意节移动应用类大奖，它提示了产品的核心利益点"保护"，并且在消费者最容易接受信息的时候用他们最需要的方式为消费者解决了问题。

资料来源：http://www.welovead.com/cn/

相关力规划和开放力规划是整合营销传播流程的一个关键要素，图6-11所展示的正是这一模型。

品牌接触可以为我们提供很多线索，帮助我们更好地理解什么样的关于品牌的讯息对于现有顾客和潜在顾客来说是相关的，理解什么时候顾客愿意接受关于品牌的传播，以此来提升品牌对于顾客的相关性，提升顾客的接受度。

整合营销传播是一种包容性的营销模式，这一模式包括了与品牌相关的所有利益相关者——员工、渠道合作伙伴、批发商、分销商、金融伙伴、股东以及其他相关利益者——这对于整合营销传播活动取得全面成功是至关重要的一步。因此，一个整合营销传播活动要取得成功，其关键在于营销者认识到，品牌接触不仅仅是对外的，同时也是对内的。只有企业的员工和合作伙伴都真正理解了品牌对现有顾客和潜在顾客所做出的承诺，他们才会心甘情愿地去兑现这些承诺。这就意味着企业需要在组织结构和管理方式、管理观念上进行转变，重视内部的品牌接触，并将之制度化和流程化。

图6-10　妮维雅保护手环

现有顾客/潜在顾客曝光

讯息　　　　　激励计划

相关力/开放力　　　相关力/开放力

接触系统

产品/使用	渠道	传统媒介	电子媒介	特殊事件
包装　产品	直接　间接	主动接触到的　无意识间接触的	有线　无线	自然存在的　赞助的
	营销者　成员	电视 电台 杂志 / 标识 户外 直复营销	网站 搜索引擎 企业内网 / 移动电话 GPS	假日 电台 / 体育 文化 贸易

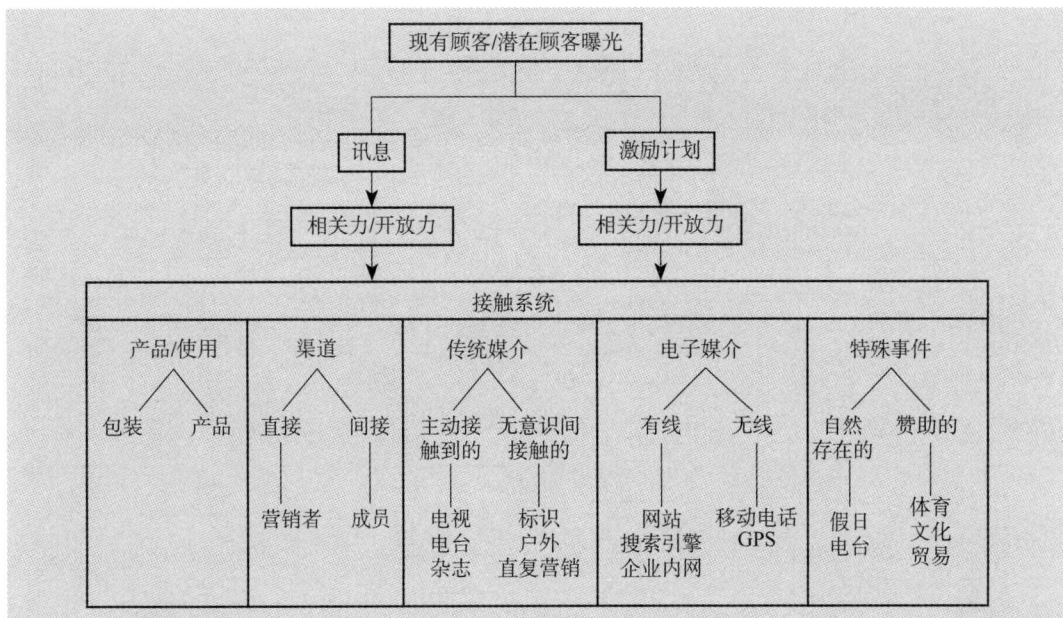

图6-11　品牌接触传递系统

2. 品牌网络

品牌网络，指的是现有顾客或者潜在顾客心智中各种标志、想法、理念和体验的内部综合体，这些因素聚合在一起，形成一个与个体顾客相关的具体品牌的整体印象或者定义。营销者可以将这些相互关联的因素想象成是形成了一个网络，事实上，从人类生理学的角度来看，这确实就是一个网络。

人类心智是通过一系列相互关联的神经网络系统进行运作的，其中，每一个神经节或者神经元都储存着很多信息碎片。当两个或多个神经元相互碰撞或者连接起来，它们就组成了一个圆环，该圆环上储存着新的记忆或者概念。

当个人接触到有关一个产品、服务或者其他任何事物的新信息之后，其大脑就会唤醒现有网络中所储存的相关信息，与新信息汇合。这些信息一直储存在记忆里，直到更多新信息汇集和加入，从而形成另一个新的神经节。因此，每一个人都拥有一系列相互关联的神经节，在其心智中形成品牌网络。

这些神经节中，有些对品牌是有利的，有些则对品牌不利。有些记忆是很强烈的，有些则很微弱。随着新信息不断获取、不断处理，这些神经节总是处在不断地变化和适应的过程中。我们的心智含有多如恒河沙数的与多个品牌相关的关联概念、认知和想法。有些关联位于有意识的记忆中，很容易提取，也容易解释，如金龙鱼对应食用油；而另外一些关联则更微妙、更隐秘，深藏在心智的无意识层，需要一定的探究才能浮到表面，如巴黎水对应矿泉水，再到法国时尚。

图6-12展示了七喜的品牌网络。每一个关联网络都是由一系列次级网络组成的，连接线的粗细代表的是关联的程度。每个品牌通常都会与一个或多个产品相关联，在我们的记忆中，相应地形成关联性的网络。

在现实中，品牌网络会变得极为复杂，真正理解它们要做深入的研究。营销者可以从不同的维度来探究品牌关联，这些维度包括品牌的功能、个性、象征性以及起到支撑作用的企业文化。

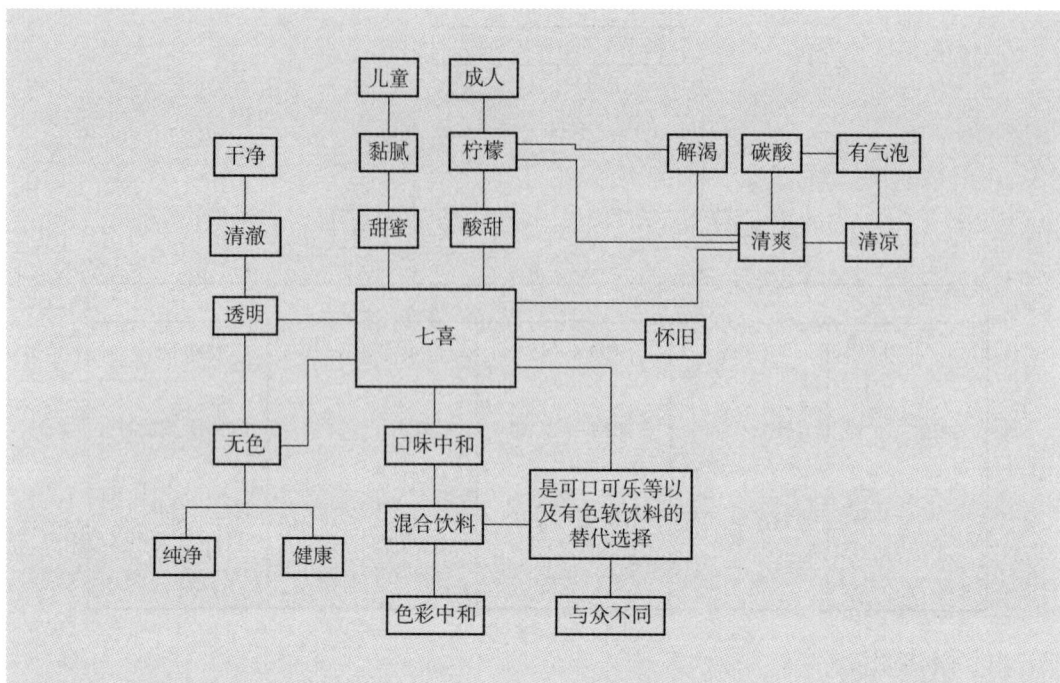

图6-12 七喜的品牌网络

如果现有顾客或潜在顾客心智中压根就没有有关品牌、产品或者服务的记忆的话，那么要增加新概念，或者让新信息嵌入进去，都是非常困难的。这些新概念或新信息显然缺乏相关性，因为在顾客的心智中并没有形成关联。对于营销传播而言，也是这个道理。比如说，当现有顾客或者潜在顾客接触到某种形式的品牌传播时，他们会马上唤醒有关这一产品或者服务的品牌网络。然后，他们会基于自己已经了解的一切来在心智中检验这些新信息。如果新旧信息相互吻合，那么新信息就可以加入到品牌网络中去。如果二者不吻合，顾客就会排斥新信息。

顾客有某些需求、愿望和希望时，他们可能会把营销传播作为一个信息来源来加以研究，并以此来主动地解决某个问题。这时，如果有不相关的传播信息推送给他们，他们显然认为这些信息跟他们无关。这种情况显示了相关性（相关力）和接受度（开放力）之间的关联，以及品牌接触和品牌网络究竟如何影响人们购买什么、不买什么，影响他们忽视什么、关注什么。

品牌接触和品牌网络共同决定着现有顾客或者潜在顾客关于品牌的所有知识、感觉和认知。对于任何一个产品类别中的任何一个品牌，品牌网络无疑都是存在着的。如果没有与一个品牌相关的概念网络，那么现有顾客或者潜在顾客在其心智中也无法形成任何品牌形象。品牌接触则可以增加、强化、改变甚至弱化那些品牌网络。因此，对于负责整合营销传播活动的营销传播管理者而言，其关键技能之一就是通过对品牌接触进行有效管理，来发掘、理解并影响现有顾客和潜在顾客的品牌网络的能力。

在完成客户的品牌接触和品牌网络分析之后，营销人员可以采用以下填充式问题来梳理客户的需求和重点信息。

针对……（我们的传播计划所要影响的

行为目标是谁？）

谁……（已经确认的客户需求是什么？推动客户或潜在客户的类别驱动力是什么？）

我们的产品是……（我们的产品或服务在客户或潜在客户的眼里是什么样子？我们的完整产品或完整品牌是什么？）

它提供了……（客户想要的和按照我们对客户的分析，品牌或产品所传递的主要好处、价值是什么？）

有别于……（相关的竞争对手是谁？）

我们的产品……（差异化相关性的重点在哪里？）

在针对特定的信息与激励发展传播策略时，可以按表6-3所示设定典型目标和选择工具。

信息与激励的典型目标和工具　　表6-3

品牌信息	品牌消费激励
典型目标	**典型目标**
强化品牌	获得试用
罗列好处	提高用量
建立对品牌的偏好	鼓励储存
区别于竞争对手	促进交叉购买
典型工具	**典型工具**
电波媒体、报刊杂志、新闻报道	降价
事件	赠送优惠券
印刷物料	免费使用样品
网络	奖励商品、彩头
	附送免费赠品、提供额外分量
	网络

品牌信息，可以传播品牌概念、创意、联想、价值，以及企业希望客户长期保存在记忆里的其他看法。

消费激励，可以通过短期优惠或报酬，完成对企业和客户都有价值的目标。

在实际操作中，品牌信息和消费激励两种传播内容经常会发生交叉，界限并不绝对，可以灵活应用。

6.2.4　整合营销传播的效果评估

传统的营销活动是以态度改变为主，几乎不可能从财务的角度来评估。由于整合营销传播将客户视为资产，与客户行为的投资回报率而非态度的改变有着直接的关系，所以现在营销可以进行财务效果的评估，并回答三个主要的财务问题：应该在营销传播上投资多少？这些投资可以获得何种形式或多大程度的回报？多长时间能获得这些回报？

与传统的财务汇报方式不同，整合营销传播的财务评估需要营销人员开发新的财务模型，这类模型的关键是将态度指标转换成行为指标。不同行业和不同的产品的评估方式不一样，在实务操作中需要结合企业自身的运营流程来进行评估，但总体的概念可以通过下图得到显示。

图6-13将信息和激励这两种核心传播输出的回报分为短期和长期：短期回报是指来自那些可在本财务年度内创收的"业务拓展"活动；长期的回报则是指"打造品牌"活动在超过某一段财务期间或财务年度后逐渐增加的回报。矩阵的每一格里对产生每一种回报的各类营销传播计划举出了例子。

这个矩阵有助于营销传播管理人将营销传播当成财务投资，因为它显然是从现金支出与财务回报的角度来看待这些投资的。整合营销传播经理人应该采用一套可以让他们管理收入、支出、投资与回报的财务工具，就像公司内其他任何一个资产小组一样。只有通过这样的工具，营销传播才能停止使用没有意义的评估指标，如传播效果，并开始掌握整合营销传播活动为组织带来的实际价值与回报。

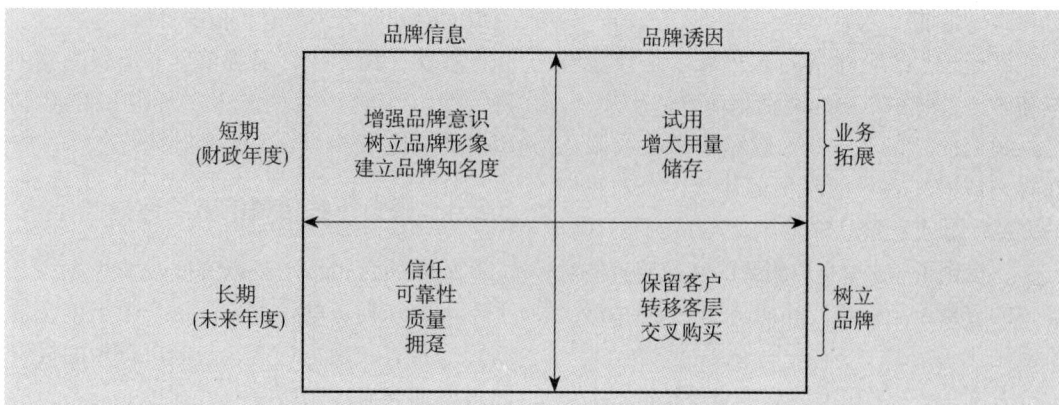

図6-13 整合营销计划矩阵

6.3 整合营销传播策划流程

整合营销传播是一种新的营销与传播活动策划方法，它将营销与传播策划彼此不分离的融为一体，是一种与传统方法大为不同的方法。采用由外及里的程序，整合营销传播从顾客入手，然后再回到品牌。

整合营销传播策划流程（分为7步）：

第一步：细分数据库里的顾客和潜在消费者，可以依据品牌忠诚，也可以依据其他可测量的购买行为（如重度使用等）进行细分。

第二步：分析用户信息，了解他们的态度、经历以及他们与品牌或产品发生关系的方式——明确与他们进行沟通的最佳渠道、时间和环境。

第三步：在此分析的基础上，策划者制定出营销目标。这些营销目标与创造和保持产品使用率或培育品牌忠诚有关。

第四步：营销人员要辨别哪些品牌联系和态度变化才能支持消费者保持原状或改变购买行为。

第五步：确定建立消费者联系，影响其态度、信仰和购买行为的传播目标与战略。

第六步：营销人员决定用其他哪些营销组合要素（价格、产品、分销）来进一步鼓励消费者采取广告主预期的行为。

第七步：策划者要明确运用哪些传播战术——媒介广告、直接营销、宣传、销售推广、特别活动等——来建立联系并营销消费者的行为。

表6-4可以将上述上个步骤组合在一起，通过严谨的思考过程发展传播策略，可以在实务中参考。

应用表6-4的方法，传播策略对企业所有的部门来说都是传播流程中极为重要的因素。它使传播流程的每一个层面都可以明确一致的接触到消费者。整合策略所衍生出的每种传播策略都强化了消费者应该相信产品或服务的原因。

■ 案例：Home Plus——虚拟超市

韩国，对商超行业而言是一个很特殊的市场，沃玛特和家乐福都先后败走韩国。乐购为了进入韩国市场甚至启用了新的名字——Home Plus来贴近韩国消费者。经过努

1. 消费者是谁?
   - A. 客户的主要购买激励是什么?
   - 一般的产品类别是什么：_____
   - （1）这群人对于这类产品或服务有什么看法?
   - （2）他们目前会买什么? 他们如何购买并使用产品?
   - （3）他们的生活方式、心理统计资料是什么? 对这个类别的态度如何?
   - B. 主要的客户见解是什么?
   - C. 客户希望从这类产品中得到哪些现在得不到的东西?
       主要购买激励："我会去买比这个类别中的其他任何产品都要_____的产品"
   - D. 哪一个最能达到整合营销传播的目标：信息、激励还是两者并用?
2. 产品或服务适合这群人吗?
   - A. 产品或服务的实际状况怎么样?
   - （1）它有什么内容?
   - （2）它有什么功能?
   - （3）它有什么特别?
   - B. 客户对产品或服务有什么看法?
   - C. 它的外观、触感、味道和效果等等给客户什么感觉?
   - D. 客户对推出产品的公司有什么看法?
   - E. "赤裸裸的真相"是什么?
   - F. 产品或服务适合这群人吗?
       建议：_____
3. 竞争对手对我们的目标会有什么影响?
   - A. 品牌网络是什么? 竞争范畴是什么? 为什么?
   - B. 竞争对手目前传达给客户或潜在客户的是什么?
   - C. 竞争对手会怎么反击我们的方案?
   - D. 竞争对手有多差劲? 我们可以抢到谁的生意?
4. 什么是有竞争力的消费者利益?
   - *必须是真正的利益（解决消费者的问题、使消费者的生活过得更好的，等等）
   - *必须对每群人锁定一种利益
   - *必须有竞争力（即超越竞争范畴）
   - *不能是口号或广告用语
   - *必须以一句话表示，如某某咖啡比任何一种即溶咖啡都好喝
5. 与下列各项有关的营销传播要如何让客户或潜在客户相信它的好处?
   - A. 产品或服务本身：_____
   - B. 认知支持：_____
   - C. 传播支持：_____
6. 品牌、公司或产品应该具有什么样的特性? 哪种特性有助于进一步界定产品或服务，使它可以从竞争架构中突显出来?
7. 我们希望消费者从传播中取得的主要信息是什么?
   - A. 所要提供的主要激励是什么?
   - B. 我们希望传播效果让消费者采取什么行动?
   - *试用产品或服务
   - *索取更多信息
   - *试用同系列的其他产品
   - *其他：_____
8. 传播有什么认知或促销作用?
   - A. 如果传播成功，和竞争对手的产品比起来，客户在_____时间内对产品会有什么看法?
   - B. 如果激励成功，客户或潜在客户会怎么做?
9. 消费者有哪些品牌接触点? 如果要让可信及有说服力的信息或激励以最有效的方式打动客户，应该要考虑哪些消费者接触点? 为什么?
10. 我们要怎么从事未来的研究?（列出未来在进一步制定整合营销传播策略时所需要的研究类型，以及需要每一种类型的原因）

力，Home Plus成为韩国商超业的第二名，但要更进一步，乐购必须面对一个问题：它的门店数比位列第一的易玛特少很多。

有没有可能在不增加门店的前提下，提升到店率和销售额呢？

经过市场调查，Home Plus发现韩国是世界上工作强度第二大的国家，大多数人在经过一周筋疲力尽的工作之后，都会选择在自己住宅附近的超市购物。

既然消费者不能走到超市来，那就让超市走到消费者面前去！

2010年底，Home Plus以"主动贴近消费者"为策略核心，将虚拟超市开进了韩国人通勤的必经之地——地铁站（图6-14）。

Home Plus在通勤高峰集中地铁站进行了试点，他们地铁的等候围栏上装设了显示屏，用和实体超市一样的陈列方式"陈列"了各

种"商品"。人们可以利用等地铁的无用时间，浏览购买商品，体验跟逛实体超市几乎没有什么不同。唯一不一样的就是顾客选中了商品，需要用手机购买。

只需用手机扫描商品对应的二维码，商品就加入到顾客的Home Plus线上超市购物车中，顾客下单结算以后，商品会在一天之内的下班时间段送到客户家中。人们不再需要去实体超市，上下班的路上就可以随时利用零碎时间完成日常采购。

这次创新性的整合营销尝试，极大地提升了Home Plus的线上销售额。3个月的活动期间，超过1万名顾客使用手机到访Home Plus线上商店，新注册用户增加了76%，线上销售额提升了130%，Home Plus成为韩国线上销量最大的超市。

资料来源：根据网络资料整理

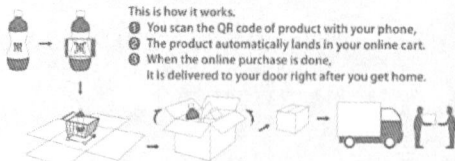

图6-14　Home Plus虚拟超市

本章小结

本章对价值型整合营销传播进行了概要介绍。整合营销传播是一种以品牌理论为基础发展起来的操作方法。与传统的营销和广告概念不同的是，整合营销传播强调从企业/广告主侧发起的整合，整合所有的企业运营、营销和传播资源，来为客户创造价值。

同样都是要针对产品、市场、消费者来进行分析，通过协调企业内外部资源来实现统一的信息传播和促销激励，但整合营销传播认为品牌价值是由顾客来选择、创造和提升的，因此所有的营销传播资源都要围绕顾客的需求和行为进行重新整合。

价值型整合营销传播涉及很多企业侧的整合内容，如组织机构的调整和管理，财务评估的方式等，这些内容并未在本章进行介绍，可以参考扩展阅读书目进行了解。

思考题

1. 网络搜索英特尔的最新营销战役"Iook Inside"，推演其整合营销传播策略。

想想假如你参与这一项目，你会有哪些策略建议。

2. 根据多芬真美案例，从整合营销传播角度分析它的策略要点。

3. 网络搜索苹果iPhone的市场发展历程，分析其整合营销传播的策略和要点。

扩展阅读

1. 唐·舒尔茨、海蒂·舒尔茨. 整合营销传播，何西军、黄鹂、朱彩虹、王龙译，北京：中国财政经济出版社，2005.

2. 唐·舒尔茨、菲利普·凯奇. 全球整合营销传播，何西军、黄鹂、张怡、朱彩虹译，北京：中国财政经济出版社，2004.

3. 肯尼思·克洛、唐纳德·巴克. 广告、促销与整合营销传播，冷元红译，北京：清华大学出版社，2008.

第7章

创意传播管理基础

7.1 以互联网为背景的营销传播

2009年春天，加拿大歌手戴夫·卡罗尔搭乘美国联合航空公司的一架客机旅行时，他的一把价值1800英镑的名贵木吉他被行李运输工摔坏了。历经9个月索赔未果，卡罗尔将自己的遭遇拍成一首名为《美联航摔坏吉他》的MV，并上传到YouTube上。短短10天之内，该视频就获得了近400万次的点击。而美联航则因为形象受损，在美股普遍反弹期间股价下挫了10%，市值缩水1.8亿美元。

2011年9月27日，罗永浩发布微博："三年前买的西门子冰箱和洗衣机陆续都坏了，再也不买这个倒霉牌子了，电器还是日本人做的靠谱。"这句话立刻让西门子陷入了一场危机，拉开了老罗一个人和西门子的战争。

上述两个实例，在传统媒体和大众传播时代是不可能出现的，那么，它们是简单的新媒体传播和企业危机管理吗？它们可以被控制、管理或者预防吗？

2012年出版的《创意传播管理》一书，由北京大学新闻与传播学院的陈刚教授、沈虹博士等撰写，提出了"创意传播管理"的概念和操作方法。这一新的营销传播系统以整合营销传播为基础，发展出针对互联网为背景的数字传播环境的全新操作方法，为数字环境下的营销传播厘清了思路，拓展了研究和探索的方向。

7.1.1 互联网不是媒体

要理解互联网带来的变化，首先需要从一个根本观念上进行转变：互联网不是媒体。

近20年来，互联网突飞猛进的技术发展，不仅给人们带来了生活方式的极大转变，也带来了营销传播领域的巨大变化。信息的传播不再主要依靠传统的大众媒体，信息的内容碎片化、个人化、圈子化，它们突然而起，被扩散、被演绎、又迅速地被替代……各种传播形式——人际传播、小群体传播、大众传播交叉融合，曾经好用的各种广告手法效果不再明显，传统广告业承受巨大的冲击，传统媒体的影响力也被极大地削弱，传统的生产和服务企业突然发现自己面对着一个不再熟悉的市场环境，连花钱做推广都不知道该怎么花……在一片生机勃勃又混乱不堪的环境中，所有与传统营销传播相关的行业人员都曾或多或少地感到无助与困惑。

互联网突破了空间的限制，地域的区隔已经被抹平，而由于各种资讯全球性的迅速传播，人们不仅生活的范围扩大了，生活的节奏也极大地加快了，原有的以不同时区和24小时划分的时间尺度，已经逐渐难以同互联网的速度合拍。在互联网上，所有人生活在同一个空间，所依托的是同一个时间维度。在这个空间中，原来以时区为单位的时间标准已经越来越无法满足需求，这就需要创造一个共同的时间衡量尺度。互联网时间就是这样一种时间标准。互联网时间把24小时分成1000beat，是对互联网时代人们的时间感的一种概括。尽管这种划分尺度是否合适，还可以讨论，但互联网时间的提出，确实具有重大的意义。人类已经进入了数字时代，我们的时间感正在发生变化。

在互联网上，事件以比其他地方都要快的速度发生，或者说，互联网对变化速度的影响无所不在。互联网的时间感反过来又对现实生活产生了推动。

在这种历史性的变化中，企业的营销传播领域同样在见证一场革命性的变革。过去我们熟悉的理念和模式正在分崩离析，既有的经验在新的环境中有可能成为变革的障碍。但另一方面，长期积淀下来的某些其他环节和因素会因为新的环境而上升并成为主要的价值。当然，会有更多的新的形式和新的模式出现。

随着互联网的发展，大家越来越发现，根据媒体的标准，互联网这种新的传播形式是个怪物。互联网传播不是大家所习惯的媒体传播，这是一种全新的形式。从传统媒体的角度，无法理解和想象新的传播形态是什么和能做什么。没有能够控制它的传播机构，每个人都可以发布信息，使用QQ或MSN聊天，信息铺天盖地，远远超过了传统的媒体所能够提供的内容。在淘宝网，人们甚至可以在互联网上开一个店铺，把商品的图片和价格等信息挂在网上，用信用卡或支付宝交易。而那些把互联网作为媒体的经营者，依据传统媒体的主要赢利模式努力开发网络广告，却遇到了越来越多的困难。

在中国，新媒体目前是个极其混乱的概念。把互联网叫做新媒体，不仅会造成使用者从媒体的角度对互联网产生许多曲解，而且会把互联网同传统媒体的一些创新形态混淆。这类传统媒体的创新形态，其创新之处主要是渠道创新，使传统媒体更深入、更全面地渗透到社会生活的各个层面。比如楼宇视频广告、公交移动电视广告等，其根本上还是在传统媒体框架内进行的新的市场定位和范围的扩张，在传播模式上同原有的大众媒体形式并没有根本的变化。所以，这类传播形式，确实是媒体，而且是新媒体。

但如果把互联网夹杂在这类新媒体之中，不仅无法凸显互联网自身的独特性，而且鱼龙混杂，只会带来更多的混乱和误导。

互联网在本质上不同于媒体，互联网超越了媒体。互联网传播实际上融合了过去所有传播形式的特点，它是对人际传播和大众传播的扬弃。互联网当然还是一种媒介，但这种媒介成功地把自己虚拟化了，所以在互联网中的人仿佛可以无屏障地同他人和现实世界直接交流。

7.1.2 数字生活空间

互联网的出现对人类的经验是一个巨大的挑战。在互联网的环境中，人类生活新的形态是以信息的方式存在的。它既是现实生活的延伸，又同现实生活区隔，具有自己的独立性。在互联网上，所有的参与者都以信息实体的形式出现，通过发送和接收信息，创建了互联网的社会生活关系。

每一种新的现象出现后，人们总是试图去进行理解。2002年，牛津大学的哲学家弗洛里迪发表《什么是信息哲学？》一文，解释互联网带来的变化，确立了一门新的学科——信息哲学。弗洛里迪强调，互联网所形成的新的实在的而不是虚幻的世界，是一个语义构成的世界。空间的界限消失了，而时间的感觉也发生了变化，时间被固化在当下。"作为特殊叙事的消费者不再受制于空间或时间，事实上，他们在功能上由其愿意并选择居住的语义空间定义"，"个体的自我可以在更多的地方存身，甚至自我均体会到被同步感知的方式，因此，自我可以穿行在不同的生活中，它们没有必要融合。过去、现在、未来根据当下的时间被重塑为离散和多变的间隔。当前各种事件的各种投射和难以分辨的重复将其自身扩展到未来；未来事件在可以预期的现在被预测和预先经历；而过去事件在可以重播的现在被寄存和再体验"。在互联网上，"叙事（包括价值、思想、时尚、情感和具有意向性优势的宏大叙事的我）能够被塑造和外化为'语义客体'或'信息实体'"。

在《创意传播管理》一书中，上述观点被整理成一个新的概念——数字生活空间。在互联网上，每一个参与者，不论是个人，还是组织、机构等，都是以语义客体或信息实体的形式出现的，每个信息实体都可以发送和接收信息，创造语义内容。而更重要的是，这些语义内容可以不受真实生活中的空间和时间的限制，不断交流扩散，共同构成了一个实在的语义世界，这个世界就是数字生活空间。

数字生活空间是现实生活的延伸。现实生活的各种现象和关系在数字生活空间是以信息的形式呈现的。所以，现实生活中的资源会首先成为数字生活空间中的资源。比如，同为具有反应机制的信息实体，现实生活中的名人，在数字生活空间中会更具活性，仍然具有知名度和影响力。

但另一方面，数字生活空间又同现实生活有区隔。信息实体在没有空间和时间界限的语义世界的交往，肯定会构成一个独特的关系，有自己的规律。这个空间组织社会资源的方式同现实生活不同。一般来讲，有个性和有才华的信息实体在这个空间更有可能跨越空间界限和社会阶层来表达自己。数字生活空间发生的变化反过来又会对现实生活产生影响。比如，网络名人又有可能成为现实社会的名人。

看起来虚拟世界或赛博空间同现实世界是似乎有迥然不同的差异，实际上，它们同现实世界的关系只是更间接而已。虚拟世界分为两种，一种是现实空间的直接虚拟化，比如数字地球，这一部分其实也属于数字生活空间；另一种是虚拟世界的游戏和幻象部分，它们可以看作数字生活空间再创造的精神空间，或者说是信息实体在数字空间中不断共同创造的超语义的精神和文化的外在化。

以互联网为基础的新的传播形态，是依托数字技术，对人类日常生活中的各种信息传播和交流活动进行的虚拟的还原和放大，这种传播形态创造了一种新型的数字生活空间。

数字生活空间的发展将推动现有生活形态的改变。它对人类社会的冲击是全面而深刻的，这个变化将会带动多个学科的深入研究。

在数字生活空间中，大家以信息实体的形式生活在互联网上，整个互联网包容了各种媒体形态的传播，但远远超越了媒体。相对而言，门户网站最具有传统媒体的特点，但当微博出现以后，互联网从门户网站时代进入了个人入口时代，每个网民都可以拥有一片自己的专属领地，自主的发送和接收信息，这使得网民作为独立的信息实体的特征凸显，也催化了媒体机构的消融。微博之后，是智能手机带来的微信和各种APP应用，这不仅是数字生活空间接入方式的变化（从电脑到手机），也是信息实体更具自主性和主动性的显示。

与传统的大众媒体环境中的大众传播不同，数字生活空间中人人都是信息的发布者，都参与发布、传播话题，都想吸引别人关注，这使得传播者无限增多、传播渠道无限增大，广告主和广告公司所发布的信息，很容易就会被淹没在海量的信息中。目前，大家都在发掘不同的传播形式，希望让营销传播的产品信息到达目标消费者。最经常使用的手法是制造话题和广告战役，把品牌传播看成一个网络营销事件，用网上活动来促成事件的发生和发展。这里面与传统广告最大的不同在于，互联网上的广告发布与其说是一种发布，不如说是一种触发，触发一个广告主与网民共同参与的过程，这种触发可以将一个议题呈现给网民，然后被演绎、被讨论、被扩散，进而被目标顾客认知、接受，最后采取行动。

7.1.3 生活者

在数字生活空间中，品牌信息触达目标消费者之后，如果消费者有兴趣，就可能成为另一次品牌传播的起点，消费者负担起再次对品牌进行传播的任务，主动成为传播者，将信息传递给另外一些人群……这样就形成了一个又一个的品牌传播循环。因此，我们可以看出，数字空间中我们要面对的是一个具有传播活性的群体。

激发受传者的传播活性，成为当下营销传播人员关注的重点，人际口碑传播也被提到了前所未有的高度。在数字生活空间上消费者多次传播中，品牌的价值被分享、被不断增强，并且减弱了商业性品牌传播的不受信任的因素。

数字生活空间的传播、分享机制带来了消费者群体归属、划分的新课题。在大众传播时代，消费者洞察以获得个体的典型特征作为群体的参照；而在互联网时代，数字生活空间真正实现了进一步无限细分市场的可能性，各种大大小小的社区、圈子，打破了传统的消费者市场细分的方式，这里没有年龄、地域限制，没有重点市场，没有收入和受教育程度的歧视，唯一的划分标准就是兴趣、爱好，更为重要的是，每一个消费者还可以通过网络技术手段被定位、被追踪、被分析、被锁定，这为营销传播的运作带来了一场真正的革命。

数字生活空间中出现的这个具有传播活性、可以被无限细分和寻址追踪的群体，是企业过去从未遇到过的。他们既是消费者、又是传播者、还是接收者，他们在数字生活空间中自己相对固定的家园。他们是生活在互联网上的活生生的人——生活者。

"生活者"概念，最早是有博报堂创造的，表示"过自己生活的人"。它比"消费者"的概念更为宽泛，它指明消费者人群的生活不止购物或消费这样的观念，还有作为个人的社会心理和政治层面。"消费者"从经济学的理解看就是商品的购买者，而"生活者"所表达的是拥有自己的生活方式、自己的抱负和梦想的人，他们中不仅有品牌的消费者，还涵盖了有可能成为潜在消费者的群体。

在传统的媒体和传播环境下，用生活者来定义人群，并希望接近每一个生活者是不现实的，但在数字生活空间，这一切成为可能。应用生活者概念可以为企业明确一个方向：企业需要通过营销传播沟通的人群并不仅是单面性的消费的群体。有效的营销传播的前提首先是把沟通的对象看成一个个活生生的、有血有肉的人，他们生活在世界上，有着丰富的特性。只有全方位的观察，把握他们的本质，才能更好地同他们沟通，并预测未来有可能出现的变化，不断调整营销传播策略，使他们同企业和品牌建立长久的关系。

7.2 什么是创意传播管理

7.2.1 数字生活空间带来的转变

数字时代的营销传播新模式，包容了过去所出现的各类模式。传统的各种营销传播模式，在数字营销传播平台上还会出现，但只是部分有效。所以，用过去的模式解释新的现象，基本上是盲人摸象。

互联网出现后带来的很多新的问题，是过去从来没有过的。对数字营销传播新模式的概括，必须基于对互联网本质的了解。只有把握互联网的本质，才能够对它的规律进行提炼，并对它的发展进行展望。在这个基础上，对整个模式进行准确的概括和表达，这就是创意传播管理产生的背景和原因。

互联网作为日常生活的数字化、虚拟化，也为企业创造了全新的竞争、发展的空间和场所。在互联网上，企业不仅要进行营销传播，电子商务肯定也是重要的发展方向。在某种意义上，企业在互联网上，将来应该主要做两个工作，一个是电子商务，一个是营销传播。由于互联网的特殊性，电子商务同营销传播肯定有交叉，但也有所区隔。虽然这两者之间经常会有混淆、会有合作，但从企业对互联网利用来看，营销传播在具有自己的独特性的同时，也变得越来越重要。

在互联网的时代，信息流通的速度是以秒来计算的，而且当所有的人都可以随时随地发布内容的时候，企业的所有行为已经被直播化了。也就是说，互联网推动整个社会进入了一个直播时代。危机随时可能发生，当然机会也随时可能出现。企业的营销传播不再是阶段性地按照某一个规划来执行，而是每时每刻要准备应对危机，随时随地要抓住机会进行营销。

1. "全程"参与与随时反应

在互动网络传播时代，广告主的作用发生了很大变化，他们除了决定广告策略和广告信息的内容，还必须"全程"参与广告传播的执行，必须对数字生活空间的信息反馈做出实时的反应，具体体现在以下几点：

①必须承担更多的责任

在数字生活空间，互动网络营销传播对市场营销人员的要求更加严格，他们必须不断学习新的知识，紧盯市场潮流，关注新的营销传播形态，否则便面临历史的自然淘汰。

②随时变化的营销传播策略

在数字生活空间，广告主在必须"全程"参与到广告营销传播的作业流程中的同时，还要对消费者反馈的信息做出及时反应，难以保持大众传播时代传播主题的相对长久性和一致性。

③广告主和广告人起点相同

在不断变化的数字生活空间需要将营销传播的经验与不断更新的新型媒体相结合，与品牌的核心价值和产品特征相结合。无论是广告主还是广告人都必须处于学习状态，才能使自身不落后于行业发展潮流。同时，由于广告主更关注和了解自己的产品和品牌，对数字生活空间的网络传播与品牌之间的关系理解得更加深入，因此在目前阶段广告公司失去了一定的优势。

面对数字营销传播，广告主呈现出较为矛盾的心理。一方面，数字生活空间的立体化，有利于广告主的品牌直接触达消费者，但是由于竞争激烈化、传播透明化，目前广告主难以完全掌控和管理这个平台。实际上在这里已经提出了一个关键的问题，适应数字生活空间的营销传播的一个重大变化，就是首先要对传播进行管理。

2. 促销和品牌塑造目的的统一

企业营销传播的目的，可以归纳为产品促销和品牌构建。即便是在倡导品牌和整合营销传播的时代，产品销售依然是营销传播的最终目的，因此在具体的营销传播实施过程中，一般是由广告主的市场和销售两大龙头部门共同来推进营销传播的展开，也就是说，在营销传播过程中，广告主有两大部门起着重要的作用，一个是市场营销部门，另一个是销售部门。而在整体战略制定时，促销往往被界定为季节性或阶段性的市场目标，以特有的促销传播策略完成促进销售的传播目的。而当建立品牌成为企业发展战略的主要目的时，传播策略和传播执行往往会遭遇一种矛盾的状态，即促销与品牌构建的矛盾。短期的促销行为往往对品牌形象的长期构建贡献甚微，而单纯的品牌形象广告传播形式难以涵盖促销信息，达到迅速形成销售的效果。

但是，数字生活空间为广告主提供了足以同时承载促进销售与品牌建构需求的营销传播的广阔空间。

在目前的互动网络传播中，促销和建立品牌这两个营销目的的统一使得越来越多的营销传播战役呈现给消费者的是一种将促销和品牌构建无缝化整合的信息传播。促销和建立品牌完美地结合在一起，实现没有障碍的传播，在达到促销目的的同时让消费者接受企业的品牌核心理念。

数字生活空间的营销传播包容了更多的形态和内容，实际上也涉及广告主内部的多个部门。在数字生活空间，企业的各部门不再是单兵作战，更需要彼此之间的沟通、协调和资源整合。

■ 案例：野兽派花店——用故事卖花的微博营销

上海的野兽派花店（以下简称野兽派）创建于2011年12月，最开始是一个只在新浪微博上提供定制鲜花礼品服务的小店，一个花束或花盒的价格从数百元到上千元不等。

据说店主Amber一时兴起买花来弄，"去了花市才知道有这么多花材，买了很多，插起来送给朋友。朋友收到都吓一跳，说你这是什么流派？我说我是野兽派插花，乱插的。"野兽派的名字由来于此，事实上，野兽派也是曾在巴黎流行的现代绘画潮流，追求情感表达的表现主义。那之后，Amber在微博上注册了这家店，把平时送给朋友的花放了上去，"没想到真的有人订花，因此说，并无初衷，无心插柳"。

让野兽派声名鹊起的是为每一个收花人量身订制的"说故事订花"，这些五花八门的私人订制要求有夫妻吵架致歉花、女强人妈妈生日花，送分手许久恋人的匿名花……创始人和花艺师Amber把按要求完成的花束和它们后面的小故事分享到微博后引发了强烈的情感共鸣，被感动的网友主动评论和转发这些故事，也让更多的人愿意把自己的感情托付给野兽派花店（图7-1～图7-5）。

看野兽派的微博，犹如看一幅世情众生相，不同的人不同的故事，这些故事或欢喜，或悲伤，或励志，或遗憾，最后都变成了一束别出心裁的美丽的花。短短的140个字的微博故事，和看似随意但一直很美的图片，满足了观众审美和窥视的欲望，其中所体现的对生活、对美、对爱情、对亲情、对友情的体悟，也为中高端消费层的城市白领提供了分享和转发的理由。

野兽派最广为人知的故事和作品是"莫奈花园"（图7-6～图7-10）。微博展现了作品从订花、灵感来源、花材寻找、客户反馈和作品后续延展系列产品的全过程。

野兽派花店是微博营销的一个传奇，它仅用了2年时间就实现了从微博接单到开独立网店再到经营连锁实体店的华丽升级。成为国内顶级花店

图7-1　野兽派花店微博1

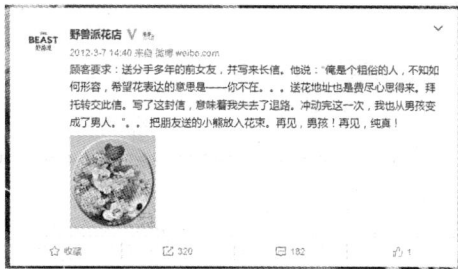

图7-2　野兽派花店微博2

图7-3　野兽派花店微博3

图7-4　野兽派花店微博4

图7-5　野兽派花店微博5

图7-6　野兽派花店微博-莫奈花园1

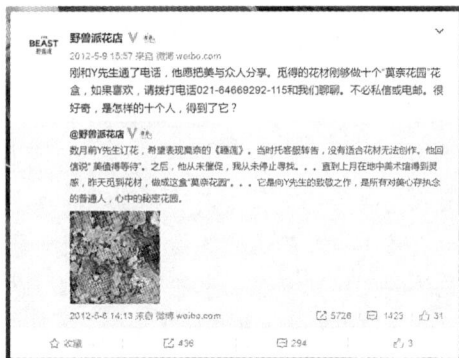

图7-8　野兽派花店微博-莫奈花园3

图7-7　野兽派花店微博-莫奈花园2

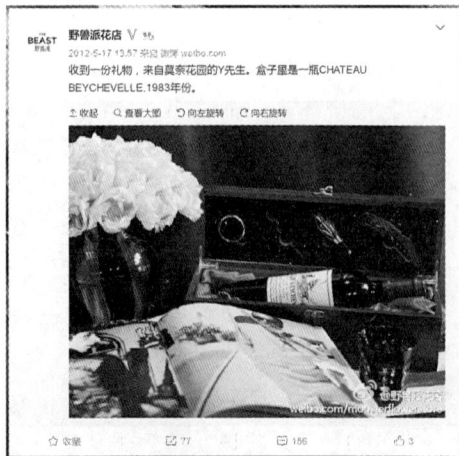

图7-9　野兽派花店微博-莫奈花园4

图7-10　野兽派花店微博-莫奈花园5

的代表和引导鲜花销售潮流的风向标。它的成功让许多人看到了微博营销以及高端花艺市场的潜力，紧随其后出现众多的仿效者也毫不令人奇怪。

现在，野兽派的产品门类涉及花艺、珠宝、香氛与个人护理、家居配饰、婴童用品、设计师合作礼品等门类，微博粉丝超过85万，全国实体店超过20家，线上除微博和独立网店外，还开设了天猫店、京东店，自有的微信公众号和APP也运营良好，已成为国内中高端礼品和生活方式的引导品牌（图7-11、图7-12）。

研究野兽派的成功之道，我们可以看到以下三个显著特征：

一、产品与市场定位的差异

从经营门类上说，微博花店成为优质的微博营销案例，与其自身的基因有关。赠花者与受花者之间，就如同大千世界的斑驳陆离，总有道不尽的故事。野兽派花店最热门的微博内容就是故事，这些故事来源于消费者的生活，所以很容易让很多消费者找到共鸣。

从花艺产品上，野兽派花店创建之初爱用一些稀奇古怪甚至闻所未闻的花材，如澳洲针垫、咖啡豆、玉米、棉花等等，后续发展起来后，更多方引进全球各类稀有花材。这些花材在花艺师的诠释下被赋予了独特的精神气质和情感内涵，呈现出独树一帜的美感，也给花店带来了不一样的高质顾客群。

源源不绝的创造力使野兽派能根据用户的需求做出符合他们期待的花束，并不断推出适合各种节日的限量花束和产品，例如三八妇女节赠送闺蜜的"手帕交"礼物、"给爸爸的信"是特制的父亲节花盒等。野兽派把普通的礼品花做成了文化和艺术，它所创造的唯美动人的视觉意象在消费者心目中难以磨灭，也令它难以被超越。很多人总结野兽派的成功经验时往往过于强调故事营销和它对的情感诉求，却忽略了产品本身的创意、高水准的审美品位和人文情怀，而它们才是最终能够满足消费者情感诉求的核心。

微博的商业形态成本相对低廉，导致竞

图7-11　野兽派花店实体店1

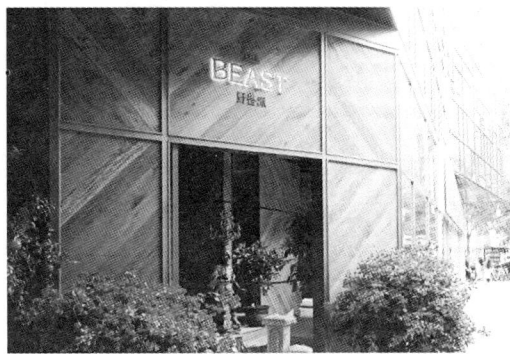

图7-12　野兽派花店实体店2

争激烈，各家花店彼此言语攻击是家常便饭。更何况，鲜花行业入行门槛低，每家花店做了什么，在网上透明至极，比的最终还是持续性的用户体验。野兽派在产品体验的细节上做得非常细致，从花材的选择、包装、手写贺卡、快递方式、送花员……所有的产品体验环节，都尽量贴近或超越客户的期待。

从市场定位上看，野兽派开店初期，国内的中高端花艺店仍很稀少，而国内的中高端消费群却已经成长起来，强调品味和品质的商业形态正在中国萌动壮大。在物质相对丰足以后，人们的消费就会转向精神和美的满足，而花艺正好契合了这个市场的需求。Amber曾经说"愿意来野兽派花店消费'美的、没用的东西'的客人，都是那些特别清楚自己要什么且有闲钱，或是追求生活品质、追求精神愉悦之人。"

二、初期的引流与引爆

开博初期的野兽派，与大多数微博一样，经历过人气低迷的阶段，但是过程很短。微博粉丝数60万的超模@秦舒培转发了野兽派的微博，并评论说"上海最有品位的花店，我也只订这家的花送朋友！"随后，@井柏然、@六六等大号相继转发推荐野兽派，加上产品的特色和推文的独特风格，野兽派获得的关注和生意陡然提升（图7-13~图7-15）。

粉丝的积累是微博营销推广的重要基础。野兽派官微在运营过程中，与明星名人的互动不断，这与创始团队优质的人脉资源有很

图7-13　野兽派花店微博6

图7-14　野兽派花店微博7

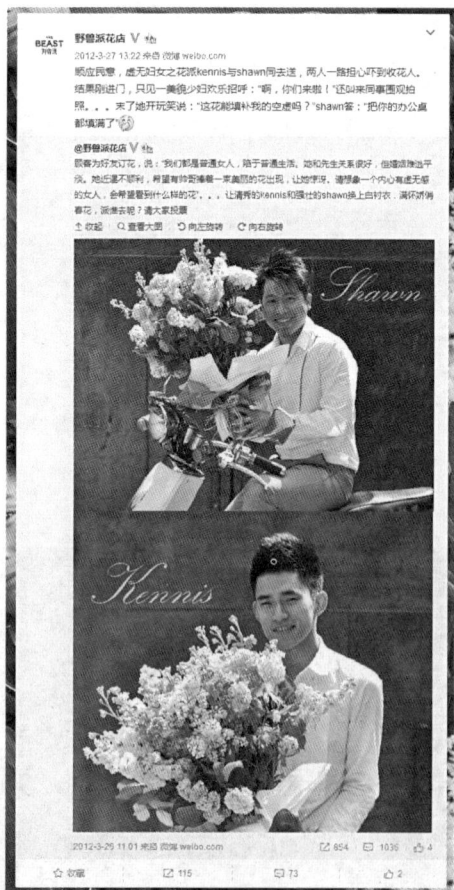

图7-15　野兽派花店微博8

大关系。同时，在微博的相关内容创作中，野兽派善于借势和展现，且能在图文中把握很好的分寸感，即说出了事实，又避免了浮夸浮躁之气，这也颇能与众不同、博人好感。

在名人引流之后，还需要微博内容能引爆转发分享和关注，在这一点上，野兽派官微的内容和互动也做到了很好的差异化。

除了善用花艺作品讲故事，野兽派的花艺师、快递员、义工、抄写卡片的阿姨、供货商……都是野兽派的故事和互动素材。

一位设计师好友有时无法按时交出花盒的设计手稿，因为他需要"在周末有个微醺的状态"，或者突然跑到泰国，只为做一顿正宗的泰餐。为野兽派供货手工绅士雨伞的是欧洲的一对老夫妇。这把标价1890元的雨伞上线后大受欢迎，野兽派要求加大进货量，却遭到"对不起，你不能着急，因为我要按步骤来"的回绝。这些故事的呈现，凸显了野兽派品牌对于审美和精神的追求，也展现了野兽派的产品品质和独特性。

野兽派还请来艺术圈和设计界的朋友为店助阵，并将他们命名为"野兽先生"或者"野兽小姐"，其中有在巴黎待了11年回到上海的色彩顾问，有在同济大学任访问学者、为野兽派的新工作室担任室内设计的建筑师，有为野兽派免费设计Logo和包装纸的知名书籍设计师……这些人让野兽派在视觉上更充满冲击力，品牌个性更具独特性，与目标客户之间的关系也更加紧密。

三、明星路线与话题制造

在野兽派进入高速发展和扩张的阶段后，大量使用了明星代言产品。让范冰冰来定七夕书、让高圆圆来做多肉盆栽、让王诗龄来买儿童节花盒、让小S母女来直播、让胡歌来做家居用品的代言等等。各路明星悉数登场，名人投射机制，一方面带来了粉丝效应的红利，另一方面也让野兽派成为高端、时尚的代名词。

运营五年来，野兽派几乎参与了所有国

图7-16　野兽派花店微信公众号——林心如婚礼现场花饰

内一线女性的婚礼，周迅、AB、高圆圆、林心如……每一次婚礼现场的打造，都成为一次话题营销的传播战役（图7-16）。从地点选择、场地搭建到花艺创意，野兽派在其中展现了自己产品、设计、创意方面的差异化和独特性，也通过执行过程中的酸甜苦辣，让受众看到了他们的专业和坚持。

野兽派花店的成长壮大体现了微博在营销传播上的巨大潜力，用社会化媒体获取便宜的流量和粉丝，用内容互动获取长期的关注和品牌接触，用产品和情感诉求获取品牌忠诚和品牌溢价。

另外，野兽派还给我们展现了小众化、精细化、定制化的市场发展趋势。中国社会目前正处在阶层分化和价值观多样化的阶段，针对精细的小众市场做针对性的产品，在巨大的中国市场中也会拥有相当数量的客户和可观的收益。

但是，在野兽派扩大规模以后，定制变得很难经营，过于耗费人力，目前逐渐转移成为标准化产品销售，品牌的特殊性开始慢慢退化。由于鲜花在物流和制作方面的局限，迫使野兽派采用实体店的方式进行扩张，成本逐渐上升，压缩利润空间；同时，标准化产品的引入，与奢侈品市场构成一定程度的同质竞争；明星代言的模式也进一步加大了成本负担。这些问题都有可能影响野兽派的发展。

这也可以让我们思考：以"小而美"定位起家的品牌，是否一定要走规模化的路线？

资料来源：野兽派花店官方微博，官方微信公众号，官网

3. 直播时代

数字生活空间所带来的直接的问题，就是企业的行为被放置在无数双眼睛的关注之下，而且每个人都可以随时谈论企业行为，对企业行为做出评价，发布企业的动向。这种环境，可以称之为直播时代。

直播时代，首先是企业的危机时代。人民网舆情监测室通过梳理自2000年起的企业危机发现，2010年已成为企业舆情危机的井喷年，企业舆情危机总量达到154件，较2009年同比增长了83.3%，而2000年-2010年的十年间平均企业舆情危机增长率为31.5%。

在这样一个直播时代，企业必须了解传播环境的整体情况，捕捉出现的批评和负面声音并及时应对，传播实际上变成了一种管理工作。过去企业不需要对传播进行管理。在大众传播时代，传播环境再复杂，和互联网相比也是极其简单的。由于媒体数量有限，所以不可能每时每刻出现和企业相关的内容。而在互联网的环境中，关于企业的内容是不断出现的，危机不一定每时每刻发生，但是危机随时可能出现。面对随时可能出现的危机，对互联网上各种有关内容了解、掌握并分析已经变成了一项日常性的工作。企业必须应对这种变化，从组织机构和管理架构上进行调整。

4. 信息海啸

在互联网上，发布内容很简单，但是内容如何能够被关注到，则是一件很困难的事。因为信息太多，而且生活者有自主选择的权力，所以不同于传统广告的是，数字生活空间的信息必须成为有吸引力的内容才有可能进入生活者的认知视野。

制造有吸引力的内容，创意是关键。这里的创意不是单纯的图文设计的创意，而是根据企业的需求，根据生活者的喜好，找到能够打动他们，让他们关注并参与创造、分享的连接点。这种连接点也是内容，但可以通过广告、公关、新闻、信息或者其他形式呈现，对企业而言，这些形式不重要，重要的是引起生活者的共鸣。

企业在数字生活空间中的营销传播，除了抢占拥有大流量的入口资源，还必须参与到生活者的内容交流之中。在内容交流中，有创意的内容才有影响力，没有创意无法形成关注的内容，没有任何价值。

5. 企业的主动表达

互联网不仅为企业带来挑战，也带来了新机会，其中之一就是企业的主动表达。

互联网的全员性传播特点使得企业可以不再局限于借助媒体传递有限的内容，第一次在线上成为传播的主体。

所有人都可以发出声音，企业当然更要发出声音，但是这个表达的过程同样需要创造有创意的内容，不断提供能够与目标消费者和更广泛的生活者进行交流互动的内容。

在某种意义上，企业的自有传播平台将成为企业的品牌传播家园，是企业营销传播的起点，同时又是每次营销传播的终点。因此，企业要加大对自有传播平台的管理和推广，通过统一管理，使得企业的数字品牌传播家园能够有统一、清晰的形象便于识别；同时要加强对自有传播平台的保护，通过法律手段清理非法盗用的企业平台，避免未加控制的其他非官方平台发出的信息影响企业的整体形象。

6. 生活者需求的表达

互联网的搜索、浏览、点击等数据记录，使得生活者的需求可以被表现出来，这对企业来说是一个前所未有的机会。它为企业通过数据挖掘技术进行一对一的沟通提供了可能。

目前的技术已经可以很方便地实现企业对生活者的一对一的沟通。当一个生活者在微博上谈到对本企业的产品和感受时，企业可以通过技术手段快速找到这位生活者并与之进行互动。比如，当生活者在微博上表达对产品的好感，企业可以表示谢意；当生活者抱怨时，企业可以倾听意见，进行解释和协调，如果能迅速帮消费者解决问题，就有可能将不满转化为好感。实现这一切，已经没有技术障碍，但需要企业进行观念的转变和管理方式的调整。

7. 企业与生活者的关系走向协同

在未来的数字生活空间，企业生产销售的整个过程将会更多的由生活者与企业共同完成。而且企业的传播和品牌构建也更多的是由生活者参与、分享和共同创造的。

让消费者可以轻易地深度参与产品研发和设计的过程，从他们对产品的需求和使用体验出发，可以弥补产品的缺陷、提升产品的性能；而从营销传播角度，消费者参与产品的设计不仅能使产品更新，不断贴近市场需求，更为消费者忠诚于品牌奠定了基础。

企业与生活者的协同，不仅体现在产品层面，也可以体现在品牌价值创造的层面，这将彻底改变传统的企业和消费者的关系。目前，这些协同的模式研究还只是个开始，真正地实现与生活者共创品牌核心价值还需要一个过程。在这个过程中，企业管理必须调整，而营销传播模式也必须创新。

■ 案例：小米手机-与生活者协同研发

MIUI是小米科技旗下基于安卓系统深度优化、定制、开发的第三方手机操作系统。该系统始终保持每周一次的更新速度，整个研发过程完全遵循互联网产品的开发模式，充分引入生活者的参与。

小米MIUI项目组成员，每天都会通过企业自主搭建的"米柚"社区论坛收集生活者的反馈意见，根据反馈意见解决漏洞。项目组还经常举办各种各样的免费试用，吸引生活者体验；开展投票活动，哪些功能受欢迎、哪些功能要改进、哪些新功能要优先开发，由生活者来决定，甚至系统的默认铃声都是由MIUI社区的生活者投票选出的（图7-17、图7-18）。

小米手机在研发和生产过程中也积极使用微博、关注普通生活者的评价。2011年，一名纪念版小米工程手机的用户曾在微博上曝出小米手机存在严重的掉漆现象，而且后盖也存在变形等问题。该微博在引起生活者广泛讨论的同时也引起了小米的重视，他们针对问题尽快提出了解决方案，并在官方微博上发出了要优化改进的项目（图7-19）。

图7-17　小米MIUI网络社区

图7-18　小米MIUI网络社区论坛

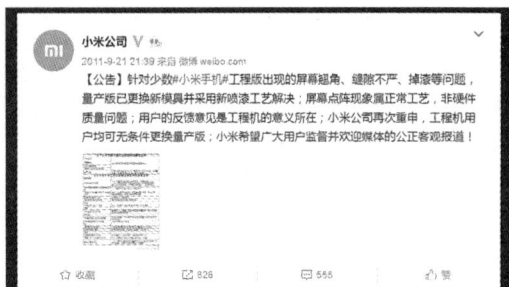

图7-19　2011年9月21日小米官方微博

小米手机充分采纳生活者的意见，在第一时间做出反应，进行改进，并通过官方微博告知生活者，这种良性的互动正是企业传播管理的体现。

资料来源：米柚社区，小米官方微博

8. 企业角色的变化——生活服务者

面对数字生活空间的生活者，传统的企业角色也必然发生根本性的变化。在同社会和互联网上的生活者进行沟通时，企业将逐渐转型为生活服务者。

企业要在数字生活空间中获得最理想的位置，首先是要放下身段，做满足生活者需求的服务者，而不是进行赤裸裸的销售和宣传。就像社区熟悉每一位顾客的便利店，首先提供的是服务而不仅是商品，其次是要不断地维持同社区居民的关系，在这个过程中掌握社区居民个性化的信息，调整自己的经营，最终成为社区居民的生活伙伴，建立品牌的忠诚度。

服务营销是通过获得客户满意度和忠诚度来最终实现营销传播的目标和企业品牌资产的增值。在数字生活空间的营销中，服务的概念正在不断地被赋予新的内涵，服务的地位也在不断地提升。2004年，美国营销协会主席路希和马里兰大学营销管理学教授瓦戈首次提出了服务主导模式，打破了传统营销的商品主导模式，他们认为必须适应数字生活空间企业与生活者之间的关系的变化，

以一种全新的服务为主导的理念贯穿整个营销传播体系，而服务的目的就是通过在各个环节不断地与生活者创造协同，满足生活者的需求。

2006年，路希和瓦戈编著的《服务主导的营销体系》，根据服务主导模式理论对传统的营销组合进行了反思，如表7-1所示。

传统的营销组合与服务主导模式　表7-1

传统的营销组合 （重战术）	服务主导模式 （重战略）
产品	共创服务
价格	共创主题价值
促销	共创对话
渠道推广（地点）	共创价值体系和网络

随后，他们又在2010年将服务主导模式概括为服务生态系统，并针对web1.0和web2.0两个时代的营销传播进行了对比分析，如表7-2所示。

Web1.0和Web2.0时代营销传播的对比分析

表7-2

Web1.0时代	Web2.0时代
对消费者说	与消费者对话
消费者是被动的	消费者正在体验
消费者定位内容	为消费者提供服务
发布信息	消费者主动参与
标准化的大众信息制造	定制的及相关的信息交换
销售者控制	生态系统控制

最终，路希和瓦戈引用物理学中的相变理论，把数字生活空间的服务主导模式现象演绎为从相变到生态系统的过程，如表7-3所示。

从相变到生态系统：企业的角色转变 表7-3

传统的营销传播体系	服务生态系统
推动式营销传播	拉动式营销传播
厂家生产	协同创意平台
研发实验室	创新平台
营销渠道	整合平台

服务生态系统能够更好地反映企业在数字生活空间的状态。

服务生态系统的复杂性远远超过传统的营销传播体系。在数字生活空间，企业应该是一个充满活力的有机体。要随时感受外界的变化，迅速进行调整，并迅速做出反应。这是一个动态的、不断学习的过程。同时，从与生活者的关系来看，一定是更具有弹性和灵活性的，对速度的要求要远远超过以往，并且这个过程不断循环。

产品很重要，但产品只是基础。服务，而不是单纯的产品的营销传播，是在数字生活空间与生活者建立并维持关系的根本。通过成为生活者的街坊邻居，随时沟通交流，激发生活者协同参与企业发展的各个环节，最终成为企业的发展伙伴，是服务的目的。

7.2.2 创意传播管理

创意传播管理（Creative Communication Management，CCM），是在对数字生活空间的信息和内容管理的基础上，形成传播管理策略，依托沟通元，通过多种形式，利用有效的传播资源触发，激活生活者参与分享、交流和再创造，并通过精准传播，促成生活者转化为消费者和进行延续的再传播，在这个过程中，共同不断创造和积累有关产品和品牌的有影响力的、积极的内容。

创意传播管理包含以下几个层面的内涵：

1. 创意传播管理是数字生活空间中企业作为生活服务者的保障和支撑系统

帮助企业随时了解整合信息传播环境的变化，发现危机，并捕捉对企业有用的信息。

2. 创意传播管理系统是数字生活空间中企业生存发展的神经中枢

汇聚各类与企业相关的信息，通过组织管理和相应的技术支持，企业能够对信息进行迅速筛选和分析，形成策略，并把这些内容和策略，发送给企业内部的有关部门，供他们进行判断和决策，并不断调整。

3. 创意传播管理系统是企业在数字生活空间进行反应的运作机制。

依据策略，企业可以迅速而有效地与数字生活空间的生活者进行沟通交流。影响特定的有较为明确需求的生活者，使他们实现购买，保持对品牌的忠诚度；对其他生活者，通过创意传播让他们关注和接触产品和品牌。在这些沟通中不断形成互动和分享，共同持续地创造有关企业、产品和品牌的积极的内容，创造品牌的价值和影响力。

4. 创意传播管理是一种管理机制的创新

从操作层面看，创意传播管理对企业而言最重要的是必须尽快进行管理结构的调整，增设创意传播管理部门，明确工作职责，建立组织架构、工作制度和评估标准，推动企业更好地适应新的传播环境，形成自己的竞争力。

5. 创意传播管理是服务模式的创新

企业向生活服务者转型，必然带动传统营销传播服务领域的服务模式的创新。

6. 创意传播管理是技术系统的创新

面对动态的海量信息，面对无数的生活者，没有技术支持，创意传播管理是无法实现的。相关的技术对互联网技术而言，并不是很复杂，一旦模式明确，技术研发将会迅速跟进，不断满足创意传播管理系统的需要。

7.3 传播管理

近年来，戴尔、福特汽车、维珍航空、松下、花旗集团、AT&T等都纷纷设立了社会化媒体主管。社会化媒体主管的职能融合了传播及营销、客户服务及支持等各部门的工作。类似的职能和部门是在之前企业的发展过程中从没出现过的。

在数字生活空间这种看似脱离了原有秩序，企业似乎无法控制的传播格局内，企业应该意识到必须对现有的管理框架和传播思路进行调整，主动做出变化，主动地与生活者去沟通，以找到一种适应互联网的新的管理方式。

适应互联网时代变化的新型营销传播，是一场真正意义上的企业管理革命。

7.3.1 建立专门的传播管理部门

面对互联网的挑战，企业必须把传播提升到战略和管理层面。传播管理不仅仅是一个新的观念，更要落实到企业的组织机构上，通过对传播管理的重新定位，改变现有的管理框架，单独建立传播管理部门，提高传播管理在组织中的地位，充分发挥其带来的价值。

传播管理部门的核心是对数字生活空间与企业相关的内容进行全面的监测和管理。企业要了解环境，可以监测行业的政策、趋势以及市场动态；企业要了解自身，可以监测企业的新闻报道、搜索排名和关注情况，更可以通过电子商务系统监测产品销售情况，通过论坛监测产品和服务的口碑，监测企业作为雇主在员工和求职市场的形象；企业关注竞争，可以监测竞争对手的情况；企业希望了解生活者和合作伙伴，可以使用传播管理去收集他们的属性特征、分布情况和对企业的评价。

在信息监测收集之后，企业要通过数据

挖掘和商业智能技术，对数据进行分析，经专业人员的解读和研究，提炼出企业的品牌、产品、销售等策略。在监测到危机可能发生时，传播管理系统能向企业预警，并找出原因、可能的传播源和传播链条，做出针对性的反应。同时，传播管理还可以为企业提供资源方面的挖掘，寻找市场机会、获取人才资源、技术资源和合作资源，形成协同研发、协同生产、协同销售的局面，极大的拓展企业的运作体系。

在这种模式下，传播管理发挥类似企业大脑的作用，面向最高决策者和各个部门提供情报和策略，支持企业进行决策，支持各个部门工作。

■ 案例：美国红十字会——社交媒体指挥中心

2005年的"卡特里娜"飓风不但让美国政府在美国百姓心中的信誉扫地，而且美国红十字会更是成为众矢之的，民众对它的谩骂和攻击力度丝毫不逊于美国红十字会的难兄难弟单位——中国红十字会在"郭美美"事件所经受的"微舆论"风暴。

在领略了互联网和社交媒体的威力后，美国红十字会聘请温迪哈曼作为首席社交媒体官，全权负责危机公关与善后事宜。查伦李对美国红十字会的做法大加赞赏，认为美国红十字会虽然一开始参与社交媒体活动只是为了监控和操纵它，但是随着对社交媒体理解的深入，美国红十字会已经意识到作为一个公共机构，最佳的社交媒体策略是开放、并加强与社交媒体用户的互动。

2012年3月初，美国红十字会正式启用了新的"数字化运营中心"，同时也是一个典型的社交媒体指挥中心，此前戴尔、Gatorade、"超级碗"比赛以及CES都启用了类似的社交媒体指挥中心（图7-20～图7-23）。

戴尔是美国红十字会建设社交媒体指挥中心的重要合作伙伴，方案模型也是在戴尔自己的社交媒体指挥中心的基础上修改而成。戴尔还为该指挥中心提供了启动需要的资金和设备。

美国红十字会的社交媒体指挥中心有三个工位，监控墙上的六块大屏幕动态实时显示全球社交媒体趋势和热门话题。

美国红十字会社交媒体指挥中心使用的是Salesforce.com的Radian6社交媒体监测服务，Salesforce声称该服务已经有超过半数的财富100强企业在使用。Radian6从Facebook、Twitter、博客等信息源采集数据进行分析。

如今，美国红十字会已经从一个"不谙社交"的传统机构，转变成为一个善用社交媒体的"先进单位"：不但能利用社交媒体进行舆论、品牌监测和用户互动，还能利用先进的社交媒体工具来大幅提升其灾难救援的响应速度。未来，美国红十字会还计划与其他机构和个人分享信息，例如联邦应急管理局和现场志愿者。

资料来源：http://www.ctocio.com

图7-20　美国红十字会社交媒体指挥中心1

图7-21　美国红十字会社交媒体指挥中心2

图7-22　美国红十字会社交媒体指挥中心3

控制台能显示人们寻找家人、寻求救助以及提供慈善捐助的社交信息。

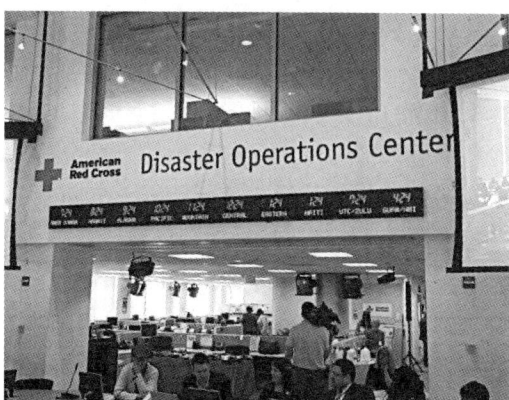

图7-23　美国红十字会社交媒体指挥中心4

社交媒体指挥中心所在的红十字会华盛顿总部灾难运营中心。

7.3.2 传播管理部门的组织架构

对于企业而言，相较于业务和策略上的创新，管理和组织方面的创新更难，这是一个不断突破旧有思路和格局，不断摸索、不断调整人员、部门、制度安排的过程。

在企业现有的组织框架内进行创新，可能有多种路径。可以尝试采用以下的方式：

1. 传播管理部门由于涉及企业内部的几乎所有部门和员工，而且很多内容涉及企业战略和决策的层面，这个部门的负责人——首席传播官（CCO，Chief Communication Officer）——需要由企业决策层来担任，其职能是直接与企业董事会、总裁沟通传播管理工作，特别在遇到重大的危机时，能够自上而下快速作出决策。

2. 由于传播管理是企业的信息中枢，涉及各个部门，因此在组织架构上，该部门可以处于比其他部门略高的级别。这个部门肯定是跨部门的机构，在建立的时候必须要考虑同各部门协调和沟通的方便性。

3. 成立传播管理部门后，将企业原有的负责广告、公关的部门和负责信息化建设的部门并入到传播管理部门。

4. 传播管理部门的专职管理人员，要能协调同各部门的关系，形成协作。可以由各现有部门选派自己部门的员工轮流参与到传播管理的工作中，也可以通过互联网技术，将传播管理部门所汇聚的各种信息和分析策略及时传递给各部门，各部门有专人负责直接与传播管理部门进行反馈和沟通。

5. 传播管理部门应包括四个团队：综合管理团队，精准传播团队，创意传播团队和技术服务团队。

综合管理团队负责进行信息的监测、汇总和分析并形成策略，服务于企业的战略和各个部门；精准传播团队负责处理精准类传播的各项业务；创意传播团队要不断地提供高质量的内容，在数字生活空间中产生影响

和关注；技术服务团队负责维持传播管理的技术系统的正常运行，并承担企业网站和内网等自有传播资源的技术服务。同时，要维护将来建立的内容数据库和生活者数据库。

7.3.3 传播管理办公技术系统

传播管理办公技术系统是把企业相关的海量的、碎片化的网络信息进行采集、筛选和整合。目前一些简单的技术系统已经开始在企业中应用，更多的软件服务和技术研发也在不断地跟进和发展。

传播管理技术系统中有两项关键的技术应用，一是智能化的语义分析，一是数据库建设。

智能化的语义分析是互联网领域最前沿的技术之一。它能对海量的信息内容进行抓取并自动对内容进行识别、分类和判断。简单地举个例子，2016年双十一狂欢夜晚会上，阿里云的人工智能机器人ET，在魔术表演现场与主持人和观众的对话互动，其中就有智能语义分析技术的应用。

数据库建设是另一个传播管理工作系统的重要技术，它需要构建两大主要的数据库，一是对生活进行分类和资料收集的生活者数据库，另一个是用于记录企业发布信息与生活者反馈信息的和内容数据库。这两大数据库是企业进一步进行数据挖掘、策略分析和沟通传播的基础。

7.3.4 传播管理的流程

传播管理贯穿整个创意传播管理的过程中，通过传播管理办公系统，实施实时监控、实时调整的全方位管理，其框架流程如图7-24所示。

1. 内容管理

企业可以从整体传播监测、品牌、产品、市场推广和网络流行文化五个方面对内容进行监测和管理。

①传播监测管理，包括外部传播管理和

内部传播管理两大模块。对外，监测新闻报道、专家观点和生活者评价；对内，监测渠道评价和员工评价，如图7-25所示。

②品牌监测管理，从生活者与品牌的五个相关纬度展开，如图7-26所示。

③产品监测管理，可以真实呈现产品在生活者中的接受程度，同时为企业进行市场细分和产品改进提供机会，管理框架如下图7-27所示。

④市场推广监测管理，可以对企业的传播进行监测、分析和风险控制，管理框架如图7-28所示。

⑤网络流行文化监测，能把握流行脉搏，了解生活者的需求和兴趣所在，更准确的捕捉吸引生活者的关注点，为企业传播寻找沟通元，分析框架如图7-29所示。

2. 策略管理

根据企业规模和不同行业的市场发育程

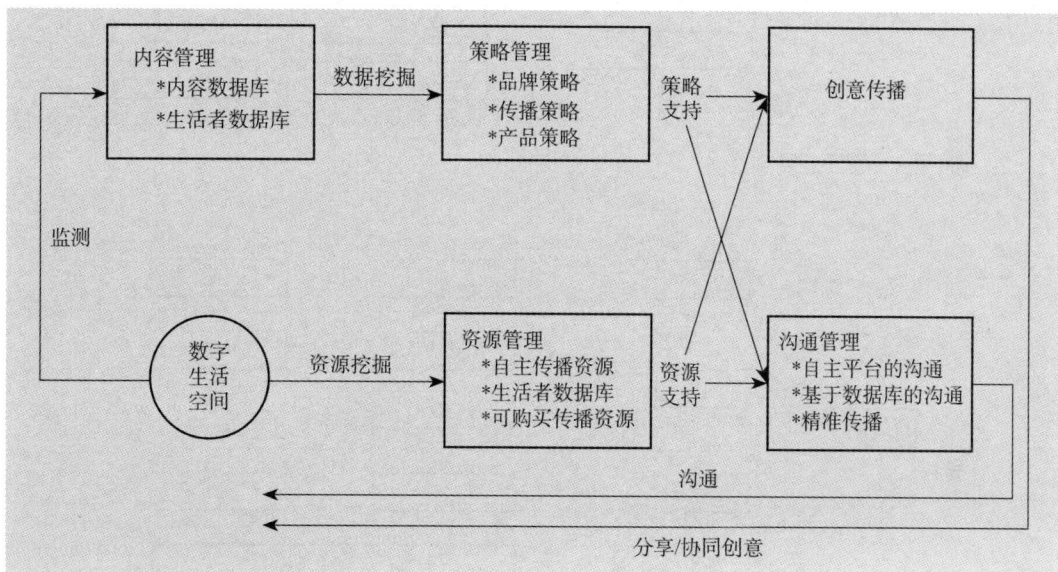

图7-24 传播管理整体框架

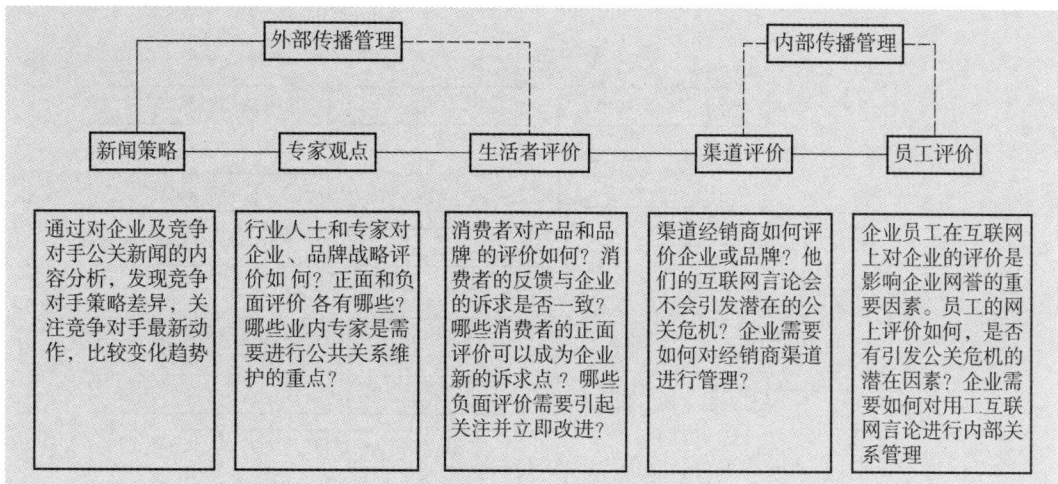

图7-25 传播监测管理框架

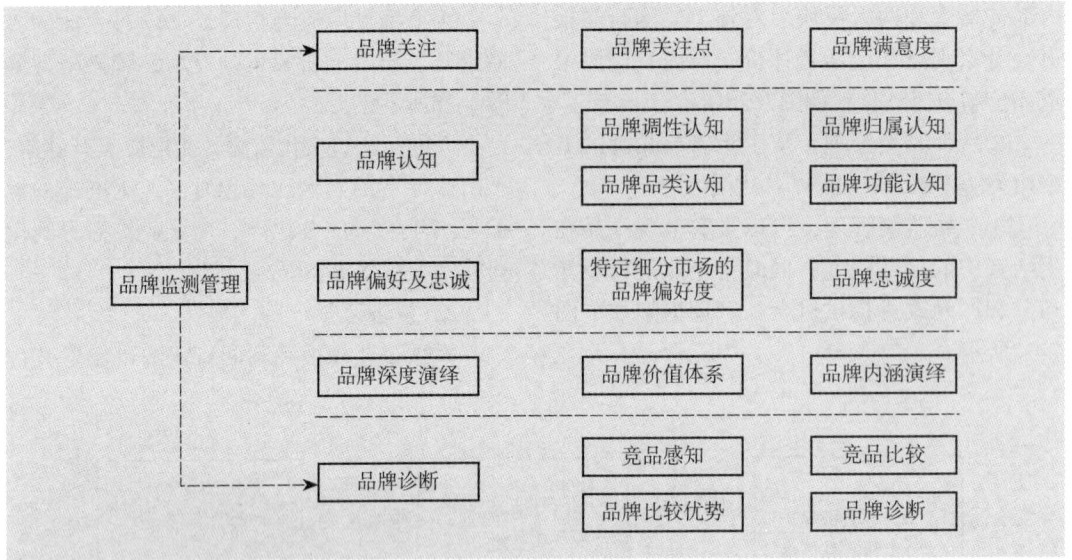

图7-26 品牌监测管理框架

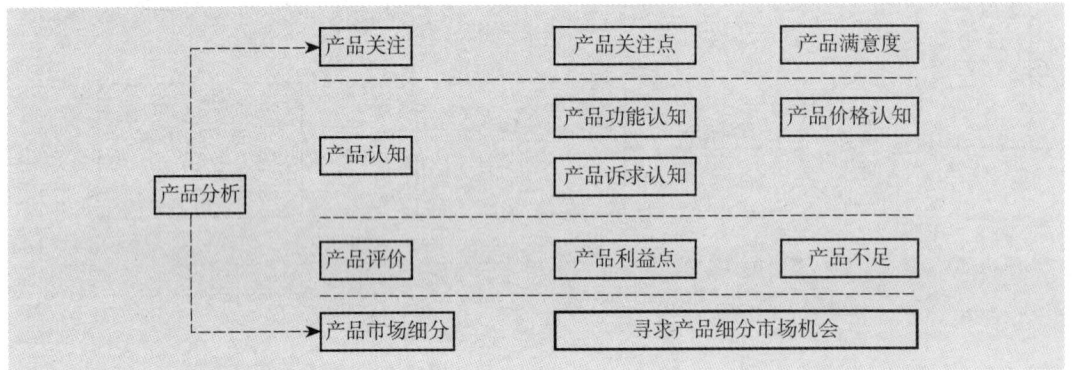

图7-27 产品监测管理框架

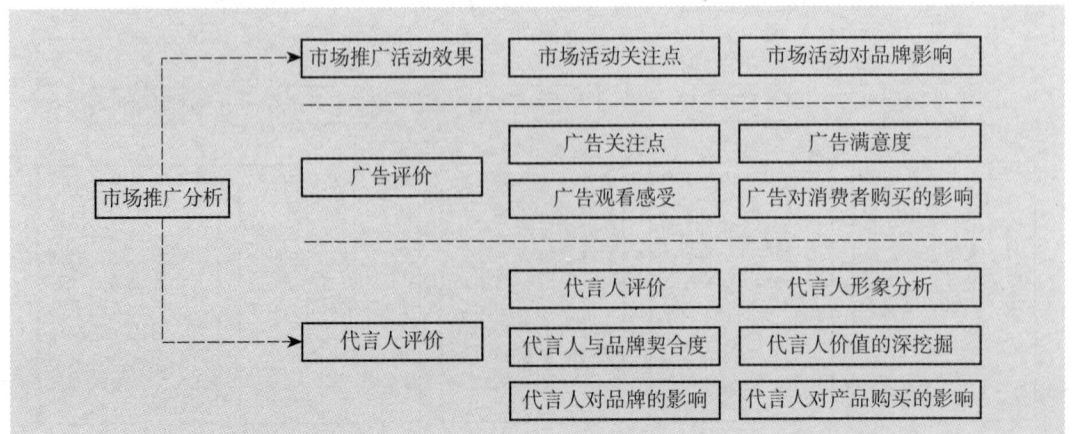

图7-28 市场推广监测管理框架

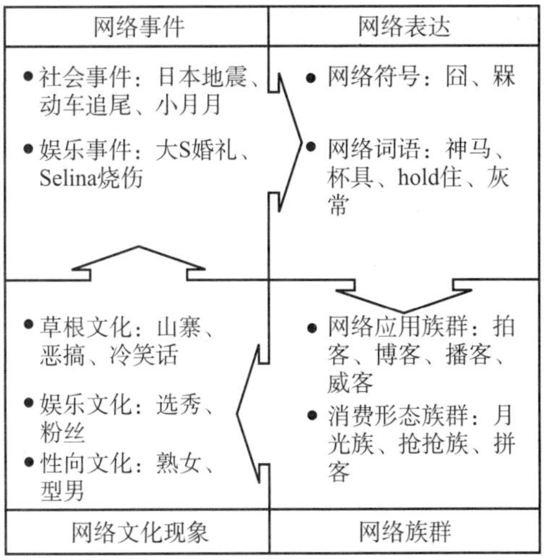

图7-29 网络流行文化监测分析框架

度来看，在传播管理的过程中，一些中小企业可以在内容管理的基础上，直接形成自己的有关策略；而对大中型企业而言，具体策略的挖掘和提出一般还是需要第三方公司的服务配合。

策略管理，是指企业通过传播管理办公系统，在对数字生活空间的内容监测分析基础上，从企业在数字生活空间建立与维护同生活者关系的角度出发，形成企业相关策略的方向，并明确判断策略的科学性的原则和标准，指导第三方营销传播公司的工作，对企业的各项策略进行整体协调和管理。

策略管理可以涉及企业经营的很多方面，与营销传播关系最为密切的是品牌策略、传播策略和产品策略三个模块。

3. 资源管理

在数字生活空间中，传播渠道高度复杂化，遍布着传播资源。企业要对自己所拥有的传播资源进行有效运用，保证这些资源能够不断地发布出引起关注的积极内容，对可购买和可拥有的传播资源，要利用传播管理的相关技术，加强监测和研究，使企业的内容能够不断地借助这些资源产生影响。

①自主传播资源的管理

企业自身建设和拥有的传播平台、大量的无需付费就可以挖掘和利用的平台资源，都是企业的自主传播资源，包括企业网站、品牌活动网站、企业自建的电子商务网站、企业开设在电子商务平台的网店（如天猫网店）、企业微博、企业微信公众号、贴吧、百度知道、百度问答、社区等。

对于自主传播资源的管理，首先需要重视企业网站的管理和建设，在法规上要注意向传播管理部门报告备案，遵守管理制度；在建设上，要避免企业不同层级、不同类型网站之间的混淆，建立企业网站资源的管理制度；在内容和设计上，要制度化日常的管理维护；在安全性上，要加强网络安全投资，避免出现安全问题；在技术功能上，如果网站具有与消费者互动的功能或者销售功能，要注意根据生活者的同类网站使用经验，提升使用体验。

其次，要将网站建设同搜索引擎优化很好地结合起来。一方面要对相关关键词进行筛选和管理，一方面要利用技术手段优化网页页面，使企业网站的更多关键词可以被搜索引擎自动抓取。有些企业的网站使用大量的固化图文，文字说明都置入到图片中，搜索引擎无法抓取，这样就丧失了搜索传播的价值。

第三，对企业社会化媒体资源的管理，主要包括微博、微信。在鼓励员工开设微博的同时，要制定微博的管理制度，最好进行内部的报备，方便监测和管理；在开设微博官方帐号时，要进行平台认证，同时避免不同层级过多的重复建设，搭建层次合理、逻辑清晰的微博群；在微信公众号的管理上，一方面要选择适合企业实际情况的公众号类型，另一方面要注重前台推送内容的创意整合，同时还需要注意后台的反馈信息，及时进行调整和提升。

②可购买传播资源的管理

在互联网众多的传播资源中，门户网站、

垂直网站、搜索引擎、视频、论坛、微博平台推送等传播资源是企业可以通过付费购买使用的。由于数字生活空间类似的资源很多，而且传播环境复杂，所以，企业首先应该对这类传播资源有整体的了解，并从功能、关系、效益三个方面对可购买的传播资源进行管理。

③生活者数据库管理

生活者数据库，是企业通过传播管理系统的监测，从互联网的各技术平台提取单个生活者的访问记录，以个人为单位进行汇总存储，并不断更新和维护，最终建立起的数据库。

生活者数据库的建设首先要有清晰的指标体系，如图7-30所示。

生活者数据库要由传播管理的核心部门进行统一管理、建设和维护，制定管理制度，并同时开放给企业的各个相关部门，实现数据的共享和协作。

4. 沟通管理

沟通管理是以内容管理和策略管理为基础，企业对消费者进行的精准的、可测量的沟通。主要包括利用自主传播资源的沟通、基于生活者数据库的沟通和通过搜索引擎、垂直进行的精准传播。这些沟通，更多的由

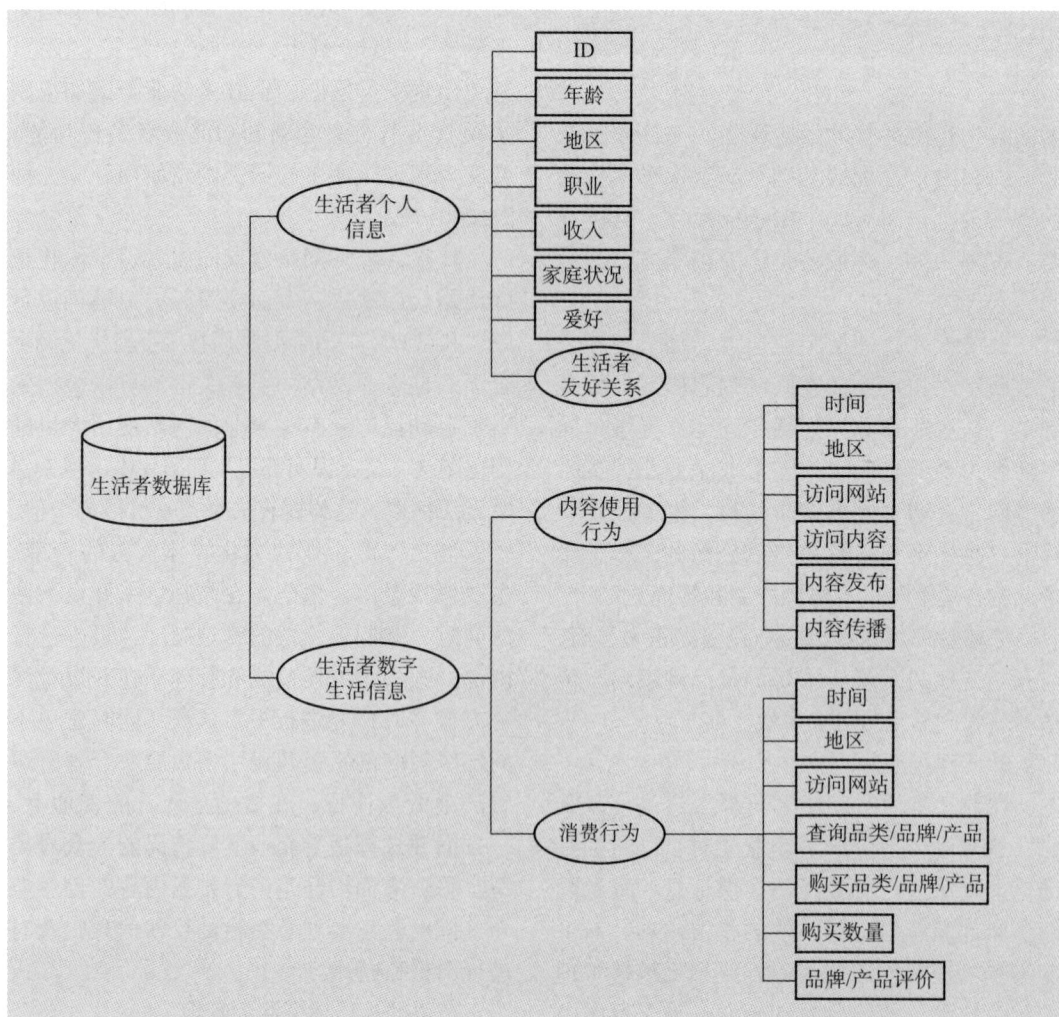

图7-30　生活者数据库指标体系

企业自己执行，是传播管理部门重要的日常工作内容。

企业利用自主沟通平台与生活者进行日常沟通，需要主动地去监测生活者的动态，发布生活者感兴趣的内容，而不是单纯的发布产品、服务和广告信息，企业应该真正地去沟通而不是营销。自主沟通平台的日常沟通管理过程如图7-31所示。

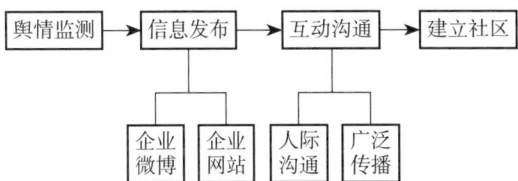

图7-31　自主沟通平台的日常沟通管理过程

通过舆情监测，企业可以捕捉到生活者的信息，与生活者进行有针对性的沟通和关系管理。

信息发布强调的是企业官方信息的发布，包括企业信息、股票信息、产品信息、活动信息等内容。这类信息要严谨、准确、发布要有严格的制度；企业微博是信息的窗口，及时、简洁有创意；企业网站是信息的最终平台，内容要更全面详尽。

及时跟生活者进行信息的互动和反馈，特别是针对投诉和抱怨，要迅速反应，寻找解决方法。通过社交网络，与生活者进行"一对一、面对面"的互动，利用自主沟通平台的社区特性，吸引生活者参与，努力成为生活者的服务专家。

基于数据库的沟通管理，可以分为日常性沟通和主题性沟通两种。

日常性沟通是指企业对生活者进行日常的、实时的监测，当发现生活者主动表达意向、提出需求的时候，企业就要与他们随时随地进行一对一的沟通。比如针对百度知道上与产品有关的提问，可以马上进行专业解答。

主题性沟通是指企业从生活者数据库中挖掘出某类生活者的潜在需求，有针对性的设计传播主题，主动与这类生活者进行沟通。比如淘宝平台针对某位顾客对外星人电脑的搜索，推送"游戏玩家的发烧装备"商品推荐信息。

精准传播管理是指企业抓住搜索、问答、垂直网站等生活者主动表达的机会，利用相关传播资源的特点实现精准的传播。

互联网作为数字生活空间，其中的每一个生活者都会有意无意地表达自己的需求或消费意愿，一种典型的表达形式就是搜索引擎。除了搜索之外，垂直网站（汽车网站、电脑网站）和问答网站也是消费者常用的表达形式。这种购买前搜索、查询的行为被谷歌称为"预购买"。企业如果能把握这一类型的传播资源，将使企业的传播从过去相对粗放的大众传播发展到精准的、可测量的传播，极大提升对生活者需求的把控能力和传播效果，真正成为满足生活者需求的服务者。

■ 案例：中国平安搜索引擎管理

有意向了解保险、理财、投资信息的人，往往会刻意去互联网询问和搜索相关方面的新闻。中国平安网络直销平台推出的车险和旅游意外险，在百度上进行了创新性投放尝试。

2010年6月起，平安与百度合作，启动了一项基于搜索工具的"一站式服务"营销方案。百度提供的系统性搜索工具价值组合，让广大客户真正感受到平安网络直销平台的优势。

平安首先选择在百度人气活跃度极高的知道和新闻频道投放精准广告，大幅提升目标受众对中国平安网络直销服务的全面认知；精准锁定目标用户之后，直接基于广告与用户进行互动，并形成高转换率。

以往受众在看到平安广告后，需要到中

国平安网站主页去逐层找到具体的产品页面，填写信息提交后才能得到最终的结果。为减少用户的使用负担，平安车险通过与百度的捷径广告合作，打造了一款车险计算器，受众可根据自己现有情况，选择车辆所在省市、购车时间、保险截止日期，并填写车价、车牌号以及手机号码等详细信息，最后点击快速报价按钮，即可将车险报价单直观呈现出来（图7-32）。

"百度捷径"不仅给平安用户带来便利，给中国平安也带来最直观的营销效果，经过两个多月的推广投放，对中国平安自身的网络直销平台的流量导入也有很大的提升（图7-33）。

图7-32 百度搜索投放引流

图7-33 中国平安官网承接流量

平安与百度的合作有着三个明显的演进过程：最初，双方合作从单纯的关键词广告开始；随后，合作深度到了精准营销，如充分利用百度知道这样的工具。百度引导性的帮助助力了平安的网络推广销售，如开通百科频道，平安在其中借"专家知道"栏目进行口碑式营销。而现在，平安则与百度共同开发创新型项目，譬如通过"百度捷径"，在国内首开互动式营销。

借助搜索模式，中国平安在互联网上的销售每年都会数倍递增。

7.4 创意传播

创意传播是根据生活服务者的策略，依托沟通元进行创意构想，并将沟通元的各种表现形式利用相关传播资源展现，激活生活者，在分享、互动和协同创意中创造交流、创造话题、创造内容，进而创造传播效果的营销传播模式。

其中"沟通元"是创意传播的核心要素，是实现复制、延伸和不断传播的创意"元点"。

在数字生活空间中，创意传播在创意表现上跟过去不一样了。

首先，创意深入整个传播活动的各个环节、各个层面并起着统领全局的作用。它不仅是创意人员一个新奇的想法，不仅是设计人员对这个想法的具体呈现和执行。创意传播为生活者提供"沟通元"，激发群体的传播活性，实现沟通元在数字生活空间中广泛快速的复制、转发、延伸，达到生活服务者品牌营销传播管理的目的。

其次，创意与技术的结合更加紧密，对技术提出了更高的要求。创意部门无法绕开技术单独操作，必须吸纳掌握互联网应用技术的人员，技术不再是配角，甚至已成为创意传播中重要因素之一。比如AR（实景增强）、VR（虚拟现实）技术。

创意传播是创意传播管理的重要一级，与传播管理相互关联，承接呼应，保障了在数字生活空间中生活服务者营销传播任务的顺利完成。

7.4.1 沟通元

沟通元是指一种基于内容的文化单元，它凝聚了生活者感兴趣的内容和容易引起讨论和关注的话题，一旦投入数字生活空间，就会迅速引起关注，激发生活者热烈的分享、讨论和参与。并且，在传播者和生活者的积极互动过程中，沟通元不断地丰富和再造，并不断地延续传播。

沟通元能够被延展为各种形式的信息与内容，同时具有强大的可复制性，一旦推出，就能够在生活者中进行飞快地复制，并引发协同创意，从而形成连绵不断的传播浪潮。

沟通元可以被看做是传播过程中的文化基因，众多吸引眼球的广告、公关、视频、自制剧、病毒等传播活动都是沟通元的外在表现形式。

传播活动中吸引生活者注意力的独特卖点、独特诉求等噱头都与其背后所隐藏的文化基因有关，正是文化基因触发了生活者的认同或引领了生活者的观念和情感，才使得众多传播活动得以成功。在创意传播中，沟通元是创意得以快速复制传播的载体和实现品牌营销传播的核心要素。

沟通元的力量在于为营销传播活动提供核心价值和指导思想。

在传播环境极端复杂的互联网环境下，广告、公关、活动等传统环境下的分类概念已经不适用，各种营销传播手段的边界开始模糊化。从沟通元这一概念出发，可以用一个全新的视角理解基于互联网数字生活空间的复杂环境下生活服务者的营销传播活动——创意传播。

7.4.2 沟通元的特点

沟通元本身所具有的诸多特性使其能够在数字生活空间中，担当起生活者与生活服务者之间沟通的桥梁，并在营销传播活动中发挥巨大作用。

1. 沟通元的明确单一性

生活者的耐心非常有限，概念的单一化对品牌的塑造更为有利。沟通元是易于识别、易于记忆的，一则信息应该包含清晰明确的沟通元。在商业信息泛滥的数字生活空间中，如果信息承载的意义过多则会导致生活者理解上的混乱，反而不利于记忆。

这种特性类似于传统广告创意中被强调的"诉求点的单一性"。让信息简单、明白才更容易被消费者认知和记忆。

■ 案例：冰纯嘉士伯—不准不开心

2007年年初，主打年轻人市场的冰纯嘉士伯就着手准备全新的营销方案，主创团队将聚焦在"80后"的心理营销上。

"80后"消费最大的特点——重视"情感满足"胜过"机能价值"，追求时尚新品，对高端消费品的需求越来越大。同时，"80后"对传统营销形式漠视，喜欢新奇创意的产品。所以，冰纯嘉士伯首先从包装入手，让外观上设计给人年轻、活力的感觉，满足"80后"年轻人对设计的追求。接下来，针对"80后"大多注重自我，物质生活条件较好，但社会不断变化让他们感觉生活压抑、内心方向迷失、生活的巨大压力的特征，确立"开心"的诉求核心，进而推出"不准不开心"的口号，倡导积极的生活态度（图7-34）。

不论是MSN、QQ签名还是博客、论坛，"不准不开心"这句口号在以各种各样的变种形式传达着年轻人的主张。"不准不开心"，带有些许命令式的口吻，却同时又有关怀的味道，不仅可以很酷的丢给好朋友，还可以作为自我解嘲的良药——这正是最具"80后"特色的表达方式。

冰纯嘉士伯选择与象征奔放与活力的音乐组合五月天合作，旗帜鲜明地让"不准不开心"出现在电视、平面和众多户外广告上，网络投放更可形成二次传播；在营销事件方面，冰纯嘉士伯将品牌与音乐紧紧结合，在全国各地展开了以五月天为主打的"Live音乐会"。

2010年世界杯是广大球迷期盼已久的足坛盛事，也是啤酒厂商等待已久的旺季。比赛期间，无论露天大排档、喧闹的酒吧，还是高端的会所，到处都在直播赛事盛况，每场的平均收视人数达到了2550万。中国球迷无疑是世界杯的巨大受众群体，同时球迷也因为中国队不能现身赛场而沮丧，他们的内心无数次地幻想着中国队可以挺进世界杯并有所斩获。

冰纯嘉士伯并非世界杯的赞助商，但他们希望通过让足球与啤酒所带来的快乐无限释放的方式，将冰纯嘉士伯"不准不开心"

的主张发扬光大，引起球迷的关注，提升冰纯嘉士伯的销量。

在这一阶段，创意团队用中国特有的"优势项目"PK世界强队，让中国队击败世界强队，捍卫球迷开心的权利，满足球迷"想赢"的愿望。"不准不开心"，让足球与啤酒所带来的快乐无限释放。

创意实施的策略如下：

①病毒视频。共制作了3支病毒视频，结合相应的世界杯赛事时间在网络上进行投放，激起球迷的共鸣，并借助视频网络平台及网民自主传播的力量，获得极佳的话题性及传播效果。在中国队与法国队热身赛的前一天，冰纯嘉士伯在土豆和优酷等主要视频网站投放中法"火锅篇"视频，并成功收获意外之喜，即病毒视频中的比分恰好与热身赛的比分一致，嘉士伯也因此被网友膜拜为"预言帝"，传播效果呈几何式放大（图7-35）。随后阿根廷比赛当日推出中阿"麻将篇"，掀起第二轮热潮，继而又推出了中巴"乒乓篇"，把活动推向了高潮。鉴于世界杯比赛期间，大街小巷都有结伴看球的球迷，而酒吧更是

图7-34 冰纯嘉士伯不准不开心海报

图7-35 冰纯嘉士伯不准不开心病毒视频

年轻人下班后边喝酒边看球的首选佳地，所以冰纯嘉士伯选择在一些人气旺的酒吧利用比赛间歇中场休息插播这三支病毒视频，获得了意想不到的效果。

②酒吧互动游戏。冰纯嘉士伯还制作了酒吧互动游戏，小机关的设置令选玩中国队的球迷所向披靡，尽享获胜的畅快感受。

③网络游戏。冰纯嘉士伯推出了"开心世界杯"的网络游戏，迅速成为热点。在该游戏中只要选中国队就一定能射中，让球迷痛痛快快赢个够！

最终，整个活动成为全国上下的热点话题，不断被网络、电视、报纸报道和转载。截止到世界杯结束，拥有了近1千万的点击量，上万次的转发、链接。同时，冰纯嘉士伯的销量增长了20%。

资料来源：2011年中国艾菲数字营销奖参赛作品

2. 沟通元的可分享性

可分享性，是指在沟通元被发送到数字生活空间后，能够立刻引起生活者大规模的关注和讨论，并被他们自发地复制和分享传播。即使沟通元的创造者不给予人为的推动，沟通元也可以在生活者中完成分享的过程，从而通过数量上的分享，实现传播的效果。

这种分享性的根本在于沟通元本身凝聚了生活者感兴趣的内容和容易引起关注的话题，但数字生活空间所具有的分享功能也起了推波助澜的作用。这是因为数字生活空间是一个由信息组织起来的参与式互动交流的群体生活空间。生活者之间通过关注、复制分享、发帖、回帖等方式贡献内容，对共同关注的沟通元不断地发挥创意、丰富完善，实现传播，但并非所有的生活者都是创意贡献者，更多的生活者表现为分享者。分享不需要任何门槛，只要轻轻点击鼠标，将链接复制转发，就可以将沟通元分享给自己尽可能多的好友，充分发挥了生活者作为信息实体的传播特性，可以说，在创意传播的框架下，沟通元的可分享性可以实现最初的传播效果，使得它进一步成为数字生活空间中高效的传播工具。

沟通元的这一特性，从根本上改变了生活服务者的传统营销传播方式。企业作为生活服务者，不需要再经常消耗巨大的人力物力利用媒体在传播的每一个环节上进行艰难地推进，只要创造出恰当的沟通元，再将沟通元发送至生活者群体当中，很多时候只要静候沟通元发挥作用。当然，为了帮助沟通元营造适宜的分享环境，生活服务者还需要在某些时间点上利用多种传播资源以恰当的手段激发沟通元的传播扩散效果。

3. 沟通元的可延展性

在碎片化、动态化、去中心化的数字生活空间中，信息浩如烟海，单一信息被关注的周期正在迅速缩短。保持生活者长时间的高关注度和参与度是任何生活服务者希望获得的理想状态。

沟通元的可延展性是指在数字生活空间，沟通元并不是一成不变的，作为创意传播的核心和起点，其广度和深度都会在传播过程中不断延伸和扩展，在这个过程中，沟通元被交给生活者，不断被挖掘、被深化、被重塑、被再创造，从而实现生活者与品牌的协同创造。

成功的沟通元向一颗种子，可以在数字生活空间的土壤中不断发育、生长，保持用户对它长时间的兴趣和关注甚至参与。

沟通元的可延展性能够促进生活者与生活服务者在"相遇过程"的时间和空间里不断互动沟通，从而更贴近品牌形象，更适合成为再次创意的起点。

生活服务者应该充分利用这种特性，对沟通元进行操控，不断地调整沟通元的表现形式，深化或者巧妙的改变沟通元的要素，以保证传播活动的持续性。

4. 沟通元的可参与体验性

数字生活空间中的传播同传统环境下的传播最为重要的区别就是：可以双向互动，并且可以形成自发的二次传播甚至多次传播。信息的接收者可以成为新的信息生产者和传播者，传播活动从单向线性的模式升级为双向并且可发散的网状结构。

成功的沟通元在这样的环境下必须要拥有让生活者能够参与其中的能力，即使有一些传播活动不能让生活者参与到沟通元的创造或者延展过程中，也需要让生活者有被卷入感，乐于与他人分享和交流有关该沟通元的信息，帮助这一沟通元进一步完善并进行多次传播。

■ 案例：小红书社区电商平台

小红书是一个社区电商平台，运营宗旨是"帮下一代消费者找到全世界的好东西"，目标客户是85后、90后的个性化女性消费者。

创办于2013年6月的小红书，主要包括两个板块：用户原创内容（UGC）模式的海外购物分享社区；跨境电商"福利社"。对即将出国的人来说，可以借助小红书制定自己的购物清单，而暂时没有出国打算的人，可以通过逛社区来增长经验，或者去福利社完成一次"海淘"。

小红书福利社上线半年销售额即突破7亿，在2015年6月6日开始的周年大促中，小红书在App Store的排名攀升到总榜第四，生活类榜第二。

借助中国海淘热情的日益高涨和在购物过程中的信息需求，小红书实现了高速的创业起步。小红书在运营上的差异化主要包括以下三点：

第一，口碑营销。没有任何方法比真实用户口碑更能提高转化率，就如用户在淘宝上买东西前一定会去看用户评论。小红书有一个真实用户口碑分享的社区，整个社区就是一个巨大的用户口碑库。

和其他电商平台不同，小红书是从社区起家，海外购物分享社区已经成为小红书的壁垒，也是其他平台无法复制的地方（图7-36）。从小红书购物攻略到小红书购物笔记让用户变成了千千万万个海外购物经验分享者。对社区外部人士来说他们都是意见领袖、是专家，能够向大家传播更多海外购物的知识；而在社区内部小红书鼓励去中心化的方式，重的是内容，轻的是背后分享的人，并没有权重用户和所谓的红人机制，让每个人都能发表自己的意见，每个人都有机会把好的内容带给大家，正是这些内行人士让小红书更加的有价值。

第二，结构化数据下的选品。小红书的社区中积累了大量的商品口碑和用户行为，就好像全世界有几十万的用户在帮小红书主动使用和发现新出来的好东西，然后有几百万上千万用户用自己的行为来投票，这些数据可以保证采购来的商品是深受用户推崇的。这也是小红书只卖过几千个SKU，却能产生上亿销售额的原因。

第三，个性化推荐。这是小红书下一步的技术方向。个性化推荐要做到最好，其实不只是技术和算法有多牛，而是用户要花足够的时间在你的APP里，通过无意识的点赞、

图7-36　小红书社区

图7-37　小红书2015周年庆事件营销1

图7-38　小红书2015周年庆事件营销2

图7-39　小红书2015"红色星期五"
事件营销

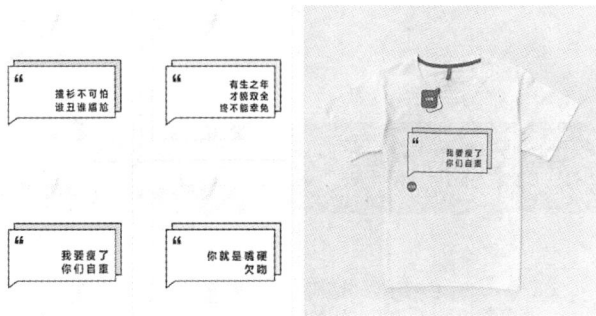

图7-40　小红书2016周年庆T恤

收藏、关注、分享等行为告诉你足够多关于她自己是谁的信息，而这个是社区性电商的天然优势。小红书用户平均每月打开APP超过50次，使用130分钟以上，这是纯电商无法获取的极高价值的底层数据。

小红书的营销推广基本采用社交媒体平台为主和事件营造的方式，其特点简单地说就是围绕用户接触点和用户体验开脑洞。

2015年6月6日，小红书周年庆大促，一场"小鲜肉送快递"的事件营销战役迅速吸引了社交媒体的关注，小红书一炮打响，知名度和安装量迅速提高。

以外籍模特充当快递员，与小红书本身的海淘特点相吻合；而小红书用户以年轻女性为主，也让这种惊喜级的用户体验有了更多被传播和分享的可能（图7-37）。

2015年11月，小红书的"红色星期五"活动推出。一辆装满礼物的红色大巴快递车在国内各大城市巡游，游戏规则很简单，用户拿着自己的小红书快递纸盒上车装奖品，能装得下的都可以免费拿走。事件再次引发了社交媒体的传播热潮，一些用户心心念念地要求把大巴车开到自己的城市；还有一些为了能多装礼物，开始囤积小红书快递盒（图7-38）。

2016年6月，小红书周年庆，推出限量版标签T恤和快递盒，利用目标客层标签化的心理和"骚萌贱"的抖机灵俏皮话，让客户成为品牌的活广告。同时，利用风头正劲的直播形式，小红书延续肌肉男的看点，推出小红书庆生趴（图7-39～图7-41）。

2016年11月"红色星期五"，小红书在

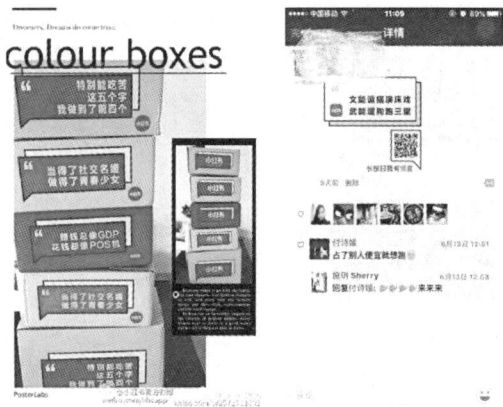

图7-41 小红书2016周年庆快递盒

图7-42 小红书2016"红色星期五"话题营销1

图7-43 小红书2016"红色星期五"话题营销2

上海徐家汇地铁站发布的广告牌,胡歌纠结的脸和每个女人的世界难题在一起,而墙上的红包里就有解决方法,有相同困扰的路人,可以取红包,带走答案(图7-42)。

在微信朋友圈里,还有上百个"人生难题",被做成了真题集。很多人明明知道是广告,还是会手贱解个题,解完题发现,这也是个红包。在双十一刚结束,人们的红包充满疲惫的时刻,小红书利用红包开脑洞做创意。这些内容同样在社交媒体被用户大量分享和扩散(图7-43)。

在日常的运营和推广中,小红书使用APP客户端、微博、微信作为营销推广工具。其中的"神文案"经常让用户广为传播或奉为知己。"总之那几单,感性赢了理性那一面"、"天青色等烟雨,我在等快递"、"包治百病,鞋守一生"……

而快递盒作为品牌与消费者最实际的接触点,则被小红书开发出各种游戏玩法(图7-44)。

除了运营和模式上的差异化,小红书充分利用对用户的数据分析,善于挖掘和制造符合目标受众审美及生活趣味的沟通元,触发受众的参与、分享和扩散,这是它在传播推广上的成功之道。

资料来源:根据网络资料整理

图7-44　小红书快递盒创意互动

7.4.3　沟通元的分类

在数字生活空间中，沟通元作为一种文化单元或者说是文化基因，有极其丰富的表现形式。策略、创意、理性诉求、感性诉求等概念形成的传统广告体系已经瓦解，创意本身也可能成为一种诉求手段，策略本身也可能成为一种说服手段，对生活者情感的激发和基于时事的借力打力都可能成为一种沟通手段。

目前，以沟通元的形成过程作为标准，可以将沟通元分为三类：热点关注型沟通元、生活者制造型沟通元和主题传播型沟通元。

1. 热点关注型沟通元

热点关注型沟通元是指生活服务者传播的内容与热点事件相结合，捆绑投放，依靠热点事件所具有的高关注度和高参与度吸引生活者关注、参与，从而实现生活服务者营销传播的目的。热点关注型沟通元的核心在于热点事件，诸如社会公共事件、重大灾难、体育赛事、节庆日、影片上映、明星绯闻等热点事件都可以成为捆绑结合的载体。

依据热点事件的发源地可以将其分为两

类：一是发源于现实生活中的热点事件，即在现实生活中本身就备受关注的社会热点，如"天宫一号"发射。二是互联网热点事件，即基于互联网传播平台，让人们普遍感兴趣的事件，在这个过程中，互联网起了主导作用，扮演着转换器或者触发器的角色，如"郭美美"事件。

热点事件本身就是一种沟通元。但并非所有的热点事件都可以为生活服务者所用，达到与生活者良好沟通的效果。优秀的热点关注型沟通元除了具有关注度高的特点之外，还需要具有以下三个主要特点：关联性强、关注时间长和参与度高。它与生活服务者的品牌属性或者企业精神有着内在的正向关联；它可以维持很长一段时间，而不像有些信息只是昙花一现后就迅速被生活者遗忘；它具备有意义的接触点，能够搭建生活者可以参与的平台，使其围绕该主题形成有效的互动参与环节，从而实现生活服务者传播的目标。

可以说，热点关注型沟通元是一种借力打力的传播方式，即借助已经成为社会热点的信息，引发全社会的关注和讨论，进而再将生活服务者的传播目标与这些热点事件相结合，以达到比附热点并引导其走向，不断扩展延伸、丰富内涵、进行营销传播的目的。

无论是发端于现实的热点事件还是源于网络的热点事件，都绕不开互联网对其的影响。

互联网热点事件中的沟通元，往往表现为生活者感兴趣的内容以及容易引起讨论和关注的话题，能够被延展为各种形式的信息与内容，其表现形式更具有强大的可复制性、随时变化的动态性和广泛的参与性。下表7-4对互联网热点事件的分类整理，可以为数字生活空间中生活服务者提供适合创意传播的选择框架。

互联网热点事件中沟通元的选择框架

表7-4

互联网热点事件中的 沟通元	对应的生活者 心理层面
怀旧情绪	家国意识，侠士之风
扶贫济弱与抗争精神	侠士之风，自我实现
社会不公	侠士之风，家国意识， 自我实现
色情与情色	本能需求，窥视欲
猎奇	本能需求，窥视欲
受害者心理	本能需求
审丑现象	本能需求，窥视欲
民族和国家认同	家国意识，自我实现
怪力乱神	信仰追求，窥视欲
灰姑娘情节	窥视欲，自我实现

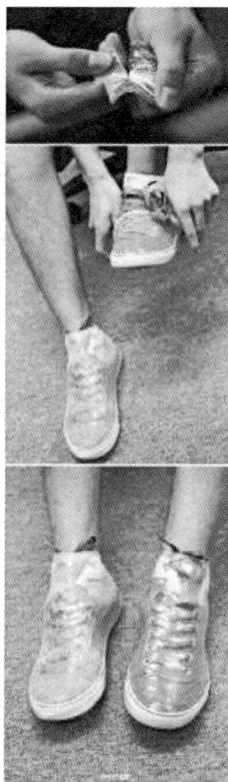

图7-45　杜蕾斯鞋套

■ 案例：杜蕾斯——鞋套的故事

2010年6月23日，北京突降大暴雨，中关村出租车入水、二号线地铁开始关闭、写字楼下的积水至少有了五厘米。

杜蕾斯内容团队的创意人员山杏看着窗外和杠子扯淡说小心你新买的昂贵的球鞋弄脏了，杠子说不怕我有伞等雨小点再回家。山杏反驳说即使上边的雨小了，地上还是有积水啊，不如给你的新鞋子套个套子吧。内容编辑小宝随即对此表示认可赞同，并挤兑杠子说你还可以套头上，出门的时候会分分钟被警察揖获，坐着专用警车回家也可以防止被淋湿。恰好团队的摄影爱好者张宇随身带着相机，于是向远、大新、阿紫、祥子等人充当造型师，帮着杠子摆弄好了，咔咔咔拍摄完毕，简单修图，大家开始打赌，这条微博能转发多少次（图7-45）。

这个创意符合杜蕾斯微博与热点结合、有趣胆大、快速反应、坚持原创的原则，而且很多人都有小时候下雨出门用塑料袋套鞋的经验，避孕套有弹性更适合，何况杜蕾斯的还是凸点的，增加了防滑功能。

既然没有原则性的问题，和CEO马向群简单沟通后，拍案决定可以做，先由杠子的私人账号@地空捣蛋发出来看看效果，而后再由@杜蕾斯官方微博转发。

17:58分，杠子首发微博，不到两分钟，当时不到6000粉丝的@地空捣蛋的这条帖子就被转发了100多次，而后速度增快，主动转发的人里出现了并不是杠子粉丝的大号账号开始转（图7-46）。

18:00，@杜蕾斯官方微博"以粉丝油菜花啊！大家赶紧学起来！！有杜蕾斯回家不湿鞋~"的评论进行转发，而后的一个小时，杜蕾斯的回复人员蕾蕾和党员都已经忙得手舞足蹈，聚拢在杠子电脑后的其他同事已经目瞪口呆了，因为每分钟的转发和评论都以数百条计算根本无暇回复（图7-47）。

18:15分，新浪微博一小时热门榜中杜蕾斯的话题以1000多条把雨灾最严重的积水潭和地铁站甩在身后成为第一名。

杜蕾斯的微博粉丝很多都是平日里与杜蕾斯有互动的十万粉丝的大号，于是截止到18:30转发已经超过1万，20:00超过3万，24:00超过5万8千条，牢牢占据了6月23日新浪微博转发排行的第一名（图7-48）。

热点远远还未结束，有些当日未在电脑前的用户，在6月24日上班后看到内容后都惊叹有才，继续转发。6月24日10:00转发到7万条，24日17:00转发到8万条，而后三天内，最高的转发超过了9万条。这也是新浪微博第一次非明星事件、非天灾人祸、非转发就发财，而是原创和品牌相关的内容成为本周转发热门榜第一名。

三天后，它已经成为一个微博传播现象。数据统计，转发内容粉丝排行的前10名，如@全球热门排行榜@我们都爱讲冷笑话等的粉丝总数是1039万人，带来的二级转发数量是4万多条，另外也不乏@冯远征@杜子健@路透社等影视、传播和传统媒体的转发参与。

根据传播链条的层级性远离，此内容应该是可以被5000万以上的新浪用户看到，另外同时我们在腾讯微博、SOHU微博也做了及时发布，影响人群也在千万级别以上。如果以传统媒体传播达到来言，这次没花费一分钱预算的事件传播可以与CCTV黄金时间点的3次30秒广告的效果媲美，并且在社交网络里转发的人大部分是对杜蕾斯品牌有认知的消费者。接下的一周，微博营销专家对此事进行的评点，中国日报英文版也将此案例评为2010年最有代表性的社交网络营销案例之一。

几个小插曲：

1. 杠子当天穿的是凡客下午送到的蓝色球鞋，团队还@凡客问是否是他们的产品，可

图7-46　杜蕾斯鞋套微博首发

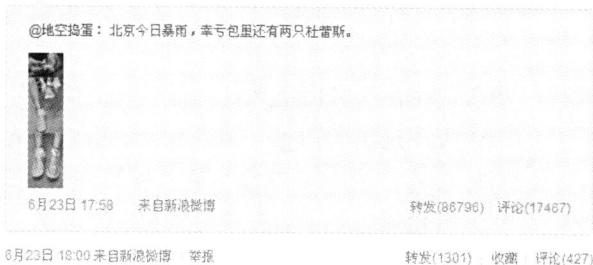

图7-47　杜蕾斯官方微博转发

图7-48　当日新浪微博话题排行

惜第一时间他们否认了，而后醒悟过来，否则这次传播中凡客也将获得很大的品牌曝光（图7-49）、（图7-50）。

2. 杰士邦在杜蕾斯发布后也做了模仿的创意，被很多网友指出模仿。

3. 很多草根大号去掉杜蕾斯的产品包装冒充原创，也得到了近万条的转发。

4. 晚上8:30，团队的人集体进餐麦当劳外卖，杠子获得了粉丝的猛增长，两小时内成为草根小名人，后来有粉丝求购他的鞋子

5. 杜蕾斯团队认为真正最有效的传播应该是，凡客当时迅速反应，第二天杜蕾斯与

凡客联合推出这款鞋+杜蕾斯产品的套装，通过淘宝聚划算进行团购，用支付宝快捷支付购买，这样才算是有效的传播与产品销售挂钩。

资料来源：http://socialbeta.com/

2. 生活者制造型沟通元

生活者制造型沟通元是指在数字生活空间中，大量生活者自己创造的能够吸引其他生活者广泛关注与参与，甚至在参与过程中渐渐被影响、同化、进而自觉或者不自觉的参与复制、延展的文化单位或者信息内容。

这类型的沟通元，核心在于生活者的自我创造力，它特点鲜明，通常生活者发起的一些引人关注的话题，吸引全社会的关注和讨论，在这个过程中个最初的话题在其他生活者的推动下已经延伸为足以进行营销传播的沟通元，进而生活服务者将其与自己的营销传播内容相结合，从而达到附着生活者制造型沟通元进行传播的目的。

数字生活空间以平等开放的姿态对接来自全球不同国家、不同阶层、不同身份的网民，每个人都可以留下自己活动痕迹。这种行为方式破除了所谓的权威、经典，将创造的权利下发了到每一个生活者手中。

"你不是一个人在战斗"、"图样图森破"、"贾君鹏你妈妈喊你回家吃饭"、"嘿嘿嘿"、"杜甫很忙"、"感身空"……这一类的话题或流行语由生活者创造后影响社会生活，其中娱乐化和恶搞是最常见的被广泛关注的内容。生活者会从沟通元的产生到复制再到延伸、传播，进行全程参与。

这一类沟通元的适应范围较热点关注型更广。生活服务者需要从传播管理的监测环节中发现这类沟通元，结合自己的策略，适当的进入，进一步推动沟通元的延伸扩展，使其转化成为生活服务者营销目的服务的传播活动。

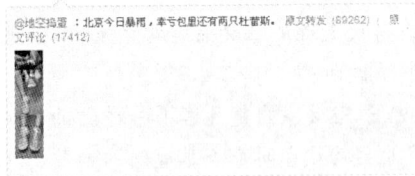

图7-49 凡客诚品否认

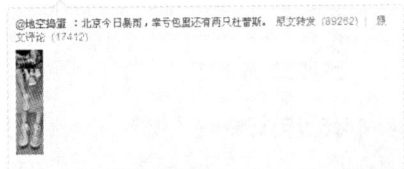

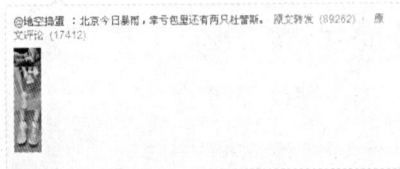

图7-50 凡客诚品醒悟

3. 主题传播型沟通元

主题传播型沟通元是指生活服务者在相关主题上延展出各种附加活动与信息，力求通过系统性的活动与信息发布，将相关主题深入送达生活者。

这一类沟通元不需要依靠某些事件或者话题进行营销，而是直接通过制造某一主题和相关活动及信息来达成传播。

主题是这类沟通元的核心和精髓，是活动与信息的根基，是生活服务者所要表达的主要核心内容，活动与信息排布在主题周围，形成一个传播系统。这是最便于生活服务者制造和控制的一类沟通元，一般具有较强的时间周期特征，可以有计划、分阶段、按步骤的塑造。

优秀的传播主题一般拥有两个特征：凝聚了传播者要传达的核心信息；具有很强的延展性。

■ 案例：尊尼获加—语路计划

尊尼获加是世界上最著名最强大的威士忌品牌之一，在其百年发展的历程中，尊尼获加始终秉持"Keep Walking永远向前"的品牌精神，在各个层面上鼓励消费者的个人进步。

2010年，中国的80后逐渐步入而立之年，社会的结构、个人的意识都在发生着变化。尊尼获加希望Keep Walking的精神在新的十年里依然能给予年轻一代思考力与行动力。于是，一个以沟通概念作为起点的"语路计划"系列短片应运而生。这是尊尼获加进入中国市场以来最重大的社交媒体宣传。

"语路计划"选取了来自社会各个领域、各个阶层的人士，以纪录片的方式，纪录下他们的人生故事和激励性的话语，整个的制作过程，都在没有故事脚本的情况下进行，最终以一组共12支系列纪录片呈现，以此来表现并传

递出鼓舞整整一代人的进取精神（图7-51）。

图7-51　尊尼获加-语路计划1

整个活动的执行过程，可分为五个阶段。

第一阶段：计划启动，预热造势。尊尼获加在北京正式宣布启动"语路计划"纪录短片系列品牌宣传活动。同时邀请韩寒代言尊尼获加"语路计划"线上营销活动，并拍摄了1分多钟的宣传片，为12支系列短片预热造势。韩寒的加入也使这项计划更具鲜明的立场和色彩。

第二阶段：网络营销，话题升温。2010年12月起，尊尼获加在新浪网开通"语路计划"专题博客，并邀请了沈宏非、闾丘露薇、李承鹏和洪晃四位名人为其"语路博客"版块撰写梦想博文。此后在各社交网站进行广泛推广，利用名人影响吸引更多网友参加梦想活动。

第三阶段："语路"首映，引爆高潮。2011年1月5日，12支拍摄影片完成。1月6日所有短片在专门搭建的"语路计划"新浪专题页面分批公映，并在各视频网站上转载。

第四阶段：媒体投放，持续传播。尊尼获加除继续网络媒体的推广外，还在电视媒体进行了投放推广。1月13日起，贾樟柯执导的《潘石屹篇》剪辑成30秒的电视广告片在全国各大主流电视媒体播放。此外，在各大网站上直接进行广告推广，比如打出"尊尼获加语路计划，马上参与获得IPAD"广告。

第五阶段：推动互动，扩展受众。2011年春节过后，"语路计划"在网站和官方博客发出邀请，让参与者写一句话给自己，作为关注和参加此次活动的反馈，活动会选择一

位参与者来帮助他完成梦想，最终促成"语路计划"的完整。

"语路计划"是中国Web2.0早期十分成功的主题传播型沟通元品牌营销传播活动，以"梦想"为主题，与品牌要传递的信息完美契合，活动的执行和作品品质也不失格调，符合品牌调性的呈现。作为品牌冠名的公益公关活动，尊尼获加在整体活动中，淡化产品，凸显品牌，"去植入化"的勇气和做法值得钦佩和赞赏。

"语路计划"系列短片上映以来，其完整版的投放平台——活动主题博客，在短短时间内，引来超过700万的点击；活动微博平台发布了480多条相关消息；《鲁豫有约》《杨澜访谈》等节目也第一时间对活动进行了采访报道；土豆网上12支影片的平均播放次数超过了35万次；其中由贾樟柯执导的潘石屹短片浏览量高达86万多次；名人专题博客"语路"发布一天就得到几十万浏览量和上千的网友回复。

另外，由韩寒发起的关于中国人"这一代人有没有梦想"的投票，吸引网友们发表各自的个性观点，分享自己的故事和话语，与著名博客名人、网络红人互动。官方博客和韩寒视频有超过百万的浏览量（图7-52）。

图7-52 尊尼获加-语路计划2

7.4.4 创意传播的流程

创意传播可以用一个完整的流程图表示，如图7-53所示。

生活服务者首先要通过传播管理系统对数字生活空间的海量信息进行监测，进而对监测的内容进行相应的策略分析，挖掘出生活者的关注点。

基于生活者的关注点，生活服务者进行了第一次的营销创意活动，将关注点塑造成适合创意传播的沟通元。

然后，生活服务者选择适当的与生活者沟通的平台，将塑造好的沟通元发送到数字生活空间中，在这个过程中，生活服务者需要在传播管理系统的配合下实时监测生活者的反应，激起生活者的关注和兴趣。不仅如此，生活服务者还要建构互动沟通的平台，提供可参与、便利的创意框，围绕营销传播的目标与生活者实现协同创意，不断丰富、扩展沟通元，在此基础上融入生活服务者的品牌内涵和价值，整合各种媒介资源形成创意传播的浪潮，最终完成一次创意传播的过程。

每一次创意传播的终点也是传播管理的起点，在创意传播的每一个环节，管理无处不在，生活服务者不仅要创意、要传播，还要控制风险、管理创意传播。

生活服务者以主动的姿态将塑造好的沟通元发送到数字生活空间之前，可能会有以下的担心：到底会不会引起生活者的关注？生活者会不会传播？这些传播是不是企业所希望的内容？如果出现方向偏转甚至失控怎么办？

数字生活空间有很多不可控因素，是一个任何时刻都会发生变化的动态空间，生活者对沟通元的反映也是无法提前控制，因此，在沟通元发送的初期，实时监测生活者的反应并做出相应的调整更成为最重要的事情。

如果监测得到是负面效果或者无效果，生活服务者应该具体分析生活者的反应，做出准确的判断，制定调整策略，或者停止沟通元的发送，或者针对不合适的地方重新调整之后再次推向数字生活空间。

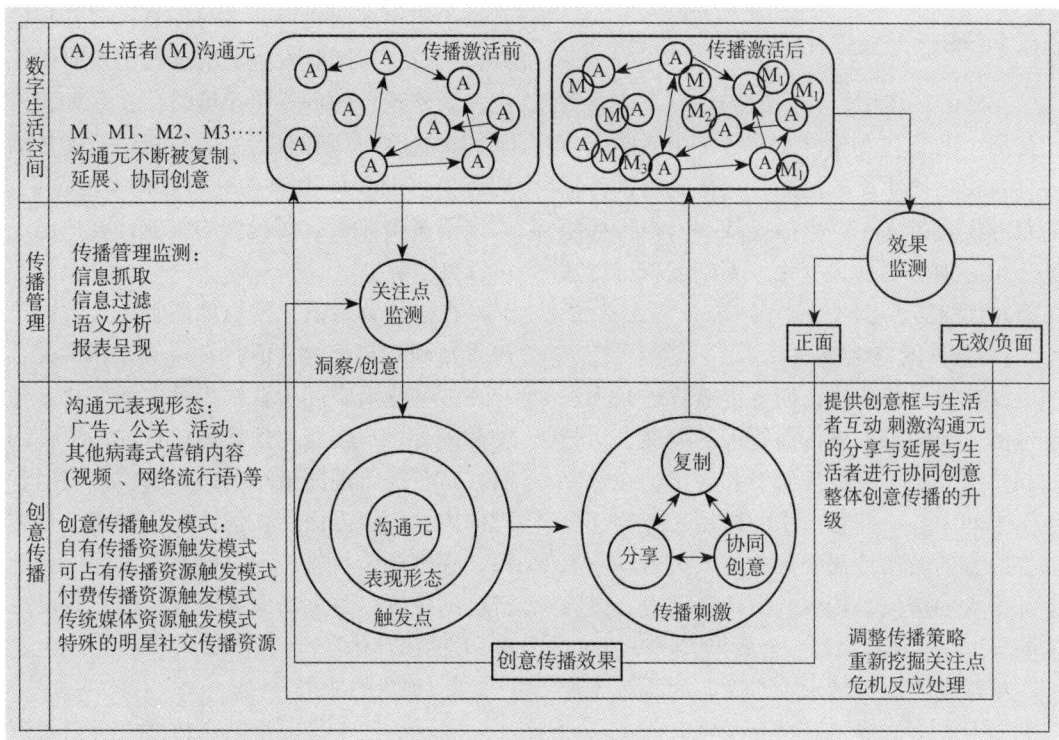

图7-53　创意传播流程

7.5　创意传播管理的影响

创意传播管理是对整合营销传播的继承和发展，整合营销传播是创意传播管理的基础。正像整合营销传播推动了营销传播产业的转型一样，在创意传播管理时代，营销传播产业将迎来又一次革命。

创意传播管理的创新和发展首先在于，把传播从营销层面提升到企业的管理层面。互联网史无前例的变化，使得企业被抛入一个海量的语义空间。在这个数字生活空间的生存、竞争和发展，无时无刻都离不开传播。传播不仅是营销层面的问题，更是企业的整体发展首先面对的问题。所以，企业必须要进行管理创新，成立专门的传播管理部门，通过专业的流程，完成这一艰巨而重大的任务。

创意传播管理的第二个突破在于，强调在

整合的基础上走向协同创意。整合营销传播说的整合，更主要的是在传统的、复杂的媒体环境中，通过整合传播资源和各种营销传播工具形成单向的、强势的声音，虽然强调互动，但互动是在这种环境中是无法真正实现的。在数字生活空间主导的新的传播环境中，传播渠道碎片化，在这个环境中，对优质的传播资源当然还是要整合，但整合只是基础性的工作，更重要的是在整合之后做什么。创意传播管理强调，通过沟通元的发布，激活生活者参与到分享、再创造中，参与到协同创意中，不断循环，不断创造和传播积累有关产品和品牌的积极内容，这是在新的环境下有效解决营销传播问题的核心。而在这种变化中，企业在营销传播中地位也发生了变化，更多地参与到营销传播的整个过程中。

7.5.1　影响产业变化的因素

在新的环境中，技术的变化、企业在营销传播中的角色变化以及在数字生活空间中各种营销传播手段的混融，对传统营销传播的服务模式带来了巨大的挑战。营销传播服务公司必须了解这些变化，不断创新，以适应新时代的需求。

1. 技术的变化

没有技术的支持，创意传播管理是无法落地的。而随着创意传播管理的发展，大量的新技术会被不断地被研发和应用。在数字生活空间中，一些新技术的应用，将会部分取代原有的营销传播服务中的人力劳动。其中冲击大的应该是传统的消费者调查、内容监测分析与媒体效果和广告效果监测等领域。

对营销传播领域来说，原有的服务无论多么专业、多么成熟，在互联网时代，必须要考虑被技术替代的可能性有多大。如果技术可以实现，那么原有的人工服务的价值就必然会缩水。

技术的变化使得原有的营销传播服务模式中的一些价值在下降，而另一方面，又为新型营销传播发展提供了过去所没有的机会。要在这个领域形成竞争力，营销传播服务公司一定要跟踪技术的变化，加强研发，通过新技术的应用来创造自己的价值。同时，进一步提高适应数字生活空间的专业分析能力。对调查和监测数据的解读永远是技术所无法完成的。有洞察力的分析在这个新的环境中将会成为有价值的专业服务。

2. 客户的替代

客户的替代是影响产业发展的第二个应该考虑的因素。即在数字生活空间中原本由传统的广告公司提供给客户的服务和价值很多时候已经由客户自主掌控，自己承担，传统广告公司的价值发生了很大的变化。

传播管理成为客户（企业）日常性的工作，他们不但决定传播策略和传播内容，还开始承担更多的责任，参与创意传播管理的具体执行，对随时发生的情况做出及时的反应，调整现行的创意传播策略。在这种背景下，广告客户面对数字生活空间的营销传播拥有更多的积极主动意识和自我掌控意识，原来很多由广告公司提供的服务，客户已经可以自己解决。

在这种背景下，营销传播服务类公司要想重新确立自己的价值，必须研究和接受客户在数字生活空间中营销传播的新变化，辅助和配合客户创意传播管理执行的需要。同时，在传播管理的策略把握方面，在沟通管理的内容生产方面，在沟通元的创意挖掘方面，在创意传播管理的执行服务方面，找到自己的位置，并创新服务模式，创造自己生存和发展的空间。

3. 混融的冲击

混融的冲击是衡量创意传播管理引发产业变化的第三个因素。所谓混融冲击即在数字生活空间中，传统的广告公司、公关公司、活动公司、媒介购买公司等提供各种专业服务的营销传播公司之间的界限越来越模糊，形成了一种混融的状态，它们之间专业核心价值的区隔不再明显，而是在创意传播管理的框架下，混融在一起，共同为企业的营销传播活动服务。

7.5.2　创意传播管理服务类公司的形成

技术替代、客户替代加之混融的冲击，必将带来整个产业格局的重新洗牌。就传统的营销传播公司而言，必须要面对"不改变则亡"的惨烈现实，在改变中求生存；可以看到的趋势是，不同背景的新型营销传播公司应运而生，在创意传播管理的框架下，重新确定自己的核心专业价值，逐渐构筑一个新型的产业体系。这类公司，可以共同称为创意传播管理服务类公司。

创意传播管理服务类公司，目前仍处于新生发展阶段，其发展有以下几个趋势。

1. 创意传播管理综合服务公司将成为行业主流

这类公司沿袭了传统综合性广告公司的服务体系，为客户提供全方位、多层面的营销传播服务，可以分为四类：

①新型的创意传播管理综合服务公司

这类公司的运作模式，打破了传统广告公司"策略+创意+媒体服务"的模式，以客户事业部形式组建团队，核心人员包括传统广告的策略和创意人员，也包括互动策略、互动技术、媒体、公关和其他可能涉及的专业人员，如渠道和零售策略。事业部所有人员的工作方式是全程全员参与。其结构也可以根据客户的需求随时调整。

②从传统综合服务广告公司衍生而来的创意传播管理公司

这类公司的发展前景与母公司对它的定位和管理模式有很大关系。如果母公司足够重视，并能意识到创意传播管理的重要性，这类公司一方面可以继承母公司的客户服务的专业性和规范性，另一方面也拥有人力、物力和客户资源方面的优势。

③中小型综合服务公司的有所取舍

在数字生活空间的传播环境下，中小型综合服务公司一定要有所取舍才能获得再生的希望。他们需要将业务和工作重心聚焦到一处来发挥优势，比如将相对容易获得外部资源的"创意执行"外包，主攻数字营销传播。

④单纯的数字营销传播服务公司转型为综合服务公司

这类公司是在互联网早期出现的，从数字生活空间的服务起家，但在服务中一般存在缺乏品牌建构经验、策略能力较弱、难以独立完成整体传播方案等弱点。通过建立专业的市场研究团队和策略团队，调整人员结构和服务结构，这类公司可以逐步向综合性的创意传播管理公司转变。

2. In-house公司的再次兴起

In-house公司是指由广告主企业出资组建，一般是专属于该企业的全资子公司，这类公司负责该企业全部或部分营销传播业务，或帮助广告主企业协调外部其他营销传播公司的工作和服务。In-house公司在把握品牌内涵、准确传递品牌信息、节省预算、迅速回应市场需求、保守企业的机密信息等方面有着天然的优势。这类公司对于某些大型的企业来说，有可能是一个很好的选择。

3. 细分化创意传播管理服务公司

为适应客户对营销传播各个环节的特殊要求，在数字生活空间中，还需要很多专业化细分的服务公司。比如研究与监测技术公司，可以利用网络技术，开发出精准测量生活者消费心理和监测行为的专业系统；终端营销传播公司，利用大型购物场所，结合网络与实体，针对售点进行专业化的营销传播，实现O2O（Online To Offline，线上到线下）互动；售后服务公司，专门针对电话沟通为客户制定售后服务的传播策略并负责执行；创意服务公司，提供创意形态、内容呈现以及网络传播执行等。

总体而言，创意传播管理类公司的核心价值主要体现在技术能力、策略能力、创意能力和服务能力四个方面。根据公司自身的资源情况和发展目标，或兼而有之，或专精一项，都可以构建自己独特的竞争力。

互联网的变化，使得营销传播正在进入创意传播管理时代。从历史的发展来看，营销传播必然是随着市场环境和传播环境的变化而逐步递进的。当新的营销传播模式出现时，并不意味着传统的营销传播模式就要消失。这些传统的营销传播模式，在市场上还继续存在，但是地位有所降低。而新的营销传播模式在吸收传统营销传播模式主体的基础上，通过创新，成为产业发展的主流和引领者。

表7-5显示了广告业服务和经营模式的变迁，可以直观了解变化的历程，也可以更深刻地理解在这种模式的变化中创意传播管理的意义和价值。

现代广告公司服务模式和经营模式的变迁

表7-5

时间	1900-1960	1960-1985	1985至今	2000至今	正在进入的阶段
公司类型	广告代理公司	品牌传播公司	广告传播集团	互动网络营销传播公司（过渡期）	创意传播管理公司
服务内容	广告文案 广告设计 媒体策划 媒体代理 媒体购买等	市场研究 品牌传播 创意执行 媒体策划 媒体购买	市杨研究 品牌管理 传播策略 创意概念及执行 媒介策划和购买 营销传播的其他服务	品牌传播管理 市场研究 传播策略 创意概念、内容创意 媒体策划和购买 引导消费者协同创意 互动网络动态管理	传播管理服务 生活者数据库服务 SEM/SEO服务 定向传播服务 技术服务 竞品和消费者研究 制定传播策略 寻找沟通元 引导协同创意
服务模式	媒体代理服务主导	品牌传播服务主导	整合营销传播主导	动态化、多元化的数字营销传播服务，但没有形成确定的模式	创意传播管理主导
经营模式	通过代理客户购买媒体服务收取媒体代理费	开始收取品牌、策划的服务费，但还是以购买媒体收取媒体代理费为主	以购买媒体收取媒体代理费 以策略创意服务收取服务费	以购买媒体收取媒体代理费 以策略创意服务收取服务费 以传播效果收费	策略和创意服务费 技术服务费 以效果收费

本章小结

本章简要介绍了创意传播管理的理论发展过程和操作方式，这一理论以整合营销传播为基础，结合当下实际情况，为互联网环境下的营销传播提供重要的理论创新和可行的操作方法。

创意传播管理将互联网环境界定为一个语义世界，一个数字生活空间，所有的人都是这个数字生活空间上的生活者，而企业则一方面是生活者，一方面也是生活服务者。

在数字生活空间中，有效的营销传播将分为两级，传播管理和创意传播，它们共同组成了"创意传播管理系统"，在生活服务者和生活者之间建立有效的双向沟通和互动机制。其中，传播管理基本有企业主导，通过组织结构的变革和大数据技术的应用，实时收集、监测、分析，利用、管理信息；创意传播则主要由企业和创意传播服务公司共同完成，主要采用生产、利用、管理"沟通元"的方式，实现与生活者的协同创意和传播。

思考题

1. 网络搜索"大众自造"传播战役，分析活动中应用的策略和沟通元。

2. 微信搜索公众号"文案摇滚帮"，运用"创意传播管理"的知识，分析其推广方式的利弊。

3. 网络搜索诺基亚N8手机翻拍的《珍珠港》视频，分析其沟通元的特点

扩展阅读

1．陈刚、沈虹、马澈、孙美玲，创意传播管理，北京：机械工业出版社，2012．

2．乔纳·伯杰，疯传，刘生敏、廖建桥译，北京：电子工业出版社，2014．

3．涂子沛，大数据，桂林：广西师范大学出版社，2012．

4．艾伯特－拉斯洛·巴拉巴西，爆发，马慧译，北京：中国人民大学出版社，2012．

第8章

策划人的成长和实务

8.1 策划工作的开展

策划，在社会生活中是一种专业技能，包含了逻辑推导和创意提升两大过程，涉及与营销传播相关的各种理论知识和操作要素，是一个复杂的、系统化的又充满创造力的思维过程。同时，对个人而言，策划又是一种工作或是一个职业岗位。要想成为一个策划人，不论是在企业的创意传播管理部门，还是在提供创意策划服务的第三方公司，我们都需要掌握各种策划相关的知识，锻炼自己分析问题、解决问题的能力，更要能结合实际环境开展工作。

8.1.1 策划开始之前

在实务操作中，任何策划开始之前都有一个沟通的过程。这个过程需要为策划工作的顺利开展明确很多问题。

1. 为什么做

客户或领导提出开展某项策划工作的原因可能千差万别，有的是因为营销传播的需要，有的是因为上级领导的要求，有的是因为突发奇想，还有的是因为想达成某种个人业绩或目标……这与我们在上述各章中介绍的专业需求可能会有差异，但是都在现实中客观存在。因此，在前期沟通中，明确客户决策人的真正意图非常重要。

针对非专业范畴的原因，需要具体情况具体分析。针对专业范畴的原因，我们可以按照营销传播的知识来与客户明确各种开展策划的背景信息。比如：

什么策划类型——比如是营销传播、现场活动、会务发布、展览展示还是其他别的类型；

什么市场环境——有什么战略目标、处于什么竞争环境、是否有突发机会或挑战等；

什么时点特征——包括常规时点和特定时点；为什么要在这个时点开展策划等；

什么传播目标——为整体推广和品牌积累服务，还是为短期提升销售或关注服务等；

什么传播要求——某个大型战役的一部分还是一个独立推广单元，是否需要遵循特殊要求等；

什么时间要求——是多长时间范围内的策划安排；需要在什么时间完成工作；

什么可用资源——包括数据分析资源，图文实物资源，场地渠道资源，媒介资源，人员资金资源，特殊资源等；

什么营销需求——是否有具体的指标要求，评价衡量的标准是什么等；

对于复杂项目的策划，可以在初步沟通之后，给客户提供一个"资料需求清单"，条列各种策划需要的资料和信息，方便客户收集和提供。

2. 对谁做

目标受众的不同，决定了策划方案的差异。

在营销传播范畴内，目标受众的界定由营销传播目标决定，需要进行消费者或生活者分析。

在实务操作中，还有其他各种不同类型的受众，各种利益相关人，比如上级领导、股东、合作伙伴、新闻媒体等等，明确策划针对的对象，对于策划思考方向是否符合要求具有重要的作用。

比如，客户要求做一个针对上级领导考察的会务活动策划，这就与我们之前介绍的各种策略没有太大关系，而要考虑上级领导的级别、考察的目的等内容；再如针对企业股东的路演活动策划，策划考虑的重点是如何更好地展现企业的实力和盈利预期。

在策划开始之前，通过与客户沟通，明确"为什么做"和"对谁做"，可以避免我们后续工作变成无用功，为具体开展策划提供一个明确且正确的方向。

8.1.2 策划方案的撰写

很多策划人在刚刚进入职场的时候，都会面临一个问题：接到一个策划方案的撰写工作，但是不知道要按什么结构或格式来写。

要解决这个问题，可以在网络上搜索类似的策划方案，参考其中的结构；或者使用各种书本教材中提供的参考提纲。

对于第一种方式，由于网络资料的质量良莠不齐，且每个客户或项目的实际情况不同，因此只能参考不能照搬；对于第二种方式，需要明确的是，教材中的提纲是一个比较理想化的状态，在实务操作中，基本上很少看见一个方案有那么完整的结构和内容，所以可以根据你面对的实际情况进行增减。

实务中，策划方案的格式并不重要，没有统一的标准格式，结构也可以很灵活的处理。撰写的原则是依据图1-1的策划思考循环，只要包括目标（界定问题）、分析（分析问题）、策略（解决问题）、执行（行动方案）四大部分，将应该梳理、阐述问题讲清楚即可。至于每一部分的使用的具体标题和呈现方式，完全是一个因人而异、见仁见智的问题。

在具体工作中，策划人会遇到很多不同类型的策划要求，比如网络营销传播方案、品牌推广策划案、年度传播策划案、品牌形象策划案、会务活动策划案、展览展示策划案等……针对不同的策划类型，除了基本的策划背景分析和资源梳理，一般会有一些相关的重点模块需要在方案中呈现。

比如，在品牌传播方案中，应该有品牌定位或者品牌写真；在品牌形象规划方案中，应该有品牌形象识别系统；在大型的传播战役策划案中，应该有传播主题和阶段安排；在网络技术数据分析的方案中，应该有技术实现方式的示意；在年度推广整体安排中，

应该有年度推广行程安排；在具体的创意推广方案中，应该有创意点或者沟通元的界定，还需要有表现创意调性的秀稿；在会务活动的安排中，应该有流程安排和现场环境的布置规划；在展览展示的策划中，应该有展览提纲和空间、动线的规划安排等。这些模块具体的呈现方式可以参考网络上的相应方案，也可以根据自己的操作经验、公司的操作方法和要求来呈现。

撰写策划方案的基本原则可以简单地总结为：逻辑清晰、亮点突出。

一般而言，客户会比你更了解产品和市场，因此，相关的分析的可以根据实际情况简化，在方案中提示重要的分析结果或结论即可。

策划案的重点是找出问题的症结并提供创造性的解决方案，既非教育客户，也不是展示策划人有多少专业理论知识和专业技能，所有的分析梳理都是为了最终让客户认同其中的创造性解决方案，都是为了让方案的亮点更有说服力和冲击力，这种轻、重、简、繁的分寸掌握，需要在实践中积累经验，也需要根据与客户的沟通情况、即有资料情况和实际市场情况区别对待。

在实务操作中，可能会遇到竞标比稿的情况，这种情况下，一般方案的具体执行安排可以简写或不写，具体的创意表现也可以只提供少量几款，只要能体现策略的思路即可，不用全盘托出。对于竞标方案的撰写，如果能知道竞标对手是谁，还可以考虑竞标对手的专业实力，预测对手可能会提报的策略，在自己的提案中有针对性地进行一些讲解，说明我们为什么这样做而不采用另外一种方式。当然，没法预测对手的策略思路也没有问题，按照自己团队的想法做到最好就可以了。

策划方案的体量不宜过大，一个上百页的方案很少有人耐心的读完，提案的时候也很难解决观众的耐心问题。将复杂的大型策

划项目拆分成多个方案的组合，是一种可行的方式，一方面便于分步沟通，层层递进的明确重点和思路，一方面也可以根据不同阶段的沟通调整后续的策划安排，还可以在竞标中保护自己的劳动果实。

在目前来说，策划方案一般以PPT文件的形式进行提交，也有些团队采用H5的文件形式，这些文件形式可以图文并茂的展现分析和思考过程，但是这些文件也需要花费更多的时间和精力来进行图文的组织和页面的设计。

PPT文件的设计有很多技巧，在网络上可以搜索到很优秀的设计案例和设计手法。策划人可以自己掌握这些技能来让提案文件更出色，也可以预留后期设计的时间，让专业设计人员帮助自己完成提案文件的设计。

有一点特别重要的是，提案文件设计得再好，文件形式再新颖丰富，那也只是提案的形式。而一个策划案的灵魂是策略和思路，在实务工作中不可本末倒置。

8.1.3　策划方案的提案技巧

提案，就是对客户或者上级领导讲解方案，很像是一个演讲过程，也像是一次正式的对话。

提案不是照本宣科，不能按照PPT演示的内容朗读。PPT是文本化、书面化的表达方式，而提案是人在演讲、在聊天和沟通，因此，需要有口语化的表达，还需要根据听众的反应来及时进行互动。

简单来说，现场提案就是人际沟通。用简洁、清晰的逻辑来说服听众；用内在的激情和自信来感染听众；用手势、语气、停顿来控制重点和节奏；用眼神接触来获取反馈、实现互动……这些技巧都是人际传播的技巧。

策划人在进行方案的提报前，最好进行提案预演，为方案讲解过程中一些需要重点陈诉的地方找到最合适的表述方法；同时，如果策划案演示文件中有动画和互动的设计，

还需要想清楚提案的时候怎么跟动画互动来强化提案的效果和说服力。

对于提案技巧的总结，网络上可以找到很多内容。总体来看，还是：可以参考，不能照搬。

比如有些方法会告诉你一个提案文件的"幻灯片不能超过10张，演讲总长不能超过20分钟"，因为长了客户会不耐烦；或者告诉你乔布斯演讲的特点是哪些；或者告诉你提案文件的字号要多大……这些经验都可以对我们提案技巧有所帮助，但是我们要分清楚以下几点：

首先，乔布斯那样的演讲是产品发布会上的"秀"，是代表一个企业或品牌对消费者、媒体人员的推广，是一种B2C层面的传播；而我们现实中的提案，大多数时候是面对客户，是B2B层面的传播。我们在之前的介绍已经明确了B2B的传播，面对的对象更精明、专业，更难以说服。在实务操作中，可以给我们提案"秀"的情况并不多，竞标的时候可能有"秀"的机会，日常工作沟通的时候还是要更实际一些的方式。

其次，传播方案的内容比单纯的产品介绍复杂。它的本质是在跟客户探讨"后面的生意怎么做"，需要说服客户采用我们的方案去开展一个阶段性的工作，这个工作需要人力、物力、财力的投入，还有时间成本和机会成本。所以，除了竞标比稿选大思路的时候，客户一般还是比较有耐心的。只要方案切合实际、言之有物，能解决实际问题，对方案体量和陈诉时间的要求都会相对比较宽松。但是一般而言，不宜超过1小时，在能讲清楚的前提下，时间还是越短越好。

第三，实务中提案文件的图文呈现，需要考虑提案的提交方式。如果是提交电子文件给客户阅读，可以放上比较详细的图文内容；如果是要求在一定时间内的现场提报，需要考虑演示播放的信息承载量，虽然不用"一页只放一句话一张图"那么教条，但也不

能让PPT像word文件一样全是文字。因为演示文件本来就是用于提示陈诉重点的，复杂的陈诉性内容可以用语言来展开，不用都写出来。如果是很复杂的方案又需要现场提报，可以采用两份文件的方式，一份简化版用于现场展示总体思路，一份完整版提供电子文件，供客户在提案后查询细节和阅读；或者采用在演示文件进行详情链接方式，如果客户有兴趣了解就进行展示，没有时间可以省略细节介绍。

在实务中，提案的实际沟通环境各不相同，具体的情况要具体对待。但是有一些简单的经验可以参考：

除非有硬性规定，不要在现场提案完成前，给客户提案的打印文件或电子文件，那样他们很容易不听你说。

如果有时间，对提案中客户有可能质疑的手法或思路引述类似的成功案例，加强客户的信心和说服效果。因为"事实胜于雄辩"。

在大多数情况下，采用平等沟通的姿态比宣讲姿态或教学姿态的效果要好得多。要在心理上预设客户是专业的，不要说教；要预设你与客户之间是合作伙伴关系，不是甲乙方的单纯买卖关系，这样你会更有自信也更有亲和力。一般而言，最理想的说服情境，是朋友之间推心置腹的聊天。

每个策划人的沟通风格不一样，你所面对的客户也各不一样。在实际工作中，慢慢地积累经验，积极的了解客户，提升自己的专业能力，才能在提案中独树一帜、游刃有余。

8.1.4 策划方案的执行

策划方案通过以后，项目就会进入执行阶段，策划人的工作也会进入执行细节的安排和管理阶段。

这一阶段需要根据策略部署密切关注项目的进展，协调项目组人员的工作，管理工作时间和进程，及时追踪、处理项目进程中的信息变化和突发情况，如果有必要，还需要调整策略来适应实际情况的变化。

在实务操作中，方案执行阶段一般会需要一个到多个"执行计划"来界定具体的人员分工、时间安排和工作内容。执行计划的拟定要比策划方案详细得多、也琐碎得多，可能会涉及项目的方方面面，大到整体策略的重点环节、小到一个会议的嘉宾座位安排，都可以成为执行计划的内容。做"执行计划"是一件事务性工作量很大的事，但它可以避免我们在操作中犯错，推进项目顺利进行。

为了保证项目的顺利执行，策划人可以采用一切可行的方式来推进进程和规避错误。比如针对一个复杂的、团队参与人员较多、合作方较多、时间要求还很严格的项目，我们可以设置"工作日报表"，将每天甚至每个时点的工作进行梳理和分工，并每天通报所有团队成员，以此来推进项目按计划进行。我们也可以采用微信群、碰头会等方式，来保证团队成员的信息对称和相应的工作按时完成。

营销传播的项目执行，是一个变数很多的过程，也是一个很容易产生各种纰漏的过程。除了在管理安排上尽量采用制度化的方式以外，如果你是团队或者项目管理者，还有一个简单的经验可以供策划人参考，那就是故意"低估"每个参与项目的人。在这种情况下，你才可能更多的想在他人前面，考虑到每个可能出错的细节。

项目执行的过程，是一个分析利弊、积累经验的过程，从策略思路的优缺点到团队沟通的协调性，再到具体执行的细节控制，都可以在项目推进的过程中为我们提供各种经验。

项目执行完毕以后，要及时地分析总结经验。这不仅可以为后续项目的推进打下基础，还可以提升自己的专业能力。

8.2 策划人的成长

策划人这个职业，放在中国古代，就是"谋士"。我们可以参考最有名的谋臣诸葛亮，来说明一个策划人应该有的知识和能力结构。人们在评价诸葛亮的时候，经常会用到的词有：上知天文、下知地理、足智多谋、神机妙算。鲁迅先生评价得很简洁，他说诸葛：多智而近妖。

8.2.1 策划人知识结构

所谓"上知天文、下知地理"，说的是知识面广。

传播策划涉及的知识体系，我们在前面进了整体的介绍，包括信息传播、市场营销、广告推广、品牌理论、IMC，还有最新的CCM。这些知识是我们开展策划工作的基础，也是我们要学习的重点和核心。本书中只是参考经典理论书籍进行了简要的介绍，还需要大家根据每章后面的"扩展阅读"书目进行深入的学习和理解。

同时，我们还应该注意到，营销传播涉及的这些基础知识体系，基本都算是边缘学科，也就是它们都基于其他多门学科的基础，包括社会学、心理学、行为学、经济学、美学、视觉传达、逻辑学等等，现在进入数字网络时代，还要加上网络应用技术、大数据分析等内容。所有这些，都是策划人可以进行知识扩展内容。

营销传播类的书籍和研究，每年都有很多新的变化和内容，各种各样新的"理论"和观点层出不穷。我们可以采取"经典精读，流行泛读"的方式来提高自己的学习效率。

策划人在面对具体工作时，还需要具备相应行业的知识。每接触一个新客户，都需要了解客户所在行业的背景和基础信息，如果是长期服务的重点客户，还需要针对性地对其所在行业的知识进行强化学习。比如服务一个汽车客户，即使你不开车，也需要对汽车的各种性能和专业术语进行了解，这样一方面能与客户建立共通的语义空间，避免让客户产生"鸡同鸭讲"的感觉，另一方面，也能让我们更深入的理解相应的产品和市场，从而让策略更具可行性和实用性。从这个角度，可以说策划人的职业生涯，就是一个不断学习各个行业知识过程。

数字生活空间为我们提供了海量的信息和广泛的学习机会，各种各样的名师在线，名校公开课，让我们可以对核心的专业知识进行深入的学习，也可以对延伸的学科和知识进行广泛的涉猎和了解。

通过扩展自己的知识面，广采博览、触类旁通，策划人可以增加自己对"人"和"信息"的了解，这样才能在进行策略思考的时候更具深度和广度，拥有更广阔的发挥空间。

8.2.2 策划人的能力结构

所谓诸葛"足智多谋、神机妙算"，说的是能力。对策划人而言，包括信息收集和整合的能力、分析和统筹的能力、创意能力、知识储备刷新的能力以及呈现执行能力。

信息的收集和整合能力，体现在策划人善于利用各种渠道收集对工作有用的信息，同时可以将这些信息有机的联系在一起，为具体工作和策略思考服务。

在数字空间中，我们可以在网络上获取各种丰富的信息，有些是系统的，比如各种数据库平台、各种统计调查报告、各种案例和作品集；有些是零散的，比如各种电子商务平台的口碑和评价、各种问答百科网站的问题解答和使用反馈、各种正在进行中的营销传播行动。这些都是我们可以用来参考、分析、学习的信息资源。

比如"阿里指数" https://alizs.taobao.

com/，可以查询一周之内淘宝平台上热门交易目录、热门搜索关键词、买家分布情况及人口统计数据等信息。这就是最现实的市场变动情况。如果你有某个产品类目的客户，不管他是在线下还是线上销售，你都可以从这些信息中获得有助于策划的内容。

锻炼提升自己的信息收集和整合能力，可以采用"个案追踪+倒推策略"的方法。选定一个在实际生活中正在发生的营销传播事件，全面跟进、记录它的传播呈现方式和周围的人的反馈、参与方式等内容，然后搜索与之相关各种背景信息，根据传播结果倒推传播策略。

这个方法可以快速地提升策划人的信息收集、整合和策略能力。

生活者不仅生活在数字空间上，也生活在现实中。观察周围人们的购物、传播行为，是很好的学习和提升方式。去超市，看看家庭主妇们怎么在不同的洗发水之间选择，观察促销组合、排面陈列、新包装、会员价、捆绑试用等因素如何影响她们的最终选择，你会发现消费行为学中的各种图表要好懂得多。

分析和统筹的能力，要求我们能独立思考问题，透过现象看本质；还要求我们可以系统安排和计划复杂的操作过程。

数字生活空间的每个生活者都可以发表意见和传播自己的观点，因此信息不仅丰富而且良莠不齐。策划人在通过网络接触各种营销传播资讯的同时，还要学会分析信息的优劣，做出相对独立和准确的判断，不要为各种表象所迷惑，人云亦云。

2016年7月由微信公众大号"新世相"策划执行的传播活动"4小时内逃离北上广"，一经推出就刷爆朋友圈，传播效果各项指标都爆棚，更有营销人评论这是一个"下半年最好的营销策划活动"。但是在这个活动中，活动需要宣传的产品"航班管家APP"就没有多少人知道。甚至关注这个活动，热情参

与和分享、扩散的人群，也不是产品的目标客户。后续在一些专业网站的文章讨论中，这一点被广泛地诟病。从这个案例中，其实我们还可以找出很多可以分析的地方。比如，社交媒体的传播到底需不需要传统媒体渠道的发布支持和信息覆盖？社交媒体上发布的安利文（软文）也可以刷屏刷得很热闹，拥有很多的阅读的量和转发，但是到底有多少客户点击了最后的商品链接、实现销售转化？人们在朋友圈遇到好看的安利文，阅读了有娱乐性的部分之后，怎么处理携带的广告信息……

在观察现实生活的过程中，从营销传播角度不断给自己提出问题、分析问题，可以锻炼我们的分析能力，也可以提升我们的策划能力。

统筹安排的能力与思维的逻辑性和具体的实践经验相关。除了在策划工作中实践和积累经验，还可以在生活中多实践、多锻炼。比如一个人做一桌丰盛的饭菜，一个人安排大家出去玩的行程和路线，这些都可以锻炼统筹安排的能力。

创意是一种能力，可以通过不断的训练来提高。保持对世界、对商业运行、对生活的好奇心，可以保持自己思维的敏感性和开放度，从而提升创意能力；放弃什么问题都有"正确答案"这种观念，克服思维惯性和"想当然"，总是试图在常规之外找到另外的解决方法，也可以提升自己的创意能力。

介绍创意思维训练的书籍有很多，可以去阅读和学习。同时，扩展自己的眼界和丰富自己的生活体验也有助于提升创意能力。假设有一群人都采用基本一致的生活方式，用同一个朋友圈，分享基本相同的文章内容，看类似的书或剧集，上差不多的课……那么他们的思考方式基本很难跳出一个相似的框架；如果有一个人与他们采用很不一样的信息渠道和生活方式，在这一群人看来，这一个人一般会有创意得多。

知识的储备和刷新能力

知识的储备，与面对策划工作我们必须要学习的某些基础知识不一样，所谓"储备"就是暂时可能还用不上的知识。比如你没有电商平台的客户，也没有开网店，但是你已经提前把国内各大电商平台上的游戏规则搞清楚了，这就是一种"知识的储备"。

积极的储备各种与营销传播相关的知识，不仅可以拓展我们对整体商业环境的认识，也可以让我们在应对突发工作时有更多主动性、把握更多机会。

数字生活空间的各种技术和手法演变非常迅速，议题和流行文化的换代也快到前所未有的程度。这就要求我们能快速的更新自己的知识。

注意收集与自己工作相关的信息源，利用互联网和移动互联网，打造一个匹配自己需求的信息圈，有助于高效快速的刷新自己的知识。

阅读流行的专业书、积极体验新推出的网络应用产品、关注行业专家对当下环境变化的新观点和新视角，都可以刷新我们的认知。

人在现实生活中的行为方式、需求、欲望、希望会不断变化，对于这种变化的观察与分析也可以刷新我们的知识。从与客户的沟通中获取行业信息、从周围的亲友同事的实际购物过程中获取消费行为的知识、从自己的各种购物习惯和品牌偏好中分析消费心理和品牌感知……这些都是知识的储备和刷新的方式。

呈现执行能力

如果不能呈现和执行，策略再好也没有什么意义。有好的策划思路，想出一个不错的策划方案，还需要能把它组织成逻辑清晰、语言流畅、图文并茂的策划方案，在提报过程中要能有理有据的说服客户认可通过，还要能在执行中克服困难、管理推进，直至最终完成。

8.2.3 策划人的个人品牌

《三国志》评价诸葛亮：正而有谋。

"正"是策划人一个很重要的素质。

正，首先可以理解为态度正确。不同的职业阶段，要有不同的正确态度。

职场新人阶段，应该是多看多听多学，快速积累经验。

不要想着一战成名，那基本是不太可能的；也不要总想着"颠覆旧方式"，因为颠覆的前提是知道"旧方式"是什么。

先学习周围能学的工作流程、操作方式和与同事、客户的沟通方式，这些是职场的技能基础。

进入熟练操作的阶段，应该深耕细作，保持激情，进一步提升专业素养和技能，不要因循守旧、固步自封，也不要妄自尊大。

其次，"正"可以理解为"正念"，是职业道德和社会责任，通俗地说就是：做人做事要有节操。

策划人，很多时候会站在信息传播的指挥轴上，会对更多人造成影响，因此要经常提醒自己，不要因为受到传播数据或仅仅是流行的蛊惑，而制作或扩散有违社会责任和职业道德的信息。

2015年优衣库"试衣间"事件爆发，刷屏朋友圈，很快，大量带品牌标志的跟风图文也迅速开始在社交媒体上传播。且不说这次事件是不是营销操作，单是有这么多品牌或明或暗的跟风传播，就令人十分沮丧和悲哀。首先，这种跟风除了增加一点曝光以外，并不会对品牌形象的积累有任何价值，其次，不是所有的有传播活性的沟通元都应该被利用。

做一个策划人，应该有能力用更高级的方式做最贴近生活的传播，而不是让节操碎满地。

随着数字生活空间对营销传播行业的影响日益深入，越来越多的策划人、创意人会有更多元的工作形态，除了任职于某家公司，更多可能会以freelance（自由职业者）的形式，服务于不同的组织和结构。在这样的职业环境中生存和竞争，要求策划人具有更高的综合专业能力和更好的业内口碑，这也可以说是：要为自己打造强势的个人品牌。

我们可以用品牌形象规划系统，规划自己的品牌形象，制定自己的品牌策略，从现在就开始建设个人品牌。

最后放上2016年天猫双十一的案例追踪，里面可以看到传统广告手法的应用，可以看到新旧方式的交融，可以看到当下最热门的套路，还可以看到未来充满潜力的技术。

这是一个最坏的时代，也是一个最好的时代，新旧交融，百花齐放，有乱象更有精彩。策划是一个充满挑战、压力和乐趣的职业，祝你好运！

■ 案例：天猫—2016全球狂欢节的套路

2016年，天猫双十一收官于1207亿，冲破了千亿，比去年增长了295亿。

每一年的双十一，都整合了当下中国最新、最全的营销传播手法和技术手段。今年10月中旬就启动的"天猫双11全球狂欢节"，可以说，是一场脑洞大开，玩到极致的狂欢：互联网、电影院、地铁流媒体、微博、微信、APP……线上线下全打通；移动H5、视频直播、明星与粉丝互动、VR、AR等各种技术和创意设计结合在一起形成内容，迅速占据了人们的脑海，各种让人眼花缭乱的新玩法促进了各渠道病毒式的传播。

1. 品牌口号串联的"品牌诗"

10月17日，天猫发布2016双十一先导视频广告。广告剪辑了与Under Armour、SK-II、New Balance、Gopro、Canon、LEVI'S、吉列、欧莱雅等品牌调性契合的画面，配上对

应品牌的广告语作为旁白。这些看起来毫无联系的slogan被组合在一起，却变成了一首具有独特韵味的品牌诗。在连贯的背景音乐铺陈下，高质感的品牌广告与高感知度的品牌口号融合一起，毫无违和感。

创意简单而又大胆，虽然是"歌曲串联"的变形，却因为取各家之精华而带来了强大的感染力。这种与品牌互相借力的手法，不仅凸显了2016双十一的国际范，也体现了天猫与品牌合作共赢的思路和技巧（图8-1）。

2. 史上最炫的一支H5《穿越宇宙的邀请函》

10月23号，一封《穿越宇宙的邀请函》，给人们来了视觉上的惊艳与惊喜，微博、微信被全面刷屏，被称为"现象级神作"、"刷新感官体验"的炸裂H5。

这个造价百万、"一镜到底"的H5，发布一天便获得了2亿的浏览量，紫色调的华丽场景，堆砌如山的礼品，威尼斯、纽约、英国等各国景象……黑色的天猫一路穿越，从地球冲向宇宙，魔幻现实主义风强烈，也表现

图8-1　先导视频"品牌诗"

出了阿里从"网购狂欢"到"购物狂欢"再到"全球狂欢"企图心（图8-2）。

在H5营销铺天盖地，很多受众因为"H5不就是翻页鸡汤，不就是测试题"而失去兴趣时，天猫这封H5邀请函，如何达到了传播量和口碑的双丰收？

首先，这个H5在内容和创意上都有突破。"穿越宇宙"的主题意指跨越国界与地域，像宇宙一般包罗万象；H5中立体又层层递进的双十一攻略干货慢慢展现，满足了受众的信息需求，完成目标人群的信息到达；滑动手指，就能轻松从恢宏宇宙进入双十一狂欢宫殿，在情境营造上，这个H5让受众感觉惊艳，也感受到了热烈的购物、狂欢氛围。

其次，这次双十一邀请函在创意内容取胜的同时，在形式上加入了新鲜的VR元素，成为最讨喜的噱头。在打开H5时，用户首先先被炫目的形式和精良的制作吸引，之后发现摇晃屏幕可以达到身临其境的三维感，这种VR体验的新鲜感也足以使他们产生分享欲望。

最后，体验流畅，毫无卡顿，也是这个H5备受热捧的重要原因。有报告称，H5的层级越深，用户流失越多，主要的原因就是体验不流畅。天猫邀请函包含了繁多的信息和素材数量，但从打开至最后一层实现了"一镜到底"，大型创作团队700多个小时的工作物有所值。

在很多人认为H5已经没落的今天，这张邀请函为我们做了一次新鲜的示范，它告诉我们在H5上还有这样更讨巧、高级的玩法，更告诉我们在同等的技术条件下，营销传播其实比拼的就是创意策划和技术能力。

3. 天猫全球潮流盛典

10月23日，天猫女装在上海东方体育中心举办一场长达八小时的直播——"天猫全球潮流盛典"（图8-3）。

这场盛典汇集了超过50个国际一线品牌，160多位中外名模，1000多款潮流尖货，李宇春、Nick Wooster、何穗、MAYE MUSK，还

图8-2 H5《穿越宇宙的邀请函》

图8-3 天猫全球潮流盛典

有魏晨、方大同、李灿森等20多位明星出场，Burberry、玛莎拉蒂、娇兰、Samsonite等全球顶级品牌也在这一天首发新品，一同参与到潮流盛典中。

在传统时装周上，消费者要购买到秀场最新同款，必须等待六个月甚至更长的时间。但此次通过天猫直播、优酷等多平台不间断直播，天猫线上同步展示秀场最新同款的方式，让消费者无论是在秀场，还是在手机、电脑上看直播，都能同步在天猫上预定到秀场新品，实现了即秀即买，完成上亿粉丝云集的线上狂欢。

基于阿里平台超4亿用户的消费数据，当天天猫还联合CBNData发布了一份《2016全球潮流生活消费趋势报告》，其中预测了2016年秋冬最新潮流将呈现六大趋势：街头风、时尚运动风、幽默无龄风、精致风、东方风和极简风。而这些最新潮流趋势，都通过天猫潮流盛典得到淋漓尽致的展现。阿里巴巴的CMO董本洪更是声称："天猫要做第五大时装周，成为指尖上的时装周，将时尚带入寻常百姓家。"

这种与平台品牌协同展现的形式，不仅体现天猫品牌从单纯的购物平台向生活方式品牌

转变的企图，也为各种产品品牌的在电商平台上的推广与O2O的互动提供了新的参考形式。

4.天猫舰长&宇宙狂欢趴

10月26号，天猫布偶动画视频发布，并与官微进行互动。视频中，天猫舰长在星际巡航的时候发现了8类不能在全宇宙狂欢日尽情购物的外星人，他们有的缺钱、有的精明、有的纠结、有的没有购物欲望、有的懒、有的想要新鲜不一样的东西、有的买了就后悔……面对这些问题，天猫舰长都能对症下药，1.7亿红包、4000万红包火山、50亿购物券、全球买手天团、官方爆款清单、双11完全攻略……让外星人也能轻松加入双十一的狂欢（图8-4）。

广告以动漫方式呈现消费群细分，并提供针对性的购物方案，引出狂欢节购物攻略及促销规则，形式新颖，契合了网购消费人群的特征。同时，我们还应该观察到，由于有巨量消费数据的支持，天猫描绘的八种外星人，正是双十一主流消费人群的八种典型购物心理。以数据支持进行购物心理行为细分，也是当下的发展趋势。

5.AR互动寻找狂欢猫

此次双十一，天猫推出了国内首次大范

图8-4 "双十一症候群"外星人

图8-5 "寻找狂欢猫"图鉴

围使用AR技术进行的互动游戏"寻找狂欢猫"（图8-5）。

"寻找狂欢猫"游戏跟之前火遍全球的Pokémon Go（口袋妖怪）非常相似，只不过在这里要捉的不是小精灵，而各种各样的"猫咪"。

可收集的"猫咪"一共有62种，集合了品牌和流行文化元素，分为"狂欢猫"、"大牌猫"、"全球名猫"。其中"狂欢猫"主要是星巴克、肯德基等深度合作的品牌；"大牌猫"中包含了安踏、FILA、苏宁易购、周大福等44个品牌；"全球名猫"则是一些与猫有关的

知名形象。

在玩法方面，"寻找狂欢猫"也是基于地理位置，用户只要点击屏幕下方的"捉猫猫"按钮，屏幕里就会抛出去一个和精灵球一样的礼盒（图8-6）。

捉到"猫咪"后用户还能够根据规则兑换奖品，例如两只大牌猫和一只和星巴克猫可以兑换星巴克拿铁兑换券，每日24点会更新当日的任务。另外，用户如果在星巴克实体店内捉"猫咪"，还有机会在线上赢得咖啡券（图8-7）。

图8-6 "寻找狂欢猫"AR互动

图8-7 "寻找狂欢猫"礼品

"寻找狂欢猫"采用AR技术的抢红包新玩法，让消费者也感到十分新鲜，一时间全民捉猫也成为话题热点。2000家星巴克，4000家KFC，500家电影院，苏宁易购，银泰百货，北京西单大悦城等数万家线下门店参与了活动。找猫猫，送红包，跟着猫猫逛店铺，虚拟世界和现实交互的AR游戏掀起了多场全城狂欢高潮。

在双十一前的最后一个周末，"寻找狂欢猫"还在全国五大城市、七大商场设置了捉#黄金猫#的活动，捉到即兑现金，最低100元，最高4999元。这种设置，不仅是进一步拉升天猫双十一的人气，也是天猫协助品牌线下实体店开展O2O预热的一种有效方式。

6. VR BUY+虚拟现实购物

11月1日上线的阿里VR实景购物新产品——"BUY +"，是这次天猫狂欢节的另一个亮点（图8-8）。

作为世界上第一个VR购物系统，BUY +可以带"剁手族"瞬间前往纽约，东京，悉尼的热门商场进行可视化实景购物，从进店到付款的整个过程，你只需要转动自己的眼球，动动手指即可完成。

最原始的起点是一个类似于"家"的房间，房间中照片墙上的七个景点照片就是Buy+的购物目的地。其中包括有美国的Macy's梅西百货、COSTCO好市多百货、Target塔吉特百货、日本的Supature松本清药妆店、Tokyo Otaku Mode周边专卖店和、澳洲的Chemist Warehouse药房和Freedom Food生态农场。

在美国的时代广场，一个穿着西服的黑人司机会热情地接待你；坐在私家直升机，可以看到悉尼歌剧院和海港大桥；登上游艇晒着太阳，在哈德逊河上穿过布鲁克林大桥和曼哈顿大桥；走进空无一人的梅西百货，帅气的经理会专门为你提供私人服务……在实景游览中，你可以随意浏览商品详情，一键加入购物车，确认地址和付款后，坐等收

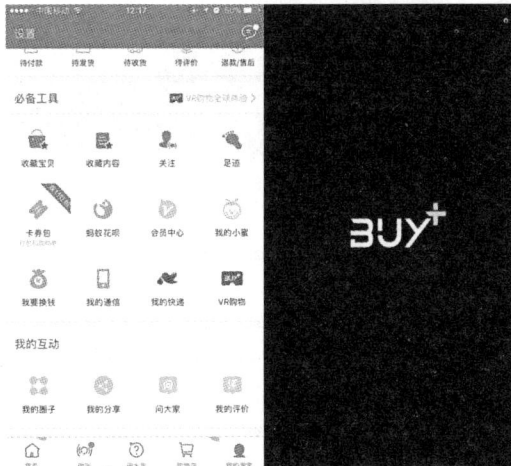

图8-8　VR BUY+应用手机入口界面

图8-9　VR BUY+应用场景

货。VR实景购物带来了数字生活空间全新的消费体验，消费者可以买得轻松、玩得开心（图8-9）。

2016年被称为VR元年，从年初开始各大互联网公司动作频频。早在今年3月17日，阿里巴巴就正式宣布成立VR（虚拟现实）实验室，并首次对外透露了集团的VR战略。在内容方面，全面启动BUY+计划，引领未来购物体验；在硬件方面，依托全球最大电商平台，搭建VR商业生态，加速VR设备普及，助力硬件厂商发展。而此次双十一除了推出的全新的VR购物体验，还带来了两款专属的硬件产品——'BUY+ VR会场体验眼镜'，通过活动还能1元购得（图8-10）。

VR技术是目前最新也最受关注的数字应

图8-10　BUY+体验眼镜

用技术，此次BUY+上线，迈出了VR技术在生活场景中实际运用的第一步。未来，如何使虚拟和现实更好的结合，如何创造更立体的购物体验和信息交互，这都为我们的创意策划和网络技术能力提供了巨大的发展空间。

7. 双十一神曲

音乐营销是近年十分热门的品牌传播手段。此次天猫跨界联合彩虹合唱团、旅行团乐队发布了两首洗脑单曲——《我就是这么诚实》《双十一购物指南》，同样具有数字生活空间话题性和传播力。

彩虹合唱团因《感觉身体被掏空》而爆红，甚至衍生出新的流行语"感身空"。此次与天猫合作的《我就是这么诚实》，延续幽默、毒舌而又亲和的风格，戳中年轻人"想要省钱，却越来越省不下钱"的痛点，鼓励大家让"放纵与你一起狂欢"（图8-11）。

《双11购物指南》成为沟通元，不仅仅在于旋律的新奇，它与众不同的二维动画画风和看待购物的新视角也令人印象深刻。

以创意MV的形式发布营销传播内容，将促销和品牌概念融入魔性的画面和歌词，符合当下数字网络空间的沟通习惯，让新鲜、好玩成为消费者浏览、分享的动力。

8. 电影借势

从10月27日开始，天猫在电影院里和地铁出口的电子屏上投放了四个视频短片——擎天柱召集大黄蜂去执行抢红包的神秘任务、卷福不安地说着"something is coming"、守望先锋集体等待双十一的大日子、魔发精灵收到了天猫的快递盒。四个超级IP的引入，不仅契合了不同消费人群的兴趣点，也展现了阿里巴巴在版权交易平台与娱乐创新板块的运作能力和发展方向（图8-12）。

《魔发精灵》《变形金刚》《守望先锋》和《神探夏洛克》，它们分别代表了电影、动画、游戏、电视四大领域，而其背后是东方梦工厂、孩之宝、暴雪、BBC这样的影视娱乐巨头。四个视频由IP方、阿里鱼、天猫市场部等多方合作，跨国沟通，历时几个月制作完成。

其中，阿里鱼，是阿里系旗下版权交易与娱乐创新业务平台。阿里鱼坐拥整个阿里的生态大数据，一方面帮助国内外大小IP完

图8-11　双十一神曲

图8-12　影视IP借势视频

成中国市场的商业化链路搭建，一方面帮助品牌商户用更低的成本寻找契合的IP进行接洽。

目前阿里鱼平台上IP主要分三种：第一类就是此次双十一合作的超级IP，它们的特点是粉丝众多，授权体系成熟，阿里鱼提供的核心价值是如何通过大数据，帮助他们快速找到合适的品牌方进行合作；第二类是艺术品类IP，这其中又分平面和立体的，平面类包括之前在淘宝众筹上大获欢迎的梵高系列，立体的艺术IP像中国国家博物馆；第三类是真人影视综艺类IP，包括明星、网红等，他们是营销授权最主要的内容来源。

品牌与文化娱乐方式结合，借助跨界IP和各个手段，增加与目标受众的品牌接触、传播品牌形象，促进商品销售，这也是当下营销传播的趋势。

9. 全球征选首席卖萌官

10月20日狂欢节开启当天，天猫发布了全球征选狂欢夜CMO（Cheif Maimeng Officer）"首席卖萌官"的通知，邀请各位"铲屎官"为猫咪报名参选（图8-13）。新当选的CMO是今年双十一萌玩法、萌科技的代言人，以及双十一晚会的发票员——每位CMO的主人都能获得双11狂欢夜的门票一套。

10月30日11位CMO正式揭晓，天猫官微邀请广大网友#画门票喂天猫#，赢取狂欢夜晚会门票（图8-14）。简单有趣的参与方式，

图8-13　全球征选首席卖萌官

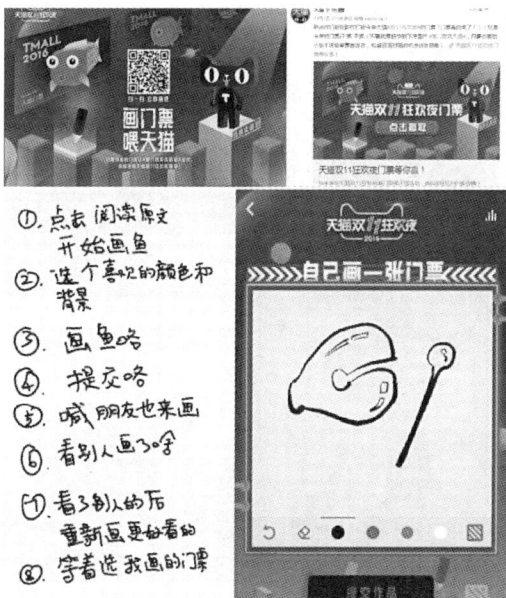

图8-14　画门票喂天猫

友好的游戏界面，明星微博画鱼的带动，再加上狂欢夜晚剧透的明星阵容和超额福利，活动获得了网友的积极响应和热情参与。

10．爆款清单发布会

11月3日，双十一爆款清单发布会全球直播（图8-15）。

这场号称"史上最不装的发布会"，邀请到王自健、马薇薇、张全蛋、王自如、SNH48、回忆专用小马甲、刘一帆、颜宇鹏等众多明星网红加盟，而现场发布的爆款清单覆盖了天猫各大品类和知名的品牌好店。

经天猫一线小二与行业专家联手精挑细选的爆款清单，集合了双十一最值得买的尖货和好货，由天猫最懂货品的行业专家一一揭晓，为消费者献策献计。

11．直播综艺《九牛与二虎》

直播，也是天猫双十一活动的一大亮点。在双十一狂欢节期间推出了高达6万场直播，

杨洋、张艺兴等100多位娱乐明星，数十位体育名人和300多位网红达人在线上为品牌做宣传，给观众送福利。集综艺、明星网红、红包福利于一体的"九牛二虎"和"拜托吧大神"、"魔幻旅行团"、"呼叫明星"、"全球疯狂主播"、"奥运冠军"掀起了直播的浪潮。

由阿里鱼、天猫直播、淘宝直播联合推出的直播综艺节目《九牛与二虎》，共5期节目，分别请来了林志颖、李维嘉、沙溢、胡可、瞿颖、姜思达、阿雅、范湉湉、曾舜晞、大张伟等明星网红（图8-16）。每期节目现场，设有9个不同品牌的房间（即"九牛"），明星和主持人（即"二虎"）进入房间参加游戏挑战，为观看的粉丝谋取福利，派送红包。观众也可随意点进任意一喜欢的房间观看直播。

《九牛与二虎》是一档完全围绕品牌卖货而制作的直播综艺的节目，所以你会看到用

图8-15　爆款清单发布会

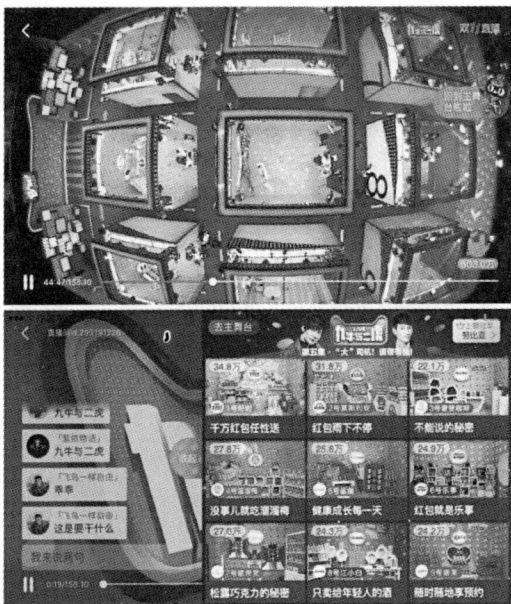
图8-16　直播综艺《九牛与二虎》

图8-17　MINI猫头海报

湿纸巾跳绳的沙溢；拿着厨具跳魔性舞蹈的师洋。如果放在普通直播平台上，这样的内容会比较尴尬，但放在天猫、淘宝的直播平台进行播出，就顺理成章得多，因为观众本来就是来买东西拿红包，直白一点没有什么不可以。

12. 品牌猫头联合创意

为了对受众进行全面覆盖，天猫与49家品牌携手走上街头，用49张"猫头海报"占领了中国的地铁站和广告牌（图8-17）。

这49张猫头海报，由天猫提供统一的猫头模版，各大品牌根据自己的品牌和产品调性进行创意设计，实现了天猫品牌与入驻品牌的完美融合。这也可以看作是一次互联网品牌与传统品牌传播方式的融合推广。

由于海报各具创意、设计精美，同时在形式上采用统一的猫头模版，形成了视觉同构的重复性和冲击力，这49张平面广告也赚足了眼球（图8-18）。

13. 天猫双十一狂欢夜

11月10日晚8点，双十一压轴大戏——"天猫双十一狂欢夜"在浙江卫视隆重播出。阿里旗下大文娱板块，包括合一集团（优酷土豆）、天猫魔盒等平台，组成了这台晚会的联动直播矩阵（图8-19）。

四个小时的直播明星荟萃，贝克汉姆夫妇、科比、李宇春、张艺兴、林志玲、梁朝

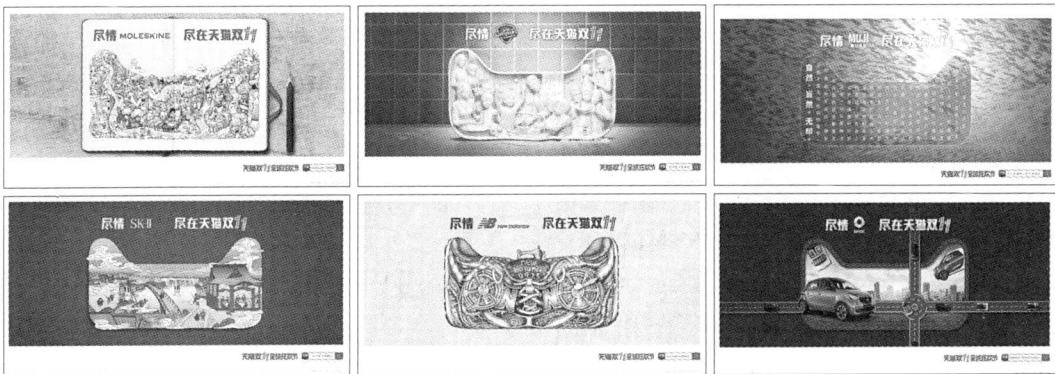
图8-18　品牌猫头海报系列

图8-19　天猫双十一狂欢夜晚会

伟、陈奕迅、华晨宇、邓紫棋、王祖蓝、岳云鹏、维密天使，斯嘉丽·约翰逊……强大阵容和6000多名热情高涨的观众将双十一推广推向高潮。

除了明星元素和品牌大秀，摇红包、捉猫猫、通过AR技术用手机抢衣服等互动环节，也让这台晚会还成为一场技术大秀。

去年的双十一猫晚，是阿里尝试互联网和文化娱乐融合的一个起点，而2016年的晚会，这种模式已经渗透到了文娱内容制作的生态链上游。依靠互联网的加速度与爆发力，天猫双十一狂欢夜正在成长为一个国际级的平台型的IP，有可能成为国际品牌最盛大的互动展示平台，并承载更多品牌的首发合作。

14．收官MV《等待幸福来敲门》

11月11日晚，双十一完美收官，天猫在各媒体渠道放出收官MV《等待幸福来敲门》，向消费者致谢（图8-20）。

除了上述大型的传播行动，此次天猫双十一的提示性信息在平台内外部的全媒体渠道进行了传播覆盖。搜索引擎、APP、微博、微信、PC客户端、传统大众媒体……无处不在。

超过半个月的传播预热、全渠道推广，

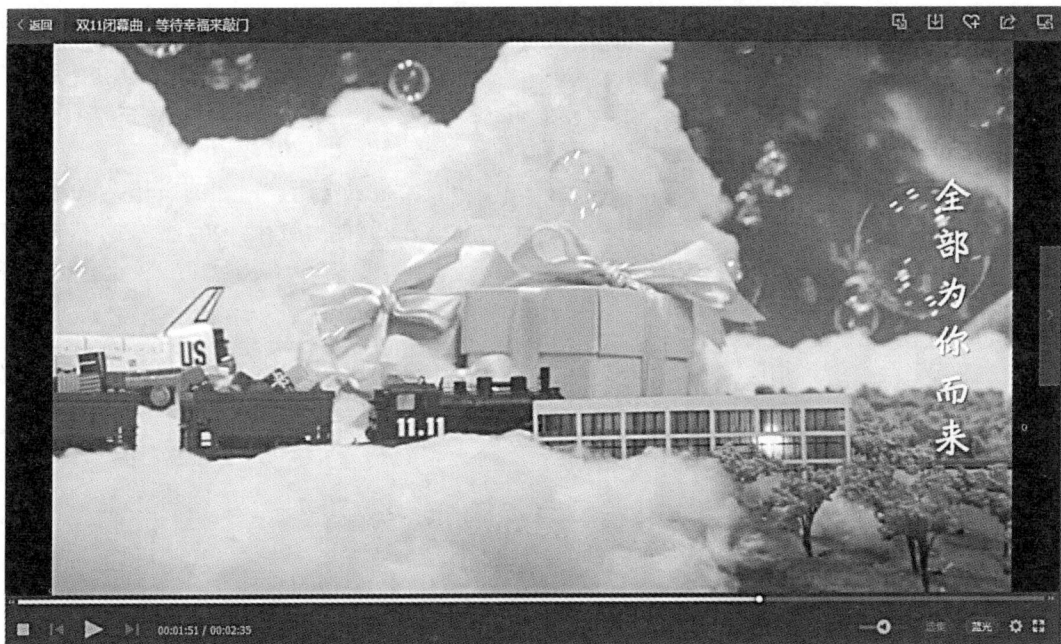

图8-20　MV《等待幸福来敲门》

看得人眼花缭乱，但这只是天猫双十一在传播面的动作。对天猫、淘宝平台的商家促销行为的管理；亿红包促销额度测算的派送安排；通过数据标签和浏览行为；在天猫、淘宝的APP对消费者进行个性化的推荐；物流、支付平台的配合活动；技术上对超大流量的支撑……在看不见的天猫营销管理后台，同样有着巨量的前期准备工作。

不断打破的交易记录，是每年双十一所铸造的销售神话；不断刷新的营销传播折腾上线，则是双十一每年带给中国营销传播界的震撼。

追踪每年双十一的营销传播套路，几乎可以看到当下中国所有的传播形式和手段，这是我们观察、学习，总结各种经验和教训的好机会。

本章小结

本章从实务操作和职业成长角度，梳理了全书的主要框架；简要的提供了实务操作的一些经验和技巧，并为同学们进一步的深入自学提供的参考建议。

思考题

1. 追踪"4小时逃离北上广"传播事件，从策划人角度说说你的看法。

2. 网络搜索2016年京东双十一的营销传播手段，撰写个案追踪报告，并倒推策略。

3. 为3年以后的自己写一个可以用来现场提案的简历。简历内容是你理想中3年以后自己的个人品牌介绍。

扩展阅读

1．李欣频．推翻李欣频的创意学，方智出版社2007.

2．罗伯特·B·西奥迪尼．影响力，闾佳译，万卷出版公司，2010.

3．赖声川．赖声川的创意学，北京：中信出版社，2006.

4．商业的奥秘，加布尔雷斯，派力译，北京：企业管理出版社，2011.

5．凯文·凯利，失控，东西文库译，北京：新星出版社，2010.

6．加布尔雷斯，商业的奥秘，派力译，北京：企业管理出版社，2011.

参考文献
References

[1] 许静. 传播学概论, 北京: 清华大学出版社、北京交通大学出版社, 2007.

[2] 菲利普·科特勒、加里·阿姆斯特朗. 市场营销原理, 郭国庆译, 北京: 清华大学出版社, 2013.

[3] 艾·里斯、杰克·特劳特. 定位, 谢伟山、苑爱冬译, 北京: 机械工业出版社, 2010.

[4] 唐纳德·帕伦特. 广告战略, 王俭译, 北京: 中信出版社, 2004.

[5] 威廉·阿伦斯、大卫·夏尔菲, 阿伦斯广告学, 丁俊杰等译. 北京: 中国人民大学出版社, 2008.

[6] 广告创意策略, A.杰罗姆·朱勒、邦尼L.朱奈尼, 郭静菲、黎立译, 北京: 机械工业出版社, 2003.

[7] 戴维·阿克. 管理品牌资产, 吴进操、常小虹译, 北京: 机械工业出版社, 2012.

[8] 戴维·阿克. 创建强势品牌, 李兆丰译, 北京: 机械工业出版社, 2015.

[9] 戴维·阿克. 品牌领导, 耿帅译, 北京: 机械工业出版社, 2016.

[10] 唐·舒尔茨、海蒂·舒尔茨. 整合营销传播, 何西军、黄鹂、朱彩虹、王龙译, 北京: 中国财政经济出版社, 2005.

[11] 唐·舒尔茨、菲利普·凯奇. 全球整合营销传播, 何西军、黄鹂、张怡、朱彩虹译, 北京: 中国财政经济出版社, 2004.

[12] 陈刚、沈虹、马澈、孙美玲. 创意传播管理. 北京: 机械工业出版社, 2012.

后 记
Postscript

　　这本《广告策划》教材，内容以各相关知识领域的经典著作为基础，编写结构则来源于作者多年的实务工作和学习经验。感谢创立和完善营销传播理论的学者和大师们，没有你们的研究成果，就不会有这本书。

　　本书引用了大量实务案例，对相关的理论和操作方法进行演示。感谢这个高速发展变化的时代和工作在第一线的营销传播人员，你们富有创意的工作，让当下的营销传播领域如此异彩纷呈、激动人心；感谢互联网和众多进行案例收集、整理的网站，你们为营销传播领域专业能力的提升和知识普及付出了辛勤而卓有成效的劳动。

　　感谢我在世纪座标广告公司的原老板兼老师陈幼林先生、肖畅女士、张懿女士，是你们赋予我在广告业成长和学习的空间，拥有编写这本小书的动力和勇气。

　　感谢天津工业大学的高彬老师，中国建筑工业出版社的各位编辑，你们在本书编写出版过程中付出的辛勤劳动令我感动。